RENATE BERGER

Rodolfo Valentino

Biografie

Europäische Verlagsanstalt

Informationen zu unseren Verlagsprogrammen finden Sie im Internet
unter www.europaeische-verlagsanstalt.de

Bibliografische Information Der Deutschen Bibliothek

Die Deutsche Bibliothek verzeichnet diese Publikation in der
Deutschen Nationalbibliografie; detaillierte bibliografische Daten
sind im Internet über http://dnb.ddb.de abrufbar.

© Europäische Verlagsanstalt | Sabine Groenewold Verlage, Hamburg 2003
Umschlaggestaltung: projekt ® | Walter Hellmann, Hamburg
Umschlagfoto: »Blood and Sand«, 1922
Signet: Dorothee Wallner nach Caspar Neher »Europa« (1945)
Herstellung: Das Herstellungsbüro, Hamburg
Satz: Greiner & Reichel, Köln
Druck und Bindung: Clausen & Bosse, Leck
Alle Rechte vorbehalten
Printed in Germany
ISBN 3-434-50549-0

Inhalt

Another song of a fool

The great purple butterfly
In the prison of my hands,
Has a learning in his eye
Not a poor fool understands.

Once he lived a schoolmaster
With a stark, denying look;
A string of scholars went in fear
Of his great birch and his great book.

Like the clangour of a bell,
Sweet and harsh, harsh and sweet,
That is how he learned so well
To take the roses for his meat.

WILLIAM BUTLER YEATS

SCHÖNER GIGOLO, ARMER GIGOLO

Warum will ein junger Mann von zu Hause fortgehen? Weil er nicht länger auf das Leben warten mag.

Das Schiff hieß S. S. Cleveland. Bei vielen Passagieren, ganz sicher aber bei den jungen Italienern unter ihnen, hatte das Geld gerade für das billigste Ticket nach New York gereicht. Dort wurden nur die wenigsten empfangen – von Verwandten, Freunden oder Geschäftspartnern. In der Heimat, wo sie sich schweren Herzens verabschiedet hatten, rechnete niemand mit ihrer Rückkehr, so viele Tränen beim Abschied auch geflossen sein mochten. Wem fiel es schon leicht zuzugeben, dass der Sohn, der Bruder oder Vetter eine Last war für alle, ein ständiger Vorwurf, dass die Dürftigkeit der eigenen Lebensumstände es nicht gestattete, ihm den Start in eine bescheidene, aber geachtete Existenz zu ermöglichen? Sicher spürten nicht nur die Sensibleren unter ihnen, dass der Entschluss wegzugehen eine große Erleichterung für die Familie bedeutete.

Seit den siebziger Jahren des 19. Jahrhunderts gab es zwei Arten von Auswanderern in Italien: Da waren zum einen die Saisonarbeiter, die nach Nordeuropa, Südamerika und in die Vereinigten Staaten gingen, um sich mit Beginn der Feldbestellung wieder nach Italien einzuschiffen; andere vertrauten sich lokalen, mit Schiffseignern kooperierenden Agenten an und suchten eine Zukunft für immer außerhalb Italiens.

Einer von ihnen hieß Rodolfo Guglielmi. Auf den ersten Blick stach er nicht aus der Menge seiner Landsleute hervor, doch ein aufmerksamer Beobachter konnte bemerken, dass seine Art, sich zu geben, anders war. Er sah gut aus mit seinem schwarzen Haar, den dunklen Augen, den weichen und doch männlichen Gesichtszügen. Und er war gut gekleidet. In den Salons des Oberdecks wäre er mit seinen Umgangsformen niemandem als deplatziert aufgefallen, und die Tatsache, dass er fließend Französisch sprach, hätte ihn dort als Mann von Welt erscheinen lassen. Die meisten seiner Landsleute dagegen hatten oft Mühe, den eigenen Namen zu buchstabieren, wenn sie überhaupt lesen und schreiben konnten, und weil sie niemals aus ihrem

Dorf herausgekommen waren, erschien ihnen das Ziel ihrer Reise unwirklich, als vage Hoffnung.

Am 6. Mai 1913 hatte er seinen achtzehnten Geburtstag gefeiert. Obwohl gebildeter als manch anderer auf dem Zwischendeck der Hamburg-Amerika-Linie, sprach er kein Englisch und wusste ebenso wenig, was ihn erwartete. Mit Wehmut dachte er an seine Mutter, eine Französin, die ihrem Mann, der in der Kavallerie gedient und es als Veterinär zu bescheidenem Wohlstand gebracht hatte, in ein süditalienisches Dorf gefolgt war. Er hatte dem Vater oft beim Arbeiten zugesehen und konnte sich gut an den Umzug in die nur wenige Kilometer entfernte Provinzhauptstadt von Apulien erinnern. Er war gerade neun Jahre alt gewesen, als die Familie das verschlafene, an den Rand einer riesigen Schlucht gepresste Castellaneta verlassen hatte. Zwischen dem Mare Piccolo und dem Mare Grande, zum Tyrrhenischen Meer hin gelegen, dort, wo die Sohle des italienischen Stiefels in den Absatz übergeht, hatte Tarent seine Zeit als bedeutende militärische Basis und Zentrum der apulischen Schwerindustrie noch vor sich. Giovanni Guglielmi blieb wenig Zeit, um sich auf die neuen Lebensbedingungen einzustellen. Er starb 1906 an Malaria und ließ seine Frau Beatrice mit Alberto, dem 1892 geborenen Ältesten, und der 1897 geborenen Maria zurück.[1] Das erste Kind, Beatrice, war bereits im Alter von acht Jahren gestorben.

Jede Familie hat ihre Legende. Die der Guglielmis macht — wie alle Legenden — den Mangel an Präzision durch eine erträumte, über das Elternpaar in die Vergangenheit zurückreichende Ahnenreihe wett. Sie beginnt, als die junge Französin Beatrice Barbin in Begleitung ihrer Eltern Tarent besucht, dort den Kavallerieoffizier Giovanni Guglielmi kennen lernt, dessen Vorfahren aus Martina Franca stammen, und ihn im Juni des Jahres 1889 heiratet.

Der Hunger nach Bedeutung gibt auch dieser Legende Kontur. Von den glanzvollen Namen und Titeln, mit denen sich Rodolfo Pietro Filiberto Raffaello Guglielmi in Amerika versehen wird, findet sich keiner auf seiner Geburtsurkunde. Erinnerung wurde als phantastische Steigerung des Durchlebten erfahren, die bescheidene Wirklichkeit ausgespart oder überhöht. Wie viele Angehörige der Mittelschicht betrachteten sich auch die Guglielmis als heimliche Aristokraten. Erfindung? Wahrheit? Ihr Überschwang gab dem Kummer über verpasste Möglichkeiten eine präsentable Form. Auch in Apulien versahen die Menschen unabänderlich erscheinende Lebensumstände mit einem dramatischen Flair und wappneten sich mit Phantasie gegen die Last des Alltags.[2]

Madre e Italia! In der Erinnerung des Achtzehnjährigen ähnelte das Sterbebett Giovannis, der Abschied von seinen Kindern einem Gemälde aus dem 18. Jahrhundert. Seine Mahnung, die Mutter und die Heimat zu lieben, grub sich tief in das Gedächtnis des Jüngsten ein. Beatrice Guglielmi hatte die Aufgabe, für Ausbildung und Zukunft von drei vaterlosen Kindern zu sorgen. Ihr Entschluss, ihn auf eine Landwirtschaftsschule zu schicken, sprach für Umsicht, denn in der Region brauchte man gut ausgebildete Kräfte für die Feld- und Viehwirtschaft. Chancen mussten erwogen, Kompromisse geschlossen, das schmale Budget im Interesse aller Kinder ausbalanciert werden. Der Jüngste machte die meisten Schwierigkeiten. Jeder Versuch, ihn an einer Schule (zuletzt an einer Marineakademie) unterzubringen, scheiterte nicht nur an seinem ungebärdigen Wesen, sondern, wie er später betonte, auch an seiner Kurzsichtigkeit, einmal sogar an seinem für ungenügend befundenen Brustumfang.

Ihm fehlte der Vater. In der Nachbarschaft galt er als Herumtreiber und Tunichtgut. Im Kreislauf des Misslingens blieb Beatrice der einzige Mensch, der an ihn glaubte. Seine Onkel waren weniger nachsichtig. Die frühe Sehnsucht des Knaben, Träume von Ritterlichkeit, Loyalität und Ruhm hätten ihn für eine militärische Karriere prädestiniert, doch bereits in den siebziger Jahren des 19. Jahrhunderts bestanden nur wenige Süditaliener die Eingangsprüfungen. Hunger, Armut, Analphabetismus ließen die Anzahl geeigneter Bewerber schrumpfen. Obwohl sich der Lebensstandard in ländlichen Gebieten inzwischen verbessert hatte, stellte die Musterung für viele Männer aus dem Mezzogiorno eine unüberwindliche Hürde dar. Als Witwe mit drei Kindern war Beatrice außerstande, eine Laufbahn in der Kavallerie zu finanzieren, und die Marine hatte sich ebenfalls als unerreichbar erwiesen. Von den verbliebenen Möglichkeiten konnte oder wollte der Halbwüchsige keinen Gebrauch machen. Er war in eine Sackgasse geraten.

Es ist mehr als unwahrscheinlich, gehört aber zur Familienlegende, dass er dafür mit Ausflügen nach Paris und Monte Carlo belohnt wurde und bald darauf als verlorener Sohn heimkehrte. Was nun? Zunächst brach ein Familiengericht über ihn herein. Die Onkel hielten ihm nicht nur sämtliche verpfuschten Versuche vor, schulisch Fuß zu fassen, sie begegneten ihm auch mit äußerstem Misstrauen. Wie konnten sie Schande von den Guglielmis abwenden? Tod oder Selbstmord schieden aus, obwohl Rodolfo nahe daran gewesen war, ins Wasser zu gehen, als man ihn beim Militär für untauglich befunden hatte; so blieb nur die Auswanderung.

Schon zu Beginn des 20. Jahrhunderts hatte Italien seinen Ruf als Garten Europas verloren. Für den jungen Rodolfo und unzählige chancenlose, desorientierte und meist auf ihre Provinz beschränkte Bewohner war die Heimat längst ein zu enger Stiefel. Die Auswanderungswellen trafen nicht mehr nur Norditalien, sondern hatten inzwischen auch den Süden – Apulien, die Basilikata – erfasst.

Dem Vertrauen Beatrice Guglielmis in ihren Jüngsten konnten all seine Fehler und Unbesonnenheiten wenig anhaben, weil sie den künftigen Mann im Auge hatte, der die Wirrsal der Pubertätsjahre von sich abtun würde. Diese Haltung, auch die Lebensklugheit seiner Mutter, sollten sich als entscheidende Gabe für die Zukunft erweisen – doch vorerst fühlte er sich wie durch eine Glaswand von seinen noch im Dunkel liegenden Möglichkeiten getrennt und wollte nur das Familiengericht überstehen.

Aus Sicht der Onkel gab es nur ein Mittel, den Taugenichts zu kurieren: die Auswanderung. In Amerika würde er seinen Weg machen oder untergehen. Resigniert stattete Beatrice ihren Sohn mit ansehnlicher Garderobe und etwas Startkapital aus. Es war das Letzte, was sie für ihn tun konnte. Nicht nur die Mittel, auch die Geduld seiner Verwandten hatten sich erschöpft. Die Abreise wurde mit solcher Hast organisiert, dass er ausgerechnet am Tag vor Heiligabend in New York landete.

Natürlich war das Ganze auch ein Abenteuer. Es begann auf dem Schiff. Ein Amerikaner bewahrte den jungen Passagier davor, gleich zu Beginn der Reise über Bord gespült zu werden. Landsleute versorgten ihn mit einer Adresse in der Metropole. Dort, bei Giolitto, in der 49. Straße West, mietete Guglielmi sich ein. New York überwältigte ihn. Die Umrisse der amerikanischen Moderne zeigten sich nicht nur in der Silhouette von Manhattan, sondern sollten nur wenige Jahre später auch im Glanz ihrer Begriffe aufscheinen: *golden twenties – silver screen*.

Von Brooklyn aus erkundete er die Stadt, wenn er sich auch ohne Sprachkenntnisse nur mühsam im Gewimmel zurechtfand. Wieder und wieder machte er sich klar, Italien entkommen und am Ort seiner Träume angelangt zu sein. Konkret, erfahrbar, wurde New York erst durch Fußmärsche, die Suche nach einer billigeren Unterkunft – das Geld wurde knapp –, durch fremdartige Gerüche, das ungewohnte Klima und eine protzende Architektur.

Hier galt so gut wie nichts von dem, was in der apulischen Provinz den Charakter eherner Gesetze trug. Trotzdem blieb das Gefühl der Befreiung aus. Alles rückte empfindlich nahe: die Kälte, hastende Menschen, Automobile, die ungewohnte Gleichgültigkeit der Großstadt. Selbst ein im ersten Überschwang gemietetes Zimmer änderte nichts am Gefühl des Ausgesetztseins. Wo würde er Gesellschaft finden? In Italien wäre das kein Problem gewesen, denn es gab einen Ort, der Männern stets ein Forum bot: das Café. Dort fanden Meinungsbildung und politischer Austausch statt, dort konnte man ins Unreine denken, planen, kritisieren. Und es beim Reden belassen.

Doch wo lernte man Amerikaner kennen? Wie wurde man selbst einer? Auf den Straßen, in Lokalen, durch Zertifikate, in Fabriken oder Büros? An Arbeit war vorerst nicht zu denken. Guglielmi durchkreuzte Manhattan und lernte überall. Vor allem Englisch. Und er sprach Italienisch, keine Selbstverständlichkeit in dem zersplitterten, durch zahllose Dialekte geprägten Italien, in dem man die Bedeutung überregionaler Verständigung, das Rückgrat eines geeinten Staatswesens, erst spät erkannt hatte. Durch seine Mutter und die Schule mit der französischen Sprache vertraut, hatte er ein Ohr für Rhythmen und Klänge.

Nach drei Monaten war der Neuankömmling finanziell am Ende. Durch Vermittlung der Einwanderungsbehörde fand er eine Beschäftigung als Gärtner – durch Leichtsinn verlor er sie. Andere Pläne zerschlugen sich. Er lernte ein paar Gleichaltrige kennen; in ihrer Gesellschaft schmolz das Verdiente rasch dahin. Dafür brachten sie ihm das Tanzen bei. Außer Walzer hatte er bisher nur Mazurka, Lancier und den brasilianischen Maxixe gekannt; nun zeigten Freunde ihm die ersten Tangoschritte. Das und seine Entschlossenheit, so viel und so rasch wie möglich zu lernen, retteten ihn am Ende. Denn zu retten war schließlich alles. Mit der Arbeit hatte er auch seine Unterkunft verloren und die wenigen, von einer misstrauischen Wirtin einbehaltenen Habseligkeiten. Er wurde Stammkunde beim Pfandleiher, bis nichts mehr zu verleihen war und er im Central Park übernachten musste. Hungrig und erschöpft, gehörte er jetzt auch äußerlich zu den Ausgestoßenen.

In Europa begann der Krieg. Noch war Italien nicht unmittelbar beteiligt – das geschah erst 1915 –; die Folgen machten sich im Land allerdings schon bemerkbar. Beatrice Guglielmi erwartete finanzielle Unterstützung von ihrem Sohn. Solange er noch eine feste Adresse besaß, hatten ihn die mütterlichen Schreiben erreicht. Um sie über seine wirkliche Situation hinwegzutäuschen, benutzte er für seine Antworten Briefpapier des Waldorf Astoria, das er sich bei einem Kaffee vom Ober bringen ließ. Damit war es nun vorbei. Die Stadt wimmelte von Einwanderern, Entwurzelten, Glückssuchern. Was in den Amtsstuben italienischer Ausreisevermittler zum Greifen nah erschienen war – Erfolg, Reichtum, Glück in der Neuen Welt –, wurde angesichts der konkreten Verhältnisse rasch zunichte. Wieder einmal hatte sich der Kreislauf des Versagens geschlossen. Und wieder gelang es ihm, der aussichtslos erscheinenden Situation etwas abzugewinnen. Ein Musiker aus Tarent vermittelte ihn an einen Oberkellner vom Maxim; der fand ihn als Bedienung unbrauchbar, sorgte aber für ein Engagement als bezahlter Tanzpartner, als *taxi dancer*.

Am Anfang des Jahrhunderts stand der Tanz auch in Amerika hoch im Kurs. Alle besseren Hotels und Nachtclubs sorgten für Tänzer; sie sprangen ein, wenn es Damen an kundigen Begleitern fehlte. Ältere oder tanzunwillige Gäste fühlten sich den attraktiven, im Dienst der Lokale stehenden Männern überlegen, weil sie wussten, dass die ihre Partnerinnen nur aufs Parkett, aber nicht weiter führen würden, und so konnten finanzkräftige Gäste es sich erlauben, ein paar Tangos lang dem weiblichen Gedächtnis zu entschwinden.

Der Übergang vom bezahlten Tanzpartner zum Gigolo blieb fließend; beiden schenkte man kaum Beachtung über den Abend hinaus. Ihre Vorgänger – Verführer und Verräter, Mitgiftjäger, Hochstapler, Karrieristen, Bel Amis – hatten Frauen in ein Wechselbad von Entzücken und Verzweiflung gestürzt und Illusionen genährt, ohne selbst auch nur einer einzigen zu verfallen. Moderne Gigolos waren nicht weniger ambitioniert. Sie umwarben Erbinnen, junge Witwen, Filmstars, und ihre Gratifikationen erschienen in keiner Steuererklärung. Der Krieg und die wachsende Erwerbstätigkeit hatten Frauen daran gewöhnt, Rechnungen selbst zu begleichen – wohl die einzige Form von »Emanzipation«, die nicht mit verbissenem Widerstand bedacht wurde.

Beispiele für Mitgiftjäger fanden sich auch in Guglielmis unmittelbarem Umfeld.

Sie planten in großem Stil – wie die aus Georgien stammenden Brüder Serge und David Mdivani. Die Klatschkolumnistin Elsa Maxwell verglich das Duo mit Geigerzählern, die beim Anblick reicher Damen zu ticken begannen. In der Tat verfügten sie über ein unfehlbares Sensorium für Erbinnen. Barbara Hutton, Mary McCormick, Louise van Alen gehörten zu ihren Eroberungen, auch Filmschauspielerinnen, die – wie Pola Negri und Mae Murray – Millionen verdienten und sich nach dem Vorbild von Gloria Swanson einen europäischen Adeligen als Ehemann leisteten, selbst wenn dieser Adel (so bei Erich Stroheim oder Josef Sternberg, die beide armen Familien entstammten) keiner Prüfung standhielt. Auch in Hollywood wimmelte es von Hochstaplern – doch wer wollte sich mit Nachforschungen aufhalten? Das Leben ging so schnell vorbei.

Falsche Prinzen im Stil der »heiratenden Mdivanis« pflegten ihren Exotismus, lieferte er doch die Legitimation für abweichendes Verhalten. Un-

12

nachahmlich der einstudierte Gleichmut, mit dem sie Rechnungen an ihre Ehefrauen weiterreichten oder den Schmuck vornehmer Gastgeberinnen taxierten. Solange Geldgier, unverhüllter Neid, Gewalttätigkeit und der Wunsch, die berufliche Reputation ihrer Ehefrauen zu untergraben, noch als russisches Temperament missdeutet wurden, hatten sie nichts zu fürchten und als verheiratete Männer sogar die Justiz auf ihrer Seite. Der Erfolg ihrer Ehefrauen bescherte den Brüdern den Komfort der Berufslosigkeit und Rechtsansprüche, die Heuchelei überflüssig und das Leben mit ihnen zur Qual machten, was wiederum ihre Aussicht auf Scheidung bzw. hohe Abfindungssummen steigerte. Hatte sich einer der »Prinzen« Mdivani nach der Trauung als Froschnatur erwiesen, gab es genug Frauen aus der Geld- oder Filmaristokratie, die an ihre Fähigkeit glaubten, den Frosch in ein Wesen der eigenen, goldenen Spezies zu verwandeln.

Gigolos oder bezahlte Tanzpartner waren gefragt. Hedda Adlon ließ sich von Pariser Verhältnissen inspirieren, als sie ihrem Mann, dem Besitzer des Berliner Hotels Adlon, riet, »Männer von sehr gutem Aussehen, diskretem Benehmen und ausgezeichneter Erziehung« zum Fünfuhrtee zu engagieren – für »ältere« Frauen«, worunter man damals mit Scott Fitzgerald »verblasste Schönheiten« ab Mitte Zwanzig verstand.[3]

Guglielmi hatte Glück: Ganz Amerika erlag dem Tangofieber. Wie die Spanische Grippe verbreitete es sich über mehrere Stationen – Buenos Aires, Paris, New York – und galt vor Ausbruch des Ersten Weltkriegs als deutlichstes Zeichen für den lateinamerikanischen Einfluss. Geistliche warnten die Jugend, Pädagogen glaubten, das Fieber müsse sich ausrasen. Studenten der Universität Yale wurde der Tanz von der Hochschulleitung untersagt, während ihre Kommilitonen in Harvard sich das Recht dazu einfach herausnahmen. Für den Durchbruch sorgte das beliebte Tanzpaar Irene und Vernon Castle. Mit einem Auftritt im Februar 1913 verdrängten sie den Walzer von den Bühnen der Musical Comedy und ersetzten ihn durch etwas Neues, Mitreißenderes: den Tango, der so rasch auf Hotels und Lokale des Broadway übergriff. Dort tauchte Guglielmi auf.

In den besseren Hotels zögerte man anfangs noch, Tango als Gesellschaftstanz zu akzeptieren. Gleichzeitig erwartete man von den Eintänzern, dass sie den Damen ein Gefühl der Sicherheit gaben und die Gäste mit Showtänzen, für die eigens Partnerinnen engagiert wurden, unterhalten konnten. Obwohl Guglielmi sehr gefragt war, hing sein Überleben von fremden Launen und allzu flüchtigen Vorlieben ab; ganz gleich, ob er sich als Mann vornehmer Abkunft ausgab, mit seinen Kollegen klatschte oder die

Folgen regelmäßiger Mahlzeiten durch ein Korsett kaschierte – er wurde am »Unterhaltungswert« gemessen.

Damals lernte er den knapp drei Jahre älteren Jean Paul Getty kennen, der ihn aus dieser frühen Zeit in Erinnerung behielt: »Rudy war schüchtern, beinahe gehemmt im Umgang mit Frauen, und seine Freunde, darunter ich, waren höchst verblüfft« über seine spätere Wirkung, »wußten wir doch, wie oft man Rudy buchstäblich mit Gewalt dazu bringen mußte, eine schöne Frau anzusprechen …«

»Er war ein guter Kamerad, ein vortrefflicher Gesellschafter, und wir kamen vorzüglich miteinander aus und wurden oft gemeinsam eingeladen.«[4]

Jemand stellte ihn der Tänzerin Bonnie Glass vor, die gerade nach einem Kollegen Ausschau hielt, der ihren früheren Partner Clifton Webb ersetzen sollte, und sich spontan für den gewandten und höflichen Italiener entschied. Sie traten im Winter Garden und 1915 in dem von Glass selbst eröffneten Kabarett Montmartre und Chez Fisher in der 55. Straße auf – doch so rasch das Engagement begonnen hatte, endete es wieder. Im Frühjahr 1916 schloss Glass beide Lokale und heiratete einen Millionär. Guglielmi hatte Glück. Er wurde sofort von einer anderen, ebenso erfolgreichen Tänzerin engagiert: Joan Sawyer tanzte mit ihm in Nachtclubs, Bars und Theatern von Philadelphia und Washington. Bald kam es zu jedoch zu einem Zwischenfall, der seinen Ruf nachhaltig schädigen sollte.

Im Maxim hatte er Bianca De Saulles, eine gebürtige Chilenin, kennen gelernt, die mit einem reichen Amerikaner verheiratet war. Da er sie häufig betrog, leitete sie die Scheidung und damit ein von der Presse aufmerksam beobachtetes Verfahren ein, in dem Guglielmi als Zeuge gegen den Ehemann Jack De Saulles und seine Geliebte Joan Sawyer aussagte. Damit war die Zusammenarbeit mit der Tänzerin beendet.

Gezwungen, in jedem Zufall den Fingerzeig einer künftigen Bestimmung zu sehen, hatte er seine Lehrzeit im Maxim genutzt und die Verhaltensweisen der Gäste aufmerksam studiert. Immer wieder hielt er nach anderen Engagements Ausschau, doch selbst Versuche, als Losverkäufer oder Farmer zu arbeiten oder sogar beim Militär, blieben erfolglos.

Wenig später wurde er in der Wohnung einer Bekannten namens Georgia Thym überrascht, von der aus wohlhabende New Yorker Geschäftsleute erpresst worden waren. Beide beteuerten ihre Unschuld, doch die Polizei hielt sie tagelang fest, weil ihnen das Geld für die Kaution fehlte. Unter verschiedenen Namen aufzutreten war im Showgeschäft nichts Unübliches; doch beim Vorwurf der Erpressung verstand man keinen Spaß, und so wurde

Rodolfo Alfonso Raffaello Pierre Filibert Guglielmi Di Valentina d'Anton-guolla beschuldigt, ein falscher Graf und Schwindler zu sein. Hinzu kamen »Missachtung des Gerichts und Mädchenhandel«, keine Bagatelldelikte. Ob Jack De Saulles hinter solchen Beschuldigungen stand, weil er sich für Guglielmis Aussage zu Gunsten seiner Frau Bianca rächen wollte, konnte so wenig geklärt werden wie die genauen Umstände der Affäre.[5]

Die Situation verschärfte sich, als Bianca De Saulles während eines Streits ihren Mann erschoss, der sie um das Sorgerecht für die gemeinsame Tochter hatte bringen wollen. Im August und mit Prozessbeginn im November 1917 geriet der Fall erneut in die Schlagzeilen. Der Verteidiger der Angeklagten ließ Guglielmi wissen, dass sein Verschwinden manches vereinfachen würde. Man könne, behauptete er, ihn sogar des Landes verweisen, denn sein Eintreten für Bianca De Saulles hatte nicht nur beim Ehemann Verdacht erregt. Guglielmi beherzigte den Wink und ergatterte ein winziges Engagement in einer Komödie mit dem Titel »The Masked Model«. Als der Erfolg ausblieb und die Tournee abgebrochen wurde, fuhr er nicht nach New York zurück, sondern weiter nach San Francisco, wo er in einem Musical auftrat.

Als er dort den jungen Schauspieler Norman Kerry kennen lernte, erfuhr er zum ersten Mal von Hollywood und den Möglichkeiten beim Film. Während die Laufzeit des Musicals sich ihrem Ende näherte, gab es immer noch keine Aussicht auf ein neues Engagement, und so folgte er einer Einladung nach Los Angeles. Immer noch ließ die entscheidende Wende auf sich warten, immer noch suchte er nach einem Weg aus der Perspektivlosigkeit. Dabei hatte er ihn längst gefunden.

MADRE E ITALIA!

Noch im Alter erinnerte sich Charles Chaplin an Valentinos Anfänge in Hollywood. In der Halle des Athletic Club, wo sich alle versammelten, die im Filmgeschäft eine Rolle spielten, sah er oft einen jungen, einsam wirkenden Mann sitzen, der niemanden anzureden wagte. Undenkbar, sich selbst ins Gespräch zu bringen; Newcomer wurden ignoriert oder gemieden aus Angst, ihre Erfolglosigkeit könne abfärben. So saß er lange allein am Tisch, denn was ihm bisher an Komparsenrollen, *bit parts,* angeboten worden war, berechtigte ihn nicht, mit einem der Anwesenden mehr als einen flüchtigen Gruß zu wechseln. Selbst der Weg in die Komparserie hatte sich als steinig erwiesen. Zwar war es ihm gelungen, als »Rodolfo di Valentina«, »Rodolpho De Valentina« und endlich, halbherzig amerikanisiert, als »Rudolph Valentino« in einigen rasch abgedrehten Streifen als *dress* oder *dance extra* aufzutreten, doch seine bescheidenen Mittel gingen zur Neige.

Nur mühsam verbarg er seine wachsende Verzweiflung. Man musste die Fassade wahren. Haltung zeigen. Die Kunst, potentielle Gönner und damit Einlass in die Gruppe der *clienti* zu finden, war ihm aus Italien vertraut und in Hollywood eine Notwendigkeit.[1] Hier wie überall zählte Präsenz, jene unübersehbare, möglichst angenehme Anwesenheit, die weder Überdruss noch Langeweile hervorrufen durfte. Solange Valentino sich in den Vorzimmern der Filmindustrie, im Athletic Club oder im Hotel Alexandria sehen ließ, brauchte er eine gute Garderobe. Sie war seine Rüstung, sein Panzer; dafür verschuldete er sich mehr und mehr. Obwohl er inzwischen Bekannte aus dem Showgeschäft hatte oder Freunde wie Norman Kerry, gehörte er zu keinem der inneren Zirkel von Los Angeles; so blieben ihm vorerst nur Hotelbars, Restaurants, Cafés oder die Foyers exklusiver Clubs.

Wie Chaplin erinnerte sich auch Mary Pickford an einen fremdländisch wirkenden Mann, der auf der Suche nach wertvollen Verbindungen den Fauxpas beging, sich selbst vorzustellen, als sie mit ihrer Mutter, Charlotte Smith, in einem New Yorker Restaurant aß. Vermutlich fand die Begegnung im Frühjahr 1916 statt. Ein Unbekannter näherte sich ihrem Tisch, und ohne einen Blick auf den nur zwei Jahre jüngeren, blonden Kinderstar zu werfen, bat er um Entschuldigung für seine Kühnheit. Und um einen Rat. Charlotte Smith ergriff nur zu gern die Gelegenheit, das Trauma ihrer schlichten Herkunft durch Herablassung zu bannen. Der junge Italiener gab ihr Gelegenheit dazu. Sie empfahl ihm, gute Fotografien von sich machen zu lassen und – versehen mit Angaben, die einem Steckbrief Ehre machen würden – an verschiedene Studios zu schicken. Danach entließ sie den höflichen Fremden, ohne ihm ihre Tochter vorgestellt zu haben.[2]

Bevor Valentino New York verlassen musste, hatte er in den dortigen Studios Erfahrungen als Komparse gesammelt, u. a. in *Seventeen*, *The Foolish Virgin* (1916) und *Patria* (1917). Dabei beobachtete er den Star von *Patria*, Irene Castle, aus der Nähe. 1913 und 1914 hatte sie mit ihrem Partner Vernon ein Repertoire amerikanischer und lateinamerikanischer Tänze vorgestellt und dem Tango zum Durchbruch verholfen. Die Auftritte des Paars faszinierten ihn und sollten ihm zehn Jahre später als Vorbild dienen.

Als er verschuldet und von Arbeitslosigkeit bedroht in Los Angeles eintraf, erwies Norman Kerry sich wieder einmal als Freund und sorgte dafür, dass der Regisseur Emmett J. Flynn ihn für fünf Dollar pro Tag als Komparsen in *Alimony* engagierte. Im Maxim hatte Valentino an einem einzigen Abend mehr verdient, doch eine Rückkehr in den Tanzsaal schien inzwischen undenkbar. Allerdings war er 1917 bereit, zur Eröffnung des Maryland Hotels in Pasadena und vor Gästen eines von Filmleuten besuchten Lokals am Stadtrand von Los Angeles zu tanzen. Beide Auftritte wurden besser bezahlt als das Engagement als Komparse. Dennoch hielt er sich nur mit Hilfe des Freundes über Wasser.

Kerry machte ihn mit dem Drehbuchautor Hayden Talbot bekannt, der gerade über ein neues Projekt nachdachte. Zur Komparserie des Films gehörte neben Valentino auch eine junge Schauspielerin, die bald darauf unter dem Namen Alice Terry bekannt werden sollte. Während das Skript für *A Married Virgin* vorbereitet wurde, fragte der Regisseur Valentino, ob er am Part des Grafen interessiert sei. Es war nicht nur seine erste Nebenrolle, sondern auch sein erster Filmauftritt als Italiener. Normalerweise stellten die Bösewichte auf der Leinwand keine erotische Gefahr für ihre Opfer dar: Ganoven kamen nur selten als Liebhaber in Betracht. *The Married Virgin*, die Geschichte eines adeligen Abenteurers, Schurke und Verführer zugleich, sollte das Klischee durchbrechen. Noch gab es keine griffige Bezeichnung für diese Kombination, deshalb kündigte die Produktionsfirma Valentino als »Bösewicht neuen Stils« *(new-style heavy)* an. Doch dem Streifen war kein Erfolg beschieden.

In den beiden folgenden Filmen spielte Valentino an der Seite von Carmel Myers einen jugendlichen Liebhaber bzw. einen Mann vornehmer Abkunft. Myers, damals schon ein Star, war so zufrieden mit »M. Rodolpho De Valentina«, wie er sich damals nannte, dass sie eine Gehaltserhöhung für ihn erwirkte und auch künftig mit ihm zusammenarbeiten wollte. Paul Powell vertraute ihm als Erster eine größere Rolle an. In *A Society Sensation* und *All Night* (1918) konnte er neue Facetten seines sich allmählich entwickelnden Könnens zeigen, ohne auf Schurken *(heavies, villains, toughs)* festgelegt zu sein. In der Rolle des ersten Films kämpft Valentino um die Frau seiner Wahl. Der Regisseur hebt seine Erscheinung in langen Einstellungen hervor: zum Beispiel am Strand in einem (von der Zensur beanstandeten) Badeanzug. Die Fähigkeit, Spaziergängen oder dem Besuch einer Grotte romantische Züge zu verleihen, kommt klarer zum Ausdruck als im zweiten Film, einer Verwechslungskomödie. Noch war Valentinos südländisches Aussehen kein Thema.

17

Die Hoffnung auf größere Rollen zerschlug sich. Im April und Mai 1919 wurde sein Part in *The Homebreaker*, in dem es um die Machenschaften eines Hochstaplers geht, auf eine einzige Szene zusammengeschnitten, und als er an der Seite von Norman Kerry in dem Melodram *The Virtuous Sinners* spielte, wurde er zum Bedauern des Regisseurs, der außer einer Großaufnahme im Profil nichts für ihn tun konnte, wieder als Ganove besetzt. Jedoch bot sich nach diesem deprimierenden Rückschlag eine unverhoffte Chance, als er der Schauspielerin Mae Murray begegnete, die er bereits aus New York kannte. Sie hatte sich nach mühsamen Anfängen bei den Ziegfeld Follies beim Film durchgesetzt.

Der Wechsel vom Theater oder den Follies ins Filmgeschäft war nicht ungewöhnlich. Während des Ersten Weltkriegs stand die Bühne in höherem Ansehen als der Film, ein proletarisches, von Männern der Unterschicht geformtes Medium, das unterhalten und das Publikum mit der Botschaft besänftigen wollte, es sei möglich, den Härten des Lebens durch Jugend, Schönheit, Begabung zu entrinnen. Im Gegensatz dazu schloss Theaterarbeit Analphabetentum aus. Um Texte lesen, vortragen, um nach Noten singen zu können, bedurfte es gewisser Voraussetzungen. Für Ballett und Varieté, Zirkus, Kabarett, Music Hall und Revuen galt das nicht in gleichem Maße. Die Leinwand blieb stumm. Obwohl das Publikum im Lippenlesen geübt war, gab es keine akustische Kontrolle oder hörbare Hinweise auf die soziale oder regionale Herkunft der Darsteller, was sich erst mit dem Tonfilm ändern und zu Tragödien führen sollte. Viele Komiker und Stars des frühen Hollywood blickten auf eine vagantische, von Armut und Vaterlosigkeit geprägte Kindheit zurück. Vulgär und komisch zugleich, fanden sie den Beifall eines Publikums, das Tortenschlachten und Tritte in ein weibliches Hinterteil ebenso genoss wie Raufereien und menschliche Tücke − Slapstick-Konventionen, die der jungen Gloria Swanson so öde erschienen, dass sie bei Probeaufnahmen für Charles Chaplin absichtsvoll unbeholfen wirkte, um nicht mit ihm arbeiten zu müssen.

Hollywood lockte mit hohen Gagen und dem Versprechen, sich aus dem Nichts heraus im Bewusstsein von Millionen zu verankern, denn im Unterschied zum Theater sind Filme unabhängig von der physischen Gegenwart eines Ensembles. Die Filmmetropole bot den aus dem Dunkel obskurer Bühnen oder von der Straße weg engagierten Aufsteigern die Chance, sichtbar zu werden wie auf keiner Bühne der Welt. Überall. Riesig und in Nahaufnahme. Die neue Technik überwand Grenzen schneller als jede Tournee. Fasziniert starrte das Publikum auf die überdimensionierten Gestalten der

Leinwand. Wer waren die Schauspielerinnen und Schauspieler, woher kamen, wie lebten sie? Solche Fragen lagen nahe, und ein neuer Typus von Magazinen entstand, um die Neugier von Millionen zu befriedigen.

Die Ziegfeld Follies stellten für viele Tänzerinnen das Sprungbrett zum Film dar. Mae Murray gehörte dazu. Nachdem man sie von Seiten des Studios Famous Players-Lasky abgeworben hatte, kam sie nach Kalifornien und drehte in rascher Folge Streifen, die um das Cinderella-Motiv kreisten. Sie verstand sich als Tänzerin, Komikerin, Trendsetterin. Ihr Markenzeichen, der Schmollmund *(bee-stung lips)*, eine Kaskade blonder Löckchen, weit aufgerissene Augen und ihre Umtriebigkeit ließen sie neben Mary Pickford als sinnliche Variante der Kindfrau erscheinen. Im Frühjahr 1919 suchte sie gerade einen Partner für ihren nächsten Film. So fand das Wiedersehen mit Valentino für beide in einem günstigen Augenblick statt.

Der Film *The Delicious Little Devil* (das Teufelchen ist Mae Murray) gibt ihm Gelegenheit, sich in der Rolle des leidenden, um sein Glück kämpfenden Liebhabers zu bewähren. Beim Tanz lernt er eine arbeitslose junge Irin kennen, die vom Besitzer eines Lokals nur engagiert wurde, weil sie vorgab, die Geliebte eines dort verkehrenden Herzogs zu sein. Als der Herzog auftaucht, von dem Schwindel erfährt und zudringlich wird, gelingt es Valentino im letzten Moment, sie aus den Armen des Mannes zu befreien. Bei dieser Gelegenheit trifft der gefräßige, trink- und spielsüchtige Vater des Mädchens den Vater des jungen Mannes. Beide erkennen sich als Arbeitskollegen vom Bau wieder und haben nichts gegen das Glück ihrer Kinder einzuwenden.

Murray agiert im Slapstick-Tempo. Für eine Tänzerin bewegt sie sich überraschend kunstlos. Dennoch wurde Hektik als Temperament, Grimassieren als mimisches Können verstanden. Obwohl sie 1915 bei den Ziegfeld Follies ihre Konkurrentin Mary Pickford mit Erfolg parodiert hatte, entwickelte sie ihr Talent zur Komikerin nicht weiter, sondern erstarrte in Manierismen und wurde bald zur Parodie ihres jugendlichen Selbst.

Dagegen spielt Valentino in *The Delicious Little Devil* erstmals jene Ambivalenz aus, die den Charme seiner künftigen Rollen ausmachen wird. Hin- und hergerissen zwischen Zweifel und Gewissheit, unterscheidet er sich von anderen Männern schon durch die Art, in der er Frauen anschaut oder ihnen zulächelt. Zu den szenischen Höhepunkten des Films gehört eine Autofahrt. In rasantem Tempo eilt Valentino der bedrängten Geliebten zu Hilfe – ein moderner Ritter, der die Rüstung mit dem Smoking, das Pferd mit dem leistungsstarken Automobil vertauscht hat. In Aussehen, Auftreten, Haltung hat er bereits zu seinem Stil gefunden und erscheint makellos elegant. Dunkle Anzüge mit blendend weißer Hemdbrust heben Gesicht und Kopf hervor, und die pomadisierte Glätte des im *patent-leather-style* frisierten Kopfes betont ein Profil, das nie seine markanten Grundlinien verliert und durch kleine Mängel – so die Narbe auf der rechten Wange – lebendig wirkt, obwohl man ihn, wie alle Schauspieler jener Jahre, stark schminkt.

Mit *The Big Little Person*, ihrem nächsten gemeinsamen Film, der Anfang Juni 1919 in den Verleih kommt, gab Murray Valentino eine weitere Chance. Im Mittelpunkt der Geschichte steht eine junge Frau, die das Gehör verloren hat und sich nach etlichen Schicksalsschlägen damit abfinden muss, taub zu bleiben. Trotzdem arbeitet sie als Sekretärin. Ihr Verlobter (Valentino) tritt großsprecherisch auf, und es dauert nicht lange, bis er als treulos und brutal demaskiert wird. Durch den Schock gewinnt sie das Hörvermögen zurück.

Die abstruse Story missfiel Valentino ebenso wie die Tatsache, dass er wieder einmal den Schurken spielen musste. Im Mai 1919 endeten die Dreharbeiten. Danach verließ ihn das Glück, und er fragte sich allen Ernstes, ob Hollywood etwas wie den Aufbau von Können und Erfahrung zuließ. Überall sah er nur den Zufall am Werk. Andere empfanden ebenso.

Viele Entscheidungen in den Produktionsabteilungen der Studios waren rein kommerzieller Natur und für die Darsteller vor Ort nicht nachvollziehbar. Jede Geschichte musste den Charakter einer Ware annehmen, ebenso der jeweilige Star. Erfolg, und damit war immer wirtschaftlicher Erfolg gemeint, stellte sich so gut wie nie nach Rezept, d. h. nach den inzwischen entstandenen Schablonen, ein, denn die Reaktion des Publikums blieb unkalkulierbar. Bei all diesen Unwägbarkeiten war es kein Wunder, dass die Filmkolonie zur Hochburg der Esoterik wurde – es wimmelte von Gurus, Wahrsagerinnen, Zungenrednern, Geistersehern.

Wieder stand Valentino auf der Straße. Schließlich bot man ihm einen Auftritt als *Apache dancer* an. Aus Verzweiflung akzeptierte er nach zwei Nebenrollen einen namenlosen, zu allem Überfluss noch gekürzten Part in *A Rogue's Romance* (1919). Niemand wollte ein Risiko eingehen, am wenigsten David Wark Griffith. Valentinos Begegnung mit dem Pionier des amerikanischen Films in privatem Rahmen war alles andere als viel versprechend. Jahre später erinnerte sich Griffith an einen unauffälligen jungen Mann, der Freunde und Bekannte bewirtete. Die italienischen Köstlichkeiten hatten den Koch um seine Taille gebracht; für die Kamera würde er den geliebten Spaghetti entsagen müssen.

Möglicherweise fand das Treffen nicht 1916, wie Griffith annahm, sondern Ende 1917 oder Anfang 1918 statt, denn es ist wenig wahrscheinlich, dass der berufs- und arbeitslose, fast gestrandete und von einer Aura der Verlorenheit umgebene Immigrant unmittelbar nach seiner Ankunft in Kalifornien zum engeren Kreis des Regisseurs gehörte. »Am Anfang«, erinnerte sich Griffith 1938, zwölf Jahre nach Valentinos Tod, »bemerkte ich kaum den Burschen, der das Essen zubereitete und servierte, bis jedermann am Tisch mit lautstarker Stimme Nachschlag forderte und drei Hochrufe zum Wohle unseres Gentleman-Kochs und Kellners ausbrachte. Ich schaute auf und bekam einen Eindruck von Rudys ausdrucksvollem Profil. Ich war sofort von der ›photogénique‹, wie es die Franzosen nennen, beeindruckt und von der Qualität seiner perfekten äußeren Erscheinung. Es war mein Geschäft als Regisseur, immer wieder Ausschau nach neuen Gesichtern zu halten, und hier war zweifellos eine aufregende Neuentdeckung, falls er so gut spielen konnte, wie er aussah.« Bislang hatte Valentino Bestätigung nur von dem Regisseur James Young erhalten. Er glaubte bereits an ihn, als Valentino selbst noch Mühe hatte, sich eine Zukunft beim Film vorzustellen.[3]

Griffith kann zwar nicht als Entdecker Valentinos gelten – das blieb einer jungen Drehbuchautorin vorbehalten –, aber er engagierte ihn als Tänzer. Mit Produktionen wie *The Birth of a Nation* (1915) oder *Intolerance* (1916) hatte es sich eingebürgert, die Uraufführung eines Films gewöhnlich in New York oder Los Angeles – mit Ansprachen und Auftritten – zu begleiten. Für die Premiere von *The Greatest Thing in Life* engagierte Griffith außer zwei bekannten Tänzerinnen, Clarine Seymor und Carol Dempster, noch Valentino. In Los Angeles traten sie am 16., in New York am 22. Dezember 1918 auf.

Bis zum nächsten Engagement sollte es acht Monate dauern. Von den schauspielerischen Qualitäten Valentinos war Griffith damals so wenig überzeugt, dass er für seinen Western *Scarlet Days* dieselben Tänzerinnen engagierte, ihn aber zu Gunsten von Richard Barthelmess aufgab. »Mit beiden«, rechtfertigte der Regisseur sich später, »wurde sehr sorgfältig geprobt, aber Valentino, wurde leichtsinnig, während er seine Rolle zu perfektionieren suchte, und wir konnten ihn nicht daran hindern, mit wilden Gesten in südländischer Manier die Luft zu zersägen. Wir waren davon überzeugt, dass dies dem amerikanischen Publikum nicht gefallen würde. Barthelmess, erfahrener und zurückhaltender, bekam den Vertrag.« Wahrscheinlich verpasste Valentino die Chance, mit einem Regisseur wie Griffith zu arbeiten, aus purer Verzweiflung. Nervös und übereifrig dürfte er sich darum bemüht haben, sich so »südländisch« wie möglich zu geben, und verdarb damit alles.

Für Griffith war Valentino nicht einmal als Bösewicht überzeugend genug, doch zum Trost ließ er ihn mit Carol Dempster vor dem Premierenpublikum von *Scarlet Days* tanzen.[4]

Verglichen mit New York erwies Hollywood sich als das härtere Pflaster. Hier riss die Kette kleinerer Engagements so unvermittelt ab, wie sie begonnen hatte. Es gab Tage, an denen Valentino sich eingestand, dass seiner Arbeit das natürliche Wachstum fehlte. Alles schien dem Zufall überlassen. Kaum hatte er sich an der Seite eines Stars aus der Komparserie herausgearbeitet, wurde er wieder auf *bit parts* – Gauner, Gangster oder obskure Ausländer – reduziert. War dann mal ein Film mit ihm gedreht, konnte es geschehen, dass er aus Geldmangel nicht aufgeführt wurde. Ein Tiefpunkt war erreicht, als er – wie einst in New York – als Tänzer arbeiten musste: im Vorprogramm von Premieren. Und es sollte noch schlimmer kommen.

Im Spätsommer des Jahres 1919 erreichte die Spanische Grippe Kalifornien und legte die gesamte Filmkolonie lahm. Auch Valentino wurde krank. Im Fieber durchlebte er wieder und wieder Szenen aus seiner New Yorker Zeit. Die grazile Gestalt von Bianca De Saulles stand ihm ebenso deutlich vor Augen wie die von Wut verzerrten Züge ihres Ehemannes; er roch die muffige Luft im Gerichtssaal, nahm die groben Poren im Gesicht des gegnerischen Anwalts wie durch eine Lupe wahr, hörte das Publikum bedrohlich tuscheln. Die Furcht, Gerüchte könnten sein Leben zerstören, ließ ihn hochschrecken. Mal dämmerte er vor sich hin, mal schaffte er es, sich zum Fenster zu schleppen und in die Sonne zu starren; diese beinahe schmerzhafte Helligkeit war das Einzige, was Apulien und Kalifornien miteinander verband. Er war nahe daran aufzugeben. Sollten seine Onkel Recht behalten? War er als Versager geboren? *Sbagliato, figlio prodigo?*

Trost fand er nur im Gedanken an seine Mutter. Wie unerreichbar fern schien die kleine, aufrechte Französin. Lebte Beatrice Guglielmi nach dem Tod ihres Mannes nicht auch in einer Art Exil? Während der Kriegsjahre hatte sie ohne Hilfe der Kinder durchkommen müssen. Nie und nimmer durfte er ihr anvertrauen, dass er sechs Jahre nach seiner Ankunft in den USA nicht nur arm und arbeitslos, sondern auch noch krank war. Manchmal ging der Versuch, ihr Sorgen zu ersparen (und das hieß: lügen), fast über seine Kraft. Anfangs hatte er diese Kraft noch gehabt und das Briefpapier luxuriöser Hotels benutzt, um die Mutter an seinem vermeintlichen Fortkommen teilhaben zu lassen.

Dann, ohne Vorwarnung, war es selbst mit dieser Art von Korrespondenz vorbei. Die italienische Post galt als unzuverlässig, aber eine Nachricht erreiche ihn doch: Der einzige Mensch, der an ihn geglaubt und ihn voraussetzungslos geliebt hatte, war tot. Hatte seine Mutter zwischen den Zeilen gelesen, geahnt, wie es um ihn stand? Sein Spiel mitgespielt? Oder hatte er bis zum Ende in ihrem Bewusstsein als *desutilaccio*, als Taugenichts, gelebt, als geliebter und doch verloren zu gebender Sohn? Wem sollte er etwas vormachen, jetzt, wo es sie nicht mehr gab? Wer glaubte noch an ihn? Nicht einmal er selbst. Vom Fieber geschwächt, fiel er in einen tiefen Schlaf.

Jede Familie hat ihre Legende. Mächtig und wirksam an dunklen Tagen, in Erbitterung und Angst, rettete sie Valentino, enthielt sie doch alles, was man in Hollywood zum Überleben brauchte: *coraggio – contegno – dignità*. Mut, Haltung, Würde. Sie waren nicht nur Bestandteil der Familiengeschichte, er hatte sie auch als Kind direkt vor Augen gehabt, jene Eigenschaften, die in seiner Erinnerung mit politischen Turbulenzen, Gefahren für Leib und Leben, dem väterlichen Existenzkampf verbunden waren, romantische Züge annahmen, konkret, und doch von Visionen getragen. In seiner Erinnerung konnten sie durch nichts und niemanden zerstört werden. Ein starkes Paar hatte für seine Kinder gelebt. Als Giovanni Guglielmi mit Anfang fünfzig gestorben war, beobachtete der kleine Rodolfo seine Mutter genau. Die Witwe tat nichts von dem, was man erwartet und ihr ohne weiteres nachgesehen hätte. Es gab weder Tränen noch den obligatorischen Zusammenbruch am Grab, nichts von dem, was Frauen in ihrer Lage Erleichterung verschaffte. Eine wunderbare Konzentration und Entschlossenheit ging von ihr aus. Beatrice Guglielmi tat das Gebotene mit Würde. »Der heilige Mut der Frauen zeigte sich mir zum ersten Mal am Beispiel meiner Mutter«, schrieb er wenige Jahre später in sein Tagebuch. »Es war am Totenbett meines Vaters ... Ich kann mich erinnern, wie sie in der Kathedrale vor den Altarkerzen kniete, weniger betend als in innerer Zwiesprache mit ihm, der ihr nur vorausgegangen war. Immer noch voller Liebe für ihn. Immer noch im Gefühl der Gemeinsamkeit mit ihm. Solche Erinnerungen machen es mir unmöglich, die Liebe leicht zu nehmen. Dieses frühe Erlebnis pflanzte in mein Knabenherz die Vorstellung von der Dauerhaftigkeit der Liebe. Das werde ich nie vergessen.«[5]

Freunde versuchten, ihn nach dem ersten Schock wieder unter Menschen zu bringen. Sonst war niemand an ihm interessiert. Arbeitslose Schauspieler gab es wie Sand am Meer. Vor den Studios drängten sich die Komparsen. Um seinen Schmerz zu vergessen, besann Guglielmi sich auf seine Liebe zu schnellen Wagen. Bis jetzt hatte seine Gage nur für ein gebrauchtes Exemplar gereicht, und sogar dies alte Modell musste er bald wieder hergeben. Er freundete sich mit Italienern aus einer Reparaturwerkstatt am Sunset Boulevard an, ging ihnen zur Hand und durfte als Gegenleistung manchmal neue Autos umsetzen und vorfahren, als gehörten sie ihm. Auf den Eindruck kam es an, das überzeugende Bild. Wer außer Polizisten und Detektiven war in Hollywood an der Wahrheit interessiert? Nicht einmal Journalisten. Die Mechaniker konnten sich in Valentinos Lage versetzen. Als Landsleute waren sie von der Notwendigkeit des *fare bella figura* überzeugt.

Fremden gegenüber verbarg Valentino nicht nur seine Armut, sondern auch seinen Schmerz und verzichtete eher aufs Essen als auf eine gute Garderobe. Überlebenstechnik und berufliches Training fielen in eins: Tag für Tag, Woche um Woche, Monat für Monat. Zwei Jahre lebte er jetzt in Kalifornien. Solange er sich mit Gelegenheitsarbeiten über Wasser hielt, wollte er unerkannt bleiben – auch das war Teil des Spiels um die Zukunft. Doch wenn er sich um eine Rolle bewarb, trat er mit bravouröser Eleganz auf.

In diesen Tagen sah er Dagmar Godowsky wieder. Zwei Jahre zuvor hatten sie sich im New Yorker Moulin Rouge durch einen Freund ihres Vaters, des Pianisten Leopold Godowsky, kennen gelernt. Der Freund hieß Enrico Caruso. Die Begegnung könnte zwischen dem 5. November, Carusos Rückkehr aus Südamerika, und Valentinos Abreise aus der Hauptstadt, also spätestens einen Tag vor Beginn des Mordprozesses gegen Bianca De Saulles am 19. November 1917, stattgefunden haben. Der Sänger residierte im Knickerbocker Hotel und tanzte Walzer mit Dagmar, um seinen *Katzenjammer* (er benutzte das deutsche Wort) zu kurieren. Und er machte sie mit *Signor Guglielmi,* einem Landsmann, bekannt. Der tanzte wunderbar, viel besser als der beleibte, zur Vatergeneration gehörende Tenor; in seinen Armen schwebte man über das Parkett. Dagmar Godowsky machte sich einen Spaß daraus, beide Männer miteinander zu vergleichen.

In Neapel geboren, war Caruso Süditaliener wie sein unbekannter Landsmann aus Apulien. Eigenarten der gemeinsamen Herkunft passten zur Tango-Generation: Elan und Schick (auf Reisen ließ er sich von einem Schneider begleiten), die Vorliebe für auffallenden Schmuck und, natürlich, die Kochkunst. »Wie alle Italiener«, schrieb Godowsky später über Valentino, »liebte er es, Spaghetti zu kochen. Ich kenne keinen, bei dem das anders war. Es ist schrecklich, aber ich begreife das nicht. Die Chinesen kommen nicht zu uns und kochen schnell süß-saure Rippchen. Die Deutschen umwerben keine Frau mit Sauerbraten. Die Schotten, ich bin froh, das sagen zu können, beginnen bei ihrer Ankunft nicht gleich mit der Zubereitung von Haggis.

Aber ein Italiener – wer es auch sei – ist immer bemüht, die Spaghetti seiner Mama für dich zu kochen.«[6]

Durch sie kam es zu zwei Begegnungen, die Rodolfo beschämen und ihm viel Ärger bereiten sollten. Auch Dagmar war Neuling in Hollywood. Als sie mit ihren Eltern nach Kalifornien kam, hatten sich Türen geöffnet, die ihr ohne den berühmten Vater verschlossen geblieben wären. Man zögerte nicht lange und holte die gut aussehende und schlagfertige junge Frau zum Film. Gerade war sie neben Alla Nazimova, einer bekannten russischen Schauspielerin, in *Stranger than Death* aufgetreten. Beide Frauen hatten für den Film Tanzunterricht bei Ruth St. Denis genommen und wollten das Ende der Dreharbeiten im kleinen Kreis feiern. War es Zufall, dass Valentino gerade an diesem Abend ins Ship Café nach Santa Monica kam, wo das Treffen stattfand? Jedenfalls erkannte er Godowsky und tanzte auf den Tisch zu, an dem sie mit der Hauptdarstellerin, dem Regisseur Charles Bryant, Schauspielerinnen wie Jean Acker, Viola Dana und dem Studiomanager Maxwell Karger saß. Als Godowsky ihn vorstellen wollte, kam es zum Eklat. Zwei Sätze des russischen Stars, im Bühnenton vorgetragen und deshalb im ganzen Lokal zu hören, zerstörten mit einem Schlag die heitere Stimmung. »Wie können Sie es wagen, diesen Gigolo an meinen Tisch zu holen? Wie können Sie es wagen, Nazimova diesen Strichjungen vorzustellen?« Alle erstarrten. Kurz danach wurde die Gesellschaft aufgehoben. Nazimova schien selbst wenig glücklich über ihren rüden Ausfall. Doch nachdem es Valentino irgendwie geschafft hatte, den Raum zu verlassen, war es für Erklärungen zu spät.[7]

Zwei Jahre waren seit seiner Flucht aus New York vergangen – in Hollywood eine Ewigkeit. Trotzdem hatte ihn die Affäre um Bianca De Saulles wieder eingeholt. Mit all ihren Verdächtigungen, Anklagen, mit ihrer von Frauenhandel und Erpressung geprägten Sphäre. Nach der Blamage im Café verkroch er sich, wollte niemanden sehen. Erst Tage später gelang es seinem Freund Douglas Gerrard, ihn zum Öffnen der Tür zu bewegen. Er überbrachte eine Einladung von Pauline Frederick. Ihr Anwesen in Beverly Hills galt nach Meinung des Photoplay Magazine als »Hauptquartier der Makkaronis aus der Filmindustrie«. Die damenhafte Schauspielerin hatte von dem Zwischenfall gehört und wollte ein Zeichen setzen. Obwohl Gerrard seinen tief beschämten Freund nur mit Mühe zum Kommen überredet haben dürfte, ging er schließlich mit, denn ihm war klar, dass Pauline Frederick ihn – wie so viele andere, die ihn in diesen beiden Jahren besser kennen gelernt hatten – als »gesellschaftsfähig« betrachtete, den Schaden begrenzen und ihn in tonangebende Kreise aufnehmen wollte. Valentino vergaß ihr diese Geste nie.[8]

Hier, im Haus von Pauline Frederick, traf er eine junge Frau wieder, die im Café an Nazimovas Tisch gesessen hatte. Sie ging auf ihn zu und drückte ihr Bedauern über den Vorfall aus. Jean Acker war Schauspielerin und gehörte zum Freundinnenkreis von Nazimova, die einen der ersten Salons, Zentrum der russischen Kolonie, in Hollywood führte, bevor Mary Pickford und Douglas Fairbanks sich auf »Pickfair« etablierten. »The Garden of Allah« oder der »8080 Club«, wie ihr weitläufiges Anwesen genannt wurde, stand begabten Frauen aus dem Filmgeschäft ebenso offen wie europäischen Berühmtheiten, die in Los Angeles Station machten. Zu Beginn ihrer Karriere hatte Nazimova im Moskauer Künstlertheater unter Leitung von Konstantin Stanislawski gespielt und kannte nicht nur Olga Leonardowna Knipper, Tschechows Witwe, sondern auch internationale Berühmtheiten wie Ellen Terry oder Eleonora Duse persönlich. Nazimova versammelte begabte Schauspielerinnen, Designerinnen und Drehbuchautorinnen um sich und gab ihnen eine Chance. In Hollywood bestand wenig Neigung, berufliche und private Belange zu trennen. Nazimova war fähig zu dieser Trennung. Auch wenn Eifersüchteleien im »8080 Club« nicht ausblieben, konnte jeder Gast sich auf ihrem Anwesen gut unterhalten, erholen oder amüsieren.

Nazimova galt als Autorität; sie war Star der Metro und bisexuell. Über Jahre hinweg lebte und arbeitete sie mit dem Schauspieler und Regisseur Charles Bryant zusammen, der als ihr Ehemann galt. Jean Acker gehörte nicht zu dem von der Nazimova geförderten talentierten Nachwuchs. Allerdings war ihre Verbindung zur Hausherrin unübersehbar eng. Trotz ihrer Jugend hatte sie bereits Theater-, Vaudeville- und inzwischen auch Filmerfahrung. Illusionen machte sie sich schon lange nicht mehr. Ihr Wert für die Metro, erklärte sie Valentino mit einem Lachen, sei rein dekorativer Natur. Sechs Jahre zuvor war Acker für das Motion Picture Magazine interviewt worden. 1913 gab sie als Geburtsort St. Louis und als Schule St. Mary's Seminary in Springfield, N. Y. an. Das Strickmuster solcher »Befragungen« stand damals schon fest. Menschen, die auf dem Weg ins Irgendwo Station in Hollywood machten, von der Jagd auf Schönheiten erfasst und beschäftigt wurden, sahen sich rasch genötigt, etwas vorzuweisen, worüber die meisten gerade nicht verfügten: eine glanzvolle Herkunft. Acker war keine Ausnahme. Sie erwähnte spanische Eltern (tatsächlich war sie zum Teil indianischer Abkunft), behauptete, als Mädchen Europa bereist zu haben, und gab als »Lieblingsdichter« Robert Browning an. Nur Spielverderber und Pedanten bestanden auf der Wahrheit. Im Unterschied zu Europa blieb die Täuschung, das So-tun-als-ob, kein Privileg prahlender Außenseiter, sondern galt als Zeichen von Professionalität. Der Phantasie im Hinblick auf die Flucht vor Bedeutung und Sinn waren keine Grenzen gesetzt. Kenntnissen schon. Dagmar Godowsky, die als Kind tatsächlich Europa bereist hatte, amüsierte sich über die allgemeine Unwissenheit: »Als Theda Bara die Julia spielte, bemühte man sich telefonisch um ein Interview mit Bill Shakespeare. Mit seinem Mangel an Kooperationsbereitschaft hätte er sich fast die Karriere zerstört.«[9]

Wer für Filmzeitschriften interviewt wurde, wusste, wie wichtig das Zusammenspiel mit Reportern sowie den Studioabteilungen für Öffentlichkeitsarbeit für das eigene Fortkommen war. Täuschungen gehörten zum Alltag. In Hollywood durfte, ja musste man sich täglich neu erfinden. Nur selten ging man allerdings so weit wie im Fall der dämonischen Theda Bara, über die berichtet wurde, sie habe eine Vorliebe für den Verzehr von Kindern.

Anders als Godowsky hatte Acker keinen berühmten Vater und versuchte auf andere Art, sich im Gedächtnis der Fans zu verankern. Da sie wusste, welche Wut weiblicher Ehrgeiz hervorzurufen pflegte, machte sie den üblichen Kotau vor Männern, Hausfrauen und der Konvention: »Ich möchte Geschäftsfrau sein, eine Suffragette bin ich aber nicht.« Es war die reine Wahrheit. Der Interviewer erwähnte noch, die charmante junge Dame lese! Das konnte sich in Hollywood nur karriereschädigend auswirken, wurde aber durch den Hinweis gemildert, sie entwerfe Szenarios. Der Journalist nahm es hin, dass Jean zwar ihr Geburtsdatum verschwieg, aber mit dem Freimut eines Möbelpackers über ihre Größe, ihr Gewicht und »Besitzverhältnisse« Auskunft gab: »Ich bin nicht verheiratet, nur glücklich.«[10]

Auch im Gespräch mit Valentino hatte sie diese Freimütigkeit bewahrt und war so spontan wie eh und je. Schlank, mit dunklen Augen und dem Bubikopf des Flappers saß sie dem Mann gegenüber, der von ihrer engsten Freundin beleidigt worden war. Er tat ihr Leid. Sie wollte es gutmachen. Beruflich verfügte Acker über Kenntnisse, auch Kontakte, die ihm immer noch fehlten. Außerdem gehörte sie zum engeren Kreis von »Madame«, wie Nazimova im Glanz der Etabliertheit genannt wurde, und es fehlte ihr nicht an Engagements. Nach all den Fehlschlägen und Verlusten der letzten Monate war sie die erste Frau, die sich für ihn interessierte, Mitgefühl zeigte. Beide lachten viel an diesem Abend. Für eine Weile vergaß er all das Schwere, was hinter ihm lag. Zur Party von Pauline Frederick waren schöne Frauen geladen. Valentino schien sie nicht zu bemerken. Als höflicher Mann konzentrierte er sich auf seine Tischnachbarin. Ihre Gegenwart ließ ihn vergessen, wie einsam er gewesen war all die Monate ohne Arbeit, trotz der Freunde, die ihn kennen und schätzen gelernt hatten: verheiratete Männer, Männer mit Geliebten, mit Kindern oder Geschwistern in greifbarer Nähe. *Er* war kein solcher Mann. Nur allein.

Damit hatte es am 19. November 1919 scheinbar ein Ende. An diesem Tag fand die Hochzeit von Jean Acker und Rodolfo Guglielmi statt. Noch wusste der Bräutigam nicht, welcher Sinn in den Jahre zuvor geäußerten Worten der Braut lag: »Ich bin nicht verheiratet, nur glücklich.« Dass sie jetzt verheiratet und unglücklich war, lag nicht am Ehemann, sondern an einem Missverständnis. Deshalb bereute die Braut ihre Entscheidung noch am selben Abend. Als das Paar nach der Trauung für eine kleine Feier ins Hollywood Hotel zurückkehrte, schloss Acker sich in ihrem Zimmer ein und verweigerte Valentino, der zunächst an einen Scherz glaubte, nicht nur den Zutritt, sondern auch eine Erklärung für ihr Verhalten.

Am nächsten Morgen telefonierten beide mit Dagmar Godowsky. Valentino bat die Freundin um Beistand. Er war ratlos. Alle Versuche, ein Treffen mit seiner Frau herbeizuführen, blieben vergeblich. Er hatte sie kennen gelernt, als er einsam war, in Trauer um seine Mutter und gedemütigt durch den Vorfall im Café.

Acker fand ihn sympathisch und angenehm im Umgang. Sein Heiratsantrag war so unvermittelt gekommen, dass sie aus einer Laune heraus zugestimmt hatte, ohne die Konsequenzen zu bedenken. Oder gab es andere Gründe für diesen überraschenden Schritt? Vermutlich, denn inzwischen lebte sie mit einer Schauspielerin zusammen. In Hollywood kursierten Gerüchte, Acker habe mit ihrer Geliebten Grace Darmond Streit gehabt und ihr eine Lektion erteilen wollen. Dem jungen Ehemann kamen sie nicht zu Ohren. Darmond trat in Billigproduktionen, Filmen wie *The Girl in His House, See My Lawyer* und *Daytime Wives,* auf. Wenn zutrifft, dass Valentino 1917 in *Alimony* eine Komparsenrolle bekam, könnte er sie dort bei Dreharbeiten kennen gelernt haben. Der extrem scheuen Frau fehlte ein Mentor vom Schlage Mauritz Stillers; anders als Greta Garbo, der sie auch äußerlich ähnelte, blieb Darmond ohne Chance in einem Umfeld, wo es sich empfahl, keine Party, keine Premiere, keinen wichtigen Empfang auszulassen und Männer zu hofieren.[11]

Jean Acker hatte sich in eine Sackgasse manövriert. Außerstande, eine Fehlentscheidung diskret zu korrigieren, brachte sie es nicht übers Herz,

Valentino die Gründe für ihr Verhalten darzulegen, sondern speiste ihn mit Ausflüchten ab. Bei der ersten Belastung zerbrach die Maske des kühnen Flappers, hinter der sich wie bei vielen Amerikanerinnen Angst und Unsicherheit verbargen. Inzwischen war sie zu Dreharbeiten für *The Roundup* mit Roscoe Arbuckle abgereist. Valentino fehlte das Geld, ihr zu folgen. Wenn er anrief, ließ sie sich verleugnen. Doch im Dezember 1919 endete das Katz-und-Maus-Spiel. Das Paar gab seine Trennung bekannt.

In Hollywood verbreitete sich die Nachricht wie ein Lauffeuer. Nach Meinung der Männer hatte Valentino sich von einem lesbischen Starlet zum Narren machen lassen. Frauen aus seinem Bekanntenkreis urteilten weniger streng, sofern sie es nicht vorzogen, das heikle Thema unkommentiert zu lassen. Schnellhochzeiten und rasche Annullierungen waren häufiger, als die Presseabteilungen der Filmindustrie zugeben mochten. Wie einst in Italien taten *pettegolezzo, diffamazione* – Klatsch und üble Nachrede – auch hier ihre Wirkung, sofern man nicht zu den Privilegierten gehörte, deren Privatleben von so genannter Studiopolitik gelenkt und in gewissem Sinn sogar abgeschirmt wurde.

Die Bilanz von 1919 fiel bitter aus. Valentino trauerte um seine Mutter. Die Ehe war gescheitert. Das Geld wurde knapp. Immerhin durfte er in *Eyes of Youth* an der Seite von Clara Kimball Young eine Nebenrolle spielen. Wenn Dagmar Godowsky vorbeikam, traf sie auf einen »sehr, sehr armen … sehr charmanten, sehr gut erzogenen, ziemlich schüchternen Mann«, der seine Melancholie hinter einem Lächeln verbarg.[12]

Eine Lektion nahm er mit ins neue Jahr: Man durfte die Dinge nicht schwer nehmen. Zählebige Gerüchte, Beleidigungen, selbst eine Heirat. Wen kümmerte das Gestern? In Hollywood fing man immer wieder von vorn an. Die Stadt lebte vom Vergessen. Schauspieler auch. Valentino gehörte noch nicht zu ihnen.

CALIFORNIA BLUE

Das Jahr 1920 war nicht nur für Valentino eine Zeit des Übergangs. Alles schien im Umbruch begriffen. Zwar gab es Arbeit für ihn, doch weder Kontinuität noch anspruchsvolle Projekte – nur Drehbücher mit trivialen Botschaften. Die Art, in der Themen behandelt wurden – Krieg, Spiritismus *(The Cheater)*, verbunden mit Bestrafungen ehrgeiziger Frauen (in *Once to Every Woman* beendet Valentino die Karriere einer Sängerin mit einem Schuss in die Kehle) oder Kriminalität *(The Wonderful Chance)* –, enttäuschte ihn ebenso wie Rollen, die ins schäbig Ganovenhafte hineinspielten. Er war der falschen Schnurrbärte, finsteren Blicke, besonders aber der Anspielungen auf die Affäre De Saulles überdrüssig.

In Hollywood scheute man das Risiko und verließ sich gern auf Erprobtes aus fremder Quelle. Viele Filme der zwanziger Jahre entstanden auf der Grundlage von Bestsellern oder erfolgreichen Theaterstücken. *Eyes of Youth* war keine Ausnahme. Die Premiere fand drei Tage nach Valentinos Trauung mit Jean Acker in Los Angeles statt.

1916 war er als namenloser Komparse in ihrem Film *The Foolish Virgin* erschienen; nun bot sich erstmals die Gelegenheit, neben einer Partnerin zu spielen, die bereits einen Namen hatte. Fünf Jahre älter als Valentino, stand Clara Kimball Young seit ihrem dritten Lebensjahr auf der Bühne und war als Darstellerin in Melodramen wie *Uncle Tom's Cabin, Cupid versus Women's Rights* oder *Camille* beim weiblichen Publikum so gefragt, dass Lewis Selznick 1916 für sie eine eigene Filmgesellschaft gründete. Valentino kannte ihren Mann, den Regisseur James Young, und hörte, dass sich unter den Komparsen ihres Films *My Official Wife* kein Geringerer als Leo Trotzki befunden haben sollte.[1]

Eyes of Youth ist völlig auf den Star abgestellt und spielt in vier Variationen weibliche Lebensmuster durch. Mit Hilfe einer Kristallkugel eröffnen sich drei Wege für die Heldin, die ihr allerdings nur in der Phantasie offen stehen, bevor sie sich für einen vierten entscheidet. In der ersten Episode wird die Heldin von ihrem verarmten Vater in eine Versorgungsehe gedrängt. In der zweiten Episode folgt sie ihrer Begabung und lässt sich in Paris zur Opernsängerin ausbilden. Die dritte Episode endet mit dem Verzicht auf einen zwar tüchtigen, doch armen Geliebten. Jede Variante wird mit ihren Nachteilen dargestellt. Die aus »Vernunftgründen« geschlossene Ehe kann vom Gatten ohne weiteres beendet werden, da er seine Frau durch einen an-

30

geheuerten (von Valentino verkörperten) Verführer kompromittieren lässt. Die Opersängerin muss bisweilen den Zudringlichkeiten einflussreicher Männer nachgeben, um ihre Familie zu finanzieren. Und der Verzicht auf Liebe wird in der dritten Episode mit einem Dasein als alte Jungfer bestraft.

Einen Ausweg aus dem Dilemma kann es nach Ansicht der beiden Autoren nur geben, wenn sich der weibliche Überlebenswille an geeignete Männer bindet. Im letzten Teil muss der Heiratskandidat, ein redlicher, aber armer Ingenieur, vom geschäftstüchtigen Bruder der Frau angeleitet werden, damit das Glück nicht allzu sehr durch die Ärmlichkeit der Verhältnisse beeinträchtigt wird und die Fiktion der freien Gattenwahl aufrechterhalten werden kann.

Anfang der zwanziger Jahre war das Schreckgespenst der Prostitution in der Ehe ebenso wenig gebannt wie während der Ausbildung oder im Beruf. Zwar rechnete man *Eyes of Youth* zur Kategorie der *working girl films*, doch das Überleben aus eigener Kraft wurde für die Zielgruppe, junge Arbeiterinnen und Angestellte, als utopisch dargestellt. Das weibliche »Herz« durfte so lange gefahrlos entscheiden, wie der Verstand eines fürsorglichen Mannes (hier des Bruders) funktionierte. Ehezwang, Käuflichkeit oder Vereinsamung billigten der Protagonistin nur eine Opferrolle zu. Ihr Wille blieb bedeutungslos, solange er keine männliche Zustimmung oder sexuell motivierte »Protektion« fand. Die Verfasser der moralisierenden Story ignorierten die Tatsache, dass Millionen von Amerikanerinnen keine Wahl hatten und nach dem Krieg in wachsender Zahl berufstätig waren. Die Zeit stand still in *Eyes of Youth*.[2]

Valentino spielte den Verführer, der Erinnerungen an die Affäre De Saulles wachrief, nicht ohne Bedenken. Weil Norman Kerry ihn aber mit dem für die Öffentlichkeitsarbeit bei Famous Players Lasky zuständigen Harry Reichenbach bekannt gemacht hatte und Reichenbach ihm mit der Rolle des gedungenen Ehebrechers einen Gefallen tun wollte, wagte Valentino nicht abzulehnen.

In der ersten Episode kompromittiert er im Auftrag des Gatten, der sie loswerden will, eine verheiratete Frau. Beide müssen Zuneigung heucheln – die Frau in der Ehe und der Verführer der Ehefrau gegenüber. Sie unterscheiden sich nur im Hinblick auf Aktionsfeld und Handlungsspielraum. Dem Urbild der verfolgten Unschuld, das aus viktorianischen Romanen in den Film übergeht, steht auch hier ein smarter Betrüger gegenüber. Die Frau kann der häuslichen Welt nicht entkommen und geht wegen ihrer Naivität und einer fast an Dummheit grenzenden Unerfahrenheit in die Falle. Gerade darin erweist sich nach damaliger Auffassung ihr Wert. Opfer oder leichte Beute für einen Mann nach dem Geschmack der Eltern zu sein, gilt als ihre Bestimmung. Ein Problem stellen nur die nicht genehmen Männer dar. Das Opfer bleibt berechenbar – nur der Verführer verliert die eigenen und die Interessen des Auftraggebers keine Sekunde aus den Augen.

Clara Kimball Young hatte nicht die geringste Chance, gegen das hoffnungslos Verstaubte einer solchen Rolle anzuspielen. Das Publikum war der bleichen Schönheiten von einst müde geworden. Zuschauerinnen, die über mehrere Kriegsjahre hinweg ihre Männer an Werkbänken und Schreibtischen ersetzt hatten, kannten die Realität zu genau, um bei solchem Stoff noch ins Träumen zu geraten. Unbeholfene oder dekorativ dahinsiechende Frauen passten nicht länger ins Bild. Vamp und Flapper, rauchende, boxende und am Steuer von Autos und Flugzeugen sitzende Frauen beherrschten die Szene. Provokation war gefragt und Dynamik. Tempo!

Noch wusste Valentino nicht, dass ausgerechnet dieser Film zu seiner Entdeckung führen würde. Diesmal erwies es sich als Vorteil, kein gebürtiger Amerikaner zu sein, denn er hatte etwas in Wesen und Auftreten, das bei seinen in der neuen Welt aufgewachsenen Geschlechtsgenossen noch nicht recht entwickelt war. Anders als seiner Partnerin gelang es ihm, modern zu wirken. Modern und verführerisch.

Allerdings dauerte es noch fast ein Jahr, bis überhaupt jemandem auffiel, dass dieses Talent nicht an Gigolos, Eckensteher oder Ganoven verschwendet werden durfte. Dass er für anderes und Größeres bereit war, zeigte sich schon 1918 in Hollywood. Wie sein Altersgenosse Buster Keaton stellte Valentino sich der Kamera von Nelson Evans, einem der gefragtesten Porträtisten von Los Angeles. Haltung und Façon wirken makellos, das Zusammenspiel von Körper und Kleidung perfekt. Armut, Existenzangst, alle Schrecken der Gegenwart blieben in der Sekunde der Aufnahme vor der Studiotür – was zählte, war Auftreten, Selbstgewissheit, Ambition.

Clara Kimball Young erhielt gute Kritiken – Valentino blieb unerwähnt. Er wurde entweder übersehen oder nur flüchtig wahrgenommen – noch sechs Filme lang. Von März bis Juni 1920 spielte er in vier Filmen mit, verließ Hollywood im Herbst und hatte in New York mehrere kleine Engagements. Danach trat Valentino neben seinem Filmbruder Norman Kerry als italienischer Prinz auf: *Passion's Playground* war diesmal die Pappkulisse von Monte Carlo, dem Sinnbild lässiger Weltläufigkeit.

In diesen Tagen lernte Valentino auch die gleichaltrige Virginia Rappe kennen. Das ehemalige Model gehörte zu den unzähligen jungen, verführerischen Frauen, die ihr Glück beim Film suchten. Damit geriet Valentino zum zweiten Mal in die Nähe eines problematischen Umfelds, denn achtzehn Monate später, am 10. September 1921, starb die Schauspielerin an den Folgen einer Zusammenkunft mit dem Komiker Roscoe Arbuckle. Der über zwei Zentner schwere »Fatty«, dem der Aufstieg vom Hilfsarbeiter zum beliebten Komiker gelungen war, hatte eine Party gegeben und es so arrangiert, dass Virginia Rappe, die fünf Jahre lang auf keine seiner Avancen eingegangen war, zu den Eingeladenen zählte. Unter dem Vorwand, er habe eine Rolle für sie, führte er sie in ein benachbartes Schlafzimmer, stieß ihr eine Flasche in die Vagina und vergewaltigte sie anschließend. Ihr Ruf: »Ich sterbe. Er hat mich innen verletzt. Ich sterbe!«, ließ die meist betrunkenen Gäste in Panik auseinander rennen. Die Schauspielerin ahnte, dass sie nicht am Leben bleiben würde, und bat den Arzt: »Fassen Sie Arbuckle. Lassen Sie ihn nicht davonkommen.« Vier Tage später war Virginia Rappe tot. Bei der Obduktion stellte sich heraus, dass sie ein Kind erwartet hatte.[3]

Arbuckle wurde zwar angeklagt, erhielt aber Schützenhilfe von Buster Keaton und Charles Chaplin. Hollywood war eine Hochburg der Doppelmoral. Deshalb betonten beide Komiker den fragwürdigen Ruf der Fünfundzwanzigjährigen. Zwar führte nicht nur Chaplin ein ungleich freizügigeres Leben als Virginia Rappe, doch im Bestreben, Arbuckle beizustehen, konnte die Art ihrer Aussagen den Eindruck erwecken, als trage die junge Frau selbst Schuld an der sadistischen Entgleisung, die zu ihrem Tod geführt hatte.

Im Prozess kamen Dinge zur Sprache, die Arbuckle, seine Entourage, den Stil solcher Partys, den zum Vertuschen neigenden Hotelbetreiber und den Hotelarzt in mehr als fragwürdigem Licht erscheinen ließen. Trotz warmer Fürsprache seiner Kollegen wurde er über Nacht zum Kassengift. Das allein, weniger die Tat, galt in Filmkreisen als unverzeihlich. Die Kameraderie Gleichgesinnter wie Charles Chaplin (dessen Vorliebe für sehr junge Mädchen toleriert wurde) war stärker als die Trauer um einen unter Qualen zugrunde gegangenen Menschen. Hatte Virginia Rappe sich nicht erdreistet, einen annähernd freizügigen Lebenswandel zu führen wie Produzenten, Regisseure und Schauspieler? Wurde Totschlag *(manslaughter)* schon deshalb zum Kavaliersdelikt, weil eine Schauspielerin sich genötigt sah, über jemanden, den sie jahrelang zurückgewiesen hatte, ein Engagement zu bekommen? In den Augen der Fürsprecher hatte die Tote durch ihren flatterhaften Lebenswandel jedes Mitgefühl verwirkt. Die Öffentlichkeit dachte anders darüber. Sie war entsetzt. Hier zeigte sich eine Seite des Filmgeschäfts, von der man in Fanzeitschriften nichts las.

In den ersten beiden Prozessen sah es schlecht aus für Arbuckle, aber schließlich fand er doch Geschworene, die ihn laufen ließen. Der Schock, den die Tat selbst und der Freispruch des Täters ausgelöst hatten, verpuffte jedoch weniger schnell, als man gehofft hatte. In den Büros der Produzenten herrschte Alarmbereitschaft. Zwar grollte man weniger Arbuckle als der lästigen Toten, hatte sie doch das Image des »herzensguten« Dicken berechtigten Zweifeln ausgesetzt und Gewinnerwartungen des Studios zunichte gemacht – andererseits waren Dinge zum Vorschein gekommen, die die Kluft zwischen Image und Wirklichkeit von Stars auch für die Gutwilligsten unübersehbar werden ließen. Arbuckle kam mit einem blauen Auge davon. Obwohl er unter falschem Namen als Regisseur weiter beschäftigt wurde und insgeheim ein gehätscheltes, nie im Stich gelassenes Mitglied der Filmkolonie blieb, versank er in Selbstmitleid. Nur die Erinnerung an seine Tat ließ den alten »Humor« aufblitzen: Noch 1931, als die Polizei ihn betrunken am Steuer stoppte, amüsierte er sich köstlich über seinen Flaschentrick von einst.[4]

Bis heute gilt der Fall Arbuckle im September 1921 als Wendepunkt in Hollywoods Geschichte. Mit dem Tod von Virginia Rappe fand die von Experimentierfreude und spielerischem Nonsens geprägte Frühzeit des amerikanischen Kinos ein Ende, in der es allen Beteiligten leicht fiel, Privates und Berufliches, Unterhaltung und Klamauk, Sinn und Unsinn, technische und menschliche Notwendigkeiten unter einen Hut zu bringen. Der Mangel an Normen und Verbindlichkeiten zeigte sich im Verhalten von Darstellern, die – wie Arbuckle – aus dem Nichts zu Geld und Ruhm gekommen waren. Der Zugriff auf arbeitslose Schauspielerinnen ermöglichte Grenzerfahrungen von einem Reiz, den alles Übrige – Alkohol, Drogen, andere Formen der Prostitution – längst verloren hatte.

Valentino erlebte diese Wende unmittelbar. Er kannte die Hauptbeteiligten der Katastrophe, bewegte sich zum Glück aber nur an der Peripherie dieses Umfelds. Gemessen an realen Vorkommnissen waren die Episoden in *Eyes of Youth* von beinahe monströser Weltfremdheit. Gleichzeitig verloren aber auch der Klamauk und die Vulgarität der ersten Chaplin- und Arbuckle-Filme an Faszination.

Das junge Medium blieb entwicklungsfähig, doch welche Richtung sollte es einschlagen? Nach seiner Frühzeit bei Essenay und Mutual hatte selbst Chaplin Mühe, eine neue Dimension des Filmens zu erreichen.

Sein Bruder Sidney gab Kritikern damals Recht, die Chaplins Vulgarität schließlich als Hemmschuh empfanden. Nicht aus moralischen, sondern aus künstlerischen Gründen. Sogar für einen Komiker seiner Begabung war es ein weiter Weg von *Gentlemen of Nerve* (1914) bis zu *The Kid* (1921).[5]

Drei Jahre lebte Valentino jetzt in Kalifornien. Die New Yorker Geschehnisse hatten ihn zwar bis nach Hollywood verfolgt, doch ihre Wirkung klang ab, nachdem der Fall Arbuckle alles in den Schatten gestellt hatte. Seine Mutter war tot. Jean Acker hatte ihn verlassen. Er war fünfundzwanzig Jahre alt und niemandem verpflichtet. Und er traute sich etwas zu. Viele Schauspieler pendelten zwischen den Studios und der Ost- und Westküste. Auf Long Island entstanden neue Produktionsstätten. Die Aufbruchstimmung nach dem Krieg machte sich positiv bemerkbar.

Wenn David Griffith und Rex Ingram später behaupteten, Valentino entdeckt zu haben, entspricht das nicht den Tatsachen. Im Herbst 1920 gab es nur eine einzige Person im Filmgeschäft, die den Mut hatte, für einen unbekannten Darsteller die eigene Stellung aufs Spiel zu setzen. Valentinos Entdeckerin war klein, unscheinbar, und hatte ihn nie persönlich kennen gelernt. Als Drehbuchautorin anerkannt, arbeitete sie für die Metro. Ihr Name war June Mathis.

Damals hielt die expandierende Filmindustrie Ausschau nach Begabungen – ganz gleich, ob es um Darstellung, Regie, Drehbuch, Kamera, Schnitt, Produktion ging. Solange normierte Ausbildungsgänge fehlten, hatten Neulinge und Außenseiter Chancen. Als Befähigungsnachweis galt der eingespielte Gewinn. Die Vielzahl abenteuerlustiger Komparsen und die Fülle weiblicher Begabungen waren typisch für diese Pionierzeit. Scheinbar aus dem Nichts auftauchend, setzten Menschen, die unter anderen Umständen nie in die Nähe von Kunst oder Künstlern gekommen wären, Maßstäbe und nahmen Positionen ein, die ihnen mit wachsender Etablierung des Films wieder versagt wurden. Das galt auch und besonders für Frauen. Sobald die Risiken sich verringerten, eine Konsolidierung begann und gut verdient wurde, schrumpfte der weibliche Anteil. Das zeigte sich nicht nur im Filmgeschäft, sondern ebenso in der Fotografie oder Luftfahrt.

Wie andere Darsteller und Regisseure des frühen Hollywood profitierte auch Valentino während einer kurzen Phase vom weiblichen Einfluss auf technische, organisatorische und kreative Belange des jungen Films. Anfang der zwanziger Jahre war June Mathis die einflussreichste unter den zahlreichen Drehbuchautorinnen in Hollywood.[6] Sie hatte als Kind, dann als junge Erwachsene auf der Bühne gestanden und nach dem Tod des Vaters sich und ihre Mutter durchbringen müssen. Da sie keine schöne Frau war, glaubte sie nicht an eine Zukunft als Schauspielerin und nahm stattdessen an einem

June Mathis

Drehbuchwettbewerb teil. Er verschaffte ihr zwar keinen Preis, dafür aber eine Anstellung. Mit siebenundzwanzig Jahren übernahm sie die Skriptabteilung der Metro und widmete sich mit Geschick und Einfallsreichtum der Adaptation literarischer Vorlagen für die Leinwand. Dabei kam ihr die Fähigkeit zugute, komplexe Zusammenhänge filmgerecht zu ordnen. Stets hatte sie die gesamte Produktion im Blick, arbeitete als Cutterin, erhielt Mitspracherecht bei der Auswahl von Regisseur und Besetzung und überwachte die Dreharbeiten, wobei sie von der Themenwahl bis zur Endabnahme eines Films beteiligt war.

Diesmal votierte sie für ein Risiko. Es war eine mutige Entscheidung, die Rechte an einem Roman zu kaufen, der 1918 in amerikanischer Übersetzung erschienen und zum Bestseller geworden war – »The Four Horsemen of the Apocalypse« des Spaniers Vicente Blasco Ibáñez –, denn die Zeit für Kriegsfilme schien mittlerweile abgelaufen. Das Studio ließ sich von dem Projekt erst überzeugen, nachdem Mathis ein Drehbuch geschrieben und bewiesen hatte, dass es möglich war, die verwickelten Handlungsstränge in eine verfilmbare Abfolge zu bringen.

Ein weiteres Stück Überzeugungsarbeit war für die Wahl des Regisseurs nötig. Wieder ging sie ein Risiko ein und schlug einen Unbekannten namens Rex Ingram vor, damals Assistent des von ihr besonders geschätzten Regisseurs Charles Brabin und ohne Erfahrung mit größeren Produktionen. Jetzt fehlten nur noch die Hauptdarsteller. Während eines Aufenthalts in Kalifornien blieb sie innerlich mit dem Projekt beschäftigt, als ihr bei einem Kinobesuch ein junger Italiener auffiel. In Tally's Cinema lief *Eyes of Youth*. June Mathis hatte sich schon immer für Spiritismus interessiert, doch jetzt faszinierte sie nur eine ganz bestimmte Szene – so kurz, dass sie den Film mehrmals anschauen musste, um sicherzugehen, den Mann gefunden zu haben, der für die Rolle des Julio, der Hauptfigur des neuen Projekts, in Frage kam.

Wirklich alarmiert war man bei der Metro erst, als Mathis sogar beide Hauptrollen – die des Argentiniers Julio und seiner französischen Geliebten Marguerite – mit Neulingen und nicht mit Stars besetzen wollte: einem Ausländer namens Mr. Valentino und einer Miss Terry, ehemals Taffe. Mathis musste ihre ganze Überzeugungskraft aufbieten, um sämtliche Skeptiker auf ihre Seite zu ziehen.

Als sie nach Valentino suchen ließ, war er mehr als überrascht. Noch nie hatte ihn jemand auf Grund seiner *Arbeit* kennen lernen wollen. Er zog Erkundigungen ein. Sie fielen erfreulich aus. Die Tage des Antichambrierens, des Bluffens, der verzweifelten Bitte um Beachtung schienen vorüber.

Die junge Drehbuchautorin stand für alles, was Valentino in seinem Umfeld bislang vermisst hatte: Bildung, Professionalität. Und Phantasie.

JUNE MATHIS

Natürlich ging es auch ums Geld. Die Einnahmen der Metro waren zurückgegangen. Deshalb lastete ein hoher Erwartungsdruck auf dem Projekt. Würde das Ganze in einem Fiasko enden, riskierte June Mathis ihre Stellung. Zur Überraschung der Verleger war der Roman »The Four Horsemen of the Apocalypse« unmittelbar nach dem Krieg ein Bestseller geworden. Vicente Blasco Ibáñez hatte als junger Schriftsteller mit Schilderungen der heimischen Provinz Valencia begonnen und durch politische Aktivitäten seinen Einfluss zeitweise auf die Metropolen Europas und Südamerikas ausgedehnt. Als Kämpfer für die Republik waren ihm spanische Gefängnisse und die Härten des Exils gleichermaßen vertraut. Stets schrieb er im Bann eines unmittelbaren Erlebens und wollte sich lange vor Hemingway als Journalist und Agitator *handelnd* erfahren, um seinen Vorstellungen eine über die Literatur hinausreichende Autorität zu verleihen.

Der Roman galt als unverfilmbar. Die Vielzahl der Figuren, Handlungsstränge, Motive, die Verquickung von realistischen und symbolischen Elementen in eine Abfolge zu bringen und das Epos in filmische Sequenzen aufzulösen, schien eine nahezu unlösbare Aufgabe. Produzenten gehörten nicht gerade zum lesenden Teil der Bevölkerung; wenn überhaupt, widmeten sie sich den eigens für sie hergestellten Kurzfassungen ihrer Skriptabteilungen. June Mathis entwarf ein Handlungsgerüst, das durch das rhythmische Erscheinen der apokalyptischen Reiter gegliedert und von mehr als zweihundert Untertiteln erläutert wurde. Sie hatte Erfahrung mit komplizierten Projekten.[1]

Im Oktober des Jahres traf Mathis Blasco Ibáñez, der sich auf einer Vortragsreise durch die USA befand, in Chicago und klärte einige noch offene Fragen mit ihm. Der Spanier erwies sich als aufgeschlossen und ungewöhnlich interessiert am jungen Film. Hatten deutsche und amerikanische Autoren schon früh über die Rückwirkungen des Mediums auf die Literatur, auf das Schreiben selbst nachgedacht, war der fünf Jahre jüngere Blasco Ibáñez von der propagandistischen, jedes Theaterangebot übertreffenden Reichweite fasziniert. Tempo, Internationalität und der optische Zauber dieser »siebten Kunst« erschienen ihm einzigartig. Über Erfahrungen auf diesem Gebiet verfügte er bereits, denn er hatte 1915 eine Firma gegründet, um seinen Stierkämpferroman »Sangre y arena« in Sevilla zu verfilmen. Nachdem sein Pariser Studio in Flammen aufgegangen war, gab er das Projekt auf.[2]

Als Privatmann war er der US-Industrie gegenüber nicht konkurrenzfähig. So überließ er die Verfilmung seiner Romane den Amerikanern und verkaufte die Rechte von »The Four Horsemen of the Apocalypse« für 20 000 Dollar an die Metro. Hinzu kamen prozentuale Beteiligungen am Einspielgewinn. Er hatte auf dem Buchmarkt einen Bestseller gelandet, doch zum bekanntesten spanischen Autor seiner Generation wurde er durch das Kino.

Blasco Ibáñez legte großen Wert auf Unmittelbarkeit und überließ sich während der Niederschrift seiner Spontaneität. Zeitraubende Vorstudien waren seine Sache nie. »Wenn ich zu lange brauche, komme ich durcheinander. Ich kann nur erste Eindrücke gebrauchen.« Kein Wunder, dass er eine Wahlverwandtschaft mit dem Film empfand. Während andere Schriftsteller noch über die durch den Film hervorgerufenen Veränderungen im Hinblick auf das Schreiben und die rezeptiven Gewohnheiten des Publikums nachdachten, verglich er sich bereits mit einer Kamera. Nach seiner Auffassung waren Inspiration und rauschhafte Niederschrift durchaus vereinbar mit technisch orientierter Wahrnehmung, was man von einem Vertreter heimatverbundener Literatur, des *regionalismo* und *costumbristo*, als der er begonnen hatte, nicht unbedingt erwartete. Da er sich als Kamera empfand, traf ihn der Vorwurf eines oberflächlichen Impressionismus umso weniger, als gerade das Flüchtige, die Betonung des Optischen, als Reiz des jungen, in seinen Möglichkeiten noch unausgeschöpften Films empfunden wurde.[3] Außerdem verstand Blasco Ibáñez sich nicht nur als moderner Autor von zeitgemäßer Mobilität und über Spanien hinausreichendem Bekanntheitsgrad, sondern auch als Mann der Tat – Kategorien, die im aktionistischen Männerbild des neuen Mediums längst Eingang gefunden hatten.

June Mathis wollte ein filmisches Äquivalent des Romans schaffen. Ihre Vorgehensweise bezog die Kamera und ihre Bewegungen ein: *shooting on paper* nannte man das. Als Rex Ingram mit der Arbeit begann, fand er bereits eine klare Struktur für seine Regie vor.

Reginald Ingram Montgomery Hitchcock, wie sein ursprünglicher Name lautete, hatte Dublin 1911, im Alter von achtzehn Jahren, verlassen. Seine Mutter war früh gestorben; sein Vater, Geistlicher und später Lehrer am Trinity College, hatte ihm den Weg in die USA geebnet. Doch schon im Jahr darauf brach Reginald sein Kunststudium in Yale ab und arbeitete für die Edison Company (wo auch Griffith' Anfänge als Schauspieler lagen), dann bei Vitagraph und Fox – wegen seines guten Aussehens anfangs als Darsteller, später als Regieassistent und Regisseur bei der Universal. Entschlossen, in Amerika zu bleiben, nahm er den Namen seiner Mutter an und nannte sich Rex Ingram.

Ein Zwischenspiel bei Carl Laemmle, der seine Filmfirma von der Ostküste nach Kalifornien verlegt hatte, endete 1917 mit Ingrams Entlassung. Nach seiner Rückkehr vom Kriegsdienst in Kanada entdeckte er, dass Erich Stroheim inzwischen seinen einstigen Platz besetzt hatte, freundete sich aber trotzdem mit ihm an. Eine Kunsterzieherin half ihm über die Durststrecke bis zum nächsten Engagement hinweg, und June Mathis wurde auf ihn aufmerksam, weil er mit den Methoden eines von ihr besonders geschätzten Regisseurs vertraut war.[4] Nicht nur für Valentino oder June Mathis – auch für Ingram ging es bei *The Four Horsemen of the Apocalypse* ums Ganze. Das kam der gemeinsamen Arbeit zugute. In John Seitz hatte er einen Kameramann gefunden, dessen technische Begabung und Erfahrung im Entwickeln des empfindlichen Filmmaterials Fehlschläge ausschloss. Seinen Assistenten forderte Ingram das Äußerste ab. Genauigkeit im Detail war ebenso gefragt wie der strategische Umgang mit Statisten in Schlachtszenen oder bei Explosionen. So rudimentär Ingrams Bildung aus der Sicht seines intellektuellen Vaters sein mochte – in *diesem* Umfeld verschaffte sie ihm einen Vorsprung – und Autorität. Er war zwar kein Bildhauer geworden, »modellierte« jetzt aber die von June Mathis entwickelten Tableaus für die Leinwand. Valentinos Freund Paul Ivano wurde als Berater für die französischen Kulissen hinzugezogen. Alle waren flüchtig miteinander bekannt. Alice Terry und Valentino hatten sich 1917 als Komparsen kennen gelernt. Als Ingram angeschlagen aus dem Krieg zurückkehrte und verzweifelt Arbeit suchte, traf er Valentino auf einem Empfang des Landschaftsmalers George Townsend Cole in Hollywood. Cole hatte in Wien und Paris studiert, und so fühlten sich die beiden unter Amerikanern etwas verlorenen Gäste weniger fremd.

Wie viele junge Mädchen war auch Alice Terry nach Los Angeles gekommen, um den Lebensunterhalt für sich und ihre Mutter zu verdienen. Ihre erste Hauptrolle erhielt sie durch Vermittlung von June Mathis. Nach Erfahrungen bei Vitagraph, Triangle und ähnlichen Studios hatte Alice bereits im Alter von neunzehn Jahren jede Illusion über das Filmgeschäft verloren. Armut, Entbehrungen und die Konkurrenz unaufhörlich nachwachsender

Schönheiten weckten zwar ihren Sinn für Humor, ließen sie aber auch früh eine fatalistische Haltung dem Leben und ihrem Beruf gegenüber einnehmen. Weder Jugend noch Schönheit bedeuteten Schutz – nur Indifferenz. Wer in Hollywood brachte schon Geduld für die Förderung von Talenten auf? Es ging ums Geschäft. Echtes Interesse an einer Rolle, der Wunsch, etwas zu leisten, provozierte nur Demütigungen und Spott. Wie Marlene Dietrich in späteren Jahren täuschte auch Alice Terry Desinteresse vor. So bekam sie Rollen, um die andere Darstellerinnen sich vergebens bemüht hatten. Ihre ätherische Erscheinung ließ sie wie geschaffen erscheinen für die Rolle der Marguerite Laurier, die ihren ältlichen Ehemann mit einem argentinischen Playboy betrügt, nach Ausbruch des Ersten Weltkriegs als Krankenschwester arbeitet und schließlich zu ihrem hochdekorierten, inzwischen erblindeten Gatten zurückkehrt. Terry nahm ab, lernte Französisch (das Publikum war versiert im Lippenlesen) und versteckte ihr dunkles Haar unter einer Perücke: Ein Wesen *ihrer* Art durfte nur blond sein.

Im Photoplay Magazine dachte man über das Geheimnis ihrer Wirkung nach: »Wenn man sie beobachtet, hat man den Eindruck, einer Frau gegenüberzustehen, die weder den ausgesprochenen Wunsch hat, zu wählen, noch, boxen, Pilotin werden, einer Reformgesellschaft beitreten oder ihren Mann dominieren will«, sondern liebenswürdige Umgangsformen mit Noblesse, Pflichtbewusstsein und dem Mangel an Ehrgeiz vereinte. Die Vorlieben junger Frauen der zwanziger Jahre ließen sie unberührt. Als Anti-Flapper, Wohltäterin im präraffaelitischen Stil oder »Jazz-eyed Mona Lisa« verkörperte Terry den Archetypus der Frau, die ihre Bestimmung erkennt und deshalb auf ihr eigenes Glück verzichtet.[5]

Im Roman wird Marguerite Laurier anfangs als müßige, materiell verwöhnte Frau beschrieben. Erst durch den Krieg kommt sie mit dem aktiven Leben in Berührung, für das in der Enge ihres behüteten Daseins kein Platz war. Die im Roman angedeutete Überlegung, dass eine Ärztin aus ihr hätte werden können, wird im Drehbuch ausgespart. June Mathis vereinseitigt die Figur: Unterordnung und Verzicht werden Frauen jetzt nicht nur im Privatleben, sondern auch im beruflichen Alltag abverlangt. Rastlose Dienstbarkeit ohne Ansehen oder Einfluss gelten als Tor zum »Paradies«. Nur weil ihr jede Rücksicht auf sich selbst fehlt, rührt Marguerite zu Tränen.

Alice Terry war ebenso wenig auf einen Beruf vorbereitet worden wie die Frau, die sie auf der Leinwand verkörperte. Im frühen Hollywood wirkte sich das nicht nachteilig aus. *Learning by doing* galt als Maxime schlechthin – für Regisseure, Kameramänner, Schauspielerinnen, Darsteller, Drehbuch-

40

autorinnen, technische Berater. Dass dieses System überraschend Talente zu Tage förderte, zeigt der Werdegang von Mary Pickford, Gloria Swanson, Myrna Loy, Grace Darmond, Virginia Rappe, June Mathis, Maurice Tourneur und vielen anderen. Hollywood war das Mekka begabter Autodidakten.

Ausgangspunkt ist die Geschichte einer aus Argentinien stammenden, in einen deutschen und einen französischen Zweig geteilten Familie, die in die Wirren des Ersten Weltkriegs gerät. Um die Wandlung der weiblichen wie der von Valentino verkörperten männlichen Hauptfigur plausibel erscheinen zu lassen, nimmt das Skript Elemente des Entwicklungsromans auf.

Am Anfang des Films erscheint der argentinische Großgrundbesitzer Julio Madariga auf seiner Hazienda. Man erfährt, dass er vergebens auf männliche Nachkommen hofft. Seine Töchter heiraten nach Deutschland bzw. Frankreich. Aus der Verbindung Luisa Madarigas mit dem Verwalter Marcelo Desnoyers, der nach Argentinien ausgewandert war, um dem Krieg von 1870/71 zu entkommen, geht ein Sohn namens Julio hervor. Als der Großvater stirbt, ohne ein Testament hinterlassen zu haben, fällt sein Vermögen zur Hälfte an die nach Deutschland übersiedelten Verwandten und zur Hälfte an die in Frankreich lebenden Desnoyers. Die Geschichte beider Familien wird im Roman weiter verfolgt.

Julio führt in Paris das süße Leben eines Erben in spe und wendet sich der Malerei zu, um seiner Abenteuerlust einen Anstrich von Seriosität zu geben. Bei einem Verwandtenbesuch in Berlin fühlt er sich von Männern abgestoßen, die ihre preußisch-militaristischen Tugenden betonen, und kehrt erleichtert in die französische Hauptstadt zurück. Bald nachdem er sich in eine verheiratete Frau verliebt und dem hektischen Partyleben abgeschworen hat, bricht der Erste Weltkrieg aus. Alles um ihn herum verändert sich. Während die jungen Franzosen an die Front geschickt werden, darf Julio als Ausländer in Paris bleiben. Ohne ernsthafte Aufgaben, ohne Ziel, von seiner Geliebten getrennt, erntet er immer häufiger kühle und kritische Blicke – auch von Frauen, die ihn vor kurzem noch umschwärmt hatten. Fremde sind nicht mehr gern gesehen. Damen der Gesellschaft arbeiten rund um die Uhr in Lazaretten. Der Ernst, mit dem sie konfrontiert werden, entfremdet auch sie ihrem bisherigen Leben.

Ein russischer Anarchist lässt Julio an Séancen teilhaben, die Urängste der Menschheit symbolisieren. Eine Bestie erhebt ihr Haupt, aus einer wie im Nebel versunkenen Welt tauchen vier Reiter tauchen auf: Krieg, Hunger, Pest, Tod. Unwirklich, mit biblischer Autorität versehen, erinnern sie an die düsteren Stiche Alfred Dürers. Während man dem Abmarsch von Soldaten

41

lauscht, kündet Julios Nachbar als Seher und moderner Johannes die Rückkehr dieser Menschheitsplagen an. Die Visionen hinterlassen einen niederschmetternden Eindruck. Es ist, als sei ihm die Lebensluft entzogen. Zwar fühlt er sich heimisch in Paris, spürt aber doch, dass er in den Augen der Franzosen nur dazugehören kann, wenn er sich derselben Herausforderung stellt wie sie. Nicht durch seine Liebe zu Marguerite, nur durch die Bereitschaft zu kämpfen kann er seine Isolation als Fremder überwinden. Argentinien scheint jetzt so weit entfernt wie das Leben vor dem Krieg. Näher rückt nur die Gefahr, der Tod. Julio verändert sich. Nachdem Marguerite ihn verlassen hat, wird aus dem leichtfertigen jungen Mann ein Soldat, der für die Sehnsucht nach Zugehörigkeit alles aufs Spiel setzt.[6]

Noch während der Dreharbeiten schrieb June Mathis das Skript um und erweiterte Valentinos Rolle um eine Szene, die Filmgeschichte machen sollte. Drei Tage dauerten die Proben. Schauplatz ist eine rauchige Vorstadtkneipe, in der getanzt und getrunken wird. Als Gaucho kostümiert, betritt Valentino den Raum. Während seine Blicke über die Tanzfläche schweifen, fällt ihm eine Tänzerin (Beatrice Dominguez) auf. Julio wirft seine brennende Zigarette weg und stößt ihren Partner von der Tanzfläche. So beginnt eine der kürzesten und wirkungsvollsten Szenen des amerikanischen Stummfilms überhaupt. Die Tänzerin misst Julio mit einem Blick, in dem Erfahrung sich mit Begehren mischt. Ihre dunklen Augen, der stark geschminkte Mund und eine herausfordernde Haltung im Stile der *machas* signalisieren, dass es nicht leicht sein wird, dieser Partnerin zu genügen. Doch die Kraft und graziöse Leichtigkeit, mit der Julio sie über die Tanzfläche führt und das Drama der Geschlechter im Tango aufleben lässt, nimmt alle Zuschauer für ihn ein. In dieser Kneipe lässt sich niemand leicht beeindrucken. Grobe, vom Trunk verwüstete Gesichter folgen dem Paar mit einer Mischung aus Schadenfreude und Wohlwollen, da der Mann seine Tänzerin mehrfach in die Knie zwingt. Selbst die Musiker spielen mit frischer Energie. Am Ende, als Valentino Beatrice Dominguez vor aller Augen auf den Mund küsst, kann sich niemand der Vitalität des Paares, seiner Anmut und ekstatischen Verlorenheit entziehen.

Der Tango war Argentiniens Geschenk an Europa. 1895, in Valentinos Geburtsjahr, begann seine eigentliche Geschichte. 1910, nach einem fulminanten Debüt in Paris, war er überall in Europa begeistert aufgenommen und schließlich sogar von der argentinischen Oberschicht akzeptiert worden.[7]

Er entstand, wo entwurzelte Einwanderer auf einheimische oder von polnischen Zuhältern importierte Frauen trafen. Zum Nachschub des Mäd-

42

chenhandels *(trata de blancas)* gehörten Jüdinnen aus Polen und Österreich. Sie wurden von einer als jüdische Hilfsorganisation getarnten Gesellschaft in Bordelle verfrachtet. *Arrabal* und *lupanar,* Vorstadt und Bordell, waren Schauplätze einer durch Männerüberschuss und Frauenmangel forcierten Direktheit, die im Tango ein Ventil fand.[8]

Im Tangolied wird viel beklagt: Einsamkeit, Untreue der Geliebten, schwindende Hoffnungen. Das Ich ist in der Regel männlich, stets melancholisch, hellwach oder verkatert. Es hat einen gewissen zynischen Witz, ist vereinsamt unter seinesgleichen und bedauert sich von Herzen. Als Hort männlichen Schmerzes, männlicher Tränen wird das Lied zum Subtext jener souverän gesteuerten, abrupten Wendungen im Tanz, die den Abstand zum weiblichen Körper aufheben. Das Leben in der Vorstadt folgt dunklen Gesetzen, die das Tango-Ich wohl beklagen, doch selten beeinflussen kann. Rebellion und Fatalismus, Anmaßung und Selbstmitleid liegen unverbunden nebeneinander wie Choreografie und Text, Traum und Wirklichkeit. Dass der Tango von lateinamerikanischen Dichtern als »trauriger Gedanke, den man tanzen kann«, als »Vorschlag, gemeinsam zu weinen«, verstanden wurde, verdankte sich männlicher Sentimentalität und einem Verschontsein, von dem die aus Europa herbeigekarrten und prostituierten Mädchen und Frauen nur träumen konnten. Tango – von tangere, berühren – setzte auf das Mitreißende von Text und Musik und stellte das den Geschlechterkollektiven entrissene Paar in den Mittelpunkt. Der Paartanz war stets von Bedenken begleitet und erst mit dem Walzer durchgesetzt worden; wie der Tango hatte auch der Walzer einst Mahner und Warner auf den Plan gerufen. Kein Wunder, dass die argentinische Oberschicht sich anfangs nicht damit anfreunden mochte.[9]

Tango ist mehr als Tanz: Symbol des Lebens, ritualisiertes Begehren, das zwischen Verführung und Überrumpelung keine Grenze zog, Bezwingen und Bezwungenwerden nach Melodien, deren Melancholie im Gegensatz zur Auflehnung und der virilen Direktheit der Gesangstexte stand und alle Beteiligten in Marionetten des Machismo verwandelte. Männer und Frauen berührten sich im Wechselspiel von Hass und Verlangen – wie Feuer und Wasser, Ebbe und Flut. Wer glaubte, es könne um mehr und anderes gehen, wurde verlacht.

In *The Four Horsemen of the Apocalypse* tanzt Julio vor Landsleuten, die im Tango die Essenz ihrer Überzeugung und die Dinge des Lebens – Rivalität, Kampf, männlichen Triumph über das Weibliche, Härte, Nachgiebigkeit, Verrat, Zwang oder Verführung – in Rituale gebannt sehen wollen. Diese

Ordnung wird für den Argentinier Julio im Umgang mit der Französin Marguerite außer Kraft gesetzt. Im Grunde verliert er sie nicht an ihren Ehemann, sondern an den Krieg. Als Ausländer toleriert man ihn nur in Friedenszeiten. Fremdenhass wird im Roman und im Film durch preußischen Eroberungsgeist und eine rohe Soldateska gerechtfertigt. Die Ressentiments des spanischen Autors gegenüber Deutschland sind unübersehbar. Julio kann vergleichbaren Aversionen nur entgehen, wenn er sich von allem Deutschen abgrenzt, die eigene Nationalität aufgibt und sein Leben in den Dienst Frankreichs stellt.

Für Valentino war es die erste wirkliche Rolle. Nach der rasanten Tangoszene nahm Ingram die Bedeutung von Marguerite zurück und gab Julio mehr Spielraum. Am Drehort wachte June Mathis täglich über ihren Protegé und mahnte zur Zurückhaltung, sobald Valentino auf italienische Art zu gestikulieren begann. Wird dem Argentinier beim ersten Tango im Film noch eine dunkeläugige »Sumpfblüte« *(flor de fango)* als Partnerin zugedacht, darf erst der in seinen Manieren französisierte Julio dem Beifall der Vorstadtkneipen abschwören und seiner Dame zart begegnen, ohne zum Gespött seiner Geschlechtsgenossen zu werden. »Araca, corazón!« – Aufgepasst, Herz! – heißt ein Tangolied.[10] Die Warnung verhallt ungehört. Wer liebt, verliert wie Julio nicht nur sein Herz, sondern auch an Machismo – jener Unberührbarkeit, die im Tango ritualisiert und im Kino für Bösewichter reserviert bleibt. Noch ist der Latin Lover nicht geboren, noch bleiben argentinische und französische Verhaltensweisen ebenso getrennt wie die verschiedenen Seiten von Julios Natur, die beim Tanz in der Kneipe oder beim Gespräch in Marguerites Boudoir zum Ausdruck kommen.

Bislang hatten sich im Hollywood-Film kaum mehr als drei Männertypen herausgebildet: der Komiker, der Held, der Mann von nebenan. Amerikanische Kinohelden brachten ihr Publikum zum Lachen oder entsprachen einem modernen Herkules-Verschnitt. Western mit Tom Mix, Abenteuerfilme mit Douglas Fairbanks zielten auf Aktionismus, und selbst Buster Keaton oder Charles Chaplin steigerten im eigenen Genre das Handlungstempo ihrer Figuren. Aktionismus zählte – nicht das Aussehen. Verärgerte Chaplin seine Filmpartnerinnen schon mal mit Tritten ins Hinterteil, musste Fairbanks' selbstgefälliges Grinsen hinreichen, um am Rande bedeutsamer Taten Frauen für sich einzunehmen. Auch Männer, die nicht in diese beiden Kategorien fielen – Bösewichter, normale Bürger oder als *fashion plates* bezeichnete Salonlöwen –, geizten mit werbender Zuwendung. Noch reichten geborene Amerikaner nicht an das Raffinement europäischer Verführer he-

44

ran, bei denen sich die Masken des Aktionismus, des Bösen und des Verführerischen überblendeten. Natürlich kam es vor, dass Routine oder die falsche Dämonie von Einwanderern ebenfalls einen faden Nachgeschmack hinterließen. Was fehlte, blieb unter der Schwelle des Artikulierbaren. Es gab kein Vorbild für Valentino. Außer Julio. Zwischen Triumph und Scheitern lag eine Welt; diese galt es zu erkunden. Julios Wesen entsprach der Doppelnatur des Tango. Als Sohn, Bruder, Liebhaber oder Soldat durfte die Figur alle Facetten ausspielen: die machistische, die sanfte und kriegerisch-aktionistische. Passivität oder energisches Handeln, Dominanz oder Nachgiebigkeit und eine Existenz zwischen den Kulturen gaben der Rolle eine Wirklichkeitsnähe, die Valentino sofort in Bann gezogen hatte, als er den Roman im Zug nach Hollywood las. Darauf kam es an. Julio werden. Julio sein. Der Figur Glaubwürdigkeit zu verleihen und Tiefe.[11]

Der Rat von June Mathis zeigte Wirkung. Mit ihrer Hilfe bewegt Valentino sich im Salon, im Freien oder auf dem Schlachtfeld mit traumwandlerischer Sicherheit und feinem Gespür für das Angemessene. Unwiderstehlich, weil er nicht glaubt, es zu sein, hinreißend, weil selbst der Leidenschaft verfallen, hat dieser Julio sich vom Habitus gewöhnlicher Verführer für immer entfernt. Sein Lächeln lässt die Grimassen anderer Helden vergessen. Nie unbeherrscht und mit leidenschaftlichem Ernst überwindet Valentino die Kluft zwischen *Latin* und *Lover*. Das schenkt dem Film unvergessliche Momente.

Nicht nur Griffith oder Ingram, auch andere Männer im Filmgeschäft sahen in Valentino kaum mehr als einen gut aussehenden, sympathischen Burschen. Nur June Mathis bemerkte den Unterschied. Mit dieser Einschätzung stand sie anfangs allein und riskierte nicht nur für Valentino und Alice Terry, sondern auch für den Regisseur ihren gut bezahlten Posten. Sollte der Film sich als Flop erweisen, würde ihr kein Studio mehr offen stehen. Mit dem Einfluss auf den gesamten Produktionsprozess wäre es vorbei. Für die Metro handelte es sich um eine Gleichung mit mehreren Unbekannten. Man gab sich zuversichtlicher, als man war, doch am Drehort waren alle Beteiligten so intensiv bei der Sache, dass echter Optimismus um sich griff. Bei der Durchsicht des tagsüber gedrehten Materials wirkten die Szenen stimmig und überzeugend. Selbst die Kamera schien sich in das schöne Paar verliebt zu haben.

Obwohl die Verantwortlichen bei der Metro die Kompetenz von June Mathis nicht in Zweifel gezogen und ihr trotz finanzieller Schwierigkeiten eine Großproduktion anvertraut hatten, wollten sie ihren Anteil am aktuellen Projekt, später an der Realisation von *Greed* oder *Ben Hur* unvollständig wiedergeben oder ganz verschweigen. Dass ihre untersetzte, füllige Erscheinung nicht dem gängigen Ideal entsprach, minderte sogar den Respekt von Filmhistorikern, die nicht nur ihr Geburtsdatum, sondern selbst ihre Ehe mit dem italienischen Kameramann Silvano Balboni ignorierten, um sie als »pausbäckige, hässliche alte Jungfer« oder »rüstige alte Dame« abzutun. Dabei war sie nur ein paar Jahre älter als ihre Mitstreiter, und die Chance, eine alte Jungfer zu werden, blieb ihr schon deshalb versagt, weil sie früh sterben sollte.[12]

Zwar hatte June Mathis Valentino entdeckt und sein Engagement durchgesetzt. Trotz ihrer unbestreitbaren Verdienste sahen manche in ihr kaum mehr als »eine kleine Frau hinter einem großen Schreibtisch« mit dem Risiko, gefeuert zu werden. Da sie wusste, dass sie keine Schönheit war, bedeuteten ihr Äußerlichkeiten wenig: »Auf das Innere kommt es an«, rechtfertigte sie sich. »Ich beobachte immer zuerst die Augen, wenn ich eine Rolle besetzen will. Dort finde ich, was ich die Seele nenne, und nur danach gehe ich. Alles lässt sich verändern, nur die Augen nicht, wo man heutzutage den Nacken straffen, das Kinn verkleinern oder vergrößern und der Nase eine Form nach eigenem Geschmack geben kann. Haare lassen sich färben, Augenbrauen auszupfen und Zähne ersetzen, aber die Seele, die aus den Augen schaut, die ist das echte ›Gegenüber‹ und verschwindet erst mit dem Tod.«[13]

Eyes of Youth hieß der Film, in dem sie Valentino zum ersten Mal gesehen hatte. Weniger sein Aussehen als sein Augenausdruck hatte es ihr angetan. In diesem Blick lag etwas, das sie nicht benennen konnte. Niemand sollte daran rühren. Unzählige versuchten es in den kommenden Jahren, doch June Mathis verlor kein Wort darüber. Bis auf eines, im Sommer des Jahres 1926, als ein aus rosa Blüten gebundener Kranz zu Valentinos Beerdigung getragen wurde, mit einem Namen darauf aus weißen Rosen: J u l i o .

46

ALLA NAZIMOVA

Die Premiere von *The Four Horsemen of the Apocalypse* sollte im März 1921 stattfinden. Abgesehen vom Gaucho-Kostüm für die Tangoszene und einer Soldatenuniform hatte Valentino die Garderobe für Julio selber stellen müssen. Ein Großteil seiner Gage ging an den Schneider. Seine finanzielle Lage war katastrophal. Er war froh, überhaupt Arbeit zu finden. Paul Ivano, mit dem er seit 1919 befreundet war und den er Rex Ingram als technischen Berater empfohlen hatte, gab ihm etwas Sicherheit. Als Sohn russisch-serbischer Eltern war Paul 1900 in Nizza zur Welt gekommen. Wie Ingram als Invalide aus der Armee entlassen, versuchte er in Kalifornien sein Glück, wo er Valentino kennen gelernt und ihn für ein paar Wochen bei sich hatte übernachten lassen. Später teilten sie ein Apartment. Jetzt wachte Ivano über Bauten, Uniformen und das französische Ambiente der *Four Horsemen*. Noch drehte man nicht an Originalschauplätzen, sondern wich auf Orte wie das Gilmore House, Farmer's Market oder die San Francisco Mission aus. Das französische Dorf entstand im Studio. Obwohl amerikanische Kritiker später das Lokalkolorit der Verfilmung loben sollten, zeigte sich der gebürtige Franzose Robert Florey, ein Freund, unbeeindruckt von Ivanos Expertentum und rügte die Künstlichkeit der Kulissen, doch den kümmerte das wenig. Zu ernst durfte man in Hollywood nichts nehmen. Außerdem war er verliebt – in die Zarin der russischen Kolonie: Alla Nazimova.

Seit 1918 führte sie ein gastfreies Haus am Sunset Boulevard 8150. Der Swimmingpool des Anwesens hatte die Form des Schwarzen Meeres, denn Nazimova stammte aus Yalta. Wie viele Landsleute litt sie an Heimweh. Russische Emigranten waren hier häufig anzutreffen, junge, zum Film drängende Talente ebenso wie illustre Gäste: der Sänger Feodor Schaljapin, die Ballerina Anna Pawlowa, Michail Fokin vom Russischen Ballett, Nikita Balieff, die Schauspielerin Eleonora Duse oder der französische Regisseur Abel Gance.

Nazimova wurde von Nachwuchstalenten umschwirrt. Ihre Förderung war uneigennützig und nicht – wie in Hollywood üblich – mit der Erwartung von Gegenleistungen verbunden oder auf männliche Bewunderer beschränkt. Zu ihrem Kreis gehörten Jean Acker, Dagmar Godowsky, die Schauspielerin Olga Pavlova, zwei Schülerinnen des russischen Tänzers Theodore Kosloff, Flower Hujer, Natacha Rambova. Sie sorgte dafür, dass June Mathis die Skripte ihrer Filme schrieb, empfahl den Schauspieler Richard Barthelmess und gab Paul Ivano, mit dem sie nach kurzer Verliebtheit während der Dreharbeiten von *Camille* eine lange Freundschaft verbinden sollte, die Chance, als technischer Direktor zu arbeiten. Außerdem ließ sie die unerfahrene Patsy Ruth Miller Einblick in die Filmarbeit nehmen und gab ihr eine Rolle. Nazimova scherzte nicht nur über den herzhaften Appetit der Siebzehnjährigen (»Du frisst mir die Haare vom Kopf«), sondern fütterte nach Ruths Beobachtung alle möglichen Emigranten durch, meist Zarentreue, die – wie Kosloff – ins Filmgeschäft drängten oder wie die Brüder Mdivani nach reichen Erbinnen Ausschau hielten. Außerdem unterhielt Nazimova ihre Gäste mit Musik, Séancen, Kostümfesten und Vorführungen aktueller Filme in ihrem Privatkino. Oft war die Hausherrin bei solchen Gelegenheiten gar nicht anwesend; »eine eiserne Befähigung zu harter Arbeit« hielt sie beschäftigt und legte den Grund für ihren generösen Lebensstil.[1]

Anfang der zwanziger Jahre erreichte Nazimova den Höhepunkt ihrer Karriere. Nur wenige Schauspielerinnen in Hollywood hatten vergleichbaren Einfluss auf die Gesamtproduktion. Weil man ihr in den neunziger Jahren am Moskauer Künstlertheater unter der Leitung von Konstantin Stanislawski nur unbedeutende Rollen anvertraut hatte, fürchtete sie, Jahre auf ihren Durchbruch warten zu müssen. Deshalb war sie in die USA gegangen, wo sie rasch Englisch gelernt hatte, ging 1906, nach ihrem Debüt als »Hedda Gabler«, mit weiteren Ibsen-Stücken auf Tournee und ergriff die Gelegenheit, dem jungen Eugene O'Neill ihre Vorstellungen von einem modernen Theater zu vermitteln. Kein Geringerer als Tennessee Williams sollte später bekennen, bei ihrem Anblick den Entschluss gefasst zu haben, Dramatiker zu werden.[2]

Nach dem Wechsel ihres Managers trat Nazimova in trivialen Unterhaltungsstücken auf, die ihren Ruf als ernsthafte Darstellerin ramponierten. So war es nur ein kleiner Schritt zum Film: 1918 unterschrieb sie bei der Metro und wurde in Hollywood zu einem der gefragtesten und bestbezahlten Stars. Früher, im Theater, hatte sie darunter gelitten, dass sich selbst große Triumphe im Gedächtnis der Menschen verloren, ja, mit ihnen starben. »Ich bin ein Nichts«, vertraute sie ihrem Tagebuch an, »und fürchte, bei meinem Tod nichts zu hinterlassen, nichts, das an mich erinnert … Eine Schauspielerin ist tot, wenn der letzte stirbt, der sie kannte! Und das genügt mir nicht!« Mit dem Film bot sich die Chance, ihre Kunst der Nachwelt zu erhalten.

Und so setzte sie alle Kraft daran, die Gesetze des Films zu erkunden – am rechten Ort, denn mit Ausnahme von New York verkörperte keine amerikanische Stadt die Dynamik der zwanziger Jahre mit ihrem Wechselspiel von technischen Neuerungen und menschlicher Anpassungsbereitschaft so wie Hollywood. Als Jüdin in St. Petersburg, als Russin in Amerika, als Theaterschauspielerin beim Film war sie bislang aus jeder Krise mit neuen Impulsen hervorgegangen. An Energie und Entschlusskraft fehlte es ihr auch jetzt nicht. Klein, grazil, von beinahe knabenhafter Gestalt, konnte sie es als Vierzigjährige auch äußerlich mit attraktiven Neulingen aufnehmen. Doch da sie am Wendepunkt ihrer mittleren Jahre und ihrer Karriere angelangt war, gehörte »Madame«, wie Nazimova respektvoll genannt wurde, inzwischen zur Müttergeneration eines modernen, von F. Scott Fitzgerald verherrlichten Frauentypus. Immer jüngere Aspirantinnen drängten ins Showgeschäft: Schulmädchen, Halbwüchsige aus dem Heer arbeitsloser, ungebildeter oder entwurzelter Frauen. Jung, hübsch, zappelig, mit provokativ kurzem Haar, knallrotem Herzmündchen und Seidenstrümpfen, abenteuerlustig und unbeschwert von Kämpfen, die Ibsens Nora stellvertretend für sie ausgefochten hatte, besaß der Flapper jene bezaubernde Leichtigkeit, die bessere Zeiten zu versprechen schien. Der Gegenwart hingegeben, lebte man wie Zelda Sayre, Louise Brooks oder Clara Bow von der Substanz, die mehrere Frauengenerationen geschaffen hatten, ohne sich mit Grübeleien über die Fortentwicklung des Erreichten belasten zu wollen. Einerseits schrumpfte der Zeitraum, in dem weibliche Wesen Kind sein durften, andererseits mussten Stars wie Mary Pickford noch als Erwachsene kleine Mädchen spielen. Sowohl die real verkürzte als auch die künstlich überdehnte Mädchenzeit betrog Frauen nicht nur um einen Teil ihrer Kindheit, sondern ließ sie in den Augen der Zuschauer auch rascher altern. Großaufnahmen und derbe Schminke trugen das Ihre dazu bei. Die an den Übergang vom Kind zum jungen Mädchen gebundene Leichtigkeit konnte der Flapper schon deshalb selten in das Erwachsenenalter hinüberretten, weil sich die Vorteile der Hausfrauenehe nach dem Ersten Weltkrieg verflüchtigt hatten. Wer die kurze Spanne, in der Jugend, Schönheit, Begabung in eins fielen, nicht in Geld oder Karriere umzusetzen verstanden hatte, fand sich ebenso rasch wie unwiderruflich hinter den Verkaufstischen der Warenhäuser, in Fabriken oder Büros wieder. Man wusste das in Hollywood und stellte die Produktion darauf ab.

Die Aufbruchstimmung der zwanziger Jahre war faszinierend; niemand hatte Lust, sich um die Folgen einer Dynamik zu sorgen, von der sich die junge Generation mitreißen ließ. Trinken, Rauchen, Jazzen – das Leben schien aus Partys zu bestehen – köstliche Anlässe, um sich im Tanz der Tänze zu verlieren. Tango! Jugend, Schönheit, Begabung schienen unerschöpflich. Wenn F. Scott Fitzgerald rückblickend feststellte, dass er »in kritischen Situationen weder echten Mut, noch Ausdauer, noch Selbstachtung aufbringen würde«, so lebte er doch ganz in der Gewissheit, »grenzenlose Möglichkeiten zu haben ... ganz egal«, ob seine »momentane Stimmung von Eitelkeit oder Scham beherrscht« war. Wie andere Gleichaltrige glaubte auch er, eine Ewigkeit vor sich zu haben, und wurde an der Seite von Zelda Sayre zum Heros seiner Generation. Für eine Saison.[3]

Nazimova spürte den Generationsunterschied auch deshalb, weil sie alles tat, um junge Talente zu fördern. Eine Mahnung ihres russischen Lehrers Wladimir Nemirowitsch blieb ihr im Ohr: »Fürchte dich nie zu scheitern!« Entwicklung hatte ihren Preis: Irrtümer, Umwege, falsche Entschlüsse waren kaum zu vermeiden. Nazimova verlor kein Wort über ihre schwere Jugend in Russland, ihre Familie, die Anfangsjahre als Schauspielerin, den Preis, den sie schon als Siebzehnjährige für ihr Überleben hatte zahlen müssen. Sie war geübt im Schweigen, da es bereits in Moskau geboten schien, ihre jüdische Herkunft geheim zu halten oder die Tatsache, dass sie sich prostituieren musste, um zu überleben.[4]

Da Hollywood einen hohen Bedarf an fiktiven Biografien hatte, erfand sie sich bei jedem Interview neu. Noch konnte ihr Körper auf der Leinwand bestehen. Einen Nachteil hatte der Film gegenüber dem Theater: Der Alterungsprozess war schneller sichtbar. Nazimova hatte zu viele schöne Frauen kommen und gehen sehen, um die Gefahr nicht zu kennen. Nur wenige Produzenten teilten die Einschätzung von David Griffith. Für diesen Pionier des amerikanischen Films gab es keine Schauspielerin, die »zu alt wäre« – vorausgesetzt, sie hatte schon früh berufliche Erfahrungen gesammelt. »Diese Vorstellung – ›zu alt‹ – muss sie aus ihrem Kopf verbannen. Eine Frau kann gar nicht genug Erfahrungen haben. Sie darf keine Angst davor haben zu leben, und zwar gefährlich zu leben, denn das wirkt sich im Film alles zu ihren Gunsten aus. Da gibt es absolut keine Altersgrenze. Dazu brauchte es nichts weiter als einen Agenten, einen eisernen Willen, etwas Erfahrung und eine gewisse Kenntnis, was die Anforderungen der Leinwand betrifft.« Das klang tröstlich, doch wer dachte wie Griffith?

Nazimova fühlte sich jung und leistungsfähig – in die Rolle des Flappers mochte sie trotzdem nicht schlüpfen. Dem Klischee des Vamps entsprach sie im Grunde ebenso wenig; außerdem ließ der Bedarf des Publikums an falscher Dämonie nach. Für Djuna Barnes hätte Alla Nazimova solche Vamps ohnehin nie glaubhaft verkörpern können, »wenn sie nicht eine ... Frau mit einem sehr arglosen Herzen gewesen wäre«, denn »trotz ihres Ruhmes als

›Tigerin‹, als ›Rächerin aus Leidenschaft‹« war sie »schlicht und still und klein«. Darüber hinaus war sie erfahren und mutig.[5]

Was blieb? Der Gedanke, etwas Neues bieten zu müssen, ließ sie nicht los. Hatte sie das amerikanische Publikum zu Beginn ihrer Karriere mit Ibsen bekannt gemacht, bot sich nun aufgrund ihrer Stellung die Möglichkeit, dasselbe für den Film zu leisten.

Nach dem Wechsel von Russland nach Amerika, vom Theater zum Kino, stand Nazimova am dritten Wendepunkt ihrer Laufbahn. Für das Filmen hatte sie sich erst nach langem Zögern entschieden. Anders als beim Moskauer Künstlertheater oder am Broadway konnte sie sich nicht länger mit dem kalkulierbaren Rahmen einer Bühne und bewährter Stücke rechnen, sondern musste sich auf ein wandelbares, in seinen Möglichkeiten noch zu erprobendes Medium einlassen. Fünf Jahre nach *War Brides* (1916) hatte sie das Gefühl, es sei Zeit für anspruchsvollere Projekte. So spielte sie anfangs mit dem Gedanken, Ibsens *Nora* zu verfilmen, doch der strenge Feminismus des Stücks wirkte im Nachkriegsamerika irgendwie deplatziert. Die Kinder des *Jazz Age* verlangten nach Spaß und ganz in der Gegenwart aufgehenden Reizen.

Die Verfilmung von Pierre Louÿs' Roman »Aphrodite« hatte sich nach aufwändigen Vorbereitungen zerschlagen, weil die Studioleitung den Zensor, konkret: ein finanzielles Desaster, fürchtete; stattdessen bot man Nazimova einen anderen Stoff an: »Die Kameliendame« von Alexandre Dumas. Hier glaubte man, auf der sicheren Seite zu sein, gab es doch von Eleonora Duse bis Sarah Bernhardt kaum eine Schauspielerin von Rang, die nicht in der Rolle geglänzt hatte. Zwei Hollywood-Versionen war der Erfolg allerdings versagt geblieben.

Deshalb wollte Nazimova nichts dem Zufall überlassen. In Hollywood wimmelte es von Besserwissern und selbst ernannten Experten; man hatte es mit einer verrückten Mischung von Begabungen aus Schichten zu tun, die unter gewöhnlichen Bedingungen nie mit Kunst in Berührung gekommen wären. So geduldig und charmant Nazimova im Umgang mit talentierten Nachwuchskräften sein konnte, so unwirsch reagierte sie auf fehlende Professionalität. Deshalb zögerte sie, als es darum ging, Ray Smallwood, der zuvor als Kameramann für Universal und Thomas Ince gearbeitet hatte, die Regie allein zu überlassen; Smallwood wiederum protestierte, weil sie mehrere Rollen mit Unbekannten besetzen wollte. Die Nichette sollte der Neuling Patsy Ruth Miller spielen, und ein Armand war noch nicht gefunden. Als »Madame« Ivano als technischen Berater und eine vierundzwanzigjährige Designerin namens Natacha Rambova vom Fleck weg als *art director* engagierte, alarmierte Smallwood den Produzenten. Doch seine Bedenken verpufften. Künstlerin genug, um nach neuen Formen der Umsetzung für bewährte Stücke zu suchen, war diese »winzige Zarin, der kein Detail entging«, entschlossen, ihre Autorität für avantgardistische Experimente zu nutzen.[6] Gleichzeitig spürte sie, dass solche Herausforderungen nur mit Hilfe der Töchtergeneration bestanden werden konnten. Zwar wurde das Studio pro forma konsultiert; faktisch maß Nazimova jedoch nur dem Urteil von zwei Mitarbeiterinnen Bedeutung bei: June Mathis und ihrem Alter Ego für die Ausstattung, Natacha Rambova. Im Dreierbund von Star, Drehbuchautorin und Designerin träumte man davon, dem Stoff des vergangenen Jahrhunderts eine moderne Fassung zu geben. Doch wie sollte das geschehen?

Als Alexandre Dumas 1844 nach einer Niederschrift von nur wenigen Wochen seinen Roman vorlegte, dem er 1848 eine Bühnenfassung folgen ließ, war klar, dass er sich auf seine Bekanntschaft mit der gleichaltrigen Alphonsine Plessis berief, die als Kurtisane den *nom de guerre* Marie Duplessis gewählt hatte. Während sie mit dreiundzwanzig Jahren an Schwindsucht starb, überlebte der Autor seine Marguerite Gautier um fast ein halbes Jahrhundert. In den achtziger Jahren übergab er Sarah Bernhardt aus Dankbarkeit dafür, dass sie das Stück von Triumph zu Triumph geführt hatte, eine Ausgabe des Romans, der sein Abschiedsbrief an Marie Duplessis vom 30. August 1845 beigelegt war und die Zeilen enthielt: »… ich bin nicht reich genug, um Sie zu lieben, wie ich es wünschte, noch arm genug, um von Ihnen geliebt zu werden, wie Sie es wünschen.«

Der jüngere, in der Tradition des Feuilletonromans stehende Dumas hatte bereits für ein Massenpublikum geschrieben und sich nicht gescheut, Privates preiszugeben, auf die Neugier der Leser zu spekulieren und sein Buch noch vor dem Tod von Marie Duplessis erscheinen zu lassen. Hier gab es Parallelen zur Filmindustrie.[7]

Es war das *Thema*, was die »Kameliendame« in der zweiten Hälfte des 19. Jahrhunderts zu einem der gefragtesten Theaterstücke gemacht hatte – in mehreren Adaptationen von John Taras Ballett (1846) bis zu Giuseppe Verdis Oper »La Traviata« (1853). Sarah Bernhardt drehte 1911 einen Stummfilm über das Thema, und in den USA hatten sich zwei Filmschauspielerinnen wenig später als »Camille« versucht: Clara Kimball Young, Valentinos Partnerin von *Eyes of Youth*, 1915, und Theda Bara, 1917.

June Mathis löste die Geschichte in sechs Tableaus auf. Die beiden ersten Szenen spielten in Paris, zwei im Frühling und Sommer auf dem Lande, die übrigen im Herbst und Winter wieder in Paris. Das Motiv der generösen, durch Liebe verwandelten Kurtisane in einer Gesellschaft, die Prostitution zwar verurteilt, aber ohne sie auch nicht auskommen mag, faszinierte Dumas so, dass er nach Vorläufern in der Vergangenheit suchte. Er fand sie in Abbé Prévosts »Geschichte des Chevalier des Grieux und der Manon Lescaut« von 1731. Im Roman war es eine zarte Geste von Armand, seine Geliebte gerade mit diesem Buch zu überraschen, denn es gab ihrer Profession einen durch die Literatur geadelten Hintergrund. Die Widmung, »Manon à Marguerite. Humility. Armand Duval« – wurde wörtlich ins Drehbuch übernommen. Der kleine Band ist auch im Film das einzige Geschenk, was Camille nach der vom Vater erzwungenen Trennung von Armand bleibt, nach dem Bankrott, als sie – von Gläubigern umstellt – den Tod vor Augen hat.

Die von Rambova entworfenen Kulissen sind mit *Camp* oder *High Camp* mehr als wohlwollend beschrieben, denn sie bediente sich einer Mischung aus präraffaelitischen und Art-déco-Elementen und nahm in Camilles Behausung Gegenstände auf, die die Leere liebloser Massenproduktion ausstrahlen. Linienführung und architektonische Gestaltung zeigen Anklänge an Architekten wie Hans Poelzig und Emile-Jacques Ruhlmann. Als visuelles Leitmotiv dient die Kamelie. Aus heutiger Sicht nimmt diese von den Räumlichkeiten bis in die Zwischentitel hinein verwendete Blüte die Penetranz eines Markenzeichens an. Silbrig glänzende Vorhänge lassen Camilles Räume weit und geheimnisvoll zugleich erscheinen. Die für Alla Nazimova entworfenen Kostüme unterstreichen die Schönheit und luxuriöse Aura der Kurtisane. Rambovas Design war seiner Zeit voraus. Von den Kritikern als »bizarr« empfunden, betonte es die Kluft zwischen einem Thema, das nach dem Ersten Weltkrieg an Brisanz verloren hatte, und ultramodernen Kulissen, in denen sich Konflikte einer vergangenen Ära abspielten. Deshalb war die von Mathis an den Anfang des Films gesetzte Frage: »Warum nicht eine Camille von heute?«, ins Leere gesprochen. Geschichte und Design schienen durch Welten getrennt.

Im Frühling 1920 fehlte Nazimova immer noch ein Armand. Die Suche gestaltete sich mühsam. Als Franzose durfte er nicht blond und er sollte kein Komödiant sein, so viel wusste sie. Viele Darsteller sprachen vor und wurden abgelehnt. Schließlich beriet sie sich mit Rambova. Die kühle, nicht leicht zu beeindruckende Designerin war gleichsam das Auge der jungen Generation. Es konnte nicht schaden, ihre Meinung einzuholen. So kam »Madame« eines Tages in Rambovas Büro und stellte ihr einen schwitzenden Mann im

Pelz vor, der über und über mit künstlichem Schnee bedeckt und offensichtlich in keiner guten Verfassung war, da er während der Dreharbeiten von *Uncharted Seas* am Nachbarset für eine Winterszene mehrere Stunden in der kalifornischen Hitze gestanden hatte. Rambova fiel als Erstes der melancholische Blick auf, dann sein für ihren Geschmack zu fester Händedruck. Als sie fragte, warum man ausgerechnet ihn für die Rolle des Armand in Betracht zog, erfuhr sie, dass er die Hauptrolle in *The Four Horsemen of the Apocalypse* mit Bravour gespielt hatte und June Mathis ihn für einen guten Schauspieler hielt. Diese Empfehlung genügte. Da Nazimova nichts dem Zufall überließ, hatte sie sich den Film, der erst im März 1921 in die Kinos kommen sollte, in einer Privatvorführung angeschaut. Überzeugt, ihren Armand gefunden zu haben, ließ sie den Hauptdarsteller ausfindig machen. Sein Name sagte ihr nichts. Doch als er verlegen lächelnd vor ihr stand, kam er ihr irgendwie bekannt vor. War das nicht der junge Mann, den sie vor kurzem öffentlich beleidigt hatte? Entschlossen schob sie die unliebsame Erinnerung beiseite, denn sie spürte: Diesmal würde sie es mit keinem selbstgefälligen Darsteller zu tun haben, sondern mit einen wirklichen Armand, der sie vergöttern und alles tun würde, um der Geschichte Flair zu verleihen. Außerdem sprach er Französisch.

Rambovas Einwände wischte sie ebenso weg wie die ihres Lebensgefährten und engen Mitarbeiters Charles Bryant. Äußerlichkeiten würden sich korrigieren lassen. Valentinos Augenbrauen mussten gezupft werden, und seine Frisur wirkte für einen Mann aus der Provinz übertrieben modisch. Außerdem war er zu dick. Bryant war nicht frei von Eifersucht und ließ kein gutes Haar an dem jungen »Lothario«, doch Nazimova ignorierte seine Gereiztheit. Rambova ließ Valentino nicht zum Studiofriseur, sondern nahm sich selbst seiner an. Er blieb skeptisch und akzeptierte sein neues Aussehen erst nach Durchsicht der Probeaufnahmen. Da er noch mit Dreharbeiten in Arizona beschäftigt war, konnte man erst drei Wochen später mit dem neuen Film beginnen. Valentino stürzte sich in die Vorbereitungen. Diese Rolle war ihm auf den Leib geschrieben.

Nicht nur er – alle waren mit Enthusiasmus bei der Sache. Fotos aus diesen Tagen geben die gute Stimmung während der Drehpausen wieder, wenn man sich unter blühenden Obstbäumen zum Picknick niederließ.[8] Eines zeigt Valentino und Rambova in einem Moment der Selbstvergessenheit, wie sie entspannt auf einer Decke im Gras liegen; sie schaut lächelnd auf ihn herab, während er an ihrer Brust ruht und zu ihr aufblickt. Valentino hatte sich verliebt.

54

NATACHA RAMBOVA: ZWISCHEN TANZ UND TRAUM

Ihre Eltern hätten sich niemals treffen dürfen. Die Person, die den größten Einfluss auf Valentinos Leben und die Formung seines künstlerischen Potentials haben sollte, entstammte der Verbindung zwischen Winifred Kimball, Nachfahrin eines Mitbegründers der Mormonensekte, Heber C. Kimball, und Michael Shaughnessy, einem amerikanischen Oberst irischer Abkunft. Er hatte als Freiwilliger am amerikanischen Bürgerkrieg teilgenommen und war später auf Grund seiner Tüchtigkeit mit verschiedenen staatlichen Posten betraut worden, bevor er nach Utah kam, um dort ein Millionenvermögen mit Kupfer- und Silberminen zu verdienen.

Für beide war es die zweite Ehe gewesen. Als Michael Shaughnessy in den neunziger Jahren nach Salt Lake City zurückkehrte und die siebenundzwanzig Jahre jüngere Winifred aus einer großen, etablierten Mormonenfamilie heiratete, hatte er bereits viel von seinem Temperament, seiner Energie und einem im Bürgerkrieg dem Ku-Klux-Klan gegenüber bewiesenen Mut verloren, nicht zuletzt deshalb, weil er nach dem frühen Tod seiner ersten Frau zu trinken und zu spielen begonnen hatte. Winifred Kimball fühlte sich von seinem Stolz, seiner Geschäftstüchtigkeit und seinem Mut angezogen. Da sie am polygamen Mormonentum keinen Geschmack fand, trat sie mit der Heirat zum katholischen Glauben über. Allerdings spürte sie bald, dass ihr Mann zu keinem wirklichen Neuanfang bereit oder fähig war. Zu Lebzeiten seiner ersten Frau hatte der Colonel in Suffern, New York, ein imposantes Anwesen namens »Bellevue« bewohnt und sich mit europäischem Ambiente umgeben. Älter geworden, wohnte er, selbst nach der Geburt seiner Tochter Winifred, genannt »Wink«, am 19. Januar 1897, lieber im Hotel. Er trank zu viel, lebte in der Vergangenheit und drängte jedem seine prahlerischen Erinnerungen auf. Die Gegenwart schien öde, ohne Perspektive, und so verfiel er bei seiner Heimkehr immer öfter in Rage. Als das Leben mit ihm unerträglich geworden war, verließ Winifred ihn auf diskrete Art und kehrte mit der dreijährigen Wink zu ihren Verwandten zurück. Da sämtliche Männer der Familie ihre Angehörigen verlassen hatten oder gestorben waren, war Wink meist von Frauen umgeben: Großmutter Phoebe, Tante Teresa, mehreren Kusinen. Hier wuchs die Kleine auf, verwöhnt, aber auch mit Sorgfalt erzogen.[1]

Winifred war zwar berufs-, aber nicht phantasielos und noch jung genug, um für sich und die Tochter (an der der Oberst im Gegensatz zu seinen Söhnen aus erster Ehe kein Interesse zeigte) zu sorgen. Ihre Herkunft aus einer angesehenen, wohl situierten Familie machte es einfacher für sie, doch durch die neue Lage sah sie die Gesellschaft, in der sie sich seit ihrer Jugend bewegt hatte, mit anderen Augen. Die amerikanische Frauenbewegung hatte seit Seneca Falls (1848) an Schwung, aber keineswegs an Überzeugungskraft verloren. So brachte ein Zeitungsartikel über neue Frauenberufe Winifred auf die Idee, Geld mit dem zu verdienen, womit Frauen ihrer Schicht sich privat beschäftigten. Der wirtschaftliche Boom ließ die Zahl von Neureichen anschwellen und weckte ein Repräsentationsbedürfnis, das zunächst im unmittelbaren Zuhause befriedigt sein wollte. Deshalb konzentrierte Winifred sich auf das Gebiet der Innenausstattung, ein Feld, bei dem es auf gesellschaftliche Verbindungen (über die sie verfügte), Geschmack und Ideen ankam. Mit dem Tod von Königin Viktoria schien eine ganze Epoche hoffnungslos überladen, veraltet, abgetan. Nach Jahrzehnten der Stagnation reichte der Ideenvorrat nicht mehr aus, um die plötzlich neu entstehenden ästhetischen Bedürfnisse der Wohlhabenden zu befriedigen. Weil man sich außer Stande sah, Zukunftsweisendes anzubieten, lag es nahe, im Rückgriff auf das 18. Jahrhundert mehr Klarheit und Funktionalität zu gewinnen, was dem Zeitgeschmack entgegenkam.

Winifred Shaughnessys erste Auftraggeber kamen aus Salt Lake City. Bald zog es sie nach San Francisco, wo lukrativere Aufträge winkten. Bevor sie dort ihren Geschäftsbereich erweiterte, schloss sie einen Pakt mit ihrer geschiedenen Schwester Teresa Werner, die ebenfalls für eine Tochter zu sorgen hatte, und bat sie, die Rolle der Hausfrau und Erzieherin zu übernehmen, um selbst in Kalifornien arbeiten und für den gemeinsamen Unterhalt sorgen zu können. Teresa erwarb sich rasch das Vertrauen der kleinen Wink; ihre Zurückhaltung, ihre Diskretion und fraglose Liebe führten zu einer lebenslangen Freundschaft zwischen Nichte und Tante und einem Vertrauen, das alle Bewährungsproben bestand.

In San Francisco lernte Winifred die Innenarchitektin Elsie de Wolfe kennen und heiratete deren Bruder Edgar, einen charmanten, nicht allzu klugen Mann, der das Geschäft seiner Schwester in New York führte, da Elsie es vorzog, in London, Paris oder an der französischen Riviera zu leben. Als Schauspielerin gescheitert, galt sie als Trendsetterin, bevor ihr 1905 mit der Einrichtung des ersten Frauenclubs von New York, dem Colony Club, auch der berufliche Durchbruch gelang. Winifred verstand sich auf Anhieb mit ihr und erhielt über Edgar Einblick in die Grundlagen des Ausstattungsgeschäfts. Die Kunst, gesellschaftliche Verbindungen herzustellen, war

56

essentiell für neue Aufträge. Pressearbeit, mondänes Auftreten mit einem Flair von Internationalität sowie die Kenntnis »europäischer« Kultur gehörten ebenso dazu wie ein Sinn für das Praktische. Beide Frauen liebten ihre Arbeit und alles, was sie an Überraschungen mit sich brachte. Mit ihrer Vorliebe für Antiquitäten, Rokokomalerei, französisches Mobiliar des 18. Jahrhunderts und georgianische Architektur galten Elsie und Winifred de Wolfe bald als Garantinnen guten Geschmacks. Ihr Einfluss war so prägend, dass selbst Polly Adler, in den zwanziger Jahren Chefin eines New Yorker Bordells, sich genötigt sah, ihr Etablissement zwar von anderen Ausstattern, aber doch nach dem Vorbild der beiden gleichfalls mit »Louis XV.-und Louis XVI.-Möbeln« einrichten zu lassen.[2]

Mit ihrer zweiten Heirat eroberte Winifred die Welt der Reichen und Mondänen. Für eine Frau ihrer Herkunft war es ein Privileg zu arbeiten, ohne an gesellschaftlichem Ansehen zu verlieren. Die Schwägerinnen hatten derartigen Erfolg, dass sie Amerika unter sich aufteilten. Künftig würde Elsie de Wolfe Aufträge des östlichen, Winifred Aufträge des westlichen Teils der USA übernehmen. Das bewährte sich. Winifred verdiente mit der Ausstattung von Privathäusern und Grand Hotels Millionen. Als es an der Zeit war, über die Zukunft ihrer Tochter nachzudenken, besprach sie sich nicht mit ihrer Schwester, die das Kind aufzog, sondern mit Elsie. Dabei spielte die Abneigung des Kindes gegen den Stiefvater Edgar keine Rolle. Als Selfmadewomen, die es geschafft hatten, sich durch Klugheit und Gespür für den Geschmack ihrer Kunden Ansehen zu erwerben, waren beide Schwägerinnen in erster Linie darauf bedacht, den Mädchen durch Erziehung ein Entrée in der gehobenen Gesellschaft zu sichern, was als erste Voraussetzung für eine reiche Heirat erschien. Wink sollte eine Dame, keine abgehetzte Berufstätige werden, die jeder herumkommandieren durfte. Dass sie dem Beispiel von Mutter und Tante folgen könnte, kam weder der einen noch der anderen in den Sinn. Man beschloss, das Kind in Europa erziehen zu lassen: im Internat Leatherhead Court südlich von London. In den Sommerferien, die die anderen Kinder bei den Eltern verbrachten, würde Elsie die Kleine zu sich in die Villa Trianon nach Versailles holen, wo berühmte Künstler und Künstlerinnen aus und ein gingen und Gäste aus aller Welt. Das und die Nähe zur Hauptstadt – London oder Paris – mit ihren Museen und Theatern sollte Winks Erziehung abrunden.

Und so geschah es. Trotz inständiger Bitten der Achtjährigen, bei Teresa und ihren Kusinen bleiben zu dürfen, beharrte Winifred auf dem Entschluss, und das Kind verbrachte nach einem tränenreichen Abschied die nächsten acht Jahre in Leatherhead Court zusammen mit einer Schar von Mitschülerinnen, deren Eltern ebenfalls fern, in alle Winde verstreut, lebten. Zu Hause bei Tante Teresa hatte Wink zwar oft in ihrer eigenen Welt gelebt, war aber kein einsames Kind gewesen, denn es gab ja noch zwei Kusinen. Sie durfte malen, sich verkleiden, phantasievolle Kostüme entwerfen. Frühe Fotografien zeigen sie in einem Meer aus weißer Spitze, spätere in erlesener Garderobe mit sorgfältig frisiertem Haar. Doch der Aufwand, mit dem man ihr Äußeres bedachte, hatte wenig Einfluss auf ihre innere Verfassung. Von klein an war sie an Trennungen, an Abschiede gewöhnt: von Vater und Mutter, von Tante Teresa und ihren Kusinen; nun wuchs sie entfernt von den Angehörigen zu einer Jugendlichen heran, die sich am liebsten zurückzog und las: Sagen des klassischen Altertums, nordische Legenden. Alte, längst versunkene Welten faszinierten sie und milderten das Heimweh, das sie beschlich, wenn sie in London die Säle des Britischen Museums durchwanderte und antike Marmorstatuen und ägyptische Mumien betrachtete – erstarrte Zeugen einer Vergangenheit, die nur durch die Szenen auf griechischen Vasen an Leben gewann.

Wenn Winifred es einrichten konnte, nahm sie die Tochter im Sommer mit nach Italien oder Deutschland. Den größten Teil der Ferien verbrachte Wink jedoch bei Tante Elsie. Sie sorgte dafür, dass die Nichte am Ballettunterricht von Rosita Mauri von der Pariser Oper teilnahm, den Louvre durchwandern und ihre kunstgeschichtlichen Kenntnisse erweitern konnte.

Die von einem königlichen Park umgebene Villa Trianon am Boulevard St. Antoine von Versailles war keine gewöhnliche Residenz. Elsie de Wolfe hatte sie 1905 in renovierungsbedürftigem Zustand gekauft und völlig neu eingerichtet, als Zuhause und zum Vorführen ihrer Ideen. Dort erschienen Gäste wie die Schauspielerin Sarah Bernhardt, der Modeschöpfer Paul Poiret, die Tänzerin Loïe Fuller, der Kunsthistoriker Bernard Berenson, Robert de Montesquiou, der Kronprinz von Griechenland, Künstler, Adelige, reiche Amerikanerinnen, Journalisten und viel versprechende junge Leuten des *Smart Set* jener Tage.

Diana Vreeland beschrieb die zierliche Hausherrin als Person mit »Stil und ungeheurer Energie … Was sie so erfolgreich machte, war ihre Zuverlässigkeit. Bei all ihrem Schick war sie eine Frau mit einem großen Gespür. Man könnte sie neben ein großes Tier setzen und sie würde ein Geschäft abschließen, das die meisten Männer nicht in fünf Monaten an Land ziehen würden. Und sie schaffte das in einer halben Stunde.« Charmant und ohne sichtbare Mühe wusste sie Leben und Arbeit zu verbinden. »Schriftsteller

und Maler leben in völliger Privatheit, sie leben in sich selbst zurückge-
zogen, aber das«, erinnerte sich Vreeland, »war nichts für Elsie. Sie war kein
Mädchen, das zu Hause sitzt und Luftschlösser baut. Sie ging hinaus in die
Welt und liebte es, Menschen um sich zu haben. Sie hatte nie genug, wie
Verliebte nie genug haben. Sie liebte das Leben und die Menschen, das Ver-
gnügen und alles Neue und war nie etwas anderes als sie selbst.«[3]

Und sie war keine Spielverderberin. Für Elsie de Wolfe fielen beruflicher
und gesellschaftlicher Erfolg zusammen; sie gab ihren Kundinnen das Gefühl, auf der »sicheren« Seite zu stehen, Aufstieg zu repräsentieren oder zu
bewirken, solange der *De-Wolfe-Touch* mit seiner Inspiration, seinen Überraschungen, seiner Autorität kenntlich blieb. Sie richtete Pickfair, die Villa von
Douglas Fairbanks und Mary Pickford in Hollywood, und das Haus der
Modeschöpferin Lady Duff Gordon neu ein. Für die Umsetzung solcher
Ideen waren Designer zuständig, die wussten, wie detailbewusst und genau
ihre Chefin vorging. De Wolfes Popularität erreichte einen ersten Höhepunkt, als Wink sich in der Villa Trianon aufhielt. 1913 bekam das Gebäude
einen neuen Flügel und bot Raum für noch glanzvollere Empfänge. Trotz all
ihrer Ambitionen hatte Elsie de Wolfes Anpassungsbereitschaft Grenzen:
Sie liebte Frauen. Indem sie mit ihren Gefährtinnen zusammenlebte, bezog
sie erkennbar Position – *on the lavender side.* Sie stritt für das Frauenwahl-
recht und hatte kein Problem, sich auf der Fifth Avenue in einen Demonst-
rationszug amerikanischer Suffragetten einzureihen. Ihren Rat konnte man
kaufen – ihre Überzeugungen nicht.

Wie einst als Kind, lebte Wink auch als Halbwüchsige unter tatkräftigen,
ambitionierten und begabten Frauen – diesmal in Versailles. Anders als die
Gäste der Villa Trianon lernte sie ihre Tante und deren Lebensgefährtin Elizabeth Marbury, eine renommierte Theateragentin, aus familiärer Nähe
kennen. Charakterlich hatten Tante und Nichte wenig gemein: Wink, deren
Vater kurz vor ihrem dreizehnten Geburtstag gestorben war, trug ihr Herz
nicht auf der Zunge. Sie blieb scheu und introvertiert, während die kontakt-
freudige Elsie als ehemalige Schauspielerin Freude an effektvollen Auftritten
hatte und Klatsch nicht verschmähte. Zwar erschien sie oberflächlich, ganz
auf Äußerlichkeiten und ihre nicht gerade intellektuelle Kundschaft konzentriert, andererseits gab sie Wink Anregungen, die ihrer Bildung zugute
kamen.

Die Sommer in der Villa Trianon stellten eine Lehrzeit eigener Art dar.
Wink lebte unter Menschen, die mit ihren Ideen, ihrer Kreativität, ihrem
Aufstiegswillen das kulturelle Klima einer Ära prägten. In New York nicht

anders als im schwer zu gewinnenden Paris. Weiblichkeit und Kreativität, Weiblichkeit und Geschäftstüchtigkeit, *High Life* und politisches Engagement, Kunst und Leben schienen vereinbar. Das wurde nicht nur behauptet, sondern vorgelebt. Wie alle Halbwüchsigen bemerkte sie anfangs eher die Schwächen als die Stärken der Tante; dennoch machte sie in diesem Umfeld Erfahrungen, die ihr später in Hollywood zugute kommen sollten.

Der von Elsie organisierte Ballettunterricht und die Besuche von Tanzvorstellungen galten als Teil jener Erziehung, die Wert auf Anmut und tadellose Umgangsformen legte. Mehr sollte sich nicht daraus entwickeln. Damals galten Paris und London als Zentren des Russischen Balletts. Hier wurden neue Choreographien entwickelt, hier fanden sich Komponisten, Designer, Künstler, Mäzeninnen, Gesellschaftsdamen, Bankiers und ein Publikum, dessen Freude am Neuen nur durch seinen Enthusiasmus für Stars wie Tamara Karsawina, Bronislawa Nijinska und ihre Partner Vaclav Nijinski, Michail Fokin oder Michail Mordkin übertroffen wurde. Atemberaubende Kompositionen, eigens entworfene Kostüme und Bühnenbilder von Léon Bakst, Natalja Gontscharowa oder Pablo Picasso trugen zur Faszination bei. Kurz vor dem Ersten Weltkrieg galt das Russische Ballett als die avancierteste Kunstform. Sergei Diaghilew mit seinem Traum vom Gesamtkunstwerk verstand es, nicht nur Talente anzuziehen, sondern auch herauszufordern. Die zaristische Balletttradition mit ihrer Mischung aus klösterlichen und militärischen Erziehungsprinzipien versah ihre Schülerinnen und Schüler mit einer Aura totaler Hingabe an die Kunst. In Westeuropa gab es Ballettomanen, reiche Enthusiasten, einflussreiche Frauen wie Misia Sert, ohne deren gesellschaftlichen Einfluss die Finanzierung derart aufwändiger Produktionen nicht möglich gewesen wäre – und Eltern, die ihre Kinder nur von russischen Tänzern oder Tänzerinnen unterrichten lassen wollten.

Wink war dreizehn Jahre alt, als sie Anna Pawlowa zum ersten Mal tanzen sah. Dies Ereignis markierte das Ende ihrer Kindheit. »Anna Pavlova! Mein Herzschlag setzt aus, während ich diesen Namen niederschreibe«, erinnerte sich ihre spätere Mitschülerin Agnes DeMille. Es war Liebe auf den ersten Blick. »Die Macht der Schönheit hatte mich berührt, die Kindlichkeit war von einem Teil meiner Seele abgefallen. Es schien mir, als ob sie mich unter Tausenden erwählt und beim Namen gerufen hätte«, schrieb DeMille rückblickend über eine Ballerina, die als »Wunder auf der Bühne« galt. »In meiner Kindheit bedeutete ihr Name höchste Kunst. Pavlova, die Unvergleichliche, war eine internationale Größe. Sie war nicht weniger berühmt als Caruso, ihre Stellung … einzigartig. Sie hypnotisierte ihr Publikum, hatte etwas von einer Gottheit … Sie war außerdem die erste große Künstlerin, der wir begegneten.« Das dürfte ebenso für Wink gegolten haben, denn in der Villa Trianon oder im Elternhaus von Agnes DeMille tauchten zwar illustre Gäste, aber niemand vom Rang der ätherischen Russin auf.[4]

Das englische Debüt von Anna Pawlowa fand 1910 im Palace Theatre statt. Wink wartete am Bühnenausgang und ließ sich ein kleines Buch signieren, das mit Skizzen der russischen Stars gefüllt war. Die Aufführung des »Feuervogels« von 1909 mit Tamara Karsawina und Theodore Kosloff im Coliseum machte einen unauslöschlichen Eindruck auf sie.

Bald sollte es zu einer persönlichen Begegnung mit Kosloff kommen – in New York. Denn es hatte heftige Auseinandersetzungen gegeben in der Villa Trianon, wo Tante Elsie mit Elizabeth Marbury und einer dritten Freundin ein »Versailler Triumfeminat« bildete. Während man Winks künstlerische Interessen förderte, ohne ihrer Ballettschwärmerei Bedeutung beizumessen, unterband man Kontakte zu männlichen Wesen. Die Dominanz und Umtriebigkeit ihrer Tante, dazu Elsie des Wolfes unorthodoxer Lebensstil waren schwer erträglich; es kam zu Auftritten, und am Ende musste Wink ihre Sachen packen und in die USA zurückkehren.

Der Zeitpunkt war gut gewählt; kurz danach brach der Erste Weltkrieg aus. In San Francisco zeigte sich die Mutter ungehalten über die plötzliche Rückkehr und Winks Wunsch, Tänzerin zu werden. Tänzerin! Statt sich auf ein Leben in Muße vorzubereiten, wollte sie ernsthaft Unterricht nehmen. Winifred war wütend. Dabei entging ihr die Ironie der Tatsache, dass sich ihr eigenes Leben zu wiederholen schien: mit Abschieden, Aufbrüchen und einem starken Unabhängigkeitsdrang, der sich jetzt bei der Tochter geltend machte. Solche Konflikte waren nicht ungewöhnlich. »Meine ganze Erziehung war darauf angelegt, aus mir eine Dame zu machen. Damen tanzen nicht, behauptete mein Vater.« So erlebte es ein Kind derselben Generation, Agnes DeMille.[5]

Winks Mutter dachte ähnlich. Gereizt und enttäuscht überließ sie das Mädchen wieder der Obhut ihrer Schwester. Der alte Pakt galt nach wie vor, deshalb machte Teresa Werner einen Vorschlag zur Güte: Wink sollte ein Jahr Tanz studieren dürfen und danach den von der Mutter gewünschten Weg einschlagen. So kam es, dass Teresa ihre Nichte nach New York begleitete.

Für Wink gab es keine Zweifel über ihren künftigen Lehrer. Ihre Wahl fiel auf jenen Mann, den sie vor fünf Jahren in London bewundert hatte: Theodore Kosloff. Sein Studio lag in der 42. Straße von New York. Als Absolvent der Moskauer Ballettschule gehörte Kosloff zu einer Gruppe von Tänzern, die die Anfänge des Russischen Balletts in Paris und London mitgestaltet hatten, aber sich schon bald nach einträglicheren Auftrittsmöglichkeiten umsahen. Nach einem Jahr bei Diaghilew gründete er selbst eine Truppe und trat in größeren europäischen Städten auf. Das Prestige des Russischen Balletts trug bis nach Amerika. Trotz der Proteste von Michail Fokin gastierte Kosloff 1911 auf Anraten von Gertrude Hoffmann in den USA und tanzte in unautorisierten Versionen von *Les Sylphides*, *Cléopâtre* und *Schéhérazade*. Mit seiner Partnerin, Maria Baldina, war er bereits in London aufgetreten; doch deren viel versprechende Laufbahn endete mit der Geburt einer gemeinsamen Tochter. Das Kind war behindert und bedurfte intensiver Pflege, deshalb ließ Baldina sich im englischen Bournemouth nieder, während Kosloff nach Amerika zurückging, um eine Ballettschule zu eröffnen. In gewissem Sinn gehörte er zu den Arbeitsimmigranten und hatte schon während seiner ersten Tournee darüber nachgedacht, wie er an Schülerinnen kommen konnte. Er fand sie schließlich unter den Kindern von Aufsteigern, Reichen und Berühmten. Zwar konnte Kosloff keinen mit der eigenen Ausbildung vergleichbaren Unterricht bieten, andererseits war ihm klar, dass die meisten Eltern ohnehin nur an standesgemäßem Zeitvertreib für ihre Sprösslinge interessiert waren.

Eigentlich plante er die Gründung einer eigenen Truppe und dachte daran, Nachwuchs für Broadway-Produktionen auszubilden, doch vorerst musste er sich mit Töchtern aus wohlhabenden Familien begnügen. Hinzu kamen Filmstars wie Alla Nazimova, Betty Compson, Ruth Stonehouse, Wallace Reid oder Gloria Swanson, denen er als Coach diente. Anders als Nazimova war Kosloff nicht an begabtem Nachwuchs, sondern nur an hübschen und reichen Schülerinnen interessiert. Mit Vorliebe unterrichtete er Töchter von Managern, Regisseuren, Produzenten; über sie wollte er wertvolle Beziehungen zum Theater- und Filmgeschäft herstellen. Die Rechnung ging auf. Da Kosloff die Vorliebe gut situierter Leute für alles, was umsonst zu haben war, kannte, waren zwei Mädchen vom Schulgeld befreit: die Schwestern DeMille. Um mit ihrem Onkel Cecil DeMille, einem Starregisseur beim Film, ins Geschäft zu kommen, akzeptierte er die vierzehnjährige Nichte Agnes – allerdings nicht ohne ihr zu sagen, dass er sie für ungeeignet hielt. Die Einschätzung wirft ein merkwürdiges Licht auf Kosloffs Befähigung als Lehrer, denn Agnes DeMille machte als einzige seiner Schülerinnen Karriere.[6]

Als Wink in Begleitung ihrer Tante sein Studio aufsuchte, wurde sie sofort akzeptiert. Kosloff sagte ihr eine große Zukunft als Tänzerin voraus –

vorausgesetzt, sie würde sich seiner Führung anvertrauen und ihren Namen ändern. So wurde aus Winifred Kimball Shaughnessy, in der Familie Wink genannt, Natacha Rambova. Kosloff war kein schlechter Psychologe. Indem er seine Aspirantinnen mit russischen Namen versah, gab er ihnen das Gefühl, Novizinnen zu sein, vorbereitet für eine privilegierte Gemeinschaft, in die es ohne seine Hilfe keine endgültige Aufnahme gab. So arbeitete Winks Mitschülerin aus England, Winifred Edwards, inzwischen als Vera Fredova für die Schule. Auch in Hollywood stattete man die Stars – um ihre meist schlichte Herkunft zu verbergen – mit neuen, wohlklingenden Namen und fiktiven Biografien aus. Für Wink war der neue Name eine Option auf die Zukunft; unbelastet von jeglicher Vorgeschichte, gab er ihr die Zuversicht, ein Leben als Künstlerin zu beginnen.

Tagsüber trainierte sie in Kosloffs finsterem Studio. Nach der Mädchenwelt des Pensionats und der mondänen Geselligkeit in der Villa Trianon genoss sie die Strenge und Kargheit der neuen Umgebung. Die Haremskonstellation des Unterrichts trug dazu bei, dass alle Aktivitäten um einen Mann kreisten, dessen Temperament Furcht und Schrecken verbreitete, während sein gebrochenes Englisch zum Lachen reizte. »Ach, welche Seligkeit bedeutete doch dieser Raum!«, beschrieb Agnes DeMille rückblickend den Überschwang jener Tage. »Jede Unterrichtsstunde war so wichtig, wenn auch ein wenig beängstigend. Lobte der Meister eine Schülerin, dann überrieselte es uns vor Neid und Erregung. Brüllte er uns an oder beschimpfte uns, dann wurden wir kreidebleich … Sprach er über Ausdruck und über ›Seee-le‹, dann weinte ich. Erzählte er aber von Ruhm und Gala-Abenden, von Applaus und ›réclame‹, dann konnte ich die folgenden Nächte kaum schlafen. Am Schluss der Unterrichtsstunde knicksten wir höflich.«

Kleine Mädchen sind leicht zu beeindrucken. Nicht nur ihnen, sondern auch ihren Angehörigen fehlte damals jede Vergleichsmöglichkeit, um die Tauglichkeit des Unterrichts zu prüfen. Als Lehrer trat Kosloff ein in das Vaterbild dieser meist aus Familien mit dominanten und finanziell erfolgreichen Männern stammenden Kinder. Zu Weihnachten verwöhnte er sie mit Geschenken und gab überzeugende Proben »der unbegrenzten russischen Gastfreundschaft«. Und er fütterte ihre Phantasie, wenn sie schmerzhafte Übungen verrichtet hatten: »Auf einem Seitentisch des Studios standen Alben, die mit Bildern der größten Ballerinen angefüllt waren. Zwischen den Unterrichtsstunden versenkten wir uns in ihr Studium.« Außerdem besuchte er mit ihnen die Vorstellungen von Anna Pawlowa. Von solchen Höhepunkten abgesehen, war die Zeit mit unablässiger Tätigkeit ausgefüllt. Die

Mädchen mussten ihre Kostüme für Tourneen selbst anfertigen, finanzieren und als Fortgeschrittene mit Neuankömmlingen üben. Geblendet von seinem Versprechen, berühmte Tänzerinnen aus ihnen zu machen, arbeiteten sie pausenlos. In Konkurrenz zueinander. Und gratis.

Wie ihre Mitschülerinnen hatte auch Rambova die Illusion, ernst genommen zu werden. Dafür sprach die Strenge des Unterrichts, der verlangte Aufwand an Energie und Durchhaltevermögen. Agnes DeMille lieferte rückblickend noch eine weitere Erklärung für die Faszination, die das Russische Ballett und die bezaubernde Schönheit von Anna Pawlowa ausübten: »Die Übungen an der Stange wirken in keiner Weise seelisch erregend, sie sind die einzige körperliche Betätigung, bei der eine Frau weder moralische Verantwortung auf sich nimmt noch sich irgendwelchen Gefahren aussetzt. Man kann sie geradezu als Ausdruck einer beinahe heidnisch zu nennenden Freiheit und kindlichen Spiels bezeichnen.«[7]

Das war die Sicht der Elevinnen. Für Kosloff ging es um andere Freiheiten. Die Mitglieder des Russischen Balletts waren daran gewöhnt, dass man ihnen alle außerhalb ihrer Kunst liegende Verantwortung abnahm. Gewöhnlich sorgten gebieterische Persönlichkeiten wie Sergei Diaghilew für die organisatorischen Rahmenbedingungen. Wer ein eigenes Ensemble aufbauen wollte, musste bereit sein, sich aus kindlichen Abhängigkeiten zu lösen. Kosloff drehte den Spieß um; seine Zukunft hing von den Schülerinnen ab; sie entlasteten ihn von Routine, übernahmen Aufgaben im Vorfeld von Tourneen, sicherten sein Auskommen und verschafften ihm über ihre Familien Kontakte zu einflussreichen Leuten im Theater-, Film- und Showgeschäft.

Rambovas Leben hatte eine radikale Wendung genommen. Kosloff gab ihr nicht nur einen klangvollen Namen – er wurde auch ihr Liebhaber. Teresa Werner blieb ahnungslos. Die Arbeit im Studio entzog sich ihrer Kontrolle umso mehr, als ihre Nichte in Vera Fredova eine gleichaltrige Vertrauensperson fand. Während Rambova sich auf ein Solo vorbereitete, plante Kosloff eine Tournee mit ehemaligen Mitgliedern der Diaghilew-Truppe und ließ dafür Bühnenbilder von Léon Bakst, einem der vielseitigsten Künstler, die je für die Bühne gearbeitet hatten, nachahmen. Vom Ruhm des Russischen Balletts konnte man auch dann profitieren, wenn man nur kurz dabei gewesen war. Kosloff hatte keine Skrupel, fremde Ideen und Arbeiten als eigene auszugeben. Da in New York oder Kalifornien kaum jemand über die Pariser Inszenierungen oder die Herkunft der Ausstattung Bescheid wusste, blieben Sanktionen aus. Baksts Versuch, sich gegen Raubkopien und dreiste

Imitate seiner Kostüme und Bühnenbilder zur Wehr zu setzen, war vor amerikanischen Gerichten kein Erfolg beschieden.[8]

Doch plötzlich schienen Kosloffs Pläne ernsthaft gefährdet. Morris Guest, ein Theatermann russischer Herkunft, der sich in New York um das Russische Ballett verdient gemacht hatte, hatte von Kosloffs Affäre mit einer minderjährigen Schülerin erfahren und informierte Natachas Mutter. Winifred de Wolfe geriet außer sich, rief ihre Tochter nach Hause zurück und drohte Kosloff mit juristischen Sanktionen. Damit gefährdete sie weniger seinen Ruf als den ihrer Tochter und – was für Natacha stärker ins Gewicht fiel – ihr Debüt als Tänzerin auf der bevorstehenden Tournee. Um einen Skandal zu vermeiden, verließ Natacha die Wohnung ihrer Tante, floh über die kanadische Grenze und tauchte bei Kosloffs Ehefrau im englischen Bournemouth unter. Maria Baldina war mit ihrer behinderten Tochter auf Kosloffs Überweisungen angewiesen; sie nahm die bald nach ihrer Ankunft erkrankte Geliebte ihres Mannes auf und pflegte sie gesund.

Als Winifred de Wolfe Kosloff zur Rechenschaft ziehen wollte, stritt er sexuelle Übergriffe und jede Beteiligung am Verschwinden seiner Schülerin ab. Dass er sie selbst bei seiner Frau in England untergebracht hatte, blieb unausgesprochen. Teresa Werner war ratlos. Zwei Senatoren und der russische Botschafter konnten auch nicht weiterhelfen, und so wandte sich Natachas Mutter, die zunächst an eine Entführung nach Russland geglaubt hatte, in ihrer Verzweiflung an die renommierte Detektei Pinkerton. Doch die Gesuchte blieb verschwunden. Monate vergingen. Im Juni des folgenden Jahres debütierte Kosloffs »Kaiserlich Russisches Ballett« glanzvoll im Palace Theater von New York. Als er ein paar Wochen später in San Francisco auftrat, kam es zu einer Begegnung mit Natachas Mutter. Winifred de Wolfe war inzwischen so verzweifelt, dass sie versprach, Kosloff weder gerichtlich zu belangen, noch Natacha die weitere Arbeit mit ihm zu verbieten, ja, seine Truppe sogar finanziell zu unterstützen, falls sie zurückkäme. Kosloff zeigte keine Regung, hatte aber die Großmut, über ihren Vorschlag nachzudenken. Wenig später konnte Winifred ihre Tochter wieder in die Arme schließen. Natacha erlebte ihre Mutter erstmals bis zu Tränen bewegt, und Winifred war schon deshalb geneigt, sich mit den Irrungen und Wirrungen der ersten Liebe ihrer Tochter abzufinden, weil sie plante, sich von Edgar de Wolfe scheiden zu lassen. Für Natacha war das eine gute Nachricht. Erleichtert und von ihrer Mutter mit Geld versehen, reiste sie der Truppe nach.[9]

Nachdem Kosloff sich davon überzeugt hatte, dass sie für Unterhalt und Kostüme allein aufkam, setzte er die schönste seiner Schülerinnen als Tanz-

65

partnerin ein und ließ sich mit ihr fotografieren. Kostüme zu entwerfen war eine Leidenschaft seit ihrer Kindheit, und im Laufe der Monate konzentrierte sie sich mehr und mehr darauf. Ideen waren gefragt, da es Kosloff in der Zeit von Rambovas Untertauchen gelungen war, über die Drehbuchautorin Jeanie MacPherson Kontakt zu Cecil DeMille aufzunehmen. DeMille bot ihm die Rolle eines aztekischen Prinzen in *The Woman God Forgot* an. Stets auf der Suche nach neuen Geldquellen, hatte Kosloff im Gegensatz zu anderen Tänzern und dem Impresario des Russischen Balletts, Diaghilew, selbst keinerlei Berührungsängste im Hinblick auf den Film und war trotz der erfolgreich verlaufenden Tournee entschlossen, sich als Schauspieler, Tänzer, Designer, als »Hans Dampf in allen Künsten« zu profilieren. Aus diesem Grund bezog er im Sommer 1917 zusammen mit Fredova und Rambova ein Haus in Los Angeles, wo ein Gartenzelt als provisorisches Studio diente und man sich neben dem Unterricht auf das erste Filmprojekt vorbereitete.

Im Herbst 1917 begann er seine nächste, sorgfältig vorbereitete Tournee mit einem »aztekischen Tanz«, der ihn und Rambova in neuen, von ihr entworfenen Kostümen zeigte und begeisterte Aufnahme fand. Auch Kosloffs erster Filmauftritt in *The Woman God Forgot* wurde im November 1917 mit positiven Kritiken bedacht. Im Frühling 1918 erreichten sie New York, fuhren aber bald nach Florida weiter, um sich von den Strapazen der letzten Monate zu erholen. Dort wurde Kosloff von schlimmen Nachrichten überrascht. Sein in Moskauer Immobilien angelegtes Vermögen ging nach der Russischen Revolution verloren. Es war eine Katastrophe. Als Mittdreißiger hatte der *Tänzer* Kosloff kaum noch Zukunft. Dabei musste er nicht nur an die nächste Saison – die ja immer auch dazu diente, neue Schülerinnen zu rekrutieren –, sondern stärker ans Filmen denken. Wie viele russische Unternehmungen von damals krankten auch Kosloffs Projekte an mangelnder Seriosität. Was mit Versprechungen und hochfliegenden Plänen begonnen hatte, endete gewöhnlich im Vaudeville und verlor sich rasch im Publikumsgedächtnis. Dennoch kam es im Herbst 1918 zu einer dritten Tournee.

Kurz nachdem Rambova aus England zurückgekommen war, bemerkte sie, dass Kosloff nicht auf sie gewartet hatte, sondern inzwischen mit anderen Schülerinnen, darunter zwei Zehnjährigen, schlief. Als Tanzpartnerin wurde sie von Maria Gambarelli, einer Tänzerin der Metropolitan Opera, ersetzt. Rambova verbarg ihren Kummer, konzentrierte sich auf Kostümentwürfe und half Fredova beim Anfangsunterricht, da die Tournee den erwünschten Zulauf von kleinen Mädchen erbracht hatte Eine von ihnen,

Flower Hujer, die als Achtjährige Rambovas Auftritt in Victor Herberts »The American Fantasy« gesehen und unbedingt Kosloffs Schule hatte besuchen wollen, war fasziniert von der Schönheit, Eleganz und Zurückhaltung ihrer jungen Lehrerin. Mochte es zunächst so wirken, als sei das Leben mit Kosloffs Frau spurlos an Rambova vorbeigegangen, als habe sie in Bournemouth nicht eine Tänzerin vor Augen gehabt, deren Karriere durch die Geburt eines Kindes beendet worden war, als sei Maria Baldina kein Beispiel für das, was einer Frau geschehen konnte, so wandte sie jetzt ihre ganze Energie daran, Bitterkeit und Melancholie zu verbergen. Niemals (schon gar nicht ihrer Mutter gegenüber) hätte sie zugegeben, in eine Sackgasse geraten zu sein. Während Kosloff in der Öffentlichkeit Eindruck zu machen wusste, entpuppte er sich im privaten Alltag als kleiner Geschäftemacher, der vom Idealismus und der unbezahlten Arbeit seiner Schülerinnen lebte und sich nur inmitten eines aus Kindern und Heranwachsenden bestehenden, anonym und rastlos arbeitenden Harems wohl fühlte. Doch zu ihrer Mutter konnte und wollte Rambova nicht zurückkehren.[10]

Sie hatte ihren um so vieles älteren Liebhaber geschont und durch ihr Verschwinden eine Katastrophe verhindert. Für Kosloff war sie austauschbar. Fairness war ihm fremd, und so gab er ihre Entwürfe, die inzwischen von der Presse beachtet und als besonders vielseitig gelobt wurden, als eigene aus. Noch im selben Jahr spielte er an der Seite von Gloria Swanson und Bebe Daniels in *Why Change Your Wife?* (1920) einen Geiger, der in einem Badeort Frauen zu betören sucht.

Beim Betrachten des Films forscht man vergebens nach den Ursachen der Faszination, die von diesem Mann ausging. Seine darstellerischen Mittel sind beschränkt und pompös zugleich (wie Stroheims falscher Adel). Kosloff grimassiert stark und hat keine Ahnung, wie ein formvollendeter Handkuss aussieht. In dem von Rambova entworfenen, mit baumelnden Schnüren versehenen Badekostüm wirkt sein Körper ungelenk und grob. Stark geschminkte Brauen betonen das Stereotype von Mimik und Gestik. Dem ganzen Auftritt haftet etwas Verschrobenes an.

Auch im nächsten Film, *Something to Think About* (1920), wurde er von Rambova eingekleidet; doch erst mit Cecil DeMilles *Forbidden Fruit* (1921), für den Mitchell Leisen als Designer engagiert wurde, schenkte man ihren Entwürfen Beachtung. Für die Cinderella-Sequenz fertigte Rambova neben anderen phantastischen Kostümen ein mit Glühbirnchen übersätes Kleid an, das von der Kritik mit Lob bedacht wurde. Während Kosloff den Regisseur glauben ließ, die originellen Gewänder stammten von ihm, hielt das Photoplay Magazine sogar Clare West, eine der renommiertesten Kostümbildnerinnen im Filmgeschäft, für die Urheberin.

Innerhalb der russischen Kolonie kannte man sich und hielt zusammen. Alla Nazimova hatte Tanzstunden bei Kosloff genommen und war jetzt so fasziniert von der Cinderella-Sequenz in *Forbidden Fruit*, dass sie ihn um Entwürfe für eine Traumszene in ihrem nächsten Film *Billions* bat. Für Natacha Rambova war es an der Zeit, sich zu offenbaren. Deshalb trat sie während der Vorarbeiten für Nazimovas aktuelles Projekt, *Aphrodite*, erstmals als das auf, was sie war, und erklärte der überraschten Schauspielerin, dass es sich nicht um Kosloffs, sondern um ihre eigenen Entwürfe handelte. Nazimova war beeindruckt und engagierte sie spontan als *art director*.

Sieben Jahre zuvor hatte Rambova Kosloffs Studio zum ersten Mal betreten. Nazimova gab ihr die Möglichkeit, seinen Harem zu verlassen, ohne ihrer Mutter beichten zu müssen, was geschehen war. Als Tanzpartnerin ersetzt, als Lehrerin entbehrlich und als Geliebte von Kindern abgelöst – so lautete das Fazit dieser *éducation sentimentale*. All das hatte ihre Freiheitsliebe aktiviert, mitsamt dem Wunsch, sich als Designerin einen Namen zu machen. Heimlich bereitete sie ihre Abreise vor. Als Kosloff am Wochenende von Cecil DeMille zu einem jener »Jagdausflüge« gebeten wurde, auf denen der Regisseur seine Gäste mit *girls* zu verwöhnen pflegte (wie seine Nichte Agnes zu berichten wusste), hielt Rambova den Zeitpunkt ihrer Flucht für gekommen. Während sie im Beisein von Fredova auf ein Taxi wartete, erschien Kosloff überraschend an der Eingangstür. Als er die Koffer sah, verlor er die Beherrschung. Voller Wut hob er seine Schrotflinte, drückte ab und traf Rambova ins Bein. Sie konnte nur entkommen, weil Fredova sich ihm entgegenwarf und den Lauf der Waffe in eine andere Richtung lenkte.[11]

Als Rambova das Studio von Alla Nazimova betrat, stand sie noch völlig unter dem Eindruck dieses Vorfalls. Allerdings schien sie rasch entschlossen, nicht gegen Kosloff vorzugehen und seine Attacke als Episode ohne Belang abzutun. Ein Skandal hätte sie um die Früchte einer siebenjährigen Lehrzeit gebracht, ihre Mutter aufgeschreckt und nicht Kosloff, sondern nur ihrer eigenen Zukunft geschadet. In Hollywood wimmelte es von Männern, die sich – wie der Mordprozess gegen Roscoe Arbuckle zeigen sollte – prinzipiell auf die Seite des Täters schlugen. Rambova war entschlossen, das Vergangene vergangen sein zu lassen. Es war, als fiele ein böser Zauber von ihr ab, als erlöse sie sich selbst durch die Hygiene des Schweigens. Ein kleiner, alter Buick trug sie fort in ein neues Leben. Sie bezog einen winzigen Bungalow am Sunset Boulevard. Nachts konnte man dort Hollywoods Herz schlagen hören. Von fern.

THE CONQUERING POWER

Zu Beginn der zwanziger Jahre suchte man in der Filmindustrie nach modernen Themen, denn es war ungewiss, ob die Begeisterung des Publikums für exotische Schauplätze und Geschichten anhalten würde.

Rambova bedauerte das – je älter der Stoff, umso reizvoller erschien er ihr. Deshalb war sie enttäuscht, als die Vorbereitungen für *Aphrodite* gestoppt wurden, da das Studio Verwicklungen mit der Zensur fürchtete. Nazimova verlor keine Zeit und bereitete die Verfilmung der *Kameliendame* vor. Nach den Entwürfen für Kosloff handelte es sich um Rambovas ersten eigenen Auftrag, und sie war fest entschlossen, dem Geschehen eine avantgardistische Note zu geben, soweit es Kostüme und Räumlichkeiten betraf.

»Madames« schlanke Gestalt kam in flamboyanten Abendroben ebenso zur Geltung wie in einem einfachen, ländlichen Kleid. Rambova betonte diesen Gegensatz. Ihre Szenerien lösen die Annahme, eine Kurtisane habe kein Zuhause, optisch ein. Alles um Camille verwandelt sich in Kulissen des Begehrens: Treppenhäuser und öffentliche Foyers ebenso wie ihr Schlafzimmer. Es ist nicht als privater Rückzugsort, sondern als intime, auf ihren Beruf abgestellte Bühne gestaltet. Die Kurtisane ist immer im Dienst – ihr Sterben öffentlich. Die Kamelienblüte wird wie ein Markenzeichen platziert: Es erleichtert Camilles betagter Kundschaft, eine menschliche »Ware« von einer anderen zu unterscheiden.

Mit Rücksicht auf die Lichtregie verwendet Rambova kostbares Material, Stoffe, deren Textur von der Kamera umschmeichelt wird, und setzt künstliche Beleuchtung ein, oft in Bogenform, die sich besonders für Standfotos eignet – Leben, still gestellt wie auf alten Bildern: ein präraffaelitisches Rund hinter Camilles Bettstatt, die Nazimovas Gestalt umfasst und an den Traum der *Lady of Shallott* erinnert. Die in England verbrachte Internatszeit hat Spuren hinterlassen.

Rambova arbeitete systematisch und konzentriert. Während der Dreharbeiten wurde sie von Patsy Ruth Miller, einer weiteren Entdeckung Nazimovas, die mit einer Nebenrolle bedacht wurde, beobachtet und beschrieben: Sie trug das Haar ballerinenhaft gescheitelt mit seitwärts gerollten Zöpfen, dazu lange Gewänder und Überwürfe, flache Schuhe, exotische Kopfbedeckungen. Haltung und Disziplin einer Tänzerin kamen ihr jetzt in einem Bereich zugute, auf den sie kaum besser vorbereitet war als Winifred de Wolfe vor Jahren beim Versuch, sich als Innenarchitektin selbständig zu machen. Von Anfang an, das spürte auch Patsy, während sie sich auf die Rolle der Nichette vorbereitete, blieb Rambova mit allem, was ihr gegeben war – makellose Haut, goldbraune Augen, Eleganz, eine aus dem Rahmen fallende, an Greta Garbo erinnernde Distinktion und Zurückhaltung –, merkwürdig getrennt von den anderen, als lebte sie in einer Welt für sich.[1] Nach all den Enttäuschungen und Aufregungen der letzten Monate zählte nur noch die Arbeit. Allmählich wurde ihr klar, in welchem Ausmaß ihr Handlungsspielraum von Gesetzen der Filmindustrie abhing, deren dogmatische Härte nur von Persönlichkeiten wie Nazimova gemildert werden konnte. In Hollywood mit seinem Wirrwarr von Laien, Berufslosen, Abenteurern, Spielern und anderweitig Gestrandeten nahmen Hauptdarstellerin und *art director* sich wie Königinnen aus, deren Reich wenigstens *eine* feste Bezugsgröße aufwies: Theater oder Tanz. Auf der Suche nach modernen Gestaltungsmöglichkeiten fand die Wahlrussin Rambova in der echten Russin von der Krim eine Mentorin und Mitstreiterin, die sie weder um die Früchte ihrer Arbeit bringen noch in ihrem Elan bremsen würde, sondern sich freute, wenn die Presse ihrem Schützling die gebührende Aufmerksamkeit schenkte.

»Madame« arbeitete ununterbrochen und umso beschwingter, als der ebenfalls engagierte Paul Ivano sich in sie verliebt hatte. Ivano war auch der Erste, dem die Veränderung im Wesen des Freundes auffiel. Valentino versuchte, die kühle, sachbezogene Haltung der jungen Rambova scherzhaft in Frage zu stellen. Vergebens. »Das war etwas, das mich immer schrecklich an Rudy gestört hat«, schrieb sie rückblickend, »denn meist waren seine auf so seltsam italienische Art erzählten amerikanischen Witze ohne jede Pointe. Diese ständige, angestrengte Heiterkeit ärgerte mich, weil ich zu der Zeit das Leben, die Arbeit und mich selbst furchtbar ernst nahm.«[2] Dass er in der Hoffnung, ihr Vertrauen zu gewinnen, seinen Freund Norman Kerry imitiert hatte, gestand er ihr erst später. Überhaupt waren es Tage extremer Unausgeglichenheit. Während sie sich bemühte, Kosloffs Anschlag zu vergessen und ihre Gefühle für sich zu behalten, vergaß Valentino während der Dreharbeiten die Welt; hochgradig suggestibel, verblieb er auch privat in der Rolle des Armand – bereit für Herausforderungen, die er mit einer Mischung aus

70

Hoffnung und Angst, scherzhaften Provokationen und zarter Aufmerksamkeit zu bestehen hoffte – nicht ohne Nazimovas Rat einzuholen. Was ihn umtrieb, beschäftigte, faszinierte, lag offen zu Tage. Niemand konnte übersehen, dass er sich verliebt hatte.

Die Szenen auf dem Lande wurden nördlich von Hollywood gedreht. Im selben Garten, der zum Schauplatz für die Liebe von Camille und Armand wurde, ließ man sich, noch im Kostüm, zum Picknick nieder und prostete einander mit Milchflaschen zu. Unablässig wechselten Scherz und Ernst.[3]

So brauchte Rambova eine Weile, bis sie hinter der penetranten Jovialität Valentinos jenen melancholischen und einsamen jungen Mann erkannte, der er in Wirklichkeit war: fremd, unbekannt, nicht allzu wichtig genommen, vom Gedanken an eine ungewisse Zukunft bedrückt. Als sie bemerkte, dass er vor dem nächsten Einsatz beiseite ging, um sich fern vom lärmenden Betrieb eines Stummfilmateliers auf den nächsten Auftritt zu konzentrieren, und ihn ein anderes Mal nach der Szene, in der Armand die tote Camille betrauert, weinend hinter den Kulissen sitzen sah, begann sie, ihn mit anderen Augen zu betrachten. Hinter der Maske des Spaßvogels kam der Mensch zum Vorschein. Niemand konnte sich seiner Wirkung entziehen: »Sogar bei Totalaufnahmen bemerkte ich, dass Rudy mit seinen Gefühlen kämpfte, um nicht zu weinen. Bei den Nahaufnahmen weinten wir dann alle. Vom Regisseur bis zu den Statisten. Sogar Birkie, unser Kameramann, dem nichts wichtiger war als seine hausbackene Ruhe, wischte sich die Tränen ab.«[4]

War Valentino ein heimlicher Künstler und ein potentiell Verbündeter? Wollte er – wie sie selbst und »Madame« – der reinen Geschäftemacherei entkommen? Wer wie Alla Nazimova am Regisseur vorbei die eigentliche Leitung übernahm und ein experimentelles, von künstlerischen Überlegungen durchdrungenes Verhältnis zum Film anstrebte, musste auf der Hut sein. Selbst Stars hatten mit Produzenten und Regisseuren zu tun, die solchen Wünschen mit Skepsis, Zynismus oder dem Hinweis auf überhöhte Produktionskosten begegneten. Rambova entdeckte in Valentino eine Begabung, die auf echte Bewährungsproben wartete. Sie bedauerte später, dass Nazimova den Auftritt Armands in der Sterbeszene kürzte, um allein im Mittelpunkt zu stehen. Als die Sequenz gedreht wurde, schaute sie zu, war aber wenig geneigt, Gebrauch von ihren Beobachtungen zu machen. Anders Valentino. Fasziniert von ihrer Schönheit, stärker noch von der Würde, mit der sie sich in einem überaus robusten Umfeld zu behaupten wusste, fühlte er sich von Rambovas natürlicher Autorität ebenso angezogen wie von der Kühle provoziert, die sie seit ihrer Flucht aus Kosloffs Haus wie eine schützende Aura umgab. »Ice Maiden« nannte er sie insgeheim – im Vorgriff auf die Journalistin Adela Rogers St. Johns, die Jahre später feststellen sollte: »Das Eis taute nie ganz auf.«[5]

Ihre Ernsthaftigkeit lag zu Tage. Valentinos Ernst blieb unter einer Flut von Scherzen und provokanten Bemerkungen über die »zweite Pawlowa« verborgen. Es gab Gemeinsamkeiten. Beide hatten im Kindesalter den Vater verloren. Beide waren in Europa aufgewachsen und erzogen worden, sprachen mehrere Sprachen und träumten von Reisen nach Frankreich, Italien, England, was unerfüllbar schien, standen sie doch am Beginn einer unkalkulierbaren Karriere. Valentino hatte jede Ausbildung abgebrochen, Rambovas Traum, eine berühmte Ballerina zu werden, schien unerfüllbar. Beide brannten darauf, ihr Talent unter Beweis zu stellen.

In Hollywood war alles möglich. Wie man über Nacht eingesetzt, entdeckt und bekannt wurde, so rasch konnte man abgetan oder vergessen sein. Valentino mit seinem nahezu fotografischen Gedächtnis erinnerte sich an jede Freundlichkeit, jedes Entgegenkommen. Unter den Frauen, mit denen er sich anfreundete, gab es etliche mit starker Mutterbindung. Und jede verband etwas mit Italien. Viola Dana, die ihn als amerikanischen Neuling zu Weihnachten in ihre Familie einlud, spielte in *Puppets of Fate* (1921) eine Italienerin; Dagmar Godowskys Eltern stellten Enrico Caruso einen Mr. Rodolfo Guglielmi vor, und Pauline Frederick, die mit ihrer Mutter in der Park Avenue lebte, hatte vor Ausbruch des Ersten Weltkriegs bei Dreharbeiten Rom kennen gelernt. June Mathis ließ sich in Begleitung ihrer Mutter von Valentinos Kochkunst verwöhnen und sollte später, bei den Vorbereitungen für *Ben Hur*, nicht nur Rom kennen lernen, sondern auch einen italienischen Kameramann heiraten.

Nach Drehschluss bot Valentino immer wieder an, Rambova nach Hause fahren zu dürfen, und überschüttete sie mit Aufmerksamkeiten. Als alle Versuche, sie zu beeindrucken, ohne Echo blieben, riet ihm Nazimova, sich für eine Weile schweigend zurückzuziehen. Er beherzigte den Rat und litt sehr, weil Rambova nicht zu erkennen gab, ob ihr sein Fortbleiben überhaupt auffiel. Doch als er Tage später erneut auf sie wartete, nahm sie seine Einladung an, und es dauerte nicht lange, bis er ihren winzigen Bungalow, 6612 Sunset Boulevard, kennen lernte, den sie mit gebrauchten, schwarz und rot lackierten Möbeln ausgestattet hatte – bald Schauplatz manch italienischen Mahls, auf das die Gäste manchmal bis Mitternacht warten mussten, weil der Koch keine Kompromisse duldete, was die Zubereitung anging.

Mit Ivano teilte er ein Apartment an der Ecke Hollywood Boulevard/La

Brea. Das Geld war so knapp, dass sie auf die Idee verfielen, für 25 Cents Fotografien des Schauspielers an Fans zu verkaufen, was während der Drehpausen den Grundstock ihrer Einnahmen bildete. Als der Winter kam, hausten sie für kurze Zeit in Rambovas winzigem Bungalow, und einmal musste Valentino ihn mitten in der Nacht zur Hilfe rufen, weil sie während einer leidenschaftlichen Umarmung das Bewusstsein verloren hatte.[6]

Im Dezember 1920 zeigten sich beide erstmals als Paar. Auf einem Kostümball im eleganten Hotel Alexandria erschien er in seinem Gaucho-Kostüm aus *The Four Horsemen of the Apocalypse*, sie in einem selbst entworfenen Kleid. Die Bar des Alexandria war Treffpunkt junger, ehrgeiziger Schauspieler. Dort trafen sie Ramon Novarro, den Rex Ingram später als Valentino-Ersatz aufbauen wollte.[7]

Als ehemals bezahlter Tanzpartner dürfte Valentino nicht die angenehmsten Erinnerungen an Schauplätze solcher Art gehabt haben. Doch die Hoffnung auf die mit Spannung erwartete Premiere der *Four Horsemen* milderte sein Unbehagen, und so überließ er sich beim Tango dem Zauber des Augenblicks.

Allerdings zeichneten sich bald unliebsame Folgen des Auftritts ab. Presseberichte über das schöne Paar hatten genau die Person alarmiert, mit deren Interesse Valentino am wenigsten gerechnet haben dürfte: Jean Acker. Noch war er verheiratet mit einer Frau, die er so gut wie nie sah, die jeden Kontakt mied und bei ihrer Geliebten lebte. Da ihre Karriere stagnierte, interessierte sie sich in wachsendem Maße für das Fortkommen ihres Ehemannes und sah voraus, dass Valentino nach den *Four Horsemen* und *Camille* eine Zukunft beim Film haben würde. Statt offen mit ihm die Trennung zu vereinbaren, schickte sie ihm einen Privatdetektiv auf den Hals. Der war zwar ungeschickt und konnte leicht abgeschüttelt werden, doch seine bloße Anwesenheit gab einen Vorgeschmack auf kommende Ärgernisse. Im Glauben, die finanzielle Situation ihres Mannes würde sich erheblich verbessern, reichte Acker am 17. Januar 1921, noch während der Dreharbeiten von *Camille*, die Scheidung ein. Der Zeitpunkt war gut gewählt. Valentinos Liebe verlangte nach klaren Entscheidungen. Selbst wenn Rambova momentan vor einer dauerhaften Bindung zurückschreckte – die Zeit für ein gemeinsames Leben würde kommen.

Unterdessen hatten sie andere Sorgen. Im Februar, nach dem Abschluss von *Camille*, ging beiden das Geld aus. Rambova gab Privatschülerinnen Design-Unterricht und bereitete die nächste Produktion mit Nazimova vor: *Salome*; doch der Vorschuss auf ihre Entwürfe war rasch verbraucht, und sie musste den Schmuck ihrer Großmutter – eine stille Reserve – verpfänden. Unterdessen verbrachte Valentino seine arbeitsfreien Tage mit dem Frisieren von Gebrauchtwagen und zeigte wenig Nachsicht mit Rambovas kleinem, alten Buick, den sie von ihrem ersten Verdienst gekauft hatte. Da sich dessen Motorleistung kaum steigern ließ, verkaufte er den Wagen und ersetzte ihn durch einen sieben Jahre alten Cadillac, der zu seiner Freude auf »Verbesserungen« reagierte.

Für regelmäßige Mahlzeiten fehlte inzwischen das Geld. Deshalb ließen sie sich etwas einfallen: Sie suchten den Strand nach Muscheln ab oder schossen aus dem rollenden Wagen heraus Wachteln, Tauben und Kaninchen, wobei die Angst, entdeckt zu werden, dem Abenteuer erst die rechte Würze gab.[8] Außerdem mussten sie nicht nur für sich selbst, sondern auch für mehrere Mitbewohner in Rambovas Haushalt sorgen, darunter Zela, ein Löwenjunges, an dem beide sehr hingen. An seinem Futter durfte nicht gespart werden. Wenn Besuch kam, wurde es in die Badewanne gesetzt. Bald kamen drei Hunde, ein junger Affe und eine Schlange hinzu. Für Ivano, der manchmal über Nacht blieb, wurde es eng, und er floh vor den Verliebten und ihrer duftenden Menagerie nach Whitley Heights. Das Paar sollte ihm bald in diese Gegend folgen.

Im März 1921 erwartete man in Los Angeles die Premiere von *The Four Horsemen of the Apocalypse*. Ende Februar hatte es bereits eine Privatvorführung für Filmleute und Schriftsteller im New Yorker Ritz Carlton Hotel gegeben. Zur selben Zeit arrangierte man in Nizza eine Vorführung für Blasco Ibáñez. Der Film begeisterte dort alle mit Ausnahme von ein paar Skeptikern, die seine Chancen beim kriegsmüden Publikum gering einschätzten. Die offizielle Premiere fand am 6. März im Lyric Theatre von New York vor illustren Gästen statt. Es erschienen der spanische und der argentinische Botschafter, Vertreter der Hispanic Society of America, die Generalkonsuln von Mexiko, Peru, Spanien, Argentinien, Chile und Brasilien, ferner Winston Churchill, Adolph Zukor, Anita Loos, John Emerson und Morris Guest. Für sorgfältige Vorbereitungen verbürgte sich Hugo Riesenfeld. Er überwachte das Arrangement der Filmmusik und engagierte ein Sinfonieorchester. Noch bevor Valentino Einzelheiten über den Empfang in Erfahrung bringen konnte, traf ein Telegramm von June Mathis ein. Sie beglückwünschte ihn zu seinem Erfolg und setzte ihn über die enthusiastische Aufnahme ins Bild.

Rambovas Eindruck, dass Valentino nach den vergangenen, von Mühsal, Zufällen und Demütigungen geprägten Jahren kaum noch an seinen Durchbruch als Schauspieler glaubte und die New Yorker Ereignisse wie Botschaften aus einem fernen, ihn kaum berührenden Leben wahrnahm, sollte sich erst drei Tage später, während der Premiere in Los Angeles, verflüchtigen. Bis zum entscheidenden Abend verging eine Ewigkeit. Die wichtigsten Vertreter der Filmkolonie erschienen. Manche glaubten, der Stoff sei unverfilmbar. Zu komplex. Aber hatten sie das Buch auch gelesen? June Mathis war es gelungen, nicht nur einen umfangreichen, von tausend Verästelungen im Fortgang der Erzählung geprägten Roman auf Filmmaß zu bringen, sie hatte auch die Kühnheit besessen, die männliche Hauptrolle einem Schönling italienischer Herkunft, die weibliche Hauptrolle einer unbekannten Nachwuchsschauspielerin und die Regie einem Iren anzuvertrauen, der vor kurzem noch als arbeitsloser Kriegsveteran durch die Studios geirrt war. Warum setzte sie ihre Stellung aufs Spiel? Was sollte dabei herauskommen? Ihr Risiko wurde diesmal nicht durch die üblichen Sicherheitsmaßnahmen, den Einsatz von Routiniers auf allen Ebenen der Produktion, aufgefangen. Ein Misserfolg schien unvermeidbar – Bestätigung für all jene, die vor dem ambitionierten Projekt gewarnt hatten. Das Studio war auf gute Einspielergebnisse angewiesen und so ängstlich auf das Wohlwollen der Kritiker und des Publikums bedacht, dass es den hohen Aufführungsstandard des Films auch in der Provinz durchsetzen wollte.

Wortlos nahmen Valentino und Rambova im Mission Theatre ihre Plätze ein. Neben Stars und Produzenten waren viele Repräsentanten der Filmindustrie gekommen. Die Vorführung begann. Lange herrschte absolute Stille. Kein Laut war zu hören, bis vereinzelt, anfangs kaum hörbar, dann immer deutlicher ein Seufzer oder ein Schluchzen durch die Orchestermusik drang. Etwa in der Mitte des Films ergriff Valentino Rambovas Hand und hielt sie fest bis zum Ende. Die Anspannung der letzten Monate löste sich. Beide weinten im Dunkeln – über Julios Tod, über alles, was hinter ihnen lag – und aus Freude. Schließlich endete die Vorführung.

Es wurde unheimlich ruhig im Saal. Dann brach der Beifall los. Valentino wurde von Kollegen, Freunden, Bekannten und Fremden umringt, beglückwünscht, auf die Schulter geschlagen, umarmt. Wie lange hatte er darauf gewartet! Wie sehr gehofft und gearbeitet! Wie viel Ärger, wie viele Schwierigkeiten überstanden! Jetzt, im Moment des Erfolges, versagten seine Nerven, er wollte nur noch flüchten, fort aus dem Trubel, weg von all den gut gemeinten Zudringlichkeiten. So schnell es die Höflichkeit erlaubte, strebte er zum Ausgang, hinaus an die frische Luft. Sie folgte ihm.

Schweigend fuhren sie durch die warme Nacht. Er begleitete Rambova nach Hause und fuhr allein weiter zum Hollywood Boulevard. Er dachte an seine Mutter. Wie verzweifelt, wie hoffnungslos sie für ihn und seine Zukunft gekämpft hatte. Für Beatrice Guglielmi war all dies zu spät gekommen. Sie konnte an diesem so lange ersehnten Triumph nicht mehr teilhaben. Dafür war er jetzt nicht länger allein, sondern liebte eine Frau, die wie er auf ein Ziel, einen Traum hin lebte und seiner Naivität, seiner Vertrauensseligkeit und seinem Temperament mit Nachsicht begegnete – vor dem Rückhalt eines starken Willens.

Leichte Siege hatte es für ihn nie gegeben. Nichts war ihm, den man bald um sein Glück beneiden sollte, in den Schoß gefallen. Auf vieles hatte er gehofft. Mit allem gerechnet. Jetzt schien es Wirklichkeit zu werden.

Sein Vertrauen in Rambova war grenzenlos. Bald würde er ein freier Mann sein. Bereit für ein neues Leben. Der Himmel war sternenklar. Alles würde sich zum Guten wenden. Denn es lag ihm fern, die Kraft zu unterschätzen, der er schwerelos anheim gefallen war, die mit Erinnerungen an Italien, an seine Mutter verbunden war und jetzt eine so leidenschaftliche Wendung genommen hatte: Liebe. *The Conquering Power*.

EIN GAST AUS PARIS

Im Frühjahr 1921 bereitete June Mathis die Verfilmung von Honoré de Balzacs 1834 erschienenem Roman »Eugénie Grandet« vor. Sie war schon als Kind von ihrer Mutter mit dem Werk des Franzosen vertraut gemacht worden und verwendete besondere Sorgfalt auf das Projekt.

Anders als Molière wollte Balzac in seinem Roman weniger einen alten Knauserer als den Geiz schlechthin porträtieren. Wie es zur Auswahl gerade dieser Geschichte mit ihren ins Stereotype abgleitenden Charakteren kam, bleibt unklar; allerdings schien mit *Camille* der Beweis erbracht, dass Konflikte und Tragödien des 19. Jahrhunderts ein amerikanisches Publikum sehr wohl faszinieren konnten. Frankreich war nicht nur eines der attraktivsten Reiseziele für Schriftsteller, Künstlerinnen und Hollywoodstars, die nach Europa aufbrachen – seit den *Four Horsemen* schien es auch weniger fremd.

Schauplatz des Romans ist das Provinzstädtchen Saumur. Nachdem Eugène Grandet sich zum angesehenen Geschäftsmann emporgearbeitet hat, zwingt er seiner Frau und seiner Tochter Eugénie einen Lebensstil auf, der Sparsamkeit mit Freudlosigkeit kombiniert und nur einer Leidenschaft Raum lässt: Reichtümer anzuhäufen. Im trägen Strom kleinstädtischen Lebens muss die Ankunft des jungen Charles wie ein Zeichen für Freuden aus dem fernen Paris wirken, um die man sich in der Provinz betrogen weiß. Der Neffe des alten Grandet erscheint bestens ausgerüstet mit Anzügen, Jagdkleidung und einem für Duelle bereitgehaltenen Waffenarsenal. Vom Pariser Leben verwöhnt, posiert der Dreiundzwanzigjährige in Saumur als Mann von Welt. Er überbringt dem Onkel einen Brief seines Vaters, der nach dem Zusammenbruch seines Geschäfts Selbstmord begehen will und Grandet bittet, die Zukunft von Charles zu sichern; doch schließlich sorgt nicht Grandet, sondern Eugénie für sein Fortkommen, indem sie ihm ihre Ersparnisse überlässt. Charles nimmt die Kusine zunächst nur als »Gänschen ohne Erziehung und ohne Mitgift«, als flickende, stopfende Tochter im düsteren Heim des Geizhalses wahr, auch wenn er in der Verbindung von Unerfahrenheit und Edelsinn Tugenden erkennt, die »überhaupt nur in Deutschland … oder in den Märchen und Romanen Auguste Lafontaines« zu finden sind. »Bald erschien ihm Eugénie als der gute Teil von Goethes Gretchen, doch ohne deren Schwächen«, weil sie praktische Hilfe anbot und damit nicht nur ein Verlöbnis herbeiführte, sondern Charles die Möglichkeit gab, auszuwandern und sein Geld dort zu verdienen, wo es am reichlichsten floss: im Sklavenhandel.

Die Ironie der Geschichte ist unübersehbar. Nach dem Tod der Eltern kombiniert Eugénie die bescheidene Lebensführung des Vaters mit der Gutherzigkeit ihrer Mutter und spendet viel für wohltätige Zwecke. Dadurch wird sie zum Gegenmodell des skrupellosen Geschäftemachers Charles, der sich in der Fremde rasch an Sklaverei und Prostitution gewöhnt. Ausgerechnet der abgestumpfte Vetter wird für Eugénie zur ersehnten Lichtgestalt. Die erste Begegnung mit ihm bleibt unvergessen, denn auch »dem hartherzigsten Richter, dem ungläubigsten Sachwalter, dem misstrauischsten Wucherer wird es schwer, an kalte Berechnung, an die Verderbtheit der Seele zu glauben, solange die Augen des Verdächtigen noch in reinem Glanze schwimmen und die Stirn keine Runzeln trägt. Charles hatte noch nie Gelegenheit gehabt, die Regeln des Pariser Sittenkodex anzuwenden, und bis heute war er schön, weil er unerfahren war«, heißt es bei Balzac über diese frühe Zeit. Nach seiner Rückkehr zahlt er Eugénie aus und heiratet eine Frau aus vornehmer Familie.[1]

June Mathis verlieh der schlichten Fabel Schwung und versah sie mit dem zugkräftigen Titel: *The Conquering Power*. Das Drehbuch wurde mehrfach überarbeitet, die Schwarzweißmalerei des Romans zurückgenommen. Schurkerei und Edelmut stehen sich nicht in starrer Mann-Frau-Formation weltfremd gegenüber, sondern fließen gleichsam natürlich in den Ablauf ein. Es war der perfekte Stoff für ein Melodram. Mit einer Einschränkung: Bei Balzac gab es kein Happy End. Um dem Publikum die Enttäuschung zu ersparen, ließ man Charles (Valentino) im Film zurückkehren, bevor die zarte, inzwischen aber doch von einem Schuss Ungeduld belebte Eugénie (gespielt von Alice Terry) den Ehevertrag mit einem anderen Bewerber unterzeichnen kann.

Im Film wird das Paar beinahe das Opfer einer vom alten Grandet (Ralph Lewis) gesteuerten Intrige. Er lässt seine Tochter im Glauben, Charles habe sie vergessen, und versteckt dessen Briefe aus Martinique in seinem Schreibtisch, bis Eugénie sie nach einer heftigen Auseinandersetzung durch Zufall entdeckt. Ingram führt symbolische Elemente ein, so eine Wiege: Grandet hat sie ihrem Zweck entfremdet und hortet dort eine Unzahl von Münzen. Es ist die Wiege alles Bösen. Der Regisseur gestattet sich auch ein paar Experimente: Als der alte Geizhals den Verstand verliert, rücken die Wände des Raumes auf ihn zu; die bedrückende Enge spiegelt seinen von Raffsucht geblendeten Blick, dem alles zum Opfer fällt: seine Frau, die Liebe Eugénies, das Schicksal der Menschen, die von ihm abhängen, und kurz vor seinem Tod erscheint eine Furcht erregende Gestalt, die Personifikation des Goldes, um den Wahnsinn Grandets zu illustrieren. Daneben gibt es auch komische Elemente: Versammlungen ältlicher Bewerber, die sich um die Erbin Eugénie scharen. Deftige Wäscherinnen am Fluss geben der Haupthandlung Farbe, Tempo und Hintergrund.

Besondere Sorgfalt wird auf die Hauptdarsteller verwendet. Die Jahre, die der Charles des Romans als Sklavenhalter verbringt, sind bis auf eine kurze Sequenz ausgespart: Man zeigt ihn in der französischen Kolonie Martinique, konzentriert auf den Moment, in dem er Grandets Brief mit der Nachricht liest, seine Tochter habe einen anderen geheiratet.

Valentinos Eintritt in die Welt der Provinz wird mit viel Sinn für Situationskomik und ebenso effektvoll inszeniert wie seine Rückkehr als gereifter, inzwischen bärtiger Mann in den Garten Eugénies. Dort hatte ihre Liebe einst begonnen, und dort findet er sie auf einer kleinen Bank sitzend vor. Während sie vom Haus aus beobachtet werden, erneuern beide in einer selbstvergessenen Umarmung ihren Bund. Die Kamera von John Seitz umschmeichelt Alice Terry und Valentino mit sanft ausgeleuchteten Großaufnahmen; in den berührendsten Szenen des Films werden ihre Gesichter zu Landschaften der Emotion, auf denen sich die seelischen Triebkräfte mit einer dem Leben abgeschauten Langsamkeit entfalten dürfen – als Gegenpol zur äußeren, von Hast und Gier bestimmten Welt.

Während der Vorbereitung kamen Zweifel auf, ob der schon bei *Camille* sichtbare Versuch, Probleme von gestern ins Zeitalter des Automobils hinüberzuretten, Anklang finden würde.[2] Die Atmosphäre am Drehort hatte nichts von der Heiterkeit, mit der man bei *Camille* zu Werke gegangen war. Es gab verdeckten und offenen Unmut. June Mathis ärgerte sich über Eingriffe in ihr Skript; Valentino, der den Roman im Original gelesen hatte, erschien die Filmversion als flacher Abglanz des Möglichen, weil die negativen Eigenschaften von Charles ausgespart wurden; Ingrams Eifersucht auf Valentino nahm die Form wachsender Gereiztheit an, und Rambova bemerkte Nachlässigkeiten bei der Kostümwahl. Sie schärfte Valentinos Blick für das Ganze. Zum ersten Mal interessierte er sich nicht nur für den eigenen Part, sondern für die gesamte Produktion und hörte aufmerksam zu, als sie ihn auf die Bedeutung der Lichtregie hinwies. Wer die Scheinwerfer bediente, entschied darüber, ob ein Darsteller zur Geltung kam. Valentino machte es sich deshalb zur Gewohnheit, die Beleuchter jeden Morgen mit Handschlag zu begrüßen und um ihr Wohlwollen zu werben.

Bei Ingram hatte er weniger Glück. Der Regisseur hatte sich in Alice Terry verliebt und folgte ihrem Filmliebhaber mit Argusaugen. Sein Groll wuchs von Tag zu Tag. Schließlich kam es zum offenen Streit, als Ingram den Hauptdarsteller vor den Komparsen zurechtwies, weil er angeblich eine falsche Weste trug. Valentino fühlte sich zu Unrecht angegriffen. Er kannte sich mit Garderobe aus und war mehr als der Modegeck *(fashion plate)*, den der in einem alten Trenchcoat herumschlurfende Ingram in ihm sah. Man rief Frank Elliott herbei. Der Engländer galt als Experte für korrekte Herrenkleidung und gab dem Schauspieler gegen seinen Regisseur Recht, woraufhin sich Ingram beleidigt abwandte und beim Drehen einer bewegenden Szene, in der Valentino sein Bestes gab, demonstrativ die Nägel reinigte. Mit einem Messer. Rambova amüsierte sich über Valentinos Empörung schon deshalb, weil Ingram sich für einen Empfang bei der Metro den fraglichen Anzug mit Weste ausgerechnet bei Valentino ausleihen musste, da er selbst keinen besaß. Niemand von beiden fand etwas dabei. Sie führte die wechselseitigen Temperamentsausbrüche auf Begabung und Unsicherheit zurück; für beide war der Erfolg zu plötzlich gekommen, um eine über Kleinigkeiten erhabene Gelassenheit aufkommen zu lassen.[3]

Eine willkommene Abwechslung während der Dreharbeiten zu *The Conquering Power* tauchte in Gestalt des legendären Abel Gance auf. Dieses *enfant terrible* des französischen Films hatte mit seinem jüngsten Antikriegsfilm *J'accuse* (»Ich klage an«) große Erwartungen geweckt. Die Metro bereitete ihm einen glanzvollen Empfang in der Hoffnung, ihn als Regisseur zu gewinnen. Nach der Vorführung traf er sich mit Rambova, Valentino und Alla Nazimova. Man sprach Französisch und war sich rasch einig in der gemeinsamen Kritik am kommerziellen, kunstfeindlichen Studiosystem. Dem jungen Paar erschien Gance als Wesen aus einer besseren Welt.

Der vielseitige Franzose hatte als Schauspieler, Drehbuchautor und Kameramann gearbeitet und verfügte in Frankreich über mehr Gestaltungsmöglichkeiten, als Hollywood je gewähren würde. Gance hatte nicht nur Sinn für Originalschauplätze, Dramatik und visuelle Effekte, er gehörte auch zu den experimentierfreudigsten Regisseuren der Stummfilmära. Gegen Ende des Ersten Weltkriegs hatte er an der Kampflinie gefilmt und Schauspieler durch Soldaten ersetzt.[4]

Seit dem Tod seiner Geliebten Ida Danis, die im April 1921 an Schwindsucht gestorben war, war Gance auf der Flucht vor sich selbst noch im selben Jahr für fünf Monate in die USA gegangen. Obwohl er nach der Gala-Vorführung von *J'accuse* im Ritz Carlton von vielen, darunter David Griffith, hofiert wurde, konnte er sich nicht für Amerika erwärmen. Das amerikanische Studiosystem erschien ihm zu wenig attraktiv.

Für Valentino kam Gance zur rechten Zeit. Die Balzac-Verfilmung war eine Absage an den Actionfilm, Liebe – *The Conquering Power* – Programm, wenn auch nicht das einzige, denn im Mittelpunkt standen die seelischen Beweggründe aller Beteiligten; auch Ralph Lewis' Porträt eines Geizigen konzentrierte sich auf die Dynamik einer ins Pathologische abgleitenden Obsession.

Als Regisseur hatte Gance die Orthodoxien des Filmgeschäfts hassen gelernt. »Warum machen die Leute Filme bloß über äußere Ereignisse, wo ihnen doch ein so wundervolles Medium für psychologische Geschichten zur Verfügung steht? Sie drehen immer nur Filme, in denen sich Leute gegenseitig jagen, gegenseitig töten oder sich selbst umzubringen suchen. Warum keine Filme, die Gefühle zeigen statt immer nur Action?« Für Gance waren die Möglichkeiten des Films längst nicht ausgeschöpft. Zum ersten Mal erlebten Rambova und Valentino einen Regisseur, der keinerlei Neigung zeigte, um des Geldes willen auf Prinzipien zu verzichten, die seinen Ruhm begründet hatten.

Valentino hätte gern in Frankreich, der Heimat seiner Mutter, gearbeitet, wie Gance berichtet. »›Ich ertrage die Atmosphäre hier nicht‹, sagte er. ›Ihr Film ist wunderbar, und ich würde alles für Sie tun, aber ich muß hier weg.‹ Ich sagte ihm, daß ich wenig für ihn tun könne. Er habe Erfolg in Amerika, und er solle dort bleiben. ›Ich habe von der Sache hier die Nase voll‹, sagte er, ›hier herrscht eine schreckliche Stimmung. Alles ist so gekünstelt. Ich will zurück nach Europa.‹ Nazimova stimmte ihm bei. Für Menschen mit einer gewissen Geisteshaltung bedeutet Erfolg gar nichts.«[5]

Valentino zählte insgeheim nach: In fünfundzwanzig Filmen, an denen er beteiligt war, hatten ihm nur zwei Rollen wirklich entsprochen: Julio und Armand. Etwas war faul am Studiosystem und nicht nur das: an ganz Hollywood. Gance war das nicht entgangen. Er berichtete vom Angebot der Metro und – seiner Absage. Die beiden machten sich halb traurig, halb getröstet auf den Heimweg, denn das Gespräch hatte ihnen gezeigt, dass sie keine weltfremden Außenseiter waren.

Anders als bei der Entstehung von *Camille* war Rambova während der Dreharbeiten von *The Conquering Power* nur als Gast zugegen und erlebte zum zweiten Mal, wie Valentino sich auf eine Rolle vorbereitete. Nachdem er den Roman gelesen und das Drehbuch studiert hatte, verwandelte er sich in Charles Grandet und verblieb auch privat in dessen Charakter. Paul Ivano hatte das stets mit gutmütigem Spott kommentiert, für Rambova war diese Eigenheit Ausdruck einer tiefer reichenden Suggestibilität, die sie anfangs beunruhigte, später langweilte. »Er schien unter dem Einfluss neuer Situationen und Stimmungen unnatürlich verändert«, schrieb sie. Es war, als sei ein Fremder zugegen. Andererseits kam die Leichtigkeit, mit der er sich beeinflussen ließ, ihm zugute, sobald es darum ging, fiktiven Charakteren Temperament und Glaubwürdigkeit zu verleihen: »Er spielte die Rolle nicht, er lebte sie.«[6]

Bald erschienen erste Kommentare zu den *Four Horsemen*. Die Kritik pries den Film, lobte den Regisseur und feierte Valentino als Entdeckung des Jahres. Die Universität Yale verlieh Ingram den Bachelor of Arts. Der Film sollte im folgenden Jahr etwa viereinhalb Millionen Dollar einspielen, dennoch lehnte man Valentinos Forderung nach Erhöhung der Gage ab. Die Metro war nicht einmal zu einer Aufstockung seiner Gage um 50 Dollar bereit. So spielte er den Charles Grandet noch zu alten Konditionen. Nach dem Ende der Dreharbeiten wiederholte er die Forderung, doch Maxwell Karger bot nicht mehr als 400 Dollar, was nach Einschätzung von June Mathis, die Valentino um Rat gefragt hatte, einem Affront gleichkam. Möglicherweise trugen die Reibereien zwischen Ingram und Valentino dazu bei, dass Karger sich eher auf die Seite des Regisseurs als auf die des Stars stellte. Trotz der Premieren von *The Four Horsemen of the Apocalypse* im März, *Uncharted Seas* im April, *The Conquering Power* im Juli und *Camille* im September des Jahres 1921 und positiver Kritiken blieben attraktive Angebote aus. Obwohl Valentino inzwischen an drei großen Filmen der Metro beteiligt war, galt er bei den verantwortlichen Männern immer noch als Eintagsfliege – *one-shot phenomenon* –, und so verschliefen sie die Geburt eines Stars.

Noch ahnte Valentino nicht, dass seine Zeit bei der Metro abgelaufen war. Ohne Arbeit verwandelte er sich erneut in einen Bastler und verbrachte viel Zeit mit der Reparatur gebrauchter Wagen. In der Werkstatt vergaß er die Ärgernisse der letzten Monate. »Autos vor allem anderen waren sein Ruin« – Rambova erkannte in dem ölverschmierten Mechaniker, der glückstrahlend unter Autos herumkroch, kaum den gepflegten, stets eleganten Mann wieder, den man auf der Leinwand sah.[7]

Inzwischen hatte Rambovas Mutter in dritter Ehe Richard Hudnut, einen Kosmetikfabrikanten, geheiratet und plante für Mai 1921 einen Aufenthalt an der französischen Riviera. Es wurde Zeit, Winifred ein paar Neuigkeiten mitzuteilen, und so bat Natacha ihre Mutter, die gerade nach New York aufgebrochen war, telegrafisch, sich unbedingt einen Film mit dem Titel *The Four Horsemen of the Apocalypse* anzuschauen und ihr zu sagen, was sie davon hielte. Als das Ehepaar den Film ungewöhnlich interessant gefunden und kein Hehl aus seiner Begeisterung für einen als »Rudolph Valentino« angekündigten Darsteller gemacht hatte, bekam es Wochen später ein Telegramm, in dem Natacha ihr Verlöbnis mit »Julio« ankündigte und die Eltern nicht um Zustimmung, wohl aber um ihre Glückwünsche bat. Was unverzüglich geschah. Und mit dem Stoßseufzer kommentiert wurde: »Die meisten Kinder haben ihre Eltern dazu erzogen, allem, was sie tun, fraglos zuzustimmen.«[8] Winifred hatte hinzugelernt. Ein zweites Mal wollte sie die Tochter nicht verlieren. Nach ihrer Rückkehr im Oktober würde sie den jungen Mann unter die Lupe nehmen.

Das Verlöbnis fiel in eine von Unsicherheit, Geldsorgen und Konflikten mit dem Studio belastete Zeit. Wie sollte es weitergehen? Abel Gance hatte die jungen Leute in ihrer Haltung und dem Wunsch bestärkt, künftig um Projekte mit künstlerischem Anspruch zu kämpfen. Doch nachdem die Balzac-Verfilmung im Fahrwasser der *Four Horsemen* als »kleines Meisterwerk« gepriesen worden war, fand sich keine Rolle mehr für »Julio«.

Rex Ingram verkündete allenthalben, aus jedem halbwegs ansehnlichen Jungen von der Straße einen Valentino machen zu können. Nicht der Darsteller, die Regie sei ausschlaggebend für einen Film. Dahinter verbarg sich neben gewöhnlicher Rivalität ein Kampf um Grundsätze – ausgefochten zwischen Stars und Regisseuren (und mit zunehmendem Einfluss der Geldgeber in den zwanziger Jahren auch zwischen Banken und Regisseuren). Dabei hatten beide Männer mehr gemeinsam, als ihr wachsendes Selbstgefühl zugestehen mochte. Ingram hatte den Krieg, Valentino die Emigration als Zäsur erlebt. Entwurzelt und auf Beziehungen angewiesen, suchten sie nach Orientierung. Ingram gehörte zum Freundeskreis von Jesse Lasky, der 1915 mit dem aus Ungarn geflüchteten Adolph Zukor das Studio Famous Players-Lasky gegründet hatte. Ständig auf der Suche nach Talenten, hatte Lasky sich eines Abends in Gegenwart von Ingram begeistert über *The Four Horsemen* geäußert und diesem Film den zweiten Platz nach der amerikanischen Ikone *Birth of a Nation* zugebilligt. Er habe die Tangoszene unvergleichlich gefunden und dem Tänzer – wie hieß er noch gleich? – einen anerkennenden Brief geschrieben. Ingram schwieg zu Laskys Äußerungen. Eifersüchtig und voll Sorge, auf den jungen Ruhm von Alice Terry könne Valentinos Schatten fallen, fühlte er sich für das Fortkommen seines Stars schon deshalb nicht zuständig, weil er glaubte, in José Ramon Gil Samaniegos längst Ersatz gefunden zu haben. Der Mexikaner gehörte zur Komparserie der *Four Horsemen* und sollte unter dem Namen Ramon Novarro Ingrams These stützen, es sei möglich, aus jedem Mann von der Straße einen Valentino zu machen.[9]

Lasky dachte anders darüber. Als Valentino nach Wochen, die mit dem Frisieren von Autos, seiner wachsenden Menagerie und Fahrten ins Grüne auf der Suche nach Essbarem vergingen, die Büros wichtiger Produzenten abklapperte, fiel ihm Laskys anerkennender Brief ein, und er meldete sich in seinem Büro. Hocherfreut darüber, dass ihm ein Schauspieler, dessen Starqualitäten bisher allen außer June Mathis und dem Publikum entgangen waren, buchstäblich in die Arme lief, schloss der Produzent einen Fünfjahresvertrag mit ihm ab. Zu günstigen Bedingungen für Famous Players-Lasky. Valentino würde kaum mehr verdienen als bei der Metro.[10]

Gegen Ende des Sommers warteten Valentino und Rambova ungeduldig auf die Premiere von *Camille*. Beide hatten das Gefühl, es handele sich um ihr erstes gemeinsames Projekt. Nazimova hatte alles auf eine Karte gesetzt und nicht nur inoffiziell Regie geführt, sondern auch den Schnitt überwacht. *Camille* stellte einen Wendepunkt in ihrer bislang so steil verlaufenden Karriere dar. Sie riskierte viel – auch was die Ausstattung betraf. Kein Flapper an Jahren, hatte sie ihr Haar modisch kürzen lassen und war in die von Rambova entworfenen Gewänder geschlüpft, die ihre schmale Silhouette betonten und sie größer erscheinen ließen. Als Gesamtkunstwerk sollte *Camille* nicht nur den Bruch mit einem überlebten Naturalismus besiegeln, sondern modern und symbolisch zugleich eine neue Ebene filmischer Belebung von Stoffen des 19. Jahrhunderts erreichen.

Beim Premierenempfang für gut hundert Gäste im Kristallsalon des Ritz Carlton blieb nichts dem Zufall überlassen. Die Presse war zahlreich erschienen, die Publicity-Abteilung des Studios vollständig zugegen. Nazimova machte ihre Runde, stellte sich mit Witz und Charme allen Fragen. Auch versäumte sie nicht, eine schlanke, hoch gewachsene junge Dame aus dem Kreis der Gäste zu lösen, um sie mit dem Kritiker Edmund Weitzel bekannt zu machen, der sich anerkennend über die Ausstattung äußerte und die an Augen erinnernden Fenster, Spiegel und eine an Aubrey Beardsley orientierte Ästhetik als passend für eine moderne Version der *Kameliendame* empfand. Als einzigen Mangel erwähnte er die fehlende Gemütlichkeit der Wohnung Camilles. Daraufhin erlaubte sich Nazimova den Hinweis, dass Frauen wie Camille kein Zuhause haben konnten. Der Arbeitsplatz einer Kurtisane dürfe weder Sentimentalität noch Assoziationen an ein »Heim« aufkommen lassen. Eben dies Heim wolle der Kunde doch vergessen.

Neben Anerkennung gab es viel Unverständnis von Seiten des Publikums. Eine Filmzeitschrift empfahl ratlosen Kinobetreibern, *Camille* eher als »höflichen Freak« und weniger als Dumas-Verfilmung anzukündigen. Dumas sei den Zuschauern kein Begriff, und Nazimovas Spiel wirke maniert.[11]

Dagegen setze sich Valentinos ebenso feinfühliger wie kraftvoller Armand wohltuend ab, vor allem in einer Gesellschaft, die Käuflichkeit zum Prinzip erhoben habe. Blieben in der Rolle des Charles Grandet noch Anklänge an frühe Bösewichter erkennbar, dürfe Valentino in *Camille* erstmals als Liebhaber erscheinen, dem, selbst wenn er irrte oder ausfällig wurde, vom Publikum vergeben würde.

Während Rambova sich bereits auf *Salome*, das nächste Projekt ihrer Mentorin, vorbereitete, wartete Valentino gespannt, welche Rollen ihm das neue Studio anbieten würde. Die Metro war ein sinkendes Schiff, Famous Players-Lasky oder die Paramount, wie sie bald darauf genannt wurde, expandierte und hatte gerade ein neues Gebäude an der Ostküste in Astoria, Long Island, bezogen. Es war Sommer. Eine Zeit des Übergangs und der Erwartung.

DER SCHEICH

Als Lasky den Fünfjahresvertrag aufsetzen ließ, fiel Valentino ein Stein vom Herzen. Wie sein Partner im nächsten Film, der französischstämmige Adolphe Menjou, hatte er sich für eine elegante Herrengarderobe verschuldet und brauchte wieder einmal Geld. Die Ablösung vom alten Studio kam gerade recht. Inzwischen hatte June Mathis die Metro ebenfalls verlassen und als Drehbuchautorin bei der Paramount begonnen. Zu seiner Freude war sie sofort mit dem Skript für Valentinos ersten Film betraut worden. Allerdings fand sich nicht gleich etwas Passendes, da man ihr weniger Spielraum zubilligte als vorher.

Valentino achtete jetzt darauf, wie Entscheidungen in der Firmenleitung zustande kamen. Produzenten ließen lesen. Jesse Lasky war keine Ausnahme. In eigens eingerichteten Abteilungen durchforsteten Angestellte Romane, Bühnenstücke, Erzählungen und schrieben zwei- oder dreiseitige Kurzfassungen, die von ihren Chefs mürrisch überflogen wurden, wenn sie nicht ohnehin mündliche Berichte vorzogen. Jetzt griff Lasky auf einen von seiner Sekretärin getesteten Roman zurück und holte das Urteil des Regisseurs George Melford ein, der sich den Inhalt des Romans während einer Drehpause erzählen ließ. Melford gefiel die Story, und so verhandelte Lasky mit einem gewissen E. M. Hull über 12 500 Dollar für die Rechte an dem 1919 in England erschienenen Roman »The Sheik«. Die im März 1921 erschienene amerikanische Ausgabe blieb von abschätzigen Kritiken unberührt und wurde ein Geheimtipp, bei dem man gut daran tat, ihn außer Reichweite von Kindern zu halten. Angesichts solcher Verkaufserfolge schien der Zeitpunkt für eine Verfilmung günstig. Als bekannt wurde, dass sich hinter dem Namen E. M. Hull eine Autorin, Edith Maude Hull, verbarg, war die Überraschung perfekt. Doch außer der Tatsache, dass sie an der Seite eines ehemaligen Farmers und Soldaten in Derbyshire lebte, konnte man kaum etwas über sie in Erfahrung bringen.[1]

Was Margaret Mitchell wenige Jahre später mit dem Epos »Vom Winde verweht« für die Südstaaten bedeuten sollte, war Edith M. Hulls »The Sheik« nach dem Ersten Weltkrieg für jene Wüstenlandschaft, die sich als Sahara, die Rotbraune, mit ihrer von Oasen und Salzsümpfen gesäumten Route nach Toggourt südlich von Biskra erstreckte. Diese Landschaft mit ihrem exterritorialen Zauber bot wie keine andere Raum für europäische und – wie sich zeigen sollte – weibliche Fluchtphantasien.

Hull ging von einem Erfahrungshintergrund aus, der Landsleuten wie Margaret Fountaine vertraut war, einer als Schmetterlingsforscherin bekannt gewordenen Weltreisenden, oder T. E. Lawrence, der im Auftrag des britischen Geheimdienstes wertvolle Kontakte zu arabischen Stämmen aufbaute und ab 1916 den Sieg über die Türken organisierte. 1904, als Fountaine Algerien erkundete, wurde Isabelle Eberhardt nach einem Unwetter in Aïn Sefra unter den Schlammmassen des Oued begraben. Die gebürtige Russin war 1897 im Alter von zwanzig Jahren zum Islam übergetreten und in Beduinenkleidung durch die Wüste geritten. Sie gehörte zu den rastlosen, unermüdlichen Sucherinnen, deren Neugier, Abenteuerlust und Wagemut weder – wie bei Fountaine – in einem englischen Pfarrhaus noch in der elterlichen, unweit von Genf liegenden Villa Neuve befriedigt werden konnten. Zu Lebzeiten von Eberhardt erschienen Artikel in französisch-arabischen Zeitungen. Nach ihrem frühen Tod wurden Arbeiten aus dem Nachlass publiziert, darunter »A l'hombre de l'Islam« (1906), »Pages d'Islam« und »Notes de route« (beide 1908).[2] Weiteres Material wurde erst in den zwanziger Jahren nach dem Erscheinen von Hulls Wüstensaga publiziert. Abgesehen von französischen und englischen Beziehungen zu Nordafrika gab es bereits einen von Touristen ermittelten Erfahrungshintergrund, auf den Hull sich beziehen konnte. Obwohl die Handlung im Orient spielt, hat sie doch erkennbare Wurzeln in der englischen Literatur mit Anleihen aus »Der Widerspenstigen Zähmung«.

Im Mittelpunkt ihres Romans steht die Engländerin Diana Mayo. Sie ist Vollwaise und mit ihrem Bruder, der durch ihre Volljährigkeit eine lästige Verantwortung abschütteln kann, viel unterwegs und nirgends zu Hause. Misstrauisch allem gegenüber, was man in Gesellschaft unter Liebe versteht, gebärdet sich die junge Erbin ebenso eigenwillig wie unberührt vom Urteil der Welt und besteht darauf, ohne Bruder, allein mit einem arabischen Führer und Hilfskräften durch die Wüste zu reiten. In der Oasenstadt Biskra, dem Ausgangspunkt der Tour, ist Lady Diana eine auffallende Erscheinung. Ein Scheich namens Ahmed Ben Hassan beschließt bei ihrem Anblick, sich ihrer zu bemächtigen, wobei er sich des von ihr engagierten Führers bedient und die Karawane überfällt. Während einer rasanten, in die Filmversion übernommenen Verfolgungsjagd reißt Ahmed die widerstrebende Diana von ihrem Pferd in seine Arme. Auf ihre Frage, was er mit ihr vorhabe, antwortet er: »Sind Sie nicht Frau genug, das zu erraten?«[3]

Im Zelt des Scheichs verliert Diana Mayo die Unschuld und damit jede Möglichkeit der Rückkehr in die Gesellschaft, denn es ist etwas auch in ihrer Heimat Gültiges geschehen. Die Freiheit der Orientreisenden bleibt eine Illusion. Fortan lebt sie für Monate als Gefangene. Jetzt ist sie, die in ständigem Aufbruch leben wollte, wider Willen angekommen. Was für Diana eine Zäsur von existentieller Bedeutung darstellt, betrachtet Ahmed als Episode.

Als Mittler zwischen der europäischen und arabischen Welt tritt Raoul de Saint Hubert auf, ein Freund und Bewunderer Ahmeds, Gefährte seiner in England und Frankreich verbrachten Jugendjahre. Raoul erkennt Dianas prekäre Lage und begegnet ihr mit wohltuender Diskretion; er liefert den Schlüssel für Ahmeds unerklärliche Launen, sein schroffes, herrisches Wesen und seine Abneigung Engländern gegenüber. Ahmeds Mutter war eine junge Spanierin, die ihren Mann, den Earl of Glencaryll, mit dem Kind verlassen hatte, weil er sich als Trunkenbold und Rohling erwies. Sie fand Zuflucht bei einem Scheich, der den Sohn nach ihrem Tod adoptierte. So wuchs er als Araber auf, züchtete Pferde wie sein Ziehvater und fühlte sich heimischer in der Wüste als in London oder Paris, wohin er für ein paar Jahre zur Erziehung geschickt worden war – nicht ohne einem Freund des alten Scheichs, der Ahmeds Betreuung im Ausland übernommen hatte, peinvolle Stunden zu bereiten. Später verweigerte Ahmed jeden Kontakt zu seinem leiblichen Vater, weil er ihm das traurige Ende der Mutter nicht verzeihen konnte, und entschied sich für ein Leben in Nordafrika.

Gemeinsam ist Ahmed und Diana die Furcht vor der Liebe. Er bangt um sein Prestige; sie vermag im aufgezwungenen Umgang mit einem Fremden keine Spur jener Freiheit zu entdecken, die sie beim Aufbruch aus ihrer Heimat in der Wüste zu finden hoffte. Den Stimmungen eines unberechenbaren Liebhabers ausgeliefert, verliert sie allmählich an Widerstandskraft. Hull schildert einen subtilen, langsam und unter Qualen verlaufenden Auflösungsprozess, der damit endet, dass Diana sich dem zum Sinnbild männlicher Kraft, Schönheit und Entschlossenheit stilisierten Ahmed unterwirft.

Nach einem misslungenen Fluchtversuch und ihrer Entführung durch eine konkurrierende Sippe wendet sich das Blatt. Im Kampf mit dem feindlichen Scheich wird Ahmed schwer verwundet. Auf dem Krankenlager erwacht seine Liebe zu Diana und gibt ihm die Kraft zum Verzicht. Sie soll gehen dürfen. Doch nun, wo sie durch nichts anderes als die Liebe gehalten wird, bleibt sie.

Edith M. Hull entwirft das Porträt eines launischen Mannes, der seine Willkür zum Gesetz erklärt. Die Kultiviertheit Ahmed Ben Hassans zeigt sich bei der Arbeit oder im Umgang mit Untergebenen – sonst reißen Grausamkeit und leidenschaftliches Begehren sämtliche Schranken nieder, die für

Lady Diana oder Raoul de Saint Hubert noch gelten. Seiner Gefangenen gegenüber schwankt der Scheich zwischen Gewalttätigkeit und Zartgefühl, das ebenso rasch auftaucht und verschwindet wie eine Fata Morgana. Als Mann fasziniert er durch Unberechenbarkeit, die in der halb offiziellen, halb intimen Sphäre des Zeltes Schrecken oder Lust bereitet.

Diana, die das Exotische suchte, solange sie davon unberührt blieb, verliert gleich mehrfach an Boden: als Frau, als Aristokratin und als Europäerin. Alles ist ihr fremd: der Nachthimmel über den Sanddünen, Geräusche und Gerüche, die Sprache, die Menschen – und Ahmed selbst, sobald er sich vom Räuber in einen Liebhaber verwandelt. Die psychologische Binnenzeichnung fällt in seinem Fall ebenso holzschnittartig aus wie die Wandlung Dianas vom stolzen Mitglied der *upper class* in eine masochistische Kreatur. Das rationale, von Fieberträumen gezeichnete Ich, was inmitten von Rechtlosigkeit Rechte einklagen will, im Zelt keine Ruhe und in der rot glühenden Weite weder Orientierung noch Zuflucht findet, verfällt einer erotischen Obsession, vor der das Leben von einst verblasst. Selbst ihr Zeitgefühl ändert sich. Für eine Gefangene gibt es weder Vergangenheit noch Zukunft – nur den Augenblick.

Biskra ist Ausgangspunkt der geplanten Wüstenreise, die mit der Entführung abbricht und Diana in einen Abgrund von Angst, Unterwerfungslust und Verlangen stürzt. Am Fuße des Aurèsgebirges, das als mächtiger Riegel vor der südlich gelegenen Wüste mit ihren Salzseen und lebenswichtigen, von Oase zu Oase leitenden Routen lagert, stellt Biskra mit seinem von Orientalen und Europäern wimmelnden Markt einen Ort des Aufbruchs und der Abschiede dar. Nachfahren schwarzer Sklaven, Berberinnen, Bettler, halb nackte Kinder, Maultiere, Kamele, Pferde, händlerische Aktivitäten im Basar, das kräftige Weiß, Blau und Rot der Burnusse, Teppiche, Stoffe, Schmuck und Waffen bestimmen das Bild. Auf der Route von Biskra nach Toggourt überschreiten Reisende die Grenze zur Grand Erg Oriental mit ihren Staub- und Sandstürmen. Unter dem Wendekreis des Krebses erleben sie Farbspiele von nie geahnter Leuchtkraft, erkennen Wasser, wo keines fließt, Regenwolken, die sich öffnen und noch in der Luft verdampfen, sehen in der Ferne rosa Kränze von Flamingos Salzseen umstehen, brechen kristallene Sandrosen am Wegesrand oder erleben, sobald der Regen doch einmal die Erde erreicht, *Acheb*: das plötzliche, wundersame Aufblühen von Pflanzen und Blumen. Extrem wie Temperaturunterschiede können Empfindungen während einer Reise durch die Wüste sein. Die Weite, die Monotonie der Dünenmeere, die bizarren Fels- und Steinformationen, Stürme, die wie

Schmirgel auf Menschen, Tiere, auf das langsam erodierende Gestein wirken, Sandwellen, das in allen Schattierungen von Weiß über Gelb bis Rostbraun und Lila schwankende Farbenspiel, dem der Abendhimmel tausendfarbige Röte verleiht, die undurchdringlichen Mienen ortskundiger Begleiter, zu denen der Handel eine dürftige Brücke wechselseitigen Nutzens aufrichtet, die jederzeit einbrechen kann – all dies erlaubt Zivilisationsflüchtlingen, dem physisch Nahen innerlich fern bleiben zu dürfen. Eine überwältigende Erfahrung.

Was Menschen aus Europa in den Orient trieb, war die Illusion, hier sei möglich, was zu Hause verboten war. Insofern kann Diana Mayos Reise als Nachhall männlicher Reisen in den Orient betrachtet werden, zu denen Schriftsteller wie Fürst Pückler-Muskau, Gustave Flaubert, Oscar Wilde oder André Gide seit dem 19. Jahrhundert aufgebrochen waren. Eine sexuelle Motivation durfte es für Frauen nicht geben. Edith M. Hull musste sich eine andere Begründung einfallen lassen. Gab es für Männer eine sorgfältig kalkulierte, gleichsam von Bordell zu Bordell über Landesgrenzen hinweg reichende Logistik, die den Kontakt zu prostituierten Frauen, Kindern sowie Jugendlichen beiderlei Geschlechts durch Anonymität absicherte, waren weibliche Reisende gehalten, sich über soziale Kontakte Orientierung zu verschaffen oder – wie Isabelle Eberhardt – in maskuliner Maskerade ihrer Abenteuerlust freien Lauf zu lassen. Es gehörte zur arabischen Höflichkeit, Eberhardt wie einen Mann zu behandeln, wenn sie einen Burnus trug.

Dennoch verhinderte nur der Zufall, dass sie den Mordversuch eines moslemischen Fanatikers überlebte, der versuchte, ihr mit einem Säbel den Kopf zu spalten. Als es zum Prozess kam, war sie es, die wie eine Verbrecherin behandelt und des Landes verwiesen wurde.[4]

Dass das europäische Ich im Orient der gleichen Erosion verfallen konnten wie Wüstengestein beim Anprall von Sandstürmen, zeigte sich auch am Beispiel von T. E. Lawrence, der als Archäologe den Vorderen Orient bereiste, später im Auftrag des britischen Geheimdienstes arbeitete und im Ersten Weltkrieg arabische Aufstände gegen die Türken unterstützte. Bei einem seiner ersten Erkundungszüge, die er als Araber verkleidet unternahm, wurde er von türkischen Soldaten gefangen genommen, vergewaltigt und gefoltert. Als Lawrence sich 1926 in seinem Buch »Die sieben Säulen der Weisheit« dazu äußerte, kennzeichnete er diese Erfahrung auch nach seiner gelungenen Flucht als Wendepunkt. Nie mehr würde er derselbe Mann sein wie vor »jener Nacht in Dera«, als »die Zitadelle meiner Unversehrtheit unwiderruflich verloren gegangen war«.

Seine Mission stürzte ihn in Loyalitätskonflikte. Stärken und Schwächen beider Parteien waren ihm vertraut bis zum Überdruss. Die Gratwanderung zwischen zwei Welten kostete nicht nur Kraft, sie vernichtete jedwede Illusion. Deshalb zog Lawrence sich tagelang in sein altes »Versteck unter Tamariskenbäumen« zurück, »wo der Wind in den staubig grünen Zweigen rauschte wie in den Bäumen Englands. Er raunte mir zu, wie sterbensmüde ich dieser Araber sei, dieser halben Semiten, in deren Wesen Höhen und Tiefen lagen, unerreichbar für unsere Fassungskraft, wenn auch nicht verborgen unserem Blick.« Dem Anprall fremder Kulturen begegnete Lawrence in geheimdienstlichem Auftrag mit der Idee des »Verschmelzens«. Dabei halfen ihm neben seinen Landes- und Sprachkenntnissen arabische Gewänder, Maskeraden und die Bereitschaft, »wie ein Schauspieler auf einer ausländischen Bühne« aufzutreten, »der Tag und Nacht seine Rolle spielt, ohne Pause und um einen hohen Einsatz«. Gefangen, erniedrigt und besudelt, war Lawrence von einem bestimmten Punkt an zum Komplizen seiner Peiniger geworden.[5]

Edith M. Hull sah für Lady Diana eine ähnliche Wandlung vor. Dabei ignorierte sie den von Suffragetten erhobenen Anspruch auf Würde, denn die Tatsache, dass die Heldin sich vom anmaßenden Gebaren des Scheichs beeindrucken lässt, konnte so lange nicht als Dummheit ausgelegt werden, wie Masochismus als Ausdruck »wahrer Weiblichkeit« verstanden und – wenigstens im Roman – mit Lust belohnt wurde. Die Möglichkeit einer *Verbindung* von Lust und Würde überstieg die Vorstellungskraft der Autorin.

Sie ersann die Story in der englischen Provinz, fernab von konkreten Erfahrungen ihrer Zeitgenossinnen wie Isabelle Eberhardt, die von ihren arabischen Liebhabern respektiert wurde und den einheimischen Leutnant Ehnni geheiratet hatte. »Für all jene, die mich gekannt haben, für die Offiziere vor allem, ist die Person Slimènes in meinem Leben natürlich *unverständlich*«, vertraute sie 1901 ihrem Tagebuch an und setzte sich – wie Pionierinnen und Weltreisende seit Jahrhunderten – über religiös motivierte Übergriffe ebenso hinweg wie über das Staunen von Europäern. Isabelle genoss die grandiose Einsamkeit der Wüste, jene Leere, jene plötzlich aufbrechende Lebendigkeit, jene Empfindungen, die für sie mit nichts auf der Welt vergleichbar, die einzigartig waren. Hier träumte sie vom Schreiben. Weder moslemische Sitten noch ihr Mann durften sie aufhalten, im Gegenteil: »Ja, es ist so, ich bin vor Gott und vor dem Islam Deine Frau. Doch ich bin nicht irgendeine Fatima oder eine gewöhnliche Aischa. Ich bin gleichzeitig auch Dein Bruder Mahmud, ein Diener Gottes und Dschilanis«, schrieb sie Slimène im Sommer 1901, »und nicht wie alle arabischen Frauen einfach die Dienerin ihres Gatten. Ich werde nicht zulassen, verstehst Du, dass Du Dich der wunderbaren Träume unwürdig zeigst, die ich für uns beide geträumt habe … In uns ist eine grenzenlose Kraft, die außer Gott niemand besiegen kann. *Wir, Du und ich,* haben eine gemeinsame Seele, ein gemeinsames Herz, einen gemeinsamen Willen. *Wir können* mehr ausrichten als sonst wer …«[6]

Hull präsentierte das Gegenprogramm. Für sie war Lust an Unterwerfung gebunden – wenigstens für Frauen. Weit davon entfernt, die Erfahrungen einer Isabelle Eberhardt für ihre Romanfigur zu nutzen, ließ die Autorin Diana Mayo lediglich als Touristin reisen, wobei schon der Hauch eines Wagnisses mit Gefangennahme und Vergewaltigung bedacht wird.

Die erzwungene Intimität zwischen einer englischen Lady und einem Wüstenscheich verlieh dem Roman eine gewisse Brisanz; kein Wunder, dass Jesse Lasky zögerte, den Stoff zu verfilmen. Andererseits – exotische Schauplätze waren beliebt und würden Abwechslung in das von Irrungen und Wirrungen gezeichnete Melodram bringen. Was galten Inhalte, Botschaften? Das Publikum bestand nicht aus Afrikaexperten. Noch konzentrierte sich der US-Tourismus auf Länder wie Frankreich, Italien oder England. Im Kino wollte man lachen, weinen, leiden! Zum Drehen würde man sich mit Wüsten im eigenen Land begnügen. Schon aus Kostengründen.

Agnes Ayres sollte Lady Diana, Adolphe Menjou den Part des mit Ahmed befreundeten Schriftstellers Raoul de Saint Hubert spielen. Doch wer kam für die Titelrolle in Betracht? Bei der Paramount konnte man sich keinen der unter Vertrag stehenden Amerikaner als Wüstensohn vorstellen. Auf der Suche nach einer passenden Besetzung dachte man zunächst an James Kirkwood. Der stämmige Blonde hatte eine seiner ersten Rollen in *Home, Sweet Home* (1914) gespielt und war mit sechsundvierzig Jahren zu alt für die Rolle. Deshalb holte man Valentino zu Kostümproben, riet ihm, seine Reitkünste aufzufrischen und sich auf heiße Drehtage in Buttercup Valley, einer Wüste nahe Yuma, Arizona, vorzubereiten.

Valentino war Feuer und Flamme, Rambova skeptisch. Das niedrige Budget und die Wahl eines Regisseurs wie George Melford, der bis dahin eher durch Routine als Wagemut aufgefallen war, sowie die Tatsache, dass June Mathis sich mit der Begründung, der Stoff entspreche nicht ihren Erwartungen, von dem Projekt distanziert hatte, ließen wenig Gutes erwarten. Konnte man es der Freundin verdenken? Auch für Rambova handelte es sich bei diesem Projekt um *utter trash*, Kitsch. Ihre Hoffnung auf einen künstlerischen Neuanfang hatte sich noch nicht erfüllt.

Valentino blieb optimistisch. Der Scheich war eine Herausforderung – er würde ihn mit einem Schuss Grausamkeit versehen und sein Schwanken zwischen Anmaßung und Zartgefühl glaubhaft machen. Ein Vorteil war unübersehbar: Das Wüstenepos brach mit der Gewohnheit, in Kategorien von Gut oder Böse, Schuld oder Unschuld zu denken. Liebhaber und Bösewicht fielen in eins. Das reizte Valentino mehr als alles andere. Seit der Begegnung mit Griffith war klar, dass ein Mann seiner Herkunft nur als Bösewicht und nicht als Liebhaber in Betracht kam. Mit Julio und Armand, selbst mit Charles Grandet hatte Valentino bewiesen, dass auch ein Italiener dieses Rollenfach beherrschte. Sein Scheich, das nahm er sich insgeheim vor, sollte den Durchbruch bringen.

Valentino genoss die Dreharbeiten und die vertragliche Sicherheit. In den Pausen nahm er alle für den Film engagierten Kinder, darunter Loretta Young, auf sein Pferd. Ivano und Rambova hatten Spaß daran, als Statisten auszuhelfen. Wieder lebte Valentino sich über Lektüre und Kostüme in die Rolle ein; tatsächlich sollte es ihm immer wieder gelingen, in Gewandungen, die jeden anderen dem Gespött preisgegeben hätten, eine gute Figur zu machen. Am überzeugendsten wirkte er in den Reitszenen – während das Unvorteilhafte seiner üppig gefältelten Hosen und sonstiger Kleidungsstücke im Zelt stärker ins Auge fiel. Es ist schon eine Leistung, in diesem Aufzug nicht lächerlich, sondern atemberaubend zu wirken.

Seine Partnerin Agnes Ayres, als Lady Diana ganz leidende Unschuld in viktorianischem Stil, gibt sich auf Standfotos schreckhaft bis an die Grenze der Karikatur. Das ungleiche Paar verliert sich beinahe im Wust orientalischer Versatzstücke. Orientalisch – wie Hollywood es versteht. Wirre Muster, die überreiche Verwendung von Stoffen und Schmuck bestimmen das Bild. Im Zelt sind alle Flächen gepolstert, belegt, ausgekleidet, die Körper unter Stoffen, Fuß- und Kopfbedeckungen begraben. Nur Valentinos Hände und Arme setzen sich kraftvoll in Szene. Und sein Gesicht. Das Ganze lebt von einer gewissen Spannung zwischen Wesen und Rolle. Während Ahmed Ben Hassan im Roman den Widerstand seines Pferdes so bedenkenlos bricht wie den Willen Dianas, zeigt Valentino im Film nicht nur Geschick, sondern auch liebevolle Geduld im Umgang mit Tieren. Er unterwirft nicht, sondern bezaubert und verführt. In einer Szene wird der Widerstreit zwischen Lust und romantischem Zartgefühl besonders deutlich, als er direkt von der Leinwand herabschaut mit einem scharf gegen das Weiß des Augapfels abgegrenzten, dunkel schimmernden Blick. Wenn er die Lider wie einen Vorhang senkt und gleichzeitig die Kiefermuskeln anspannt, entsteht der Eindruck, hier verschließe sich die Zitadelle seines Innern während einer heftigen, unter Aufbietung aller Seelenkräfte gezähmten Gemütsbewegung.

Mit Ahmed Ben Hassan erweiterte Valentino die Galerie filmischer *heman* um eine Mischung aus Grazie und kraftvoller Noblesse, die amerikanische Männer schon bald gegen ihn aufbringen und seine Nachfolger zur Verzweiflung treiben sollte.

Noch war das niemandem klar. Während der Dreharbeiten hörte Valentino nichts von der Studioleitung. Das hatte Gründe. Lasky war von Anfang an skeptisch. Der Stoff missfiel ihm. Missmutig fragte Lasky Cecil B. De-Mille, den wichtigsten Regisseur der Paramount, nach seiner Einschätzung. Sie schlossen eine Wette über die Resonanz auf den Film ab. DeMille prophezeite einen Flop. Was weibliche Zuschauer faszinierte, langweilte männliche Zuschauer zu Tränen und umgekehrt. Was Frauen ungeheuerlich erschien, war für manche Männer Teil ihres Alltags. In Hollywood galten Übergriffe auf arbeitssuchende Schauspielerinnen als Gewohnheitsrecht. Männer, die die Besetzungscouch strapazierten, hielten gleichzeitig die Fassade des sittenstrengen Familienvaters aufrecht: Joseph Kennedy bei seinem Ausflug ins Filmgeschäft ebenso wie der mächtige Louis B. Mayer. Mayers Studio unterhielt Anfang der dreißiger Jahre nördlich des Sunset Strip ein Bordell für Geschäftspartner aus aller Welt. Die Prostituierten waren so ausgewählt, dass sie als Doubles weiblicher Stars – darunter Jean Harlow – durchgingen.[7] Angesichts solcher Möglichkeiten war kaum zu erwarten, dass DeMille die Vorführung interessant finden würde, blieben doch die gewagtesten Szenen des Films hinter seiner eigenen Wirklichkeit zurück. So verfiel der Regisseur in den Minutenschlaf älterer Herren und schreckte erst bei den grandiosen Verfolgungsjagden hoch. Es sah nicht gut aus für Valentino.

Nach Abschluss der Dreharbeiten überraschte Rambova ihn mit einem Porträt. Es zeigte ihn als Scheich, im Profil nach links (so blieb die Narbe auf seiner rechten Wange unsichtbar) und rauchend. Sie selbst hatte es gemalt – als Zeichen ihrer Liebe und Anerkennung.[8] Wann endlich würde es gute Rollen für ihn geben? Der Scheich war nur eine Verlegenheitslösung. Sie glaubte an Valentinos Fähigkeit, nicht nur ein männliches Publikum anzusprechen wie die Actionhelden, sondern auch ein weibliches. Doch dazu bedurfte es einer Chance.

Seit Beginn des in fieberhaftem Tempo auf die Katastrophe von 1929 zusteuernden *Jazz Age* gab es für junge Amerikanerinnen außer dem Wahlrecht und der Freiheit, den Haarschnitt selbst zu bestimmen, gerade so viele Zugeständnisse, wie erforderlich waren, damit sie den eigenen Lebensunterhalt und häufig noch den von Müttern, Geschwistern oder Ehemännern verdienen konnten. In den Filmstudios wimmelte es von Halbwüchsigen. Die heimlichen Familienväter Hollywoods waren junge Mädchen.

Sie wuchsen in die Angestelltenmentalität der zwanziger Jahre hinein und bevölkerten die eigens für sie geschaffenen »Pläsierkasernen«, wie Siegfried Kracauer die neuen Lokale, Bars und Revuetheater nannte. Kinos gehörten dazu. »Im Kino gewesen. Geweint«, hieß es im Tagebuch von Franz Kafka vom November 1913. Hier saß man Seite an Seite mit Intellektuellen oder Schriftstellern – wie Thomas Mann, in dem nach eigenem Bekunden ein Dienstmädchen versteckt war, das sich im Dunkeln demselben Tränenstrom überließ wie der aus seiner notorischen Kälte unvermittelt in Rührseligkeit verfallende Autor. Im Kino durfte gelacht, geschluchzt und gelitten werden.[9]

Und heimlich genossen. Denn Lady Diana ließ sich von der Leidenschaft des Scheichs mitreißen; begleitet von arabischen Klängen, erstrahlte das Paar im Glanz der Großaufnahmen. Etwas davon erhellte die jungen Gesichter im Publikum. DeMille verlor seine Wette.

DIE NACHT DES FAUNS

Am 30. Oktober 1921 hatte *The Sheik* in Los Angeles Premiere. Nicht der Film – Valentino war die Sensation. Das Publikum war hingerissen. Fachzeitschriften berichteten unablässig, wie für Theaterfoyers Sand aufgefahren, Zelte errichtet, Kamele herumgeführt wurden. Ein beispielloser Reklamefeldzug kam in Gang. Junge Männer verfielen der Scheichmode, und Tin Pan Alley, das Zentrum des Schlagergeschäfts in der 28. Straße von New York, zog mit »Der Scheich von Arabien« auf den Markt. Der Film etablierte ein Genre – die so genannten Scheichfilme –, ohne jemals mehr als einen müden Nachklapp ihres Vorbildes bieten zu können.[1]

Überraschend kam der Erfolg einzig für die Experten der Branche. Ihnen fehlte es nicht nur an Sensorium für Valentinos erotische Wirkung, sondern auch für das Besondere dieses einen und letztlich einzigen Scheichs, der Filmgeschichte machen sollte.

Frauen erschien er als Traumgestalt, wenn sie im Dunkel der Kino-
säle einer Wirklichkeit entflohen, die wenig Raum für romantische Sehnsüchte, für Leidenschaft bot, sondern hinter werbenden Verhaltensweisen
eine sexuelle Tretmühle von geringem Reiz ahnen ließ. Vulgarität pur. Der
Krieg mit seiner emanzipatorischen Scheinblüte hatte den Lebenshunger
der jungen Generation entfacht. Das Kino bot Futter für die Phantasie.
Atempausen im Alltag. Freiräume. Wenn Kinobesucherinnen die Augen vor
der Wirklichkeit verschlossen, tauchte Valentino auf. Sein in Großaufnahme
stillgestelltes Gesicht ließ ahnen, dass es noch etwas anderes geben könnte,
als sich in raubauzigen Prügelszenen oder Verfolgungsjagden auszuleben
und im Umgang mit Frauen eine Unbeholfenheit an den Tag zu legen, die
durch das schmale Repertoire eher parodierter als ernst gemeinter Höflichkeiten noch verstärkt wurde.

Schon in den neunziger Jahren hatte Henrik Ibsen in »Die Frau vom
Meere« die Magie des aus der Fremde kommenden Liebhabers beschworen
und ein Symbol weiblicher Sehnsucht geschaffen. Eine Generation später
lebte auch der Scheich vom Eros der Ferne. Valentino zeigte ihn als Sinnbild
männlicher Leidenschaft: frei von Vulgarität, frei von Nützlichkeitserwä-
gungen und sexueller Routine. Ahmed Ben Hassan bekannte sich zu seiner
Passion. Er war der Prinz auf dem weißen Pferd, nach dem man sich vergeblich sehnte. Die Vergewaltigungsszene des Romans entfiel. Sie hätte die
Illusion zerstört, Zensoren und Sonntagsprediger auf den Plan gerufen.
So konnten sich die Amerikanerinnen wenigstens im Kino gefahrlos einer
erotischen Faszination überlassen.

Die Kritikerin Doris Anderson suchte nach Ursachen für die Wirkung des
Films. Offenbar hatte sie den Roman gelesen, denn sie sah eine Schwierig-
keit darin, Hulls »Drama aus Abenteuer und Leidenschaft plausibel statt ab-
surd« erscheinen zu lassen. Das hinderte sie jedoch nicht daran, »die lebhaften Charakterzeichnungen« Valentinos zu loben. »Dieser junge Schauspieler
mit seiner romanischen Subtilität und seiner Lebhaftigkeit« war der Richtige für den Part. »Sein Spiel ist erregend und lässt sein Gefühl für die Gefahren der Rolle erkennen.«[2]

Was unterschied Valentino von anderen Darstellern? In Hollywood wimmelte es von gut aussehenden Männern. Wer ihn allerdings persönlich kannte, liebte seine *Italianità*. Doch das war es nicht allein. Valentino unterschied
sich von amerikanischen Filmliebhabern durch eine Mischung aus Ernst
und leidenschaftlicher Intensität. Ganz gleich, ob er eine Frau zum ersten
Mal erblickt, ihr die Hand küsst oder ihr eine Rose reicht – bei ihm wirken

selbst konventionelle Gesten, als seien sie spontan, aus dem Augenblick geboren. Valentino inspirierte seine Partnerinnen, umhüllte sie mit einer Aura aus Bewunderung und Wohlwollen. In diesen frühen Jahren wurde ihm das noch vergeben. Welcher Produzent kümmerte sich schon darum? Fiel es überhaupt ins Gewicht, wenn man bedachte, dass dieser Einwanderer, Tänzer, Gigolo Empfindungen zeigte, denen amerikanische Männer keinerlei Bedeutung beimaßen?

Lasky war zufrieden. Mit Adolph Zukor und seinem Manager Charles Eyton plante er das weitere Vorgehen. Man erhöhte Valentinos Gage und schlug die Verfilmung von Frank Norris' Roman »Moran of the Lady Letty!« vor. In den Fluren der Paramount stapelten sich Säcke mit Fanpost. Valentino brauchte Rat, was den Umgang mit Presseleuten anging, und er brauchte eine Agentur, die ihm für die kommenden Verhandlungen zur Seite stand. Zeit zur Erholung blieb ihm kaum, weil man rasch mit den Dreharbeiten begann. So hatte er wenig Muße, über die bevorstehenden Gerichtsverhandlungen nachzudenken. Zwar hatte Jean Acker die Scheidung bereits Ende Januar 1921 beantragt, doch als sie ein Krankenhaus aufsuchen musste, wurden die Verhandlungen auf November verschoben.

Lasky hatte es eilig mit dem neuen Film. Für das Drehbuch engagierte er diesmal nicht June Mathis. Die neue Rolle bedurfte keiner exotischen Kostüme; Valentino sollte endlich als Naturbursche auftreten und seine Männlichkeit in Prügeleien unter Beweis stellen. Warum es solcher Beweise bedurfte, blieb unausgesprochen. Lasky fühlte sich weniger unbehaglich, wenn er seinen Star in gewöhnlicher Kleidung so agieren sah, wie man es von Amerikanern erwartete. Die weibliche Hauptrolle übernahm Dorothy Dalton. Zwei Jahre älter als Valentino, kannte sie ihren Filmpartner bereits aus *The Homebreaker* (1919). Für die Rolle des feindlichen Kapitäns wurde Walter Long engagiert. Er hatte in Valentinos letztem Film den Scheich Omar gespielt und gehörte zu den überzeugendsten Bösewichtern im Stummfilm der zwanziger Jahre.

Trotz kräftiger Anleihen bei Stevenson und Kipling reichte der Roman von Frank Norris nicht an seine Vorbilder heran. Wieder geht es um eine Variante von »Der Widerspenstigen Zähmung«. Die Kapitänstochter Moran erlebt in Männerkleidung die Freuden und Freiheiten des Meeres. Als an Bord des väterlichen Schiffes ein Brand ausbricht, wird sie von einem anderen Frachter aufgenommen. Dort hält Kapitän Kitchell (gespielt von Walter Long) einen gewissen Roman Loredo (Valentino) gefangen. Moran und Loredo bestehen viele Abenteuer gemeinsam, bezwingen den feindseligen

Rodolfo Valentino, um 1922

June Mathis, die Entdeckerin. In ihrem Büro bei der Metro

Jean Acker, die erste Ehefrau

Natacha Rambova, 1923

Valentino und Natacha Rambova, Tanztournee 1923

Valentino und Natacha Rambova, 1921

Rambova und Valentino in Deauville, 1923

*Valentino und Natacha Rambova auf dem Landsitz der Hudnuts in Juan-les-Pins
an der französischen Riviera, 1923*

Alberto Guglielmi, Natacha Rambova und Valentino in Juan-les-Pins, 1924

Der Abschied, Los Angeles, 13. August 1925

Valentino und Pola Negri, um 1926

Kapitän und kehren glücklich nach San Francisco zurück. Im Hafen kommt es zu einem letzten Kampf mit Kitchell, der über Bord fällt und ertrinkt. Loredo, der in luxuriöser Umgebung aufgewachsen war, erwacht durch die Gefangenschaft zu neuem Leben; er wird mutig, während Maron mit dem Ablegen der Männerkleidung an Stärke verliert. Für sie lautet die Lektion: Verzicht auf Freiheit, Unabhängigkeit, Abenteuer. Männlichkeit stand nach Ansicht des Autors auf so wackeligen Füßen, dass sie lebenslanger Stütze durch Frauen bedurfte. Kein originelles Thema. Da Norris sich auf die absurden Seiten des Abenteuerromans konzentrierte, hatten selbst wohlwollende Kritiker Mühe, die fade Story als Parodie des Genres zu begreifen.[3]

Rambova sah mit Sorge, wie Valentino sich nach Filmen, denen Stoffe von Blasco Ibáñez, Honoré de Balzac oder Alexandre Dumas zugrunde lagen, erneut in den Dienst banaler Geschichten stellen musste. Er selbst nahm alles weniger schwer und machte sich mit Ivano gut gelaunt auf den Weg nach San Francisco. Man drehte im Hafen und in der Bucht. Ivano war ursprünglich als Fotograf engagiert worden, fand aber bald Geschmack daran, den Kameramännern zur Hand zu gehen. Valentino kam es vor, als seien Jahre vergangen, seit er während der Grippewelle in der Stadt gestrandet war. Dort hatte er vom Tod seiner Mutter erfahren und in einem schäbigen Hotelzimmer um sie geweint. Jetzt gingen die Freunde gemeinsam aus, oft in Begleitung von Aileen Pringle. San Francisco war die Heimatstadt der Schauspielerin, und so machte sie beide Männer mit den Sehenswürdigkeiten bekannt. Bald war in den Klatschspalten der Presse von Partys und amüsanten Ausflügen an die Barbary Coast zu lesen.

Rambova hatte ihn diesmal nicht an den Drehort begleitet, weil sie in Hollywood mit Vorarbeiten für Nazimovas Verfilmung von Oscar Wildes »Salome« beschäftigt war. Die Zeitungsmeldungen taten wohl ihre Wirkung, denn eines Tages rief sie im Hotel der Freunde an und lud sie in das Haus ihres Stiefvaters Richard Hudnut ein, der sich mit ihrer Mutter in Europa aufhielt. Neugierig machten sich die Freunde auf den Weg nach Nob Hill im Osten der Stadt. Keiner von beiden hatte mit dem gerechnet, was sie erwartete.

Ein Butler öffnete und ließ sie in einem mit Gemälden, Spiegeln und französischen Antiquitäten ausgestatteten Foyer warten. Dass es sich um eine Kostprobe der Arbeit seiner künftigen Schwiegermutter handelte, wusste Valentino nicht. Noch nach Jahren erinnerte Ivano sich an das ungläubige Staunen seines Freundes angesichts der opulenten und kultivierten Atmosphäre des Hauses. Die Überraschung war gelungen. Offenbar hatte

Rambova wenig über ihre Familie erzählt. Angesichts der elterlichen Villa fiel es Valentino schwer zu verstehen, warum sie auch in Zeiten äußerster Geldknappheit weder Mutter noch Stiefvater um Geld gebeten hatte, sondern lieber mit ihm auf Kaninchenjagd gegangen war. Diese Reserviertheit, dieser Stolz waren ihm unbegreiflich. Allmählich verstand er jedoch, dass sie Hollywood aus eigener Kraft erobern wollte. Kosloff hatte ihr eine Lektion erteilt; nun beherzigte sie, was Zelda Fitzgerald der neuen Mädchengeneration zuschrieb: »Der Flapper überschreitet mutig die Grenzen der Moral, verschweigt aber lieber seine Emotionen. Er stellt seine Gedanken offen zur Schau, lässt an seinen Gefühlen aber niemanden teilhaben.«[4]

Für Rambova war es an der Zeit, ihren familiären Hintergrund offen zu legen, denn Valentinos Scheidungsverfahren stand unmittelbar bevor. Ihr Wille, sich in Hollywood beruflich durchzusetzen, blieb von Heiratsplänen unberührt. Darin ähnelte sie ihm, der spürte, dass sie sich von nichts und niemandem mehr einschüchtern lassen wollte. *Salome* gab ihr Gelegenheit dazu. Das Treffen in der Villa von Richard und Winifred Hudnut stellte einen Wendepunkt in ihren Beziehungen dar. An diesem Abend unterhielten sich die Freunde so angeregt wie lange nicht. Als es Nacht geworden war, ging Ivano allein ins Hotel zurück.

Am Morgen danach wurde Valentino nicht am Drehort erwartet. Rambova fand den Mut, ihn um etwas zu bitten. Worum ging es? Sie hatte schon lange mit dem Gedanken gespielt, ihn für eine Fotoserie posieren zu lassen. Wenn die Fanpost weiter anschwoll, würde man ihm bessere Rollen anbieten, und darauf sollte man vorbereitet sein. Er dürfe aber keine Fragen stellen.

Für Überraschungen war er immer zu haben, und so fuhren sie in die Post Street, wo sich das Fotoatelier von Helen MacGregor, einer Freundin Rambovas, befand. Valentino wurde in einen Nebenraum geführt, um die Kleidung abzulegen, bevor Rambova mit ihrer Arbeit begann und alle möglichen Utensilien auspackte, um ihn als Faun herzurichten: Schminke, Flöte, Trauben, einen kleinen Schweif aus Pelz, Knetmasse zur Verlängerung der Ohren. Sie zog ihm einen Mittelscheitel, verband seine Augenbrauen miteinander, färbte die Beine weiß und setzte dunkle Flecken auf. Gesicht und Oberkörper wurden dunkel getönt.[5]

So hergerichtet, ließ Helen MacGregor ihn vor einem in schmalen Falten herabfallenden Vorhang mal als Flötenspieler posieren, mal hüpfen oder knien, und es entstand mindestens eine (vermutlich scherzhaft gemeinte) Aufnahme zusammen mit Rambova. Dass sie die Fotografien bei sich zu Hause aufstellte und in Gegenwart von Freundinnen und Bekannten kommentierte, zeigt, welchen Wert sie ihnen für Valentinos künftige Arbeit beimaß. Im Scheidungsprozess sollte das Material noch eine verhängnisvolle Rolle spielen.

Als Gestalt aus der griechischen Mythologie dürfte der Faun den meisten Amerikanern fremd gewesen sein – mit Ausnahme der Bewunderer des Russischen Balletts und all derer, die Vaclav Nijinski in seiner Paraderolle auf Gastspielen in Paris (1912), London und Monte Carlo (1913) oder auf der großen, im Oktober 1916 in New York begonnenen und im Februar 1918 beendeten Amerikatournee gesehen hatten.[6] Wie kam Rambova darauf, Valentino ausgerechnet als ein zwischen Gott, Mensch und Tier stehendes Wesen posieren zu lassen? Was bot der Faun an Ausdrucksmöglichkeiten? Was bot er einem modernen, inzwischen auch verwöhnten Publikum?

Für den Tanz war die Frage leichter zu beantworten als für den Film. Dem »Nachmittag eines Fauns« lag ein Gedicht von Stéphane Mallarmé zugrunde. 1865 entstanden, war es von Claude Debussy vertont und Thema des ersten Balletts geworden, mit dem sich der damals zweiundzwanzigjährige Russe Vaclav Nijinski als Choreograph dem Pariser Publikum vorstellte. Bereits im Sommer 1911 hatte er sich in Karlsbad sorgfältig auf die Rolle vorbereitet und von Tanzdarstellungen auf griechischen Vasen inspirieren lassen. Hingerissen vom Thema, von Debussys Vertonung, machte Nijinski seinen Partnerinnen schon auf der ersten Probe klar, dass es »kein Tanzen im alten Sinne des Wortes« geben würde: »Alle Bewegungen werden im Profil ausgeführt, das heißt, Beine und Köpfe zeigen dem Publikum ihr Profil, die Hände entweder Innenflächen oder Handrücken.« Entsprechend mühsam verliefen die Proben. Doch niemand konnte sich dem Zauber der von Léon Bakst entworfenen Kostüme entziehen. Der Faun sollte als Naturwesen, also beinahe nackt erscheinen. Bakst verteilte große braune Flecken auf dem Körper, so dass der Unterschied zwischen Haut und Trikot verschwand. Um Taille und Hals trug Nijinski schmale Blattgirlanden. Auf eine Perücke aus Goldschnüren legte Bakst ein goldenes, eng anliegendes Gehörn. Die Ohren wurden mit Hilfe von Wachs verlängert. Insgesamt entstand der »Eindruck eines klugen Tieres ... das fast menschlich wirkte«.

Nijinski hatte sein Thema, das Erwachen der Sinne, bewusst nicht in die Gegenwart, sondern in die Vergangenheit gelegt. Wie so oft bei Grenzüberschreitungen am Theater spielte die Handlung an einem anderen Ort oder in einer anderen Zeit, und das Publikum von 1912 hatte bei dieser Aufführung einiges an Provokation zu verdauen. Der Faun schwankt zwischen Animalität und Sublimation. Unverhüllte Begierde hatte Nijinski zuvor nur an der Seite von Ida Rubinstein als Sklave in *Schéhérazade* zeigen dürfen. Diesmal ging er für den Geschmack des Publikums zu weit: Der Faun vereinigte sich auf offener Bühne mit dem zurückgelassenen Schleier der Nymphe.[7]

Die Uraufführung im Pariser Théâtre du Châtelet im Mai 1912 dauerte nur zwölf Minuten und endete nach der Schlussszene wie erwartet mit einem Skandal. Nichts zeigte die Verwirrung der Gefühle deutlicher als der Wunsch des Publikums nach einer Wiederholung, die auch stattfand. Gaston Calmette kritisierte im Figaro vom 30. Mai die »ungewöhnliche Exhibition, die man uns als eine angeblich tiefgründige, mit erlesener Kunst und harmonischer Lyrik parfümierte Aufführung vorgesetzt hat«; er erkannte in allem nur die Absage an das Ideal von Schönheit und Anmut, für ihn das Ziel jeder künstlerischen Anstrengung: »Wir sahen einen Faun, unkeusch, mit geilen Bewegungen erotischer Triebhaftigkeit und Gesten plumper Schamlosigkeit. Das ist alles. Und die verdienten Buhrufe galten der allzu deutlichen Pantomime dieses missgestalteten Tieres, hässlich von vorn und noch hässlicher im Profil. Diese animalischen Deutlichkeiten wird das wahre Publikum niemals hinnehmen.« Im letzten Punkt irrte Calmette. Das Publikum liebte sie. Wie jeder Versuch, moralischen Kategorien in der Kunst Geltung zu verschaffen, war auch dieser zum Scheitern verurteilt. Inmitten des Tumults hatte der Bildhauer Auguste Rodin durch Bravorufe auf sich aufmerksam gemacht. Tage später gingen seine Bemerkungen durch die Presse. Der zu jener Zeit angesehenste Künstler in Frankreich bemühte das griechische Schönheitsideal, um den »Elan«, mit dem sich der Faun »am Schluss niederwirft und leidenschaftlich den verlorenen Schleier küsst«, zu verteidigen. Der Kritiker schlug zurück. Er nannte Nijinskis Auftritt »morbide« und nahm den alternden Bildhauer, der selbst viel von einem Faun hatte, aufs Korn. Obszön war nach Calmettes Urteil nicht nur Nijinskis Auftritt, obszön war auch jenes nur allzu bekannte »Schauspiel, das Rodin täglich im alten Kloster Sacre Cœur Regimentern hysterischer weiblicher Bewunderer und selbstgefälliger Snobs« darbot.[8]

Dennoch konnte sich Nijinskis erste Choreographie international behaupten. War weibliches Verlangen tabuisiert, bedurfte männliches Begehren eines mythologischen Vorwands, um sich in ungewohnter Direktheit offenbaren zu dürfen. Nicht ohne Grund folgte Leidenschaft auf der Bühne und sogar im Film in der Besinnung auf ein anderes Land, eine vergangene Zeit, eine fremde Kultur oder der Übertragung auf mythische, exotische und historische Wesen dem Prinzip der Exterritorialität.

Im Februar 1913 hatte Nijinski im Londoner Covent Garden erstmals den Faun getanzt. Dort sah ihn die sechzehnjährige Internatsschülerin Wink. Sein Bild hatte sich ihr unauslöschlich eingeprägt – als Inbegriff von Männlichkeit. Damals waren Nijinski die Kostüme auf den Leib genäht worden. Léon Bakst hatte eigenhändig Trikot und Körper bemalt, eine Schneiderin für jede Vorstellung eine Kopie des stark beanspruchten Kostüms hergestellt.

Nicht für den Tanz, sondern für den Film suchte Rambova nach Intensität, nach etwas, das eher zu spüren als zu beschreiben war, auch wenn Nijinskis Frau Romola es in Worte zu fassen suchte. »Manchmal«, schrieb sie Jahre später in Erinnerung an seine Glanzzeit, »überkam mich ein seltsames Gefühl, wie es vielleicht die Frauen der Mythologie empfunden haben mögen, wenn sie von einem Gott geliebt wurden. Das beseligende, unbeschreibliche Gefühl, dass Vaslav mehr sei als ein Menschenwesen. Die Ekstase, die er in der Liebe wie im Leben erschaffen konnte, hatte reinigende Eigenschaft, und es gab in seinem Leben etwas Unberührbares, das ich nie erreichen konnte.«[9]

Worum es ging, zeigte sich in den Lebenserinnerungen von Patsy Ruth Miller, die in *Camille* eine kleine Nebenrolle übernommen hatte. Nicht lange danach sah sie mit einer Freundin Valentinos neuen Film an und konnte nicht glauben, dass es sich bei dem Scheich um denselben Mann handelte, dem sie täglich am Drehort begegnet war. »Wie in Trance saß ich da. Dieser wilde, beeindruckende Mann auf der Leinwand, der Agnes Ayres gefangen und bezaubert hatte, war eine mir völlig unbekannte Person«, schrieb sie später. »Immer noch atemlos verließen Cathy und ich das Kino. Auf dem Weg nach Hause beendete sie ein langes, nachdenkliches Schweigen. ›Meine Güte, Pat‹, sagte sie mit zitternder Stimme, ›wenn ich daran denke, dass du wirklich mit ihm zusammen im selben Film gespielt hast. Du hast mir nie erzählt, dass er so war – so, du weißt schon – so wie hier.‹ ›Er war nicht *so*‹, war alles, was ich sagen konnte.«

Doch einmal, »es war mein achtzehnter Geburtstag, verließ ich gerade das Haus von Madame [Alla Nazimova] mit einem Schal, den sie mir geschenkt hatte, und Rudy kam mir entgegen. Ich hielt ihm den Schal hin und sagte, ›Ist er nicht schön? Ein Geburtstagsgeschenk.‹ ›Ihr Geburtstag?‹, fragte er. ›Wenn das so ist …‹, und indem er seine Arme um mich legte, zog er mein Gesicht zu seinem und gab mir einen langen, wundervollen Kuss. Dann, er hielt mich immer noch fest, sagte er: ›Herzlichen Glückwunsch zum Geburtstag, Bambina, und hier ist noch einer – wie sagt man – zum Größerwerden.‹ Und er küsste mich wieder. Ja, ich denke, ich kann sagen, einmal habe ich es erlebt, da war er, ihr wisst schon, *so*.«[10]

Helen MacGregors Fotoserie war ein Versuch, diese Wirkung einzufangen. Natürlich konnten sich ihre Aufnahmen nicht mit den Fotografien von Adolph De Meyer messen, die während der Londoner Saison von 1913 entstanden waren und weite Verbreitung gefunden hatten. Nach Rambovas Überzeugung sah Valentino unbekleidet oder in exotischen Kostümen am besten aus. In Alltagskleidung verlor er in ihren Augen sein romantisches Flair. Vermutlich kannte Valentino weder die Aufnahmen von De Meyer noch von Karl Struss, dem Nijinski 1916 auf der ersten Amerika-Tournee des Russischen Balletts begegnet war. Damals, in New York, hatte Valentino noch unter den Nachwirkungen seines Auftritts im Scheidungsverfahren von Bianca De Saulles gelitten und Mühe, sich als Tänzer über Wasser zu halten. Eine Begegnung mit dem Tänzer ist deshalb unwahrscheinlich.

Die Presse war Nijinski durch die Vereinigten Staaten gefolgt. Man erwartete mit Spannung, wie er den »Nachmittag eines Fauns« hier beenden würde – in der originalen Pariser oder der weniger provokativen Londoner Version. Als das Ballett in Boston aufgeführt wurde, wies ein Kritiker auf die »fremdartige, beinahe statische Version heidnischer und urtümlicher, doch zugleich ultramoderner und ein bisschen lasterhafter Vorstellungskraft« hin. »Zu solchen weit reichenden und fein abgestuften Schwüngen der Phantasie, Bewegung, Illusion ist der grüblerische Nijinski imstande. Die Italiener haben ein Wort für die Qualität, die sie formt und würzt, während sie zu exotischer Schönheit erblühen. Sie heißt *morbidezza*.«

Während des Gastspiels in Los Angeles hatte Nijinski Hollywood besucht und Charles Chaplin mit dem Kompliment erfreut, seine Filme seien »balletique«. Auf Diaghilews Anregung hin tanzte Vaclav den Faun – diesmal nicht in einer öffentlichen Aufführung, sondern allein für den großen Komiker. Zum ersten Mal überhaupt sah Chaplin ein Ballett. Und war bezaubert von dem einen Tänzer, dessen Ruhm so jung erschien wie er selbst. Noch im Alter erinnerte er sich an Nijinskis Wirkung. »Er war hypnotisch wie ein Gott, seine Schwermut beschwor Stimmungen aus anderen Welten herauf und jeder Augenblick war Poesie, jeder Sprung ein Flug in eine fremde Sphäre.«[11]

Dass männliche Ausdrucksmittel ausgerechnet von einem Grenzgänger zwischen den Geschlechtern erweitert und bühnenfähig gemacht wurden, war kein Zufall. Nijinski vervollständigte sein Repertoire mit androgynen bzw. als »feminin« empfundenen Elementen und verblüffte die Amerikaner mit seiner Vorliebe für Seidenwäsche und Ringe. Nur wenige wussten damals: Mit dem »Faun« – Psychodrama und erste eigene Choreographie –

nahm Nijinski innerlich Abschied von Sergei Diaghilew. Nicht lange, und er würde diesen anmaßenden und tyrannischen Liebhaber verlassen und Romola Pulszky heiraten. Diesmal eilte die Kunst dem Leben voraus.

Ob Valentino 1916 Einblick in solche Zusammenhänge hatte, ist unklar. Er könnte Presseberichte über die Tournee des Russischen Balletts gelesen haben. Dass er jemals Fotografien des »Fauns« von De Meyer zu Gesicht bekam, ist unwahrscheinlich, denn seine Posen wirken ebenso laienhaft wie MacGregors Aufnahmen. Eigentlich war Valentino durchaus erfahren im Umgang mit Fotografen, hatte er sich doch schon bald nach seiner Ankunft in Los Angeles von Nelson Evans porträtieren lassen, zu dem alle Stars damals gingen. Außerdem ließ das Studio seit kurzem das Erscheinungsbild seiner Stars in der Öffentlichkeit von professionellen Fotografen gestalten. Als erste Firma hatte die Paramount eine Fotogalerie ihrer Darsteller eingerichtet und dafür den Kameramann Donald Biddle Keyes engagiert. Die Studios lebten vom Starkult. Schlechte Aufnahmen galten als geschäftsschädigend. Zu den ersten für die Galerie ausgewählten Schauspielern gehörte Valentino in der Rolle des Scheichs Ahmed Ben Hassan.

Für solche Aufnahmen konnte man zwischen zwei Blickführungen wählen: nach innen oder nach außen gerichtet *(inward gazing* oder *outward-looking).* Bei »Unsterblichen« wie Valentino und Greta Garbo neigten die Fotografen zum ersten Typus. Donald Biddle Keyes entschied sich für ein Halbfigurenporträt. Auffallend ist die sorgfältige Platzierung und Beleuchtung. Er zeigt Valentino mit einem träumerisch in die Ferne gerichteten, nur für seine Innenwelt geöffneten Blick.[12]

Dagegen lebten Helen MacGregors Fotografien von der Improvisation. Wenig kunstvoll, ließen sie neben Valentinos Bereitschaft, jene Gestalt anzunehmen, die von Nijinski zu einem sexuellen Symbol geformt worden war, auch sein Problem erkennen: Er hatte das Wesen des Fauns nicht verstanden. Rambova gab aber so schnell nicht auf. Sie wollte ihn in einer Rolle sehen, die *ihrem* Bild von erotischer Männlichkeit entsprach. Anders als Romola Nijinski unterschied sie allerdings zwischen Darsteller und Privatperson. Mensch und Idol verschmolzen nie zu jener Einheit, die Romola in Vaclavs Gegenwart immer dann empfand, wenn sich die Grenze zwischen Kunst und Wirklichkeit auflöste und ihr Leben die Farben des Traums annahm.

Rambova wollte keiner Illusion erliegen, sondern Illusionen erzeugen. Mit Valentino. Er hatte das Potential, so schien es, mit seinem Erscheinungsbild und seiner Suggestibilität ein entscheidender Faktor ihres künst-

103

lerischen Gestaltungswillens zu werden – trotz des misslungenen Versuchs mit dem Faun. Die Allianz zwischen seinem Körper und ihrem Verstand würde einen neuen Männertypus etablieren. Beide kannten die Gefahren des Studiosystems, beide liebten das Risiko und hielten Ausschau nach verfilmbaren Geschichten und Rollen mit Substanz. In Abel Gance, in Alla Nazimova und June Mathis hatten sie Gleichgesinnte, sogar Verbündete gefunden.

Über all dem hätte Rambova fast ihre Eltern vergessen. Sie waren eben aus Frankreich zurückgekehrt und reisten von New York aus nach Los Angeles, um ihren künftigen Schwiegersohn persönlich kennen zu lernen. Valentino war mit Dreharbeiten beschäftigt; deshalb holte Rambova das Paar allein vom Bahnhof ab und rumpelte mit ihrem alten Buick zum Sunset Boulevard, um schließlich, wie Winifred Hudnut glaubte, vor einer Garage zu halten. Die Garage entpuppte sich als Haus. Ein für den Besuch engagiertes Dienstmädchen öffnete. Nach den begeisterten Schilderungen ihrer Tochter hatte Winifred einen Palast erwartet. Nun zwängte sie sich lächelnd in das winzige, mit einem gemalten Teppich versehene Wohnzimmer und musterte die zu Regalen geordneten Holzkisten, die rot lackierten Möbel und die Vase mit gläsernen Blumen, wie man sie von italienischen Friedhöfen kannte, mit ebenso höflichem Erstaunen wie einen schwarz tapezierten, an Grabkapellen erinnernden Raum, der sich als Schlafzimmer herausstellte. Das Bad konnte nicht benutzt werden; dort hauste die junge Löwin Zela. Sie waren gerade dabei, zwei junge Hunde zu begrüßen (ein Verlobungsgeschenk von Rodolfo), als er selbst erschien. Winifred vergaß diese erste Begegnung nie. »Ich sah einen schlanken, jungenhaften, athletisch wirkenden Adonis mit dunklen, vor Abenteuerlust sprühenden Augen und einem offenen und ehrlichen Lächeln, das mein Herz vollständig eroberte. Weil er gerade vom Drehort kam, entschuldigte er sich für seine unpassende Kleidung. Nach italienischer Sitte umarmte Rudy uns beide, Herrn Hudnut und mich, und küsste uns temperamentvoll auf beide Wangen. Es war ganz unmöglich, dieses impulsive und naive Kind nicht zu lieben. Jetzt wurde der Küchentisch hereingetragen und wir alle setzten uns, um ein köstliches kleines Mahl einzunehmen. Herr Hudnut und ich verließen unsere schwer arbeitenden Kinder nach dem Versprechen Rudys, uns in San Francisco sofort nach Beendigung der Dreharbeiten zu besuchen. Einige Wochen später war er für vierzehn Tage bei uns. Damals lernten wir ihn lieben und begannen, ihn als einen von uns anzusehen.«[13]

Valentino erzählte von seinen Eltern und Geschwistern. Seiner Kindheit in Apulien. Die Atempause war kurz. Am 23. November 1921 begannen die Scheidungsverhandlungen.

SCHEIDUNG AUF AMERIKANISCH

In Hollywood war es kein Geheimnis, dass Acker von Nazimova protegiert worden war. Der russische Star hatte sie im September 1919 in New York als Jeanna Mandoza kennen gelernt, nach Los Angeles eingeladen, im Hollywood Hotel untergebracht und ihr einen mit 200 Dollar dotierten Vertrag bei der Metro verschafft. Wie alle ehrgeizigen Neulinge änderte Jeanna ihren Namen und posierte als Jean Acker zunächst für eine Serie von Badefotos. Nazimova hatte nicht viel Freude an der Affäre mit ihrem von Stimmungsschwankungen heimgesuchten Schützling. Als Jean schließlich ohne Vorwarnung heiratete und ihren Mann der Nazimova als »professional lounge lizard« – eine unsanfte Umschreibung für Gigolo – beschrieb, war das nach anderen unliebsamen Vorfällen Auslöser für den endgültigen Bruch. »Vielleicht haben Sie schon von Jean Ackers Hochzeit gehört?«, schrieb Nazimova einer Freundin. »Sie hat damit auf all die anderen Gemeinheiten seit unserer Ankunft jetzt noch eine draufgesetzt. Sie erinnern sich, dass ich ihr versprach, mit ihr zu brechen, wenn sie sich nicht benähme?«[1]

In dem Jahr nach der Heirat war Jean Ackers Karriere zu einem Stillstand gekommen. Sie begann darüber nachzudenken, auf welche Art sich das öffentliche Interesse ankurbeln lassen konnte. Schon in früheren Interviews über ihr Leben von 1912 und 1914 hatte sie die Journalisten mit einer wilden Mischung aus Fakten und Erfindungen versorgt.

Im Sommer 1919, nur wenige Wochen vor der Hochzeit, waren Kritiken über ihren neuesten Film, *Checkers*, erschienen, in dem sie nach wochenlangem Training im Central Park den Part einer kühnen Reiterin übernommen hatte. Danach blieben Filmangebote aus. Sie fühlte sich verloren, orientierungslos und verstand immer weniger, warum sie aus einer Laune heraus einen am Rande des Existenzminimums lebenden Italiener geheiratet hatte, den sie nur flüchtig kannte. Aus der Tatsache, dass sie Grace Darmond eine Lektion erteilen wollte, waren unendliche Misshelligkeiten entstanden. Man drang in sie, wollte Rechenschaft, verlangte nach Klarheit. Warum hatte sie überhaupt geheiratet? Warum ihren Mann unmittelbar vor der Hochzeitsnacht verlassen? Was immer sie behauptete oder verschwieg – jetzt waren andere betroffen: außer Rodolfo selbst auch Grace Darmond und ihre Mutter, Ackers einstige Geliebte Nazimova – Zeuginnen ihrer Verzweiflung und Unfähigkeit, die Wahrheit zu bekennen. Außerdem brauchte sie Geld. Was lag näher, als ihren Ehemann auf Unterhalt zu verklagen?

Beide standen nicht zum ersten Mal vor Gericht. Valentino fühlte sich unliebsam an den Mordprozess De Saulles erinnert, und Jean hatte 1913 einen Motorradfahrer auf Schadenersatz verklagt, der in ihr Auto gerast war mit der Folge, dass sie wochenlang mit Dreharbeiten hatte pausieren müssen.

Bereits im Juni 1921 stimmte Jean Acker die Presse auf *ihre* Version des Scheidungsgrunds ein. Sie stellte sich als verlassene Frau, Valentino als Aufsteiger dar, der sie nach dem Erfolg der *Four Horsemen of the Apocalypse* habe loswerden wollen. Der Wahrheit kam man erst am 23. November 1921, dem ersten Verhandlungstag, näher. Jean schilderte eine Szene, die sich nach ihrer Erinnerung Anfang Januar im Apartment der Freundin abgespielt hatte. Von einem anstrengenden Drehtermin in Long Pine zurückgekehrt, habe sie ein Bad genommen, als ihr Ehemann in die Wohnung gestürmt sei, an die Badezimmertür gehämmert und gedroht habe, sie einzuschlagen, wenn sie ihn nicht anhören wolle. Durch ihr lautes Weinen sei er aber zur Besinnung gekommen und habe um Verzeihung gebeten. Sie habe sich angekleidet und im Foyer des Hauses mit ihm gesprochen. Dort habe er ihr eröffnet, er wolle nicht länger mit ihr verheiratet sein. Es sei ihm recht, wenn sie die Scheidung einreiche. Der Hinweis auf ihre Krankheit habe ihn kalt gelassen. Freunde könnten sie bleiben, nicht aber Mann und Frau. Niemand dürfe seine Zukunft zerstören.

Nach einer Pause, die die erschöpft und irritiert wirkende Acker benötigte, um sich zu fassen, fuhr sie mit ihrem Bericht fort. Sie sei zu Valentino gegangen (es war wohl das erste und einzige freiwillige Treffen mit ihrem Ehemann) und habe Geld verlangt. Da Valentino nur bereit gewesen sei, ihr etwas zu leihen, habe sie kurzerhand die Scheidung beantragt und ihn auf Unterhaltszahlungen von 300 Dollar monatlich verklagt. Ihr eigenes Einkommen während der Dreharbeiten gab sie mit 150 bis 200 Dollar pro Woche an. Schon auf dem Weg ins Gericht und erst recht während der Befragung wirkte Valentino außerordentlich nervös. Dass sein Anwalt W. I. Gilbert die Klägerin ins Kreuzverhör nehmen musste und Jean Gelegenheit hatte, Details ihrer verqueren Beziehung zu enthüllen, trieb ihm die Schamröte ins Gesicht.

Am zweiten Verhandlungstag traten Grace Darmond und ihre Mutter in den Zeugenstand. Beide bestätigten Jean Ackers Darstellung. Der Anwalt ermutigte seine Mandantin, etwas über ihre Einstellung zur Ehe zu sagen. Sie behauptete, aus Liebe und nicht des Geldes wegen geheiratet zu haben. Gründe für ihr Verschwinden nach der Trauung konnte sie nicht nennen. Auf hartnäckiges Nachfragen hin bekannte sie, sie habe gefürchtet, mit Valentino im Hollywood Hotel gesehen zu werden, da er nicht nur unbekannt, sondern auch mittellos gewesen sei. Sie sei nicht für seinen Unterhalt aufgekommen, habe ihn aber mit Geld, Unterwäsche und Kleidung versorgt. Valentino protestierte. Wann hätte die Übergabe solcher Dinge denn stattfinden sollen?

Ermüdet vom Redeschwall der Klägerin, die sich mehr und mehr in Widersprüche verwickelte, fragte Gilbert, warum sie seinem Mandanten nicht erlaubt habe, sie am Drehort zu besuchen (wohin Darmond sie begleitet hatte). Das Publikum amüsierte sich köstlich, als Acker ihre Angst vor Valentinos Kommen mit einem ungeschriebenen Gesetz der Filmindustrie begründete, nach dem Besuche von Ehepartnern am Set nicht erwünscht seien. Da ungeschriebene Gesetze sich der Anwendung vor Gericht für gewöhnlich entziehen, blieb Richter Toland nur die Frage, womit sie ihren Mann konkret unterstützt habe. Nach der Antwort, er habe zu viel von ihrem teuren Parfum benutzt, brach Toland die Verhandlung ab.[2]

Am dritten Tag rief Jean Ackers Anwalt zwei Zeugen auf: Maxwell Karger von der Metro und seine Ehefrau. Anna Karger bestätigte, dass Jean sechs Stunden nach der Trauung in ihr Haus gekommen sei, sich schluchzend aufs Bett geworfen und ihr anvertraut habe, die Heirat sei ein Fehler gewesen. Im Saal machte sich Unruhe breit.

Schließlich wurde Valentino selbst in den Zeugenstand gerufen. Ohne ein nervöses Räuspern unterdrücken zu können, beschrieb er die Vorfälle aus seiner Sicht. Da Jean Acker ihn freiwillig geheiratet hatte, habe er ihr Verhalten nicht verstanden und um eine Erklärung gebeten. Jean habe ihn daraufhin beschuldigt, sie nur geheiratet zu haben, um seine Karriere zu beschleunigen, und sich bei Anrufen verleugnen lassen. Bald seien Antworten auf seine Briefe und Telegramme ganz ausgeblieben oder so vage ausgefallen, dass er sich keinen Reim darauf habe machen können. Gilbert untermauerte die Aussage seines Mandanten, indem er aus einem Brief zitierte, den dieser seiner Frau siebzehn Tage nach der Trauung, am 22. November 1919, geschrieben hatte.

»Meine liebe Jean, ich bin zutiefst ratlos über dein Verhalten mir gegenüber, denn es gelingt weder telefonisch noch bei einem Treffen mit dir, eine vernünftige Erklärung dafür zu bekommen. Weil ich dir meine Gegenwart nicht gut aufdrängen kann, weder im Hotel noch bei Grace, wo du dich die meiste Zeit aufhältst, gebe ich lieber auf. Ich bin jederzeit bereit, dir ein Heim und alle Annehmlichkeiten zu verschaffen, die meine bescheidenen Mittel und Möglichkeiten erlauben, und dich zu umsorgen mit der Liebe, die ein Ehemann für seine kleine Frau empfindet. Ich bitte dich, liebe Jean, komm zu dir und gib mir die Gelegenheit, dir meine tiefe Liebe und nie endende Verehrung zu beweisen.

Dein dich unglücklich liebender Ehemann.

Rodolpho.«[3]

Der Tatsache, dass Acker sich unmittelbar nach der Hochzeit wieder mit ihrer Freundin ausgesöhnt hatte, schenkte das Gericht ebenso wenig Aufmerksamkeit wie Grace Darmonds Anwesenheit in Long Pine. Valentino gestand, Jean geschlagen zu haben, nachdem er unablässig genarrt und aufs Äußerste provoziert worden sei.

Dann wurde ein befreundeter Kollege, Douglas Gerrard, befragt. Er war Zeuge gewesen, als sich das Ehepaar einen Monat nach der Trauung durch Zufall begegnet war. Valentino habe geglaubt, Acker wolle zu ihm zurückkehren, und Acker wiederum habe nichts gesagt oder getan, was diese Annahme entkräftete. Doch am nächsten Morgen musste Valentino dem Freund gestehen, dass seine Frau ihn erneut verlassen hatte. Gerrard beschrieb das Wechselbad von Wut, blankem Unverständnis und Verzweiflung, dem Valentino ausgesetzt war, weil er sich Jeans Verhalten nicht erklären konnte. Den Mut, ihn über die Gründe aufzuklären, brachte keiner seiner Freunde auf. Dann wurde ein Telegramm verlesen, in dem Acker Gerrard bat, ihren Mann um jeden Preis vom Drehort fernzuhalten. Gerrard hatte damals nicht das Herz gehabt, Valentino die Nachricht zu überbringen, und gab sie erst im Prozess zu Protokoll.

Jetzt fand Ackers Anwalt es an der Zeit, einen Trumpf auszuspielen, den er sich eigentlich für das Ende der ersten Verhandlungsrunde aufgespart hatte, und zog eine Fotografie hervor, auf der Valentino – als Faun hergerichtet – zu Füßen einer verzückten Rambova saß. Valentino protestierte. Die Fotografie sei während der Vorbereitungen für einen Film mit dem Titel *Der Faun in der Geschichte* entstanden und von rein beruflicher Bedeutung. Der Anwalt ließ den Einwand nicht gelten und wies die Geschworenen darauf hin, wie Valentino, ein Ehemann, seine Mußestunden verbringe: halb nackt, zu Füßen einer Frau, mit der er nicht verheiratet war. Das Beweismittel wurde so lange zurückgestellt, bis die Unterhaltsfrage zur Sprache kommen würde.[4]

Valentino war jetzt so aufgebracht, dass er die Mahnungen seines Anwalts unbeachtet ließ. Er wollte sich nicht länger aus taktischen Gründen den Mund verbieten lassen, seine Liebe verleugnen und betonte, dass er schon lange mit Rambova befreundet sei. Sie betreue nicht nur seine Fanpost, sondern berate ihn auch in allen künstlerischen Fragen. Dies bekräftigte er unter Eid.

Noch war er sich der Gefahr dieser Aussage nicht bewusst. Unwesentlich für den Prozess selbst, bestätigte er seine künftigen Vertragspartner im Verdacht, sie würden es in Zukunft nicht mit dem Schauspieler allein, sondern auch mit einer Designerin zu tun haben, die aus Produzentensicht schon deshalb suspekt war, weil sie den Film als künstlerisches Medium betrachtete. Das mutige Bekenntnis entwertete Valentino in den Augen der Tycoone. So wie Ackers Flucht in der Hochzeitsnacht Valentinos Männlichkeit ernsthaften Zweifeln aussetzte, so kritisch betrachtete man jetzt Rambovas Einfluss. In einer Pause beauftragte der Richter zwei Ärzte, Ackers Gesundheitszustand bzw. ihre Erwerbsfähigkeit einzuschätzen. Die Verhandlung wurde auf den 16. Dezember vertagt.

Um die gleiche Zeit begannen die Dreharbeiten für *Beyond the Rocks*. Als Partner von Gloria Swanson, die den ersten Rang unter Hollywoods Schauspielerinnen einnahm, verdiente Valentino jetzt 1250 Dollar pro Woche, was die Unterhaltsansprüche seiner Frau wachsen ließ. Beim nächsten Gerichtstermin gab Jean Acker zu, dass die Ehe nie vollzogen worden war. Diesmal blieb ihr Auftritt von stillem, aber unübersehbarem, wenn auch nicht näher bestimmbarem Leiden geprägt, was auch die vor aller Augen eingenommenen Medikamente nicht zu lindern vermochten. Die Ärzte attestierten nervöse Erschöpfung und hielten eine zwölfmonatige Erholungszeit für angebracht. Das Urteil wurde für den 10. Januar 1922 erwartet. Valentinos Anwalt hörte zufällig, wie der Richter seine Behörde als Paradies für unterhaltssüchtige Damen (»Alimony Alley«) bezeichnete. Jean Ackers Schmierenkomödie hatte niemanden täuschen können – und die Presse griff jede noch so absurde Äußerung auf.

Unterdessen hatte Rambova ihren Bungalow verlassen und ein renovierungsbedürftiges Haus im Norden von Hollywood, 6770 Wedgwood Place, bezogen. Das gemeinsame Geld reichte gerade für eine Anzahlung, deshalb musste Valentino seinen Anwalt vertrösten, versprach aber, so bald wie möglich mit Ratenzahlungen zu beginnen. Seine wenigen Habseligkeiten stellte er bei Paul Ivano unter, der ihn bis zu der im Frühjahr geplanten Hochzeit aufnahm.

Zwei Tage vor Heiligabend zog Valentino heimlich in Rambovas Haus, wo es weder Wasser noch Gas noch Stühle gab. Hier schmückten sie ihren ersten Weihnachtsbaum und bereiteten das Festessen auf einem elektrischen Kocher zu. Dann bat er sie, im ersten Stock auf ihn zu warten, und verließ kurz das Gebäude. Als sie ihn zurückkehren hörte, öffnete sie die Tür und fragte, ob sie jetzt kommen solle. Niemand antwortete. Da hörte sie ein heiseres Bellen und lief nach unten. Vor dem Kamin hing ein Strumpf, aus dem zwei winzige Pfoten und der Kopf eines Welpen ragte. Valentino stand daneben und wartete auf ihre Reaktion. Rambova freute sich, vor allem deshalb, weil sie die inzwischen halbwüchsige Löwin Zela einem Tierpfleger aus den Studios überlassen musste. Das Hündchen ersetzte den Verlust. Es war das glücklichste Weihnachtsfest ihres Lebens.[5]

Im Januar 1922 wurde das Urteil verkündet. Richter Toland berief sich auf Ackers Aussage. Demnach war die Ehe nie vollzogen worden, und das Paar hatte getrennt gelebt. Dann verkündete Toland im Sinne Valentinos die Scheidung, da in diesem Fall nicht der Mann die Frau, sondern die Frau den Mann verlassen habe. Die Anwaltskosten müsse Jean Acker übernehmen. Die Frage von Ausgleichs- oder Unterhaltszahlungen bliebe bis zu ihrer Genesung offen.

Valentinos Erleichterung war unübersehbar. Acker zeigte sich der Presse gegenüber enttäuscht. Dass der Latin Lover unwissentlich eine Lesbierin geheiratet hatte und um der scheuen Grace Darmond willen verlassen worden war, kam offiziell zwar nirgends zur Sprache, aber hinter verschlossenen Türen lachte ganz Hollywood über ihn.

Eine Zukunft schien es weder für Acker noch für Darmond, ihre in Toronto geborene und nach dem Tod des Vaters (er war Orchestermusiker) mit der Mutter nach Chicago gekommene Freundin, zu geben, die erst in der Selig Company, kleineren Studios wie Pathé und Vitagraph, schließlich bei der Paramount arbeitete. Grace Darmond stand Modell für eine Statue des »American Girl of 1920«, machte sich aber wenig Illusionen über den Stellenwert dieser »Ehre«. Das Filmgeschäft erschien ihr banal. Enttäuschend. Zwei im Februar 1922 veröffentlichte Kritiken für *I Can Explain* und *The Song Of Life* (in denen sie die Hauptrolle übernommen hatte) fielen nicht gerade enthusiastisch aus. Trotzdem wurde sie von der Presse verfolgt. Journalistinnen zeigten sich beeindruckt von ihrer Schönheit, ihrem bescheidenen Auftreten, ihrem Charme und einer Reserviertheit, die sie ungeeignet für das Filmgeschäft erscheinen ließ. »Sie ist ein scheues Reh«, hieß es in einem Artikel, »aber ich hoffe, man gestattet ihr nicht, sich mit ihrem Talent hinter einem Schleier aus Schüchternheit zu verstecken.« Anders als der von ihr verehrten Mary Pickford gelang es Darmond nicht, genug Geld für den kleinen Haushalt und Jean Acker zu verdienen, und sie fühlte sich in Hollywood, wohin sich auffällig viele Vaterlose und Entwurzelte ohne Bildung, ohne Aufstiegschancen flüchteten, fehl am Platze. Sie hatte Angst vor der Zukunft, vor der Undurchschaubarkeit der Verhältnisse, die auch Valentino am Anfang seines Amerika-Aufenthalts Alpträume beschert hatten. Vielleicht sah Jean deshalb in Unterhaltszahlungen die einzige Möglichkeit, sich, ihre Geliebte und deren Mutter über Durststrecken hinwegzuretten. *On the lavender side.*[6]

Unterdessen gab es für Valentino gleich zwei gute Nachrichten. Er feierte gerade mit Freunden die Scheidung, als Jesse Lasky ihn zu sich rief. Die Paramount plante, Vicente Blasco Ibáñez' Roman »Sangre y arena« zu verfilmen, und Valentino war für die Rolle des Toreros vorgesehen. Er weinte fast vor Freude, obwohl er mit südländischem Realitätssinn sofort nach den Arbeitsbedingungen, konkret: dem Regisseur, fragte. Lasky winkte ab; für Details sei es noch zu früh. Stattdessen riet er ihm, negative Publicity zu vermeiden und Jean Acker mit einem befriedigenden Arrangement ruhig zu stellen, auch wenn er – juristisch betrachtet – zu nichts verpflichtet sei. Valentino versprach es.

Zum Glück hatten sich die parallel zum Prozess laufenden Dreharbeiten für *Beyond the Rocks* als ausgesprochen angenehm erwiesen. Das lag vor allem an Gloria Swanson. Sie kannte Valentino von gemeinsamen Ausritten im Griffith Park. Anfangs schätzte sie seine Begleitung und fand Gefallen an seinem charmanten Akzent; tieferes Vertrauen fasste sie erst, als er Mitgefühl für Clara Kimball Young bekundete, seine Partnerin in *Eyes of Youth*, die nach der Gründung einer Produktionsfirma gerade von ihrem Manager und Geliebten in den Ruin getrieben worden war.

Auf der Suche nach einem Partner für Gloria Swanson hatte Jesse Lasky die Schriftstellerin Elinor Glyn konsultiert, von der die Romanvorlage stammte. Sie schlug Valentino vor. Swanson verbarg ihre Begeisterung über diesen Vorschlag. Um bessere finanzielle Bedingungen auszuhandeln, gab sie sich skeptisch und erinnerte Lasky an das vertraglich garantierte Recht, ihren Rang nicht durch einen zweiten Star zu gefährden, war allerdings bereit einzulenken, wenn das Studio ihr im Frühling eine Europareise finanzieren würde. Zähneknirschend gab Lasky nach, und Swanson feierte den Sieg über die Paramount im kleinsten Kreis: mit ihrem Liebhaber – und Valentino. Er war eingeweiht und bewunderte Gloria, weil es ihr immer wieder gelang, arrogante und machtbesessene Studiobosse in die Knie zu zwingen. Sie kannte das Spiel, während er es immer noch nicht zu spielen verstand.

Lasky wollte weder seinen Star noch Elinor Glyn vor den Kopf stoßen. Er selbst hatte die Engländerin nach Hollywood geholt. Eigentlich wollte er nur Samuel Goldwyn nachahmen. Als Chef eines konkurrierenden Studios fand Goldwyn, es sei an der Zeit, etwas für das Prestige des nicht gerade in hohem Ansehen stehenden Films zu tun und sich um die Mitarbeit angesehener Autoren zu bemühen. Bald suchte man auch bei der Paramount nach europäischen, der Einfachheit halber englischsprachigen Romanciers oder Dramatikern. Unter denen, die sich auf das mit beachtlichen Honoraren vergoldete Abenteuer einlassen wollten, befand sich neben Somerset Maugham, Gertrude Atherton, Gilbert Parker, Maurice Maeterlinck, Rupert Hughes, Edward Knoblock und Leonore Coffee auch Elinor Glyn.[7]

Die Bestseller-Autorin galt als Frau mit Vergangenheit. Nach einsamen Kinderjahren, die sie lediglich auf ein müßiges, in der Aristokratie verankertes Leben vorbereitet hatten, heiratete sie den vermögenden, im Laufe der Jahre mehr und mehr verschuldeten Clayton Glyn. Er verschaffte ihr den ersehnten gesellschaftlichen Rahmen und jenen Einblick in die englische und französische Oberklasse, der ihren Romanen Wirklichkeitsnähe geben sollte; sie wiederum vergalt es ihm mit Loyalität bis zu seinem traurigen Ende.

Für eine Romantikerin war Elinor Glyn äußerst praktisch veranlagt. Nachdem ihre Ehe sich als Fehlschlag erwiesen hatte, begann sie inmitten einer akuten Krise zu schreiben. Da sie abseits von intellektuellen und literarischen Zirkeln gelebt hatte, war es ihr Mann, der das Manuskript in einem Londoner Verlag unterbrachte. Nach Claytons Bankrott, der ihn als hilflosen, ganz auf seine Frau angewiesenen Greis zurückließ, entschied sich Elinor mit dem Mut der Verzweiflung für die Schriftstellerei als Beruf und finanzierte mit ihren bei Duckworth verlegten, nun in rascher Folge und hohen Auflagen erscheinenden Büchern nicht nur einen aufwändigen Lebensstil, sondern auch die Ausbildung ihrer Töchter.[8]

Elinors einzige Schwester Lucy war Modeschöpferin und ebenfalls gezwungen, das Beste aus einer Kindheit zu machen, die sie zwar nur mit lückenhaften Kenntnissen der Orthographie, dafür aber mit einem zähen Aufstiegswillen versehen hatte. Von Damen der Gesellschaft und Schauspielerinnen bevorzugt, liebte Lucy einen teils mädchenhaft verspielten, teils edwardianisch üppigen, in edlen Materialien und Pastelltönen schwelgenden Stil und entwickelte sich wie Elinor rasch von einer Amateurin zur Geschäftsfrau. Lucy, die spätere Lady Duff-Gordon, verdankte ihren Erfolg auch der Tatsache, dass sie die Mannequins nicht steif herumstehen, sondern die Kleider in anmutigen Bewegungen vorführen ließ. Da sie nur junge, ausgesucht schöne Frauen engagierte, um ihren Kollektionen Glanz zu verleihen, dauerte es nie lange, bis sie von Florenz Ziegfeld für seine Follies abgeworben wurden.[9]

»Lucile«, wie sie sich als Couturière nannte, war Teil eines Netzwerkes von Designerinnen und Ausstatterinnen: Elsie de Wolfe, in deren Villa Trianon sie als Heranwachsende zu Gast gewesen war, gehörte ebenso dazu wie Syrie Maugham mit ihren Kundinnen, denen es zwar an Geschmack, nicht aber an Dollars mangelte, um ihre Häuser standesgemäß ausstatten zu lassen – eine Leidenschaft, der schließlich auch die Schwestern Elinor und Lucy verfielen.

Hilfreich waren Kontakte zu Theater und Showbusiness – oft vermittelt durch Bessie Marbury, der Theateragentin und Lebensgefährtin von Elsie de Wolfe. Für Reisen und gesellschaftliche Auftritte kleidete Elinor sich bei »Lucile« ein. Die von Lucy favorisierten Stoffe, Spitzen, Schleier und raffinierten Schnitte schmeichelten auch reifen Figuren. Allen romantischen Anwandlungen und Sehnsüchten zum Trotz zeichneten sich die Schwestern durch Disziplin, Phantasie und Geschäftstüchtigkeit aus. Wie so viele am Broadway, aus den Ziegfeld Follies oder beim Film hatten beide nicht nur die Kreativität der Unschuld, sondern auch Gespür für den neuesten Trend.

Anders als Lucy fühlte sich Elinor weniger den Neureichen oder dem *Smart Set* verbunden und hielt lieber Kontakt zu Mitgliedern der eigenen Klasse, ohne sich deshalb neuen Erfahrungen ganz zu verschließen. Als Geliebte des arroganten, ambitionierten und maßlos überschätzten Politikers Curzon, der sich als Vizekönig von Indien einen Namen gemacht hatte, entwickelte sie eine Philosophie weiblichen Überlebens, die in Hollywood Früchte tragen sollte. Der konservative George Nathaniel, seit 1921 Marquess Curzon of Kedlestone, bestand auf strikter Geheimhaltung ihrer Affäre; er allein entschied, bei welchen Anlässen Glyn zugegen sein durfte. Nach dem Erscheinen ihres Romans »Three Weeks« (1907), der die Verführung eines jungen Mannes durch eine reife Frau schilderte, war ihre Anwesenheit bei offiziellen Empfängen gänzlich unerwünscht, denn man glaubte, dass dem Roman eigene Erfahrungen zu Grunde lagen. Als verheiratete Frau von einundvierzig Jahren hatte Elinor sich in Lord Alastair Innes Ker, einen attraktiven Offizier, verliebt. Er durfte sie und ihre Familie längere Zeit auf Reisen begleiten, bis Clayton Glyn Einspruch erhob und die Kinder nach der Abreise des jungen Mannes bat, besonders rücksichtsvoll mit ihrer Mutter umzugehen.[10]

Eine erste, nach Kers Bild modellierte Figur fand sich als Lord Bracondale in »Beyond the Rocks« (1906); im darauffolgenden Roman »Three Weeks« (1907) bekannte die Autorin: »Ich offenbarte hier das Innerste meines ganzen romantischen, stolzen, leidenschaftlichen Wesens, während mein wirkliches Leben ständig hinter die Schranken von Sitte und Tradition gezwungen wurde und sich hinter einer eisernen Maske aus Selbstachtung und Selbstkontrolle verbarg, die mir, vielleicht zum Glück, meine Großmutter in Kanada einst vor vielen Jahren aufgesetzt hatte.« Der junge, einer reiferen Frau verfallene Paul des Romans musste Unmut provozieren in Kreisen, wo ältere und alte Männer ohne Skrupel Frauen der Töchter- oder sogar Enkelinnengeneration heirateten. Da Elinor Glyn nicht nur mit der Fiktion ewig währender Gattenliebe brach, sondern anzudeuten wagte, dass es neben der Verführungskraft von Geld und Sicherheit noch andere Attraktionen gab, fühlte sich der Rektor von Eaton aufgerufen, den Roman aus der Reichweite seiner männlichen Zöglinge zu verbannen.

Die Autorin galt als anrüchig, weil man Rückschlüsse auf ihr Leben zog. Dieser Ruf bestand zu Unrecht, denn die Niederschrift entsprang ja gerade einem Verzicht. Der Satz »Küsse, aber sprich nicht darüber« verkehrte sich bei ihr zum »Sprich darüber, auch wenn du nicht geküsst hast«. Obwohl sich kaum jemand zur Lektüre von »Three Weeks« bekannte, war das Buch sofort vergriffen und wurde nach England auch in Amerika, Skandinavien und Spanien ein Bestseller.[11]

Das war einer Agentin der Paramount aufgefallen, denn im Sommer 1920 hielt jedes größere Studio nicht nur in den USA, sondern auch in Europa Ausschau nach gängigen Stoffen. Als man Elinor Glyn nach Hollywood einlud, war sie nicht nur eine bekannte Schriftstellerin, sondern hatte sich auch als Journalistin und Kriegsberichterstatterin einen Namen gemacht. Sie stand für etwas, das im Filmgeschäft Mangelware war und um einen hohen Preis herbeigeholt werden musste: handwerkliche Solidität und Erfahrung.

Gründe, London zu verlassen, gab es genug. Die Stadt war zum Schauplatz ihrer Demütigung geworden. Die sechsundfünfzigjährige, inzwischen verwitwete Autorin erfuhr es nicht von ihrem Geliebten, sondern aus der Times, dass Lord Curzon eine Amerikanerin heiraten und sich mit deren

114

Vermögen sanieren würde. Eiserne Selbstbeherrschung und ihre Neigung zu verjüngender Einsamkeit ließen Elinor Glyn die ersten Tage nach dieser Nachricht überstehen. Plötzlich erschien das Angebot aus Amerika in einem neuen, verlockenden Licht.

Da ihre Schwester neben dem Londoner Modehaus inzwischen auch Filialen in Paris und New York eröffnet hatte, wo sie ein elegantes Haus in der 36. Straße West bewohnte und die New Yorkerinnen mit immer wieder neuen Kollektionen bezauberte, schien der Boden auch für Elinor bereitet. Noch war ein Newcomer namens Paul Poiret, der sich als Modeschöpfer bald einen Namen machen sollte, keine Gefahr für »Lucile«, und selbst ein renommierter Künstler wie Léon Bakst, dessen Bühnenbildern und Kostümen das Russische Ballett einen erheblichen Teil seiner Wirkung verdankte, suchte die Gesellschaft von Lady Duff-Gordon; es machte ihm Spaß, in ihrem Atelier aufzutauchen und mit kostbaren, oft exotischen Materialien zu experimentieren. Zu »Luciles« besten Kundinnen gehörten nicht nur Sarah Bernhardt oder Isadora Duncan, sondern auch Stars wie Irene Castle, Norma Talmadge, Mary Pickford oder die mit Florenz Ziegfeld verheiratete Schauspielerin Billie Burke. Während sie ein Mannequin nach dem anderen an die Follies verlor, entwarf Lucy bis 1920 Kostüme für Ziegfelds jährlich neu aufgelegte Revuen.

Doch die Zeiten änderten sich. Während Lucy über Verdienstmöglichkeiten in der Massenkonfektion nachdachte, wurde sie durch einen neuen Frauentyp verunsichert. Der Flapper war es, der mit Bubikopf und charmanter Dreistigkeit Abschied von jener Würde nahm, deren Stützen finanzkräftige Ehemänner, das Korsett, ein Gewusel von Schleiern, Spitzen und künstlichen Blumen gewesen waren – Ballast nicht nur auf dem Weg ins Berufsleben, sondern auch durch Tangobars, elegante Hotels und Cafés. Die im Nachklang zur Belle Epoque umschmeichelte frauliche Gelassenheit war passé. Der neue Jugendkult verbreitete sich mit der Geschwindigkeit eines Flächenbrands. Endlich konnte man rennen, Rad oder Auto fahren. Den Pilotinnenschein machen. Boxen! Die Mode von »Lucile« mit ihren kostbaren und extrem empfindlichen Materialien schien untauglich für solche Bedürfnisse. Nicht lange, und aus Lady Duff-Gordon wurde »Lady Muff Boredom«.[12]

Elinor Glyn fiel es leichter als der Schwester, sich auf ungewohnte Verhältnisse, wichtiger noch: die neue Generation, einzustellen. Nachdem sie sich im Hollywood Hotel eingemietet und sofort mit der Besitzerin angefreundet hatte, führte man sie durch die Studios. Elinor merkte rasch, dass sie es mit Leuten von geringer Bildung zu tun haben würde. Selbstbewusst und besserwisserisch im Auftreten, kannten sich die meisten Männer im Filmgeschäft weder in den USA noch in Europa aus, noch wussten sie von weither geholte »Experten« oder selbst ernannte Adelige richtig einzuschätzen, die im Gegensatz zu Erich Stroheim – kurz »Von« genannt – nicht einmal einen korrekten Handkuss zustande brachten und Defizite durch Arroganz überspielten. Hollywood war ein Paradies der Laien. Kein Mensch las Bücher. Lebend oder tot wurden Schriftsteller Opfer von Abteilungen, wo gemietete Schreiberlinge sich im Akkord an Adaptationen versuchten. Was solche »Bearbeitung« überstand, konnte während der Dreharbeiten oder im Schneideraum in höchste Gefahr geraten.

Nur wenige Autoren erkannten damals die Notwendigkeiten des jungen Films. Elinor Glyn gehörte dazu. Die Herausforderungen einer kollektiven Produktion fielen umso stärker ins Gewicht, weil sie bislang immer allein gearbeitet und nur selten ins Kino gegangen war. So bekannte sie mit entwaffnender Offenheit, lernen zu wollen, und studierte die Menschen und ungeschriebenen Gesetze von Hollywood.

Glyns erstes Drehbuch sollte unter dem Titel *The Great Moment* verfilmt werden. Als Regisseur teilte man ihr Sam Wood zu. Normalerweise verdiente er sein Geld als Makler, war aber eigens für diese Produktion angeheuert worden. Von Anfang an wies Wood jeden ihrer Vorschläge zurück und bestätigte den Verdacht, dass man sich in Hollywood weder der Unglaubwürdigkeit mancher Geschichten noch der Absurdität vieler Szenarien und Kostüme bewusst war. Humor und Haltung halfen Glyn über das Schlimmste hinweg. Sie widerstand der Versuchung, den Regisseur anzuschreien oder sofort abzureisen, und hatte rasch begriffen, dass ihre Aufgabe lediglich darin bestand, den Praktiken einer fragwürdigen Industrie Ansehen zu verleihen. Als sorgsame Beobachterin ließ sie sich Zeit und nahm Abschied von der Illusion, die in Hollywood kursierenden Stereotype des Weiblichen abschaffen zu können. Feministinnen waren hier fehl am Platze; aber eine kritische Bemerkung entschlüpfte ihr doch: »Alles, was die Männer an den Frauen verachten, geht auf sie selbst und ihre Art, mit ihnen umzugehen, zurück … Was ist den Männern denn über Jahrhunderte hinweg zum anständigen Umgang mit Frauen eingefallen? Praktisch nichts.« Als Konsequenz dieser Erkenntnis etablierte Glyn eine Vorform der Selbsthilfe. Ihre »Philosophie der Liebe«, zahllose Statements und Artikel wurden von den Leserinnen der Fanmagazine begeistert aufgenommen und steigerten ihre Popularität. An den Kern des Problems wagte sie sich nicht.[13]

116

Beim Prozess um den qualvollen Tod von Virginia Rappe im September 1921 gegen Roscoe Arbuckle hatten sich Hollywoods Schwächen aufs Peinlichste offenbart: Mangel an Reputation, fehlende Glaubwürdigkeit. Es gibt Momente im Leben, wo selbst Käuflichkeit an Grenzen stößt.

Die großen Studios nahmen die Entgleisungen gewisser Stars zum Anlass, eine Selbstzensur einzuführen. Der konservative Politiker Will Hays sollte die Einhaltung der von der Filmindustrie selbst formulierten Regeln gewährleisten. »Das Bemerkenswerte ist nun, daß diese Regeln nur für die Darstellung bestimmter Dinge im Film galten, zum Beispiel für Nacktheit und Liebe, für Gewalt, Aufruhr und Rassenhaß auf der Leinwand, nicht aber für das weiterhin angeblich private Verhalten der Stars, das doch den Skandal ausgelöst hatte. Bemerkenswert ist weiter, daß das Hays Office vergleichsweise wenig beanstandete. Schließlich ist bemerkenswert, daß die pure Existenz des Hays Office die moralische Protestwelle zum Erliegen brachte.«[14] Von Seiten der Studios ging es um den Eindruck, Hollywood sei fähig zur Verantwortung und nicht nur zum Geldverdienen. Das Hays Office war nie mehr als ein Feigenblatt.

Nicht das Publikum, sondern die Filmindustrie profitierte von der Selbstzensur; mit ihrer Hilfe konnte man staatliche Eingriffe abwehren und Stars disziplinieren.

Elinor Glyn staunte über die allgemeine Wurstigkeit in den Studios, wo Zerrbilder eines vermeintlich europäischen Lebensstils entstanden. Sie vermied Diskussionen um künstlerische Probleme (das hätte sie zur Außenseiterin abgestempelt), sondern beschränkte sich auf Korrekturen. Sie wusste natürlich, wie ein englischer Salon aussah. Sie kannte die Gesetze des *High Life* in England, Frankreich, Russland, Italien oder Ägypten aus eigener Anschauung. Sie konnte sagen, was eine Lady tragen oder was sie auf keinen Fall tun würde. Tatsächlich gelang es ihr, mit Geduld, Diplomatie und einem seit Kindertagen trainierten Geschick im Umgang mit Menschen als Expertin akzeptiert zu werden, denn sie war zu klug, die Geduld ihrer Partner mit Belehrungen zu strapazieren, und ihre Vorschläge atmeten die Frische des Unerwarteten. Deshalb avancierte »Madam Glyn« nach anfänglichem Widerstand rasch zur Autorität für originalgetreue Schauplätze, Kostüme und Verhaltensweisen.

Und sie spürte Sehnsüchte auf: nach romantischer Intensität, tadellosen Manieren, Eleganz und Würde, sofern sie nicht mit dem inzwischen auch in den USA ausgebrochenen Tangofieber, überhaupt mit dem Erlebnishunger der Kriegsgeneration kollidierten; sie war es, die solchen Wünschen Form und Ansehen zu geben verstand, und kam beim jungen Publikum schon deshalb gut an, weil es keine Minderung seiner Lebenslust fürchten musste.

Elinor Glyns britische Reserviertheit, ihr Humor und ihr Pragmatismus beeindruckten nicht allein Produzenten und Regisseure, sondern auch schwer zu gewinnende Beobachter wie Charles Chaplin, der sie mochte, »obwohl sie zunächst ein bisschen überwältigend war«.[15]

Einer solchen Frau verzieh man sogar den Hang zu Tigerfellen und Schönheitsoperationen. Sie galt nicht als Spielverderberin und fügte sich, in Kreationen von »Lucile« gehüllt, jeder Gesellschaft schwerelos ein, ganz gleich, ob sie bei Mary Pickford, Marion Davies oder Randolph Hearst zu Gast war, für dessen Presse sie bereits gearbeitet hatte. Sie besaß Disziplin, machte Zugeständnisse an Hollywoods Schönheitskult und vernachlässigte trotz unzähliger Partys niemals ihre Arbeit. Obwohl bereits im Großmutteralter, trug sie nach Gloria Swansons Beobachtung als eine der ersten Frauen künstliche Wimpern und kam damit durch. So war es, und so blieb es. Sieben Jahre lang.

Schon während ihrer ersten Reise in die USA hatte Elinor bemerkt, dass die Einheimischen so gut wie nie ihrer Vorstellung vom romantischen, welterfahrenen Liebhaber entsprachen. Jetzt bestätigte sich das noch einmal für die Leinwand. Weder Westernhelden wie Tom Mix noch fette Komiker wie Roscoe Arbuckle, noch Männer des gewöhnlichen Lebens mit hölzernen Gesten und einschläferndem Gebaren konnten ihrem Ideal entsprechen. Sie litt schon beim bloßen Anblick und sann auf Abhilfe. Da *The Great Moment* sich auf dem Markt durchgesetzt hatte, konnte sie entschiedener auftreten. Mehr fordern. Für den nächsten Film musste man ihr die Wahl des Hauptdarstellers überlassen.

Als man sie mit Valentino bekannt machte, war sie zunächst enttäuscht. Vor ihrem inneren Auge stand noch der Paul aus »Three Weeks«, ein Engländer vom Schlage Kers – kein Italiener, der bei der ersten Begegnung »übertrieben gut angezogen und eher wie ein hübscher Gigolo« auf sie wirkte. Was Elinor Glyn jedoch für ihn einnahm, war neben seinem Charme die Leichtigkeit, mit der er Vorschläge umsetzte. Seine Sensibilität und rasche Auffassungsgabe ersparten ihr, massiv werden zu müssen, wie es Sam Wood gegenüber während der Dreharbeiten von *Beyond The Rocks* nötig gewesen war. Trotz seiner Jugend betrachtete sie ihn als ernst zu nehmenden Schauspieler. Einig waren sich beide im leidenschaftlichen Verlangen nach Authentizität. Und inzwischen besaß »Madam Glyn« genug Einfluss, um nicht gleich belächelt zu werden, wenn sie etwas vorschlug.

118

Sie riet Valentino zu mehr Reserviertheit. *Understatement.* Er verschlang ihren Roman, folgte bis in Details den Beschreibungen seiner Rolle, reagierte auf »dezente Hinweise, war sensibel und weltgewandt«. Es »war leicht, mit ihm zu arbeiten«. Elinors Wertvorstellungen waren auch die seinen, und er bezauberte sie mit Eigenschaften, die dem Spross französischer und italienischer Vorfahren in Fleisch und Blut übergegangen waren: »Romanische Gewandtheit und Intelligenz«, »Charme und was die Franzosen ›savoir vivre‹ nennen«.[16]

Wie einst, als er mit Abel Gance, dem großen Mann des französischen Films, Zukunftspläne gemacht hatte, träumte Valentino nun mit Elinor Glyn von Filmen, die sich an der Wirklichkeit und nicht an den Schrullen fragwürdiger Experten orientierten. Da beide nur über eine geringe Schulbildung verfügten, schätzten sie den Wert des Lernens hoch ein. Die Umstände und ihre naturgegebene Intelligenz hatten beide, wie Glyn formulierte, an die »Universität des Lebens« verwiesen. Beide hassten Stagnation und Routine und nahmen für ihre Überzeugungen die Gefahr der Lächerlichkeit in Kauf. Beide waren Pioniere.

Valentino hatte sich immer gut mit älteren Frauen verstanden. Jetzt gehörten auch Glyn und die Journalistin Adela Rogers St. Johns dazu, die er im Januar 1922 kennen lernte. Als er bemerkte, wie gut es sich mit seiner englischen Mentorin zusammenarbeiten ließ, vertraute er ihr persönliche Dinge an. Fotografien vom Set während der Dreharbeiten zu *Beyond the Rocks* zeigen eine lächelnde Elinor. Valentino deutet mit übertriebenem Ernst auf das Drehbuch, während Gloria Swanson im Hintergrund ein Gähnen unterdrückt. Oder er agiert als Regisseur, wobei Elinor Glyn und Sam Wood seinen Anweisungen folgen müssen – gestellte Aufnahmen wie für ein Familienalbum.

Vom Roman blieb kaum mehr als das Handlungsgerippe übrig. Die Engländerin Theodora Fitzgerald (Gloria Swanson) heiratet einen alten Millionär (Josiah Brown), um ihren Vater zu sanieren. Auf der Hochzeitsreise begegnet sie in Paris Lord Bracondale (Valentino). Unter anderen Umständen wäre die Wahl auf ihn gefallen, doch als Angehörige des verarmten Adels kann sie als Mitgift keine Güter, sondern nur ihren Rang einbringen. Schweren Herzens beschließen die Liebenden, sich zu trennen, doch der Ehemann erfährt von ihrer Liebe und wird ernstlich krank. Von seiner Frau gepflegt, stirbt er schließlich im Bewusstsein, dem Paar nicht länger im Wege zu stehen.

Eine Woche verbrachte das Team auf Catalina Island. Man inszenierte ein

Schiffsunglück, damit die Nichtschwimmerin Gloria Swanson von ihrem Filmpartner gerettet werden konnte. Da sich die zum Verzicht entschlossenen Liebenden im Film immer wieder begegnen, kommt jede Katastrophe gelegen. Eine weitere Rettungsphantasie spielt in den Alpen, wie überhaupt das Zu-Hilfe-Eilen als legitime Form der Annäherung genutzt wird.

Trotz des ständigen Wechsels der Schauplätze ging das Studio auf Glyns Vorschlag ein und integrierte Traumsequenzen, die das Paar in vergangene Zeiten versetzten und ihm Gelegenheit gaben, in historischen Kostümen zu agieren. Raffinierte Schöpfungen, zu denen auch ein glitzerndes Abendkleid mit schmaler Silhouette für Gloria Swanson gehörte, wechselten mit atemberaubenden Kreationen des 18. Jahrhunderts, die nur ein Valentino zu tragen verstand, ohne lächerlich zu wirken.

Wie solche Filme Anfang der zwanziger Jahre wirkten, zeigte sich am massenhaften Verkauf des Parfums »Narcisse Noir«, das in einer Boudoirszene auftauchte – Indiz für die Begeisterung des Publikums. Falls Elinor Glyn Bedenken gegen eine aus ihrer Sicht veräußerlichte, auf schimmernde Oberflächen reduzierte Romantik hatte, behielt sie es für sich. Ihrem Markenzeichen, dem Tigerfell, verdankte sie die Inspiration für eine der gewagtesten Szenen. Das Studio hatte aus dem Roman eine Story gemacht und Elinor dabei mittun lassen. Ihre Phantasiegestalten verwandelten sich in Menschen auf der Leinwand. Plötzlich verstand sie, wo sie sich befand und warum. Was konnte *Beyond the Rocks* unter solchen Umständen sein? Nicht mehr als ein verkaufter Traum.

Inmitten gut aussehender Menschen bedurfte Glyns natürliche Autorität einer Stütze. Falsche Wimpern gehörten dazu. Schönheitsoperationen. Die Narben verbarg sie unter pastellfarbenem Chiffon. Jugendlichkeit musste Jugend ersetzen. Als Reisende in Romantik hatte Glyn ihr Ziel erreicht. Sie war angekommen. Da sie sich dem *Jazz Age* nicht entgegenstemmte, sondern seine Capricen guthieß, wurde sie zur Expertin in Fragen der Lebenshaltung. Sie äußerte sich über Männer und Frauen, Gefühle, das Leben … am liebsten jedoch über »It«. Das gewisse Etwas.[17]

Noch hatte Valentino Spanien nicht bereist. Sein erster Film bei Famous Players-Lasky verpflichtete ihn als Torero, doch die Schauplätze von Stierkämpfen – Sevilla, Madrid, Cordoba, Granada – sollte er erst im Jahr 1924 kennen lernen.

Der Produzent widerrief sein Versprechen, in Spanien drehen zu lassen: Die Kosten seien immens, Fachleute wie in Hollywood oder New York kaum aufzutreiben – Argumente, die Valentino nicht gelten ließ. Denn diesmal war sogar Rambova von dem Projekt überzeugt. Rückhalt fanden die beiden bei June Mathis. Nach der Bearbeitung eines so komplexen Romans wie »The Four Horsemen of the Apocalypse« war es ein Leichtes für sie, das Drehbuch für die bereits in mehrere Sprachen übersetzte und auf einer New Yorker Bühne erprobte Geschichte vom Aufstieg und Fall eines Stierkämpfers, »Sangre y arena« (Blut und Sand), zu schreiben.

Weniger Glück hatte Valentino mit der Suche nach einem Regisseur. Rambova und er versprachen sich für ihren Wunsch, künstlerische und filmische Aspekte in Einklang zu bringen, besonderes Verständnis von dem gebürtigen Franzosen George Fitzmaurice, ihrer ersten Wahl. Fitzmaurice und seine Frau, die Drehbuchautorin Ouida Bergère, gehörten zu den Paaren in Hollywood, die als Team arbeiteten und für Kamera und Ausstattung bewährte Kräfte engagierten. Er selbst hatte an der Pariser Académie Julian Malerei studiert, Indien, China, Japan, Ägypten bereist und als Drehbuchautor erste Erfahrungen in Hollywood gesammelt. Bereits 1916 sah er im Film ein künstlerisches Medium, bereitete Szenen und Sets stets sorgfältig vor und ließ Schauspielern genügend Spielraum. Außerdem vertrat er die Auffassung, das Publikum dürfe nicht mit Aktionismus oder sich rasch verbrauchenden Klischees abgespeist werden, sondern habe Anspruch auf überschaubare Abläufe. Der Schauplatz eines Films sollte authentisch, die Atmosphäre treffend, Handlungen nachvollziehbar sein. »Sein Indien ist Indien … Seine Türkei ist die wirkliche Türkei«, hieß es 1920 im Photoplay Magazine. In dem Artikel wurde Fitzmaurice sogar mit seinem Landsmann Gustave Flaubert bei der Niederschrift von »Madame Bovary« verglichen: »Seine Arbeit beschäftigt ihn jede Minute; er ist der Held, die Heldin, der Schurke und der Vamp.«[1]

Da Fitzmaurice unabkömmlich war, übertrug man Fred Niblo, nach Auffassung des Studios einer der besten Regisseure Hollywoods, die Regie. Elf

Jahre älter als Fitzmaurice, hatte er sich in Filmen mit Douglas Fairbanks bewährt. Als ehemaliger Vaudevillain machte er kein Hehl aus seiner Vorliebe für handfeste Actionfilme und schien nach Rambovas Einschätzung unfähig, die psychologische Komplexität der Abläufe mit jener spannungsvollen Finesse zu inszenieren, die Fitzmaurice auszeichnete. Sollte Niblo schon damals Überdruss an der Kombination von Exotismus und Romantik, am Nationalitätengemisch vor Ort empfunden haben? Schauspieler aus Polen, Deutschland, Schweden, Italien, Frankreich, England, Mexiko, Spanien, Russland beherrschten die Szene. Sehr zu seinem Missfallen. »Eine rein amerikanische Besetzung ist in der Filmstadt eine unbekannte Größe«, klagte er 1928. »Romantik muss nicht ausländischen Lebensbereichen vorbehalten bleiben.«[2] Aus Niblos Sicht war *The Crowd* (1928) von King Vidor ein Schritt in die richtige Richtung, da der Film nach dem Vorbild von Sergej Eisenstein Laiendarsteller zeigte, sich mit den Problemen gewöhnlicher amerikanischer Sterblicher befasste und ihre Geschichte weiterführte, wo andere Streifen mit einem Happy End abbrachen.

Niblos Aversion gegen fremdartige Stoffe, die (zwei Jahre vor dem dann doch in Italien gedrehten *Ben Hur*) nicht an Originalschauplätzen, sondern in Amerika gedreht wurden, wirkte umso störender, als *Blood and Sand* von düsterer Schicksalsgläubigkeit, Kampf, Ruhm, Leidenschaft und Tod beherrscht wurde. Unzählige erlagen der Faszination der Arenen. Selbst ein Mann, von dem man es am wenigsten erwarten durfte, wurde zum *aficionado*: Rainer Maria Rilke. Im Winter des Jahres 1912 überließ er sich dem Zauber seiner »Traumstadt« Ronda, einem Zentrum des mit klassischer Strenge ausgeführten Stierkampfs.[3]

Als Blasco Ibáñez mit seinen Recherchen für den Roman »Sangre y arena« begann und – Jahre vor Hemingways »Fiesta« (1928) – in Begleitung eines Kenners die heimischen Kampfplätze aufsuchte, betrachtete er die allgemeine Faszination mit Skepsis. Als Landsmann war er kritischer und weniger leicht zu täuschen als Hemingway, den seine Todesbesessenheit erst Afrika, dann Spanien mit allen Stationen seiner Stierkampfroute zutrieb: Madrid, Sevilla, Malaga, Granada, Cordoba, Burgos, Saragossa, Barcelona, Pamplona. Als redseliger Begleiter der Toreros wollte Hemingway den Kitzel der Großwildjagd wieder aufleben lassen: im Stierkampf. Darüber wurde er zum Voyeur einer archaischen Männlichkeit, des aus dem 18. Jahrhundert hinübergeretteten Machismo, der seit alters her im Stierkampf kultiviert worden war. Seine Beschreibungen blieben nicht immer frei von Peinlichkeit. Allerdings dürfte selbst ihm die wachsende Kommerzialisierung des

Stierkampfs mit Begleiterscheinungen wie heimlichen Absprachen, Manipulation, Korruption nicht entgangen sein. Der alte Schriftsteller hastete von Ort zu Ort, lange Zeit unentschlossen, ob er als Journalist oder Künstler auf das blutige Spektakel reagieren sollte. Schließlich wurde er zum Fachmann und ergab sich dem Motto seiner Idole: *Todo es toro*. Alles ist Stier.[4]

Blasco Ibáñez suchte nach unmittelbarem Kontakt zum Stierkampfbetrieb, vermied aber anders als Hemingway jegliche Anbiederung. Von Januar bis März 1908 zog er sich für die Niederschrift nach Madrid mit seiner »Kathedrale der Tauromaquia« zurück. In »Sangre y arena« geht es nicht um Glorifizierung, sondern um das psychologisch stimmige Porträt eines zwischen Sieg oder Niederlage, Verehrung oder Verachtung schwankenden Aufsteigers in einem hoch ritualisierten Umfeld. Der Stier erscheint als Sinnbild für den Widerstand des Lebens und zugleich als tragisches, dem Torero durchaus verwandtes Wesen. In der Arena prallen Gegensätze wie Licht und Schatten, *sombre y sol*, aufeinander: Arme und Reiche, Kämpfer aus der Unterschicht und aristokratische Züchter. Blasco Ibáñez hütete sich vor Schwarzweißmalerei, denn im Stierkampf kreuzen sich unterschiedliche Interessen und Leidenschaften, die auf keinen gemeinsamen Nenner zu bringen, sondern nur durch Rituale in Schach zu halten sind. Er betrachtete die *corrida de toros* als Muster an Barbarei, Wagemut, Grausamkeit, ja Kunst, als Territorium des Machismo und ein Geschehen, das das Innere der Gesellschaft freilegte.

In Spanien reagierte man unwirsch auf den Roman und argwöhnte, er sei mit Blick auf den ausländischen Buchmarkt verfasst worden. Dem Autor kam zugute, dass zwei Franzosen das Publikum bereits auf Schauplätze und Mentalitäten seines Heimatlandes vorbereitet hatten: Prosper Mérimée mit einer Novelle von 1845 und George Bizet mit der Oper »Carmen« (1875). Dennoch konnte niemand voraussagen, welche Resonanz der Roman außerhalb Spaniens finden würde. Blasco Ibáñez galt als Mann der Tat und politischer Aktivist. Jetzt wollte er die Kinos erobern. Wie manche Zeitgenossen spürte er, dass der Film nicht nur die Literatur, sondern auch das Schreiben selbst und die Lesegewohnheiten verändern würde. Für manche Kritiker galt er als »ein großes, unordentliches Talent ohne Stil«. Blasco Ibáñez selbst empfand sich als »unliterarischen« Autor und glich den Mangel an Raffinesse durch verbalen Schwung aus. Als Epiker hatte er ohnehin nichts zu fürchten. Auch im Film wurde erzählt.

Schon früh hatte er sich für das neue, grenzüberschreitende Medium interessiert. Im Kino erwuchs seiner Kritik an Kirche und Monarchie ein populäres Forum; hier konnte er als Rebell, als unermüdlicher Aufklärer und Erzieher seine Landsleute erreichen. Sogar im Ausland fanden seine Bücher Anklang. Blasco Ibáñez' erste Vortragsreise in den USA hatte ihn im Oktober 1920 im Triumph durch mehrere Bundesstaaten geführt. Jetzt wurde ein zweiter Roman von ihm in Hollywood verfilmt. Andere Produktionen sollten folgen.

1896, kurz nach Valentinos Geburt, hatte er mehrere Monate in Italien verbracht. Während des Ersten Weltkriegs lebte er in Paris. Dort entstand die Idee, »Sangre y arena« zu verfilmen. Er entwarf ein Drehbuch und führte 1916 in Sevilla selbst Regie. Doch diese erste Version verbrannte in seinem Pariser Studio. Nun fand er sich in einer glücklicheren Lage wieder. Mit seiner Organisations- und Finanzkraft, seinen glamourösen Stars würde Hollywood ihn für den Verlust entschädigen und denselben Schauspieler einsetzen, der in *The Four Horsemen of the Apocalypse* als Tangotänzer ebenso überzeugt hatte wie als Liebhaber und Soldat.[5]

Im Februar 1922 liefen die Vorbereitungen für *Blood and Sand* auf Hochtouren. Im Auftrag der Paramount wurden in Sevilla drei handgefertigte Torerokostüme mit Zubehör, *mantillas* für die Damen und gebrauchte Kleidung für das übrige Ensemble gekauft. Valentino lebte sich anhand von Fotografien, Büchern und Dokumentaraufnahmen von Stierkämpfen in die Rolle des Juan Gallardo ein. Das Studio stellte ihm sogar eine kleine Arena zur Verfügung. Er ließ sich Koteletten wachsen und trat unter Aufsicht eines Matadors gegen junge Tiere an, während ein bewaffneter Wächter für den Fall bereitstand, dass der Star und mit ihm die gesamte Produktion in Gefahr geriete. Valentino fragte seinen Lehrer auf Spanisch über dessen Vergangenheit aus. Wieder einmal verwandelte ihn die Rolle: Er vergaß seine guten Manieren, redete, ging und aß schließlich wie ein Torero.[6]

Zur selben Zeit war Rambova mit Kostümentwürfen für Nazimovas *Salome* beschäftigt. Trotzdem nahm sie lebhaften Anteil an Valentinos Arbeit. Zufrieden, das Drehbuch in den Händen von June Mathis zu wissen, stand sie ihm während der Querelen mit einem Angestellten des Studios bei, der ihm sogar eine Garderobe versagte, auf die jeder Hauptdarsteller Anspruch hatte und die auch benötigt wurde, weil kein Stierkämpfer sich ohne Hilfe ankleiden kann. Die Herrichtung fand im Beisein von Männern aus seinem beruflichen Umfeld und des dafür bestellten Dieners *(mozo de estoques)* statt, der auch den Degen des Matadors verwahrte. Nur mit seiner Hilfe konnte ein Torero in die rosa Seidenstrümpfe und die Kniehosen des hautengen, kiloschweren Kostüms *(traje de luces)* steigen und sich in die meterlange

Schärpe *(barda de seda)* wickeln. Im Film war das nicht anders. Doch am Set nahm man keine Rücksicht auf solche Gegebenheiten. Kleinliche Auseinandersetzungen zerrten an Valentinos Nerven. Adolph Zukor, der sich ein Bild von der Arbeit machen wollte, sah ihn bei einem kurzen Besuch »an der Schwelle zur Hysterie« und zog sich unbemerkt zurück. Für die Erfordernisse der Rolle fehlte ihm jedes Verständnis. Allerdings entging weder Zukor noch anderen Verantwortlichen bei der Paramount, wie sehr Valentino und Rambova am Gelingen des Films lag. Lasky ließ den schikanösen Angestellten zwar gewähren, förderte gleichzeitig aber Rambovas Anwesenheit während der Dreharbeiten, weil er sich eine besänftigende Wirkung auf den nervösen, immer rascher auffahrenden Star versprach, der demonstrativ das Set verließ, sobald sein Peiniger dort erschien.[7]

Unterstützt wurde Valentino nicht nur von Mathis und Rambova, sondern auch von seiner Partnerin Nita Naldi. Sie übernahm die Rolle der arroganten Doña Sol. Blasco Ibáñez schwebte die an Mérimées Carmen erinnernde Romanfigur ursprünglich zwar als Blondine vor, beim Anblick ihres blauschwarzen, an Rabenflügel erinnernden Haares ließ er sich jedoch davon überzeugen. Gallardos Ehefrau Carmen wurde von der erst siebzehnjährigen Lila Lee gespielt. Die Rolle des Banditen Plumitas übernahm Walter Long, mit dem Valentino bereits zusammengearbeitet hatte. Long ergriff die Gelegenheit, einen zum Banditen und Mörder gewordenen Mann, den Blasco Ibáñez im Hinblick auf reale Vorbilder gestaltet hatte, nicht nach dem Schema amerikanischer Bösewichter, sondern als gebrochene Figur mit durchaus sympathischen Charakterzügen darzustellen.

Schauplätze der Handlung sind Sevilla und das urbane Madrid mit ihren aus dem 18. Jahrhundert stammenden Arenen. Blasco Ibáñez zeigt Juan Gallardo inmitten einer Gruppe von armen, ungebildeten Männern. Ihre einzige Chance für Ruhm und Wohlstand liegt im Stierkampf; doch nur wenige verwirklichen ihren Traum. Der, dem es an Mut, Geschick und Glück fehlt, bleibt auf der Strecke oder muss sich mit Hilfsdiensten begnügen. Viele geben auf, werden verletzt oder sterben.[8]

Gallardos Werdegang wird beispielhaft beschrieben. Nach dem Tod seines Vaters, einem Flickschuster, stellt er bei dörflichen Stierkampffesten seinen Mut zur Schau. Der Rückblick auf die von Armut geprägte Kindheit seiner Hauptfigur gibt Blasco Ibáñez Gelegenheit, den Aufstieg umso rasanter erscheinen zu lassen. Sein in zahllosen Kämpfen erworbener Ruhm lässt den inzwischen Dreißigjährigen mit plebejischer Arroganz auftrumpfen. Der Machismo war im 18. Jahrhundert von Männern und Frauen aus der andalusischen Unterwelt, der Subkultur der Zigeuner und der Madrider Unterschicht kultiviert worden. Als Gegenbewegung zum spanischen Adel mit seiner Orientierung an französischen Sitten und höfischer Verfeinerung galt er als Ausweis trotziger Selbstbehauptung, die Frauen vorwiegend am Theater, Männer im Stierkampf auslebten. George Bizet hatte einer solchen *maja* in »Carmen« ein Denkmal gesetzt. Mit ihrem Stolz, ihrer Sinnlichkeit, herausfordernden Haltung und ihrem Anspruch auf Selbstbestimmung verkörperten sie die »Aristokratie des Untergrunds« und beeindruckten damit auch die echten Adeligen.[9]

Mit wachsender Verbreitung des Machismo wurden die Positionen im Stierkampf neu bestimmt. Der bislang vom Pferd aus kämpfende Aristokrat zog sich auf die Rolle des Züchters zurück; die aus armen Familien stammenden Matadore traten dem Stier zu Fuß entgegen. Wie alle Stierkämpfer steht auch Gallardo in dieser Tradition. Er ist verheiratet, wohlhabend, verkehrt im Kneipen- und Bordellmilieu im Umkreis großer Arenen, wo er sich vor leidenschaftlichen Anhängern *(aficionados)* behaupten muss.

Als »Torero der Aristokratie« verschrien, muss Gallardo sich die Gönnerschaft reicher Züchter und Adeliger sichern, ohne den Kontakt zur Menge auf jener Seite der Arena zu vernachlässigen, die in der prallen Sonne liegt, denn deren Bewunderung, Verwünschungen oder Wurfgeschosse sind so unberechenbar wie Bizets Carmen. Verehrung kann unvermittelt in Hass, Leidenschaft in Kälte umschlagen. Ein Stierkämpfer stellt nicht das Klassensystem infrage – nur seinen Platz darin – und ersetzt Rebellion durch symbolisches Auftrumpfen. Kein noch so glanzvoller Aufstieg kann die seelischen Wunden eines in Armut aufgewachsenen Jungen heilen. Er bleibt ungebildet, abergläubisch und weiß: Weder Mut noch Kaltblütigkeit werden seinen Ruf auf Dauer sichern. Nicht nur beim Publikum, auch im Umgang mit Reichen und Armen beruht alles auf Gunst – und die kann jederzeit gewährt oder entzogen werden.

Dasselbe gilt für die Gunst der Frauen. Bei Gallardos erster Begegnung mit der vornehmen Doña Sol (Nita Naldi) werden die Machtverhältnisse des künftigen Paars in einem Blickduell vorweggenommen. Im Roman wie im Film ist es eine *Aristokratin*, die den Mann aus der Unterschicht mit dem herausfordernden Blick der Majas bedenkt. Nicht sie, der Torero senkt als Erster die Lider.

Mit wachsendem Erfolg gerät Gallardo unter Druck. Der Kontakt zu *aficionados*, Mäzenen, Züchtern, Journalisten, Rivalen, zu Mutter und Ehefrau, Zigeunerinnen und Prostituierten oder einer vornehmen Geliebten verlangt eine Anpassungsfähigkeit, die ihn überfordert. Bewunderung, auch Respekt lassen Gallardo förmlich erstarren, als Doña Sol ihn in ihr Haus lädt, spielt und singt. Beim Zuhören wird er von einem Müdigkeitsanfall überwältigt, aus dem ihn nur der Anblick ihres Decolletés zu reißen vermag. Als ein anderer Gast Gallardos Verletzungen nach einem Kampf beschreibt, folgt ihm Doña Sol fasziniert auf diesem »anatomischen Spaziergange«. Eines weiteren Vorwands bedarf es nicht, um den Körper des Toreros mit unverhüllter Begierde im Stil der Majas zu taxieren, wie es sonst nur Männern bei Frauen nachgesehen wird.[10] Als Witwe eines Botschafters ist Doña Sol auf der Suche nach Zerstreuung und vermutet in Gallardo den leidenschaftlichsten Liebhaber. Doch irgendwie erscheint ihr sein Beruf reizvoller als der Mann selbst.

Kein Wunder, dass die Ernüchterung nicht lange auf sich warten lässt. Während Doña Sol ihren Liebhaber umstandslos duzt, muss er sie weiterhin siezen. Er darf nie über Nacht bleiben und duldet klaglos ihren raschen Überdruss, schließlich sogar Bisse und Schläge, die ihn zu deftigeren Handlungen herausfordern sollen. Zum Verdruss der Dame verwandelt sich Gallardo trotz solcher Provokationen weder in eine »Bestie Gottes« noch in ein »Tier«, wie sie im Stillen gehofft hat, sondern schreckt davor zurück, seine Kraft gegen sie zu richten. So verblasst der Glanz des Liebhabers rascher, als er sich durch neue Erfolge in der Arena auffrischen lässt. Während Doña Sol von Gallardo Distanz einfordert, hat sie keine Hemmungen, zu seinem Landgut zu fahren, wo Carmen und seine Mutter leben. Gallardo fehlt der Mut, diesen Bruch mit der Etikette zurückzuweisen. Während des Besuchs taucht Plumitas auf, ein ehemaliger Sakristan, der durch erlittenes Unrecht zum Mörder und Banditen wurde. Er will Gallardo nicht ausrauben, sondern als Freund betrachtet werden, denn sie haben viel gemeinsam: Mut zum Risiko, Ehrgeiz. Zum Schluss gibt Plumitas sich als *aficionado* zu erkennen und verspricht, dem nächsten Kampf von Gallardo beizuwohnen, obwohl die Polizei nach ihm sucht.[11]

Bald darauf reist Doña Sol ins Ausland, ohne sich von Gallardo zu verabschieden. Er leidet, und Carmen ist verletzt, weil er seine Geliebte in die Familiensphäre einbrechen und sogar in ihrem Bett übernachten ließ. Trotz der Gefahr, in der Menge erkannt zu werden, feuert Plumitas Gallardo bei der nächsten *corrida* an, wird aber bald darauf verraten und grausam ermordet. Gallardo trägt bei einem Kampf so starke Verletzungen davon, dass er Monate lang pausieren muss und sein Selbstvertrauen verliert. Für immer. Auf dem Krankenbett denkt er viel an seine Liebe zu Doña Sol, an Carmens

Kinderlosigkeit und die Zukunft. Nach seiner Rückkehr ist er ein anderer geworden. In der Arena macht er jetzt niemandem mehr etwas vor. Weder das schimmernde *traje de luces* noch sein Gebaren können die Menge über seine Angst hinwegtäuschen. Die alte Unbekümmertheit ist dahin.

Es kommt es zu einer Wiederbegegnung mit Doña Sol in der Hauptstadt. War Gallardos Lichtkostüm in der Arena, seine dörfliche Unbeholfenheit in Sevilla noch am richtigen Platz, wirken der exzessive Parfümverbrauch und der als *sagrada coleta* bewahrte Zopf des Toreros in Madrid nur noch peinlich und provinziell. Wenn sie ihn jetzt anschaut, fühlt Doña Sol sich an einen Rajah erinnert, der ihr vor langer Zeit in London begegnet war. Der indische Prinz hatte sie »mit seinen großen Augen, den rätselhaften Augen der Tiere des Waldes« fasziniert und gleichzeitig abgestoßen. Seine schmuckbeladene Tracht schien deplatziert. Obwohl er sie anbetete, ließ die Faszination seines Exotismus rasch nach. »Was gäbe ich dafür, könnte ich alles mit den Augen von früher sehen!«, haucht Doña Sol. »Ich finde Spanien verändert. Auch Sie, Gallardo.« Die Entfremdung ist unwiderruflich.[12]

Fachleute beurteilen die Zukunft eines Matadors nach seiner Reaktion auf die erste große Hornverletzung. Gallardo wird dreißig. Älter und erfahrener, bemerkt er jetzt manches, was er im Taumel erster Siege übersah. Gibt es ein Leben nach dem Abschneiden des Zopfes, wie man den Rückzug ins Privatleben umschreibt? Wer überlebt, endet als Kneipenwirt, bleibt der Arena durch Hilfsdienste verbunden oder macht eine Stierkampfschule für Touristen auf. Zu Geld gekommene Espadas kaufen Landgüter und züchten Kampfstiere. Nichts davon reizt Gallardo. Auf dem Krankenlager wächst seine Furcht ins Unermessliche. Trotzdem tritt er wieder auf. Doch die Begeisterung des Publikums schwindet.

Als Gallardo schließlich in unkontrollierbarer Angst vor einem Stier flüchtet, der sich nicht in der vorgeschriebenen Zeit töten lässt, und man das Tier auf Geheiß des Präsidenten in den Stall zurückführt, ist sein Ruf dahin. Sein letzter Kampf beschert ihm einen *bravucón*, so nennt man irritierte, von Angst beherrschte Stiere. Als das Tier ihn auf die Hörner nimmt, fällt der Matador »wie eine zusammengerollte Riesenraupe von Seide und Gold« zu Boden. Der Sand färbt sich rot mit Gallardos Blut. Er ist verloren. El Nacional, ein Freund Gallardos, aus dem der Autor spricht, ist empört, denn die *corrida* geht weiter, als sei nichts geschehen. Lautstark begrüßt das Publikum die nächste Runde. Beim Aufbranden des Beifalls wird El Nacional von Trauer überwältigt: »Armer Stier! Armer Matador!« Es gibt nur eine Bestie: das Publikum. Während Gallardo stirbt, verlangt die Menge lautstark nach dem nächsten Kampf: *Rugía la fiera: la verdarera, la única!* – »Da brüllte das Tier, das wahre Tier, das einzige Tier!«[13]

Montage und Schnitt der Stierkampfszenen vertraute die Paramount einer jungen Cutterin an. Sie hatte als Schreibkraft beim Film begonnen und hieß Dorothy Arzner. Aus Dokumentaraufnahmen und neu gedrehtem Material entwickelte sie eine *corrida*, die Fachleute und Publikum gleichermaßen hinreißen sollte. Dafür benötigte sie Großaufnahmen von Valentino. Arzner musste ihre Sequenzen aus unzähligen Filmrollen auswählen, auf eine angemessene Länge herunterschneiden und rhythmisch ordnen, ohne dass Brüche erkennbar wurden. Ihre bravouröse Lösung des Problems ersparte dem Studio Kosten und dem Hauptdarsteller unnötige Gefahr. Arzner fand so viel Anklang, dass sie sofort mit dem Schnitt eines Westerns betraut wurde und die Paramount sie Jahre später neben Lois Wilson als eine der wenigen Regisseurinnen in Hollywood verpflichtete.[14]

Valentino las. Bedacht auf jedes Detail, verlor er sich anfangs im Roman, um schließlich einen Bruder im Geiste vorzufinden, dessen Geschichte Ähnlichkeiten mit seinem eigenen Leben aufwies. Erschloss sich die Rolle über Lektüre oder eher durch die aus Spanien importierte Tracht, in der echte Stierkämpfer reale Kämpfe ausgefochten hatten? Die auf schlanke, muskulöse Körper von Siebzehn- bis Zwanzigjährigen zugeschnittenen Kostüme saßen ihm wie angegossen. June Mathis gab der Ankleideszene breiten Raum, und Valentino brannte darauf, mit Hilfe eines ehemaligen Stierkämpfers von Anfängerübungen *(toreo de salon)* zu gefährlicheren Manövern überzugehen. Sieht man vom Kostüm ab, ist die Herrichtung eines Matadors mit Zopf nicht sonderlich kleidsam. Die Lücke zwischen Valentinos Brauen wurde überschminkt, was ihm ein finsteres Aussehen gab. Sein duftiges, rasch aufwehendes Haar zeigte nun Wellen. Partienweise geglättet, fiel es mal spitz, mal als flach gerundeter Bogen ins Gesicht. Bei Profilaufnahmen störte bisweilen sogar der Zopf, im Englischen respektlos Schweineschwänzchen genannt. Wieder brachte Valentino das Kunststück zustande, nicht nur das Stierkampfkostüm mit Anmut zu tragen, sondern auch Kleidungsstücke und Frisuren, die jeden anderen der Lächerlichkeit preisgegeben hätten.

Er ging immer mehr in der Rolle auf. Nachts, wenn er wach lag, verschmolzen vor seinem inneren Auge die Stierkämpfer vergangener Epochen mit den Helden seiner eigenen Zeit: El Gallo, Juan Belmonte und der im selben Jahr wie Valentino geborene Joselito, der 1920 auf die gleiche Art gestorben war wie der Held des Romans.[15] Er konnte sich alles vorstellen:

Gallardos Mut, sein Lächeln, seine Konzentration beim Kampf, seinen Kummer, die Trauer über seine Kinderlosigkeit. Wenn er sich Tag für Tag in das Lichtkostüm helfen ließ, war ihm, als schlüpfte er in die Haut eines Bruders, und am Ende spielte er so, als spiele er sich selbst. Unter der schweren, bunten Kruste des *traje de luces* schlug Gallardos Herz.

Das Arbeitspensum von June Mathis war gewaltig. Von 1915 bis 1922, also in knapp sieben Jahren, hatte sie für die Metro sechsundachtzig Drehbücher geschrieben. Im Nachhinein scheint es fast über die Kraft eines Menschen zu gehen, was sie in wenigen Jahren für Metro und Paramount, später für Goldwyn und First National leistete.[16]

Blood and Sand war ihre erste Arbeit für die Paramount. Ihre Handschrift zeigte sich in der Konzentration auf das Wesentliche, im Aufbau von Spannung. Anders als der Autor wendet sie sich im Film gegen den »blutigen Sport«: »Dem Spanier ist die Liebe zum Stierkampf angeboren, ein barbarisches Erbe – seine Helden verkörpern die Tapferkeit der Ritter vergangener Zeiten«, lautet ein Zwischentitel. Sie macht das amerikanische Publikum mit ungewohnten Verhaltensmustern vertraut, indem sie Informationen – etwa über die Sitte, sich unter dem Balkon einer Frau singend oder spielend bemerkbar zu machen – nicht in belehrender Form, sondern als Zuruf einfließen ließ: »Beruhige dich, Rosa! Gallardo ist verliebt und vielleicht gerade dabei, vor dem Fenster seiner Angebeteten ›Eisen zu fressen‹!« Doch es gibt auch direkte Botschaften: »Grausamkeit und Blutvergießen können nicht die Grundlage von Glück und Wohlstand sein.«[17]

Sie betont Gallardos Kinderliebe (er schleudert den Stock weg, mit dem der Schwager seinen Nachwuchs strafen will, und wendet sich liebevoll einem Jungen im Publikum zu) oder seine Zartheit im Umgang mit der jungen Braut. An die Stelle des Propheten aus den *Four Horsemen* setzt Mathis diesmal einen Philosophen. Während alle übrigen Figuren handeln müssen, genießt er – versehen mit Stundenglas, Buch und Schädel – das Privileg der deutenden Vorausschau. Die apokalyptischen Figuren sind für Mathis ebenso Symbole der alten Welt wie der Stierkampf; er wirkt »europäisch«, exotisch, fesselnd in seiner Andersartigkeit und Lichtjahre vom amerikanischen Alltag entfernt. Julio Desnoyers und Juan Gallardo sind Brüder im Geiste: Beide beginnen keck und leichten Sinns, beide lieben unglücklich, beide werden getötet – der eine auf dem Schlachtfeld, der andere in der Arena. Julio stirbt fern der Geliebten, Juan in den Armen seiner Ehefrau, für die er bewegende Abschiedsworte findet: Nach der *corrida* findet er sich Hand in Hand *(mano a mano)* mit dem Tod wieder, in einem letzten, von Reue und

Versöhnung bestimmten Moment. Noch im Übergang vom Leben zum Tod zeigt Valentino Anmut. Die Sterbeszene in *Blood and Sand* hat viel mit Fotos gemeinsam, die wirkliche Stierkämpfer auf dem Totenbett zeigen – mit einem Unterschied: Anders als die spanischen, oft in jungen Jahren getöteten Matadore strahlt Gallardo noch auf dem Totenbett eine jugendliche Frische aus, die bei den echten Kämpfern einer Aura von Verfall und Düsternis gewichen ist.

June Mathis bestimmte Tempo und Akzente des Films. Die Ankleideszene im Hotel ist wirklichkeitsgetreu und ohne Hast inszeniert. Was gewöhnlich Journalisten, Ärzten, *aficionados* und Männern aus dem beruflichen Umfeld eines Stierkämpfers vorbehalten ist, machte sie nun für die von männlicher Attraktivität nicht gerade verwöhnten Kinogängerinnen sichtbar. Der Matador wird den Blicken des anderen Geschlechts preisgegeben wie sonst nur Frauen. Einen Unterschied gibt es aber: Valentino zieht sich an und nicht aus. Das Vorführen der Ankleidezeremonie rechtfertigt sich als wesentlicher Bestandteil des gesamten Stierkampfrituals. Die Filmzensur hatte dagegen nur schwache Argumente.

Von Anfang an sah Mathis den Künstler in Valentino. Am Set war sie seine stärkste Verbündete, jedenfalls in den Augen von Rambova, die ohne die geringste Spur von Eifersucht anerkannte, dass niemand ihn so verstand wie June, die das Drehbuch ganz auf seine Person abstellte. Insgeheim betrachtete Mathis sich ebenfalls als Künstlerin, vermied aber, die Pragmatiker aus den Produktionsetagen durch unbedachte Bemerkungen herauszufordern. Im Verlangen nach werkgetreuer Umsetzung eines Romans war sie mit *Blood and Sand* nach den *Four Horsemen* einen Schritt vorangekommen. Erst 1924 würde mit dem in Italien gedrehten *Ben Hur* der eigentliche Durchbruch für das Drehen an Originalschauplätzen erfolgen.

Wie June Mathis für die Schlüssigkeit, so sorgte Fred Niblo für die Plastizität der Filmszenen. Eine gute Kombination. Der Film betont in jedem Zug die schroffe Gegensätzlichkeit der beteiligten Charaktere, lässt die Konflikte unvermittelt aufbrechen und hält ein spannungsreiches Tempo. Am Ende fällt Valentinos Schatten in die Arena, und dann ist alles vorbei: Juan Gallardo, dieser einst in ganz Spanien verehrte Stierkämpfer, hinterlässt keine Spuren. Kaum hat man den tödlich Verwundeten aus der Arena geschleppt, harkt man Sand über sein Blut und geht zum nächsten Kampf, zum nächsten Matador, zur Tagesordnung über. Nur die Lebenden zählen.

Der Regisseur traktiert die Zuschauer mit plumpen Symbolen oder wird übertrieben deutlich: so, wenn die Schlangenhaftigkeit des Vamps durch einen Schlangenring angezeigt wird oder wenn Doña Sol ihr Lippenrot auffrischt, während man den vom Tode gezeichneten Gallardo aus der Arena trägt. Den Willen, unabhängig und frei zu sein, bringt Nita Naldi jedoch ebenso glaubhaft zur Geltung wie Blicke in der Art eines Messerstichs.

Bemerkenswert ist Gallardos Besuch im Haus von Doña Sol inszeniert. Valentino agiert als eingeschüchterter Tölpel, der den Willen einer ebenso verführerischen wie Respekt gebietenden Dame kaum zu enträtseln wagt. Als sei er aus der Arena in eine Hutschachtel gefallen, lässt er sich vom schwülen Opiumduft in den mit dekorativem Plunder überladenen Räumen verwirren. Ab und zu durchquert ein halb nackter schwarzer Diener den Raum – ein in doppelter Hinsicht dunkler Hinweis auf die Vorlieben der Gastgeberin. Beschützt von Reichtum und gesellschaftlichem Rang, genießt Doña Sol die Bewegungsfreiheit einer Witwe und hält mit ihren Wünschen nicht lange hinter dem Berg. Gallardos machohaftes Gehabe, das nur seine Furcht verbergen soll, heizt ihre Begehrlichkeit erst richtig an. Als sie ihn schließlich in die Hand beißt, reagiert er entsetzt auf ein Verlangen, das ihm pervers erscheint. Wie einst Carmen mit Don José, so spielt auch Doña Sol mit ihrem Liebhaber. Es ist nicht zu erkennen, ob sie in ihm wirklich den harten Mann zu erkennen glaubt, den sie ihrem Willen unterwerfen will wie ein wildes Tier, oder ob sie ihn durchschaut und gerade darin ihr Gefühl von Überlegenheit auslebt, dass sie ihn, den liebenswürdig Schwachen, zu entwürdigenden Demonstrationen von Härte zwingt.

Valentino gelingt es, Gallardos Empfindungen bis in subtilste Nuancen vorzuführen. Dabei zeigt er sich als Liebhaber im Stil Don Josés, ohne – wie der von Carmen verabschiedete Sergeant – zum Äußersten zu gehen. Die Echtheit seiner Gefühle macht ihn wehrlos, und so verliert er nicht nur die Geliebte, sondern auch das Leben.

Als Spielball weiblicher Launen und männlicher Gunst trifft er in der Arena auf einen feigen Stier, so feige, wie er selbst nach Meinung der Menge inzwischen geworden ist. Niemand blickt wie Valentinos Gallardo. In Momenten, die über seine Zukunft entscheiden, verdunkeln sich seine Augen. Als er am Anfang seiner Karriere, vom Erfolg berauscht, in der Menge die junge Carmen entdeckt und von ihr eine Rose zugeworfen bekommt, schwindet sein Lächeln. Der gleiche Wechsel von Heiterkeit zum Ernst wird sichtbar, als sein die Ränge abtastender Blick Doña Sol erfasst. Unzählige Akteure des Stummfilms hätten solche Momente durch clowneske Manöver oder augenzwinkernde Kumpanei mit den Zuschauern verdorben – Valentino durchlebt sie mit dem Ernst eines passionierten Liebhabers.

Nicht jeder Darsteller hat das Glück, im Spiel seinem Alter Ego zu begegnen. Die Übereinstimmungen zwischen Romanfigur und Schauspieler sind frappant. Auch Valentino verlor früh den Vater. Wie Gallardo verehrte er seine Mutter und genoss ihre Strenge und ihr Schelten. Wie Gallardo fürchtete er Armut und Chancenlosigkeit. Wie Gallardo fühlte er sich von willensstarken Frauen angezogen. Beide waren als Aufsteiger von der Gunst einflussreicher Männer und einer wetterwendischen Zuschauermenge abhängig. Zahllose, nicht immer freundliche Artikel in Filmmagazinen kommentierten seine Arbeit oder warben – vom Studio gesteuert – vollmundig für *Blood and Sand*. War es Teil des Rituals, die Männlichkeit eines Stierkämpfers auf die Probe, oft sogar in Frage zu stellen, so sollte bald auch Valentinos Männlichkeit zur Zielscheibe rüder Kommentare werden.

Im März 1922, während der Dreharbeiten, erschien im Photoplay Magazine ein von Valentino gezeichneter, wahrscheinlich von Elinor Glyn verfasster Artikel zum Thema »Die Frauen und die Liebe« – voll gepackt mit Klischees, Ratschlägen und Legenden. Valentino hatte früher weder längere Zeit in Rom und Paris gelebt, wie behauptet wurde, noch war sein Englisch schlecht genug, um damit zu kokettieren. Der Wahrheit nahe kam nur sein freimütig geäußerter Kinderwunsch.

Für Richtigstellungen war er zu beschäftigt – und zu höflich gegenüber der Verfasserin. Ablenkungen konnte er jetzt nicht brauchen. Ruhe fand er zu Hause, denn am Set ging es immer lebhaft zu, doch wenn das für Liebesszenen bereitstehende kleine Orchester zu musizieren begann, entstand eine Insel der Konzentration. Sobald der Pasodoble erklang, verwandelte sich das Studio vor Valentinos Augen in Sevilla, in Madrid – etwas wunderbar Fernes. »Wenn je eine Figur zum Leben erwachte, dann war es Gallardo, wie Valentino ihn verkörperte.«[18]

So sah es Rambova. Sie verstand, dass er in dieser Rolle sein eigenes Leben gespiegelt sah, denn sie führte tief in die Vergangenheit: die Kindheit am Rande der riesigen Schlucht des dörflichen Castellaneta, Mutproben mit gefährlichen Tieren, Lust an geheimnisvollen, eher erahnten als verstandenen Dingen, knabenhafte Verliebtheit – all das ergab einen Fundus, aus dem er schöpfen konnte, um als Juan Gallardo die Wandlung vom Bauernlümmel zum gefeierten Matador überzeugend darstellen zu können. Wie das *traje de luces* dem Leib des Toreros, so sollte Kunst der Wirklichkeit Form geben. Alles Drumherum – Angestellte des Studios, Presse- und Geschäftsleute, Agenten, Journalisten – nahm Valentino wie durch Nebelschleier wahr. Aus diesem Traum gab es für ihn erst ein Erwachen, als die letzte Blutspur in der

Arena verschwand. War es nicht die Rolle seines Lebens? Vier Jahre bleiben ihm noch, um das Alter seines Heros zu erreichen.

BIGAMIE WIDER WILLEN

Im Mai 1922 schien der Weg für Valentino in eine Zukunft mit Rambova frei. Das Studio hatte ihm eine Summe vorgestreckt, damit er Jean Acker eine einmalige Abfindung von 12 000 Dollar zahlen konnte. Man hoffte, ihn so vor unangenehmer Publicity zu bewahren.

Die Kritiken von *Beyond the Rocks* fielen weniger gut aus als der Kassenerfolg des Films. Nach Auffassung aller Beteiligten würde *Blood and Sand* ihn in jeder Hinsicht übertreffen. Rambova hatte die Arbeit für *Salome* abgeschlossen und wartete ungeduldig auf das Ende der Dreharbeiten. Den Rat ihres Anwalts, die gesetzlich vorgesehene Frist einzuhalten, nahmen beide nicht ernst. Freunde hatten ihnen versichert, dass man mit einer Trauung in Mexiko lästige Wartezeiten umgehen könne.[1]

Wenige Tage nach Valentinos Geburtstag kündigte die New York Times seine Wiederverheiratung an. Diese Nachricht provozierte den üblichen Wust aus Fakten, Vermutungen und Erfundenem, wobei das Interesse an Rambova sich weniger auf ihre Arbeit als auf die Tatsache bezog, dass sie die Stieftochter eines wohlhabenden Kosmetikfabrikanten war. Vor der Abreise nach Frankreich äußerte sich Richard Hudnut in New York anerkennend über seinen künftigen Schwiegersohn. Vermutlich waren Rambovas Eltern nicht darüber informiert, dass die Hochzeit so bald stattfinden sollte, denn sie fuhren nach Europa, ohne die Trauung abzuwarten. Für aufwändige Vorbereitungen fehlte es dem Paar an Zeit, Geld – und Geduld.

Adela Rogers St. Johns, eine Journalistin, die seit kurzem für das Photoplay Magazine schrieb und sich ohne nennenswerte Vorkenntnisse auf Hollywood eingelassen hatte, war trotz ihrer Jugend zur Beichtmutter der Stars geworden. Ihr vertraute der Bräutigam an, warum seine Wahl so und nicht anders ausgefallen war. »Ich hielt Natacha in den Armen und spürte, das war das Leben. Nur die richtige Frau vollendet die Natur eines Mannes. Keine Frau hat mich jemals so in Ekstase versetzt, alle anderen waren wie mit Sägemehl ausgestopft.« Die Braut dagegen gestand einem Journalisten, romantische Gefühle hätten keine Rolle gespielt; sie habe sich »wegen unserer Kongenialität« für Valentino entschieden.[2]

Bald brach das Paar mit wenigen Vertrauten nach Palm Springs auf. Dazu gehörten der Kameramann Paul Ivano und Douglas Gerrard, Freunde des Bräutigams, Alla Nazimova und Dr. Floretta White, eine Freundin der Braut. In Mexicali, unmittelbar hinter der Grenze, sollte die Trauung am 13. Mai 1922, eine Woche nach Valentinos siebenundzwanzigstem Geburtstag, stattfinden. Der Bürgermeister hatte ein Orchester bestellt. Man erwartete sie bereits. Die Musiker spielten einen spanischen Hochzeitsmarsch und folgten dem Paar zu einem opulenten Frühstück in das Privathaus des Bürgermeisters, wo das Fest bis zum Abend dauerte. Die Bevölkerung nahm lebhaften Anteil, was Valentino zu einer Dankesrede inspirierte. Auch Rambova war bewegt: »Ich werde die Mexikaner immer für die Freude lieben, die sie uns an diesem Tag bereiteten«, schrieb sie Jahre später. »Ihnen wurde einfach nichts zu viel.«[3] Müde, aber glücklich wurde die Hochzeitsgesellschaft schließlich vom Polizeichef des Ortes an die Grenze zurückgeleitet. Alle übernachteten im nahen El Centro und fuhren am nächsten Morgen zurück. Palm Springs mit seinen heißen Quellen, Palmen und luxuriösen Hotels hatte sich inmitten der Wüste von Colorado zu einem Kurort der High Society entwickelt. Hier und in der Hafenstadt San Diego mit ihren Stränden und weitläufigen Parks wollten Valentino und Rambova die Flitterwochen verbringen. Doch es sollte anders kommen.

Ein neuer Skandal braute sich zusammen. Noch war Valentinos Scheidung vom November letzten Jahres in lebhafter Erinnerung. Zwei Reporter lancierten die Nachricht, er sei nach kalifornischem Gesetz nicht rechtskräftig geschieden, die mexikanische Heirat sei ungültig, der Star ein Bigamist. Um einen »Fall« herbeizuschreiben, befragten sie Richter Toland, Jean Ackers Anwalt und sogar Vertreter der Paramount. In jedem Bundesstaat galten andere Fristen für eine neue Ehe. Nichts war einfacher, als Juristen aufzuscheuchen, die in ihr Amt gewählt worden waren und um ihre Wiederwahl bangen mussten, falls die Öffentlichkeit sich gegen sie stellte. Und der zuständige Staatsanwalt wollte wieder gewählt werden.

Spätestens seit November 1921, als der Komiker Arbuckle in San Francisco des Mordes an der jungen Virginia Rappe beschuldigt worden war, sorgte sich die Filmindustrie um das Privatleben der Stars. Es sollte zwar weiter zu Werbezwecken offen gelegt werden, aber keinesfalls Anstoß erregen. Im Februar 1922, fünf Monate später, war der Regisseur William Desmond Taylor erschossen aufgefunden worden – in der Nähe einer Sammlung von sorgfältig beschrifteten Dessous, was mehr Empörung hervorgerufen hatte als der Mord selbst. Seitdem befand sich nicht länger der einzelne Publikumsliebling mit sensationellen Details seiner Lebensführung auf dem Prüfstand, sondern die gesamte Filmindustrie.

Ab 1922 sollte Will H. Hays, der unter dem Präsidenten Harding das Amt des Postministers innegehabt hatte, der »freiwilligen« Selbstkontrolle Autorität verleihen. Sein Problem war die Frage, was eigentlich verboten werden sollte. Jeder Bundesstaat, manchmal sogar einzelne Kommunen, verfolgten eine andere Praxis, was das Herausschneiden von Szenen betraf. Änderungen waren zeitaufwändig und kostspielig; deshalb einigte man sich auf einen überschaubaren Kodex von Regeln, die Spielraum für Entscheidungen ließen. Als Mann fürs Grobe trat Hays immer dann auf den Plan, wenn moralische Katastrophen sich anbahnten oder bekannt zu werden drohten. Diese Strategie sollte sich im Laufe der Jahre auszahlen. Das Hays Office funktionierte als Frühwarnsystem für Skandale. Außenstehenden gewährte es keinen Einblick. Der innere Zirkel von Hollywood, die Absprachen und Entscheidungen der Tycoone blieben von solcher Kontrolle unberührt.

Vor diesem Hintergrund durfte niemand die Schlagzeilen über Valentinos Hochzeit ignorieren. Der Latin Lover als Bigamist! Die beiden Reporter, die das Ganze eingefädelt hatten, wussten, jetzt war es nur noch eine Frage der Zeit, bis sich Juristen finden würden, die aus Angst um ihre Wiederwahl ein Exempel statuieren wollten. An vorderster Front stand der Staatsanwalt Thomas Lee Woolwine.

Von Jesse Lasky alarmiert, fuhr das Paar deshalb nicht in die Flitterwochen, sondern verließ Hals über Kopf Palm Springs, um die Lage in der Rechtsabteilung der Paramount und mit Valentinos Anwalt in Los Angeles zu besprechen. Will Hays hatte bereits sein Missfallen bekundet und drohte mit Sanktionen. Während Woolwine sich persönlich in Mexikali vergewisserte, dass die Heirat registriert worden war, und die Namen der Trauzeugen in Erfahrung brachte, wies Valentinos Rechtsbeistand ihn auf die juristischen Konsequenzen hin. Während Arbuckle freigelassen und unter der Hand weiter beschäftigt worden war, drohte Valentino, falls er den Bigamievorwurf nicht entkräften konnte, nicht nur eine Gefängnisstrafe bis zu zehn Jahren, sondern auch das Ende seiner Karriere. Die Anwälte rieten Rambova, jeden Anschein eines Zusammenlebens zu vermeiden und Hollywood auf der Stelle zu verlassen. Die einzige Chance, eine Katastrophe abzuwenden, liege im Nachweis, dass die Ehe nicht vollzogen worden war. Schweren

Herzens bestieg sie den Zug nach New York mit Valentinos Geschenk im Arm, einem kleinen Hund. Sonst hatte sie nur eine Hutschachtel bei sich.

Ihr Mann blieb in Los Angeles zurück. Hätte er sie begleitet, wäre ihm das als Fluchtversuch ausgelegt worden. Die Anwälte konferierten bis spät in die Nacht; Valentino saß stumm daneben. Er war sich keiner Schuld bewusst. Wen hatte er denn geschädigt? Was verbrochen? Der amerikanische Traum bekam einen Riss.

Staatsanwalt Woolwine zog nicht als Einziger Erkundigungen ein. Auch die Paramount ließ Nachforschungen anstellen – mit überraschenden Ergebnissen. Der unerbittliche Staatsanwalt saß selbst im Glashaus, weil eine Angestellte, mit der er ein Verhältnis gehabt hatte und die danach entlassen worden war, gegen ihn prozessieren wollte. Doch täuschte man sich in der Annahme, Woolwine würde deshalb vorsichtiger auftreten. Im Gegenteil: Um den Verdacht zu entkräften, es gehe ihm lediglich um Publicity für seine Wiederwahl, spürte er weitere Paare auf, die die vom kalifornischen Recht bestimmte Wartezeit ignoriert hatten, und erhob Anklage.

Sieben Tage nach der Hochzeit, am 21. Mai 1922, erschien Valentino mit seinem Anwalt Gilbert in Woolwines Büro und erklärte sich für schuldig. Der Friedensrichter setzte eine Kaution von 10 000 Dollar fest. Es war Sonntagmorgen. Die Banken hatten geschlossen. Da keiner von beiden so viel Geld bei sich trug, wurde Valentino, der dem Gespräch nur mit halbem Ohr gefolgt war, zu seiner Verwunderung aufgefordert, alle persönlichen Gegenstände abzugeben, und ehe er sich versah, saß er in einer Zelle unter Säufern, Taschendieben und Schlägern, die sich einen Spaß daraus machten, auf Tuchfühlung zu gehen. Was immer in jener Nacht passiert sein mag, es wirkte lange nach.

Offenbar hatte Gilbert diese Wendung zum Schaden seines Mandanten weder bedacht noch entsprechende Vorsichtsmaßnahmen getroffen. Bei der Paramount rührte sich kein Finger, obwohl das Studio auch an Wochenenden problemlos größere Summen bereitstellen konnte. Wollte man dem Star eine Lektion erteilen? Die Rettung kam von anderer Seite. June Mathis und zwei Freunde trieben die Kaution schließlich auf und holten Valentino aus dem Gefängnis. Bei seiner Entlassung war er so benommen, dass er keiner Frage der wartenden Journalisten auswich.

Unterdessen verfolgte die Meute der Reporter auch Rambova, entdeckte sie schließlich bei einem Zwischenstopp auf dem Bahnhof von Chicago und konfrontierte sie mit der Nachricht von Valentinos Verhaftung. Nur mit Mühe hielt sie die Tränen zurück. Sie stellte sich vor, wie er im Gefängnis saß, zusammengepfercht mit Kriminellen. Ausgeliefert. Erniedrigt. Sie wusste, wie schwer er solche Dinge nahm, und fürchtete das Schlimmste.

Während ihr durch den Kopf ging, wer ein Interesse daran haben könnte, ihm zu schaden, beantwortete Rambova die von allen Seiten auf sie einprasselnden Fragen. Im ersten Schreck hatte sie Neider für alles verantwortlich gemacht. Dass Reporter dahinter steckten, denen es um eine Schlagzeile ging, ahnte sie nicht. Die Presseleute verübelten ihr das stolze, beherrschte Auftreten und bedrängten sie mit Fragen nach ihrer Vergangenheit und der Affäre Kosloff, um sie aus dem Gleichgewicht zu bringen.

Anfang Juni fand die Verhandlung wegen Bigamie in Los Angeles statt. Vier Hochzeitsgäste wurden in den Zeugenstand gerufen. Die vorausgegangenen Absprachen zum Schutz des Paares enthielten vor allem für Nazimova und Ivano ein hohes Risiko, denn sie besaßen nicht die amerikanische Staatsangehörigkeit. Dennoch gingen sie es ein. Zum Glück bestätigten Nachbarn und Bedienstete, dass es der Braut nach der Trauung nicht gut gegangen sei, weshalb Valentino woanders übernachtet habe. Zeugen mussten die Position der Betten beschreiben und Woolwines sarkastische Kommentare anhören. Ein Anwalt der Paramount sprach aus, welches Spiel hier gespielt wurde. Woolwine sei offenbar mehr an Publicity als an einer Klärung des Falles gelegen. Diese Anspielung verfehlte ihre Wirkung nicht. Während sich all dies zutrug, fühlte Valentino sich seltsam entrückt, so, als habe nicht er, sondern ein anderer mit all dem zu tun; es kostete ihn Anstrengung, seinen »Fall« mit der Realität in Übereinstimmung zu bringen. Ein Foto zeigt ihn während der Verhandlung – ernst, verloren ins Leere starrend. Da es keinen Beweis für den Vollzug der Ehe gab, wurde der Angeklagte am 5. Juni 1922 vom Bigamieverdacht freigesprochen. Woolwine behielt sich vor, in die nächste Instanz zu gehen. Mit einem Anflug von schwarzem Humor lud Valentino ihn und andere Vertreter der Gegenseite zur nächsten Hochzeit ein. Die Herren akzeptierten gut gelaunt.

Valentino war mit einem blauen Auge davongekommen. Sofort überlegte man bei der Paramount, wie sich die frische Publicity nutzen ließ: Im März war ihr Star wegen einer nicht vollzogenen Ehe geschieden und im Juni desselben Jahres wegen einer nicht vollzogenen Ehe vom Vorwurf der Bigamie freigesprochen worden. Valentino fand das weniger komisch. Getrennt von Rambova, wartete er jeden Tag auf Post von ihr. Der Schock seiner Haft wirkte nach. Nachts schreckte er aus Alpträumen hoch: Nur langsam fand er zur Normalität zurück. Amerikaner waren seltsam. Mal streng, puritanisch, regelversessen – dann wieder großzügig, kompromissbereit und durchaus willig, Gesetz Gesetz sein zu lassen. So ganz verstand er das immer noch nicht. Seine Frau würde es ihm erklären. Irgendwann.

Allmählich fing er sich wieder, las viel und suchte Entspannung beim Fechten und bei langen Ausritten. Das Alleinsein tat ihm gut, nur Rambovas Briefe waren ihm nie ausführlich genug. »Wenn du wüsstest, wie ich sie verschlinge und immer mehr davon lesen möchte, würdest du dich nicht mehr für ihre Länge entschuldigen, sondern sie ein bisschen länger machen. Sie könnten so lang sein, wie sie wollten, und würden mir doch immer noch zu kurz erscheinen, denn ich bin erst glücklich, wenn ich deine Briefe lese. Das kommt mir so vor, als würdest du dich mit mir unterhalten.«[4] In seinen Mußestunden schrieb er Gedichte. Auch seine Antworten aus dieser Zeit waren vom Geist der *Lake Poets*, der romantischen englischen Schule, durchdrungen – was man als indirekte Huldigung an jenes, einst Wink gerufene Mädchen verstehen kann, das bereits im Alter von acht Jahren einem englischen Internat übergeben worden war, wo es Zuflucht in Garten oder Bibliothek gefunden hatte. Rodolfo liebte Rambovas Kinderbilder. Das feine, von Kämmen und Schleifen gehaltene Haar, der ernsthafte Blick rührten ihn.

Im fernen New York nahm Rambova unterdessen Gespräche mit der Paramount auf. Warum hatte man Valentinos Inhaftierung zugelassen? Warum hatte das Studio nicht unverzüglich eine Kaution gestellt? Warum war er nicht als Star behandelt und abgeschirmt worden? Warum sollte er sich an den Anwaltskosten des Studios beteiligen? Sein eigener Anwalt war schon teuer genug. Für den Geschmack ihrer Gesprächspartner waren das ein paar Fragen zu viel, und sie erteilten ihr eine rüde Abfuhr.[5] Valentino selbst war überzeugt, die Paramount habe ihm einen Denkzettel verpassen wollen. Er verglich seine Gage mit den Summen, die das Studio mit *The Sheik, Moran of the Lady Letty, Beyond the Rocks* in weniger als zwei Jahren eingespielt hatte, und fand sich – kurz vor dem voraussehbaren Erfolg von *Blood and Sand* – mit einem Taschengeld abgefunden. Rambovas Demütigung war ein Alarmzeichen. Sie fürchtete, sich falsch verhalten zu haben. Diese Sorge wollte er ihr nehmen: »Mir kommt es vor, als würdest du direkt mit mir sprechen, und ich kann dich, Babykins, beruhigen, du hast überhaupt nichts verdorben.« Doch die nächste Kraftprobe mit der Paramount ließ nicht auf sich warten.

Der hoch verschuldete Star strapazierte die Geduld seiner Gläubiger. Selbst die Kaution konnte er vorerst nicht zurückzahlen. Dennoch weigerte er sich, Einschränkungen in Kauf zu nehmen. Ende 1921 hatten beide eine heruntergekommene Villa am Wedgewood Place in Hollywood gekauft, Whitley Heights. Sie lag auf einem hektargroßen Grundstück und bot mit acht Zimmern genug Raum für Möbel, Bücher, Valentinos Waffensammlung und seine Menagerie. Rambovas Wünsche flossen undiskutiert mit ein und verliehen dem Haus jene magische Aura, die für ihn nie an Reiz verlor. Sein Traum von Kultur, der italienische Sinn für *sistemare* – Ordnung und geklärte Verhältnisse –, ließ ihn weder an Materialien sparen, noch stoppte er die Bauarbeiten für das Anwesen, als die Schulden wuchsen. Zum ersten Mal in seinem Leben konnte er sehen, fühlen, riechen: Die Zeit der Provisorien, der mit Freunden geteilten Buden, der schäbigen Hotelzimmer war vorbei. Zum ersten Mal würde er ein Zuhause haben.[6]

Im Sommer 1922 spitzte sich der Konflikt mit dem Studio zu. Vordergründig ging es um Geld – tatsächlich war es nur eine der unzähligen Machtproben, in denen sich die Paramount gefiel. Valentino forderte ein über seine Rolle hinausgehendes Mitspracherecht. Vergebens. Kleinliche Schikanen am Set machten ihm das Leben schwer. Für Rambova steckte Methode dahinter.

Lasky hatte während des Bigamieprozesses zwar mit dem Hays Office gedroht, zögerte aber keine Sekunde, Valentinos Publicity für die Produktion zu nutzen. Diesen Glücksfall konnte er sich schon deshalb nicht entgehen lassen, weil das Publikum verstand, dass ein Italiener mit der von Bundesstaat zu Bundesstaat wechselnden Rechtslage nicht unbedingt vertraut sein konnte und sich auf den Rat seiner amerikanischen Freunde verließ. Die Besorgnis des Studios war vorgeschoben. Niemand war wirklich beunruhigt. Das Spiel hieß »So tun als ob«. Im Gefängnis hatte der Latin Lover seine Lektion erhalten. Doch verstand er sie auch?

Früher hatte Lasky Rambovas Anwesenheit am Drehort begrüßt, weil er sich davon eine beruhigende Wirkung auf den sensiblen Star erhoffte. Nachdem er wegen Valentinos Haft von ihr zur Rechenschaft gezogen worden war und die räumliche Trennung des Paares nicht die erwartete Wirkung zeigte, änderte er seine Taktik und gab zu bedenken, dass die Ehe Valentinos Image schaden könne.

Seine Argumentation war nicht ganz von der Hand zu weisen. Die Liebe und das Alter galten als Probleme in Hollywood. Verheiratete Publikumslieblinge, Mütter und Familienväter boten wenig Anlass zum Träumen. Mary Pickford durfte auf der Leinwand nie erwachsen werden; Lillian Gish sollte ihre madonnenhafte Erscheinung konservieren, Francis X. Bushman keineswegs als Vater von fünf Kindern in Erscheinung treten. Leidenschaftlich gebundene oder ihrer Liebe lebende Stars zerstörten die Illusion, sie kämen als Liebhaber in Betracht. Abwegig waren solche Überlegungen nicht,

140

doch Lasky übertrieb seine Bedenken. Tatsächlich gelang es ihm, die stets um Valentinos Karriere besorgte Rambova zu verunsichern. Ihr Einfluss war ihm ein Dorn im Auge. Sie hatte Valentino auf die Idee gebracht, Mitsprache bei Drehbüchern, Regisseuren und Darstellern zu verlangen. Anders als ihr zu Temperamentsausbrüchen neigender Mann verlor sie nie die Beherrschung und war weniger leicht zu übertölpeln. Valentino vertraute ihr und gab öffentlich Proben seiner Loyalität ab, ein Grund mehr für die gleichsam institutionelle Eifersucht des Studios, das ihm Dankbarkeit abverlangte. Dankbarkeit? Wofür?, fragte Rambova. Dankbarkeit wofür?, fragte auch der selbst bei seinen Gegnern nicht als undankbar geltende Valentino wieder und wieder.[7]

Anklage, Haft, Prozess und Trennung – über all dem waren ihre Flitterwochen verstrichen. Meldungen aus dem Privatleben des Paares sollten vermieden werden, ein neues Projekt das Publikumsinteresse wach halten. Will Hays gab grünes Licht. Nach Valentinos Freispruch war ein Verbot seiner Filme nicht mehr zu befürchten. Deshalb drängte Studiochef Lasky auf eine schnelle Entscheidung, konnte aber niemanden für seine Idee begeistern, John A. Mitchells Roman »Amos Judd« zu verfilmen. Darin ging es um einen Studenten aus Harvard, der erst als Erwachsener erfährt, dass er als Prinz zur Welt gekommen ist und seiner indischen Heimat gegenüber Verantwortung übernehmen soll. June Mathis hatte zwar ein Drehbuch parat, doch diesmal war es nicht auf Valentino zugeschnitten und bot sich nur als Lückenfüller an, denkbar ungünstige Voraussetzungen, um dem Studio mehr Einfluss auf die Produktion abzuverlangen. Außerdem konnte Mathis sich Valentino schon deshalb nicht mit der gewohnten Intensität widmen, weil sie an einem Punkt ihrer Karriere angelangt war, wo sie – von Anfragen und Aufträgen überhäuft – für mehrere Projekte gleichzeitig arbeitete.

Bei der Paramount machte man Rambova für die Anspruchshaltung ihres Mannes verantwortlich. Allein, so lautete der Vorwurf, hätte er diese Beharrlichkeit wohl kaum an den Tag gelegt. Nur durch sie kannte er seinen Wert, nur durch sie wurde er darin bestärkt, sein Talent unter Beweis stellen zu wollen. Ihr Kampfgeist sprang auf ihn über. An ihrer Seite fühlte er sich stark.

Rambova ging es anders. Selbst ihrem Mann gegenüber konnte sie sich nicht rückhaltlos aussprechen. Eine Scheu blieb. »Glaube nicht, Liebling, dass ich von dir nur heitere Briefe bekommen möchte. Wenn das so wäre, müsste ich denken, du liebst mich nicht mehr. Wie die Tränen möchte ich auch die Freude mit dir teilen«, schrieb er ihr deshalb. Während er sich ein ganzes Leben volles Vertrauen wünschte, neigte sie dazu, mit Problemen durch Rückzug und Schweigen fertig zu werden. »Weißt du noch, Liebling«, erinnerte er sie, »wie wir in jener Nacht aus Palm Springs nach Hause kamen und du in meinen Armen weintest bei dem Gedanken, nach New York gehen zu müssen? Ich habe dich geliebt, und ich werde dich lieben wie nie zuvor, während ich mich früher immer ärgerte, wenn du mich fortschicktest, um allein zu weinen, und ich merkte, dass ich nur willkommen war an Tagen, an denen Fröhlichkeit herrschte, aber wenn es Sorgen gab, entferntest du dich von mir, als sei ich unwürdig, deine Tränen mit dir zu teilen. Ich fühlte mich betrogen und wurde ganz närrisch, denn ich spürte, dass du mir nicht gehörtest im Leiden, so, als hättest du dich mir wieder entzogen.«[8]

Die Paramount kündigte den neuen Film an und übertrug Rambova die Verantwortung für Set und Kostüme. Mit ihrer Arbeit war man immer zufrieden gewesen. An guten Kritiken hatte es auch nie gefehlt. Außerdem tröstete man sich damit, sie in sicherer Entfernung vom Drehort zu wissen.

The Young Rajah stand unter keinem guten Stern. Zwar konnte Valentino eine Doppelrolle als Harvard-Student und exotischer Prinz übernehmen und sich erneut als Objekt der Begierde präsentieren, doch die Hauptdarstellerin Wanda Hawley hielt einem Vergleich mit früheren Partnerinnen nicht stand und agierte blass – wie alle übrigen Schauspieler. Set und Kostüme wirkten überladen. Ein Vorwurf nach der Premiere von *Salome,* für dessen Ausstattung Rambova verantwortlich war, lautete, das Design dränge Darsteller und Handlung in den Hintergrund. Trotz eindrucksvoller Szenarien verhielt es sich hier ähnlich.[9]

In Filmen dieser Jahre wurden tonnenweise falsche Perlen verbraucht. Auch Rambova schöpfte aus dem Vollen. Dick beperlte Arm-, Knie- oder Fußreifen in zwei- bis dreifacher Reihung wetteiferten nicht nur mit Ringen an den Fingern, sondern auch noch an den Zehen. Der Rajah ähnelte eher einer überdekorierten Torte als einem Prinzen. Fast schien es, als habe Rambova das Vertrauen in Valentinos natürliche Wirkung verloren. Nur beim Sport trat er unverkleidet auf. Dagegen ließen ihn die beperlten bzw. aus Perlenarrangements bestehenden Kostüme steif wirken. Es war einfach unmöglich, gegen solche Gewänder aufzukommen, körperlich oder geistig. Ein männlich-modernes Gegenstück zu Vermeers »Dame mit der Perle« war *dieser* Prinz jedenfalls nicht.

Die Entfernung zwischen Hollywood und New York erschwerte die Zusammenarbeit. Beide standen unter enormem Druck. Um den Film rasch beenden zu können, wurde das Bootsrennen zwischen Harvard und Yale mit Studenten der Universität von Kalifornien in San Francisco aufgenommen. Das grobe Dekor darf als weiterer Hinweis auf die Hast gelten, mit der gedreht wurde, und am Ende waren alle unzufrieden. Jesse Lasky musste beim Anblick des Prinzen lachen. Design und Ausstattung wurden von Kritikern als »bizarr« empfunden. Mit dem ungeliebten *Rajah* hatte sich das Paar in eine Sackgasse manövriert.

Sobald Reporter am Set erschienen, wurde Valentino nervös. Während der Arbeit für *Blood and Sand* war er mit einem Artikel von Dick Dorgan im Photoplay Magazine, der abfällige Bemerkungen enthielt, zu Lasky gegangen und hatte verlangt, in Zukunft nicht nur den Verfasser, sondern die Presse generell von Dreharbeiten auszuschließen. Lasky reagierte sofort und telefonierte mit dem Herausgeber. James Quirk versprach, den Journalisten zur Rede zu stellen und zum Ausgleich in den nächsten Heften ganzseitige Fotografien des Stars zu bringen. Doch dann setzte Dorgan in der Juli-Nummer überraschend mit einem »Song of Hate« nach.

»Ich hasse Valentino! Alle Männer hassen Valentino. Ich hasse seinen Orientfimmel; ich hasse seine klassische Nase; ich hasse sein romanisches Gesicht; ich hasse sein Lächeln; ich hasse seine schimmernden Zähne; ich hasse sein pomadisiertes Haar; ich hasse ihn, weil er zu gut tanzt; ich hasse ihn, weil er ein Schwindler ist; ich hasse ihn, weil er der große Kinoliebhaber ist; ich hasse ihn, weil er ein Herzensdieb ist; ich hasse ihn, weil er beim Küssen zu geschickt ist; ich hasse ihn, weil er der Partner von Gloria Swanson ist; ich hasse ihn, weil er zu gut aussieht. Seit er mit den *Four Horsemen* angaloppiert kam, war er die Ursache von mehr Schlachten am heimischen Herd, als in Zeitungen gedruckt werden können. Die Frauen werden bei ihm ganz schwindlig. Die Männer haben einen Geheimorden gegründet (dessen amtierender Präsident und Scharfrichter ich bin, wie Sie vielleicht merken), um ihn aus einsichtigen Gründen zu hassen und zu verachten.« Und er schloss mit den Worten: »Was? Ich soll eifersüchtig sein? – O nein – ich hasse ihn einfach.« Dorgan sprach vielen Amerikanern aus der Seele und machte sich unangreifbar, indem er – nur halb im Scherz – Neid, Eifersucht, Hass frei bekannte.[10]

Der Artikel war mit zwei Karikaturen versehen. Eine zeigte Valentino als Frauenliebling mit pomadisiertem Haar, die andere als gezierten Schwulen mit Ohrring. Die Karikatur unterschied nicht zwischen dem Privatmann und dem Schauspieler Valentino, sondern zwischen einer männlichen, ihn als schwul ausmachenden, und einer weiblich harmlosen Sehweise. Valentinos Männlichkeit stand zur Diskussion. Ein Verdacht entstand, der sich im Laufe der Zeit mehr und mehr verdichten sollte: Was stimmte nicht mit dem Latin Lover? Warum hatte er in erster Ehe eine Lesbierin geheiratet? War seine Vorliebe für gute Kleidung und exzentrischen Schmuck wirklich nur auf seine italienische Herkunft zurückzuführen? Oder verfielen die Frauen ohne ihr Wissen einer »sissy«, d. h. einem Homosexuellen?

Valentino forderte jetzt nachdrücklichere Interventionen und drohte Lasky, der für Anfang August 1922 am Broadway geplanten Premiere von *Blood and Sand* fernzubleiben, falls Dorgan sich weiter in diesem Stil äußern dürfe. Da Lasky nicht nur an Valentino, sondern auch an die übrigen Stars der Paramount denken musste, durfte er es sich auf keinen Fall mit dem Herausgeber des Photoplay Magazine verderben; deshalb fiel das Telefonat behutsam aus und enthielt keine Forderung, von der Quirk sich unter Druck gesetzt fühlen konnte.

Mittlerweile war Rambova zu ihren Eltern nach Oregon gefahren, wo Richard Hudnut in den Bergen von Adirondack einen Landsitz namens Foxlair gekauft hatte. Dort verbrachte er mit seiner Frau erholsame Tage, wenn sie es nicht vorzogen, im Sommer an die französische Riviera zu gehen. Von hier aus verfolgte Rambova das Schicksal des im Februar abgeschlossenen Films *Salome,* für den sie Set und Kostüme entworfen hatte. Noch gab es keinen Verleih.[11]

Immer wieder dachte sie darüber nach, ob es richtig gewesen war, die Produzenten nach Valentinos Haft zur Rede zu stellen. Ein Brief von ihm sollte ihre Bedenken zerstreuen. Ihm lag weniger an der Paramount als an gegenseitigem Vertrauen. Falsch verstandene Emanzipation könne, so glaubte er, zur Entfremdung führen. »Ich bin glücklich und in gewisser Weise stolz, der Grund dafür zu sein, dass du dich zu deiner verehrungswürdigen Weiblichkeit bekanntest, von der ich ja wusste, dass sie in dir steckte«, schrieb er rückblickend. »Aber falscher Stolz und falsche Zurückhaltung hinderten dich, ihr freien Lauf zu lassen. Erst der Trennungsschmerz brachte sie ans Licht, ließ sie in den Himmel fliegen, von wo aus du nun beobachten kannst, wie dumm Leute wirken, die versuchen, ihre natürlichen Gefühle und Neigungen zu ersticken, die unser aller Erbe sind, nur um einer lächerlichen modernen Theorie von Freiheit zu folgen, die die Verhöhnung aller romantischen Regungen und allen weiblichen Zaubers enthält, indem sie diese als Schwäche definiert.«

Man muss sich vor Augen halten, dass der Brief an eine Frau gerichtet war, die schon früh um ihre Unabhängigkeit gekämpft und erfahren hatte, dass Freiheit nicht nur von mütterlicher Seite, sondern auch durch einen Liebhaber wie Kosloff beschnitten werden konnte. Ausgerechnet sie war mit einem Mann verheiratet, der das Herz auf der Zunge trug.

Für ihn fielen Weiblichkeit und Mütterlichkeit in eins. Beatrice, der Name seiner Mutter, erinnerte nicht nur an Dantes unsterbliche Geliebte, sondern ebenso an ewige, allerdings von einer rabiaten Modernität verdunkelte Werte. »Je mehr von deinen Briefen ich lese«, bekannte er, »desto mehr bewundere ich jene wunderbare Art deiner Weiblichkeit, die ich auch bei meiner Mutter verehrt habe. Manche mögen mich für altmodisch halten, aber in Wirklichkeit bin ich es nicht. Ich bin ein sehr menschliches Wesen und stolz auf meinen traditionellen Sinn für die Verehrung einer sehr weiblichen Frau und den Respekt vor ihr, der nicht mehr recht in unsere Zeit zu passen scheint und auf den die Zyniker unserer Generation ihre blasierten Blicke werfen mit einem schwachen Lächeln der Überlegenheit. Fürchte nicht, ich könnte deine süße Spontaneität als zweite Kindheit missverstehen, denn ich liebe sie einfach, weil ich weiß, dass du in ernsten Momenten einen starken weiblichen Willen hast, was dich mir doppelt liebenswert erscheinen lässt.«[12]

Ihm war nicht bewusst, dass der Vergleich mit seiner Mutter jeder Frau missfallen hätte. Mit dreiundzwanzig mochte Rambova sich in dieser Rolle ebenso wenig sehen wie im Vergleich mit einer Generation, deren Maximen überholt schienen, sobald es um das berufliche Fortkommen ging. Nicht nur der Krieg, auch die damit zusammenhängende Berufstätigkeit von Frauen und das 1920 errungene Wahlrecht stellten Anforderungen, denen mit traditioneller Mentalität kaum beizukommen war. *Bores of yesterday* – Langweiler von gestern – hatten keine Chance.

Rambova war Teil jener »Jugend, die sich von der Wiege an kämpferisch« gab – und wenngleich es eine goldene Wiege war, hatte das Filmgeschäft sie gelehrt, undurchschaubar zu werden und in turbulenten Situationen Contenance zu bewahren. Beatrice Guglielmis Tugenden mochten in der apulischen Provinz und im engsten Familienkreis ihren Sinn erfüllt haben – wer sich in Hollywood und über amerikanische Grenzen hinaus behaupten wollte, musste aus anderem Holz geschnitzt sein. Und vor allem etwas verbergen: sein altmodisches Herz.

Dass Rambova ihre Zurückhaltung nicht aufgab, konnte Valentino nur schwer verstehen. Er wollte ihr im Alltag wie in Ausnahmesituationen Beistand leisten. Für ihn war klar, dass Liebe sich auch für einen Mann im Opfer erwies, ja, darin sogar noch intensiver spürbar wurde. Deshalb wünschte er dies Opfer förmlich herbei: »Du verkörperst für mich alles Liebliche, Ideale und Heilige«, versicherte er ihr, »du bist der wertvollste Edelstein, den Gott mir je schenkte, und alles Leiden, alle Entbehrungen, alle Mühsal um deinetwillen und für dein Glück werde ich froh mit einem Lächeln ertragen, denn es ist das Leid, das das Beste unserer Natur hervorbringt oder formt. Glaube nicht, Liebling, dass ich von dir nur heitere Briefe bekommen möchte. Wenn das so wäre, müsste ich denken, du liebst mich nicht mehr. Wie die Tränen möchte ich auch die Freude mit dir teilen.«

Beatrice und Natacha verkörperten für Valentino die ideale, in seiner Vorstellung von Weiblichkeit aufgehende Liebe. Sie allein ermöglichte die Fortsetzung des Kindseins in einem Männerleben. *Figlio prodigo. Boy.* Prinz. Sohn auf ewig. Eine italienische Wendung irritierte Rambova, als sie mit Blick auf die in der Ferne verschwimmenden Berge den letzten Sätzen aus Valentinos Brief nachsann: »Ti stringo al cuore forte forte. Sempre, sempre sempre il tuo Bambino che ti adora e vive per te sola.«[13]

BRUCH MIT DER PARAMOUNT

Anfang August 1922 fand die Premiere von *Blood and Sand* im Rialto Theatre von Los Angeles statt und unmittelbar darauf im Rivoli am Broadway in New York. Ohne Valentino.

Spanien war in Mode. Monate vorher waren Filme herausgekommen, die Stierkampf und Stierkämpfer in den Mittelpunkt stellten: *The Toreador* (1921), *This is the Bull* (1922) – Lustspiele, die von Komikern wie Bobby Vernon lebten und fremde, unverständlich anmutende Schauplätze und Gebräuche dem Gelächter preisgaben. Nur in *Fascination* (1922) wurde »der große Carrita«, ein Matador, ernst genommen. Der im Dezember desselben Jahres gezeigte, ebenfalls von der Metro produzierte Streifen *Mud and Sand* gab Stan Laurel Gelegenheit, Valentino mitsamt der Leidenschaft, die er als Juan Gallardo an den Tag gelegt hatte, zu parodieren. In Chicago lachte man Tränen über Laurels Matador Vaseline.[1]

Von Anfang an hatte sich Valentino mit der Figur des Stierkämpfers identifiziert. Er zeigte Mut zur Hässlichkeit und scheute sich nicht, einen Liebhaber zu spielen, dessen man überdrüssig wurde. Die Intensität, mit der er

146

sich der Rolle gewidmet hatte, wurde belohnt: Erstmals wurde eine seriös zu nennende Auseinandersetzung mit dem Stierkampf aus der Sicht eines spanischen Autors populär.

Die meisten Kritiker überboten sich mit Komplimenten. Nur Carl Sanders wollte abwarten und den Star in weiteren Filmen sehen, »bevor ich ihm neben seinen Talenten und seinem guten Aussehen auch noch einen Hauch von Genialität zugestehe«. Ein Rezensent der New York Times fand, dass Valentino in seinem letzten Film weniger Darsteller als Poseur gewesen sei. »Aber hier wird er wieder zum Schauspieler. Er lässt uns Juan Gallardo als lebendige Person erscheinen mit seinen Gedanken und Gefühlen ebenso wie mit seinen Überspanntheiten und seiner ansehnlichen Gestalt.« Ein anderer Journalist beschrieb Valentino als »Mann mit tausend Launen, der außerhalb der Arena tatsächlich nie Herr seiner selbst«, auf der Leinwand aber »ganz Gallardo« sei – ihm gelinge »ein Meisterstück bei der Umsetzung einer literarischen Figur ins Filmische«. Niemandem entging die Sorgfalt, mit der man Neben- und selbst Komparsenrollen besetzt hatte. Die Leistung von June Mathis wurde dagegen kaum beachtet. Nur eine Besprechung bescheinigte ihrem Drehbuch Tempo und Spannung.[2]

Das waren neue Töne. Valentino las die Kritiken aufmerksam. Der Erfolg von *Blood and Sand* überraschte ihn nicht. Er war müde und immer noch allein. Erschöpft vom Prozess, von den Misshelligkeiten mit der Paramount. Dick Dorgan saß ihm im Nacken. Rambova hielt sich am anderen Ende des Kontinents auf, und er durfte immer noch nicht zu ihr. In sieben Monaten hatte er vier Filme gedreht und sehnte sich nach einer Pause. Es gelang ihm, die ihn auf Schritt und Tritt verfolgende Presse abzuschütteln und unerkannt nach Foxlair zu gelangen, dem Landsitz von Natachas Eltern. Winifred und Richard Hudnut nahmen ihn dort in Empfang. Als Golfer verkleidet, durch Brille und einen falschen Bart so entstellt, dass seine eigene Mutter ihn nicht wieder erkannt hätte, begrüßte Rodolfo seine Schwiegereltern mit einem »Lächeln, das von Ohr zu Ohr reichte«.[3]

Auch Rambova reiste heimlich an. Endlich konnte er sie in die Arme schließen. Die Zeit der Briefe und Telegramme war vorüber. In den folgenden Tagen lernten die Hudnuts ihren Schwiegersohn besser kennen und freuten sich über die Wahl ihrer Tochter. Winifred schonte, ja, verwöhnte die beiden. Allmählich fiel der Druck der letzten Monate von ihnen ab. Das Studio bombardierte Foxlair mit Anrufen, doch Valentino, der sich über die rüde Behandlung seiner Frau aufgeregt hatte und deshalb nicht zur Premiere von *Blood and Sand* erschienen war, stellte sich taub. Gemeinsam durchstreiften sie die sommerliche Landschaft. Endlich waren sie in Sicherheit. Selbst Rambova kam zur Ruhe. Sie gingen fischen, schwimmen, reiten, fuhren Boot und spielten Golf.

Richard Hudnut ließ die beiden ein paar Tage gewähren, dann zog er Rodolfo beiseite und befragte ihn nach dem Stand der Dinge. Wäre es nicht besser, die Missstimmung zu vergessen und im New Yorker Büro der Paramount vorzusprechen? Die Argumente eines erfahrenen Geschäftsmannes hatten manches für sich. Lange hielt Valentino den Anrufen des Studios nicht mehr stand und verließ Foxlair am 20. August. Auf der ländlichen Bahnstation von North Creek erwähnte der Vorsteher, jemand habe sich ausführlich nach ihm erkundigt und gleichfalls eine Karte nach New York gelöst. Valentino dankte ihm, stieg ein, verließ den Zug auf der nächsten Station und bemerkte, dass ein Unbekannter ihm folgte. Als er ihn stellen wollte, floh der Mann.

An der Rezeption des Waldorf Astoria angekommen, erfuhr Valentino, jemand von der Detektei Flynn habe nach ihm gefragt. Wer mochten die Auftraggeber sein? Was hatten sie vor? Als sich der Verdacht erhärtete, dass er weder von Abgesandten des Staatsanwalts oder Reportern noch von seiner geschiedenen Frau, sondern im Auftrag des eigenen Studios bespitzelt wurde, kehrte er um, ohne einen Fuß in das Büro der Paramount gesetzt zu haben.

Nach seiner Rückkehr fragte Valentino Rambova, ob er Douglas Gerrard einladen dürfe, der sie zur Hochzeit nach Mexiko und Palm Springs begleitet hatte und bereit war, ihnen Gesellschaft zu leisten. Sie stimmte zu, weil sie ihn schätzte und für einen Gentleman hielt. Bald genossen sie zu dritt das Leben im Freien und lange Abende vor dem offenen Kamin. Doch die Kette merkwürdiger Vorfälle sollte nicht abreißen.

Sechs Tage nach Valentinos Rückkehr aus New York stürmte und regnete es über den Adirondacks. Die Villa der Hudnuts lag inmitten eines riesigen Geländes einsam in den Bergen. Man freute sich über die Abgeschiedenheit und ließ nachts Türen und Fenster offen. Eines Abends – Winifred Hudnut hatte sich nach einem Migräneanfall zurückgezogen, ihr Mann war geschäftlich in New York unterwegs – wurden die drei durch ungewöhnliche Geräusche beim Pokern aufgeschreckt. Natacha hatte am Fenster einen Mann bemerkt. Zwar gab es im Haus kein elektrisches Licht, doch gelang es Douglas, Richard Hudnuts Revolver zu finden, den Eindringling zu packen und – nachdem der sich losgerissen hatte – einen Schuss in seine Richtung abzufeuern, aber die Suche im Freien blieb erfolglos. Schließlich kehrte

Douglas über und über mit Schmutz bedeckt aus dem regennassen Park zurück. Da er fürchtete, den Mann getroffen zu haben, suchten nun alle drei das Grundstück ab. Vergebens. Sehr viel später – sie waren alle zu Bett gegangen – hörte Winifred in der Ferne einen Automotor aufheulen.

Am nächsten Tag fuhren die Freunde nach North Creek und fragten den Bahnhofsvorsteher, ob jemand den Frühzug genommen habe. Tatsächlich waren zwei Männer aufgetaucht. Einer habe gehumpelt und mit verbundenem Fuß den Zug nach New York bestiegen, der andere sei in einem Ford weggefahren. Nach dieser Auskunft suchten sie das Gelände von Foxlair noch einmal ab. Im Park fanden sich Fußspuren und Zigarettenkippen. Offenbar war die Villa schon länger beobachtet worden. Valentino glaubte nicht an Einbrecher. Welches Interesse konnte jemand daran haben, ihn zu beobachten? Und warum? Wer wollte sein Privatleben ausforschen? Reporter? Detektive im Auftrag der Paramount? Abgesandte Woolwines, um den Bigamievorwurf im Nachhinein zu bekräftigen? Als Richard Hudnut von dem Zwischenfall erfuhr, riet er ihm, unverzüglich nach New York aufzubrechen. Deprimiert packte Valentino seine Koffer. Das Leben schien nur noch aus Abschieden zu bestehen.

Bereits Ende August 1922 hatte Jesse Lasky sich mit der Ankündigung exponiert, den Erfolg von *Blood and Sand* übertreffen zu wollen, und ein neues Projekt, *The Spanish Cavalier*, vorbereitet. Als er Anfang September 1922 immer noch nichts von Valentino gehört hatte, obwohl die Dreharbeiten beginnen sollten, alarmierte er das Studio. Sofort berief Valentino eine Pressekonferenz ein. Für Journalisten waren Streitigkeiten zwischen Star und Studio ein gefundenes Fressen. Im Büro seines Anwalts nannte Valentino die Gründe dafür, warum er seinen Vertrag vor der Zeit lösen wollte. Seine Gage sei so gering, dass er sich permanent verschulden müsse, obwohl die Paramount allein am *Sheik* über eine Million Dollar verdient hatte und mit *Blood and Sand* das Doppelte einspielen dürfte. Allein die Beantwortung seiner Fanpost verschlinge Unsummen. Das Studio habe sich in jeder Hinsicht kleinlich gezeigt. Er schloss mit den Worten: »Ich bin unzufrieden mit der Aufnahmetechnik, der Organisation, der Regie – sie halten meinen künstlerischen Erwartungen nicht stand.«[4]

Damit nicht genug. Gegen den Rat seines Anwalts attackierte er öffentlich die Verleihpraxis namhafter Firmen. Die Kinobesitzer hätten keine Wahl, sondern könnten Filme nur en bloc bestellen, darunter »Filme, die überhaupt noch nicht fertig gestellt waren und über deren Erfolg oder Misserfolg man überhaupt noch nichts wusste«, d. h., sie mussten »zusammen mit einem erfolgreichen Großfilm eine ganze Staffel unbedeutender und billiger Ladenhüter mit übernehmen«. Dieses Buchen en bloc ließ Kinobesitzern keinen Spielraum und unabhängigen Produktionen kaum eine Marktchance. Damit rührte er an ein Tabu. Trotz wachsender Expansion – die Paramount ging 1918 an die Börse – war die Industrie unterfinanziert und wollte mit dieser Verleihpraxis wenigstens einen Teil der Kosten für weniger erfolgreiche Filme einspielen. Valentino fand keine Resonanz. Auch die Journalisten lebten von Hollywood. Um die kalifornischen Tycoone nicht zu verärgern, schwiegen sie über diesen Teil des Interviews.[5]

Inzwischen war Rambova mit ihren Eltern im eleganten Biltmore Hotel abgestiegen. Ursprünglich hatte sie mit nach Frankreich fahren und in Juan-les-Pins bleiben wollen, bis die gesetzlich vorgeschriebene Trennungsfrist abgelaufen war. Nach Valentinos Pressekonferenz stornierte sie ihre Passage auf der Olympic, um ihm beizustehen, und verabschiedete ihre Eltern am Pier. Die Reportermeute war ihnen bis nach Foxlair gefolgt; deshalb hatte es keinen Sinn, sich länger zu verstecken. Gemeinsam besuchte das Paar die Restaurants und Theater am Broadway – stets in Begleitung von Rambovas Tante Teresa Werner. Unterdessen wuchsen Valentino die Schulden über den Kopf. Rambova mochte ihre Eltern nicht um Hilfe bitten und schlug vor, für sie beide zu verdienen, falls ihm vom Gericht untersagt werden würde, als Schauspieler zu arbeiten, bis sein Vertrag mit dem Studio abgelaufen war, also bis zum 7. Februar 1924. Der Vorschlag versetzte ihn in helle Aufregung. Hilfsangebote kamen auch vom Vorsitzenden der Goldwyn Pictures Corporation, dem es Spaß machte, abzuwarten, ob sich das Paar einem Giganten der Filmindustrie gegenüber behaupten würde.[6]

Die Pressekonferenz war bei der Paramount nicht gut angekommen. Man entschloss sich zu einer härteren Gangart. Valentino setzte auf Journalisten und Öffentlichkeit, die Paramount auf die Justiz und verklagte den Star wegen Vertragsbruch. An Parteigängern des Studios fehlte es nicht. Andere Produzenten und Verleiher, ja sogar das Hays Office sollten eingeschaltet werden, um Valentino einzuschüchtern und ihn auf die schwarze Liste zu setzen. Die Paramount wandte sich über ihre Anwälte an Will Hays und forderte ihn auf, in seiner Eigenschaft als Präsident der Motion Picture Producers & Distributors of America nicht nur für das Studio, sondern pro forma auch für die Gegenseite Partei zu ergreifen, angeblich, »um den Künstler in einer seinem Werk geschuldeten angemessenen Weise zu schützen gegen Vertragsverletzung, Selbstunterdrückung und die Vernachlässigung seiner Begabung«. Was immer es über Hays zu sagen gibt: In so plumper Form durfte ihn niemand instrumentalisieren. Deshalb entzog er sich dem zynischen Ansinnen mit der Begründung, die Sache falle nicht in sein Ressort.[7]

Dass es Valentino um mehr als nur eine höhere Gage ging, machte die meisten Journalisten ratlos. Die erbosten Produzenten wollten ihn dort treffen, wo er am verwundbarsten schien: seinem Ehrgeiz. Hatte die Paramount den Vertrag ideell gebrochen, lieferte Valentino der Firma einen konkreten Anlass, auf Vertragsbruch zu klagen, als er dem Set von *The Spanish Cavalier* fernblieb. Zukor und Lasky schworen: Valentino würde entweder für sie arbeiten oder so bald kein Studio mehr von innen sehen. Vor Gericht berief er sich auf mündliche Zusagen von Seiten der Paramount, die nicht eingehalten worden seien. Man habe ihm weder eine angemessene Garderobe gestellt oder ihn seiner Bedeutung entsprechend angekündigt, noch einen Teil der Unkosten für die Beantwortung seiner Fanpost übernommen und ihm in *Blood and Sand* keine Stars, sondern zwei unbekannte Partnerinnen zur Seite gestellt. Auch das Versprechen, ihn einen Film pro Jahr in New York drehen zu lassen und seine Spesen zu übernehmen, sei nicht eingelöst worden.

Man hörte ihn an, doch der Richter fand keine der erwähnten Zusagen im Vertrag wieder, den der Star ungelesen unterschrieben hatte. Valentino sagte, die Paramount habe Detektive angeheuert, um ihn intimer Beziehungen zu Rambova zu überführen, und schloss mit den Worten: »Ich kann für diese Filmgesellschaft nicht arbeiten. Ich kann die ständige Tyrannei, die gebrochenen Versprechungen, die arrogante Art, in der hier gearbeitet wird, nicht mehr ertragen. Ich kann die Gemeinheiten der Firma gegenüber Mrs. Valentino nicht vergeben.«[8]

Während sie auf das Urteil warteten, mietete Valentino sich im Hotel des Artistes ein, und Rambova zog mit ihrer Tante in ein benachbartes Apartment in der 67. Straße West, nicht weit vom Central Park, um jeden Verdacht auf ein Zusammenleben zu entkräften. Nachdem die erste Wut verraucht war, zeigte man sich bei der Paramount weniger von Valentinos Presserklärung als von der Aussicht beunruhigt, ihn als Schauspieler zu verlieren, und bot außergerichtliche Verhandlungen an. Als Zukor und Lasky merkten, dass es Valentino tatsächlich um mehr Einfluss ging, wollten sie ihn mit einer Erhöhung der bisherigen Gage von 1250 Dollar auf 7000 Dollar ködern, ignorierten aber nach wie vor seinen Wunsch nach Mitsprache im Hinblick auf Stoffe, Drehbuch, Regie und Besetzung. Valentino blieb konsequent und lehnte ab.

Er war es leid, auf Unverständnis, Arroganz und Härte zu treffen, leid, wieder und wieder den Bruch vollmundiger Versprechungen zu erleben. Und er mochte nicht länger vor amerikanischen Richtern stehen. Seine Bindungen an Italien waren gelockert; um die amerikanische Staatsbürgerschaft hatte er sich noch nicht bemüht; ein gemeinsames Leben mit Rambova ließ auf sich warten; Winifred und Richard Hudnut waren an die Riviera abgereist, Freunde beschäftigt oder unterwegs. Nach außen hin gab er sich kompromisslos und unkorrumpierbar. Noch fühlte er sich nicht wirklich als Künstler, hoffte aber, mit Rambovas Hilfe einer zu werden. So griffen sie beide nach allem, was irgendeine Art von Sicherheit, von Stabilität oder Vorausschau verhieß. War es Zufall, dass sie sich im September, auf dem Höhepunkt der Krise, in einem spiritistischen Zirkel an Séancen beteiligten und in automatischem Schreiben versuchten? Zwar hatten sie über June Mathis davon erfahren, sich bisher jedoch nie ernsthaft mit solchen Dingen beschäftigt.

Amerika war die »Wiege des Spiritismus«, der um die Mitte des 19. Jahrhunderts an Bedeutung gewann, rasch auf England, Frankreich, Deutschland und Russland übergriff und zu Beginn der zwanziger Jahre eine zweite Blüte erlebte.[9] Im April 1922 war Arthur Conan Doyle nach New York gekommen, der sich zum Chronisten der Bewegung berufen fühlte. Ihm wollte man in den USA etwas Besonderes bieten. Diese Aufgabe übernahm der berühmte Zauberer und Entfesselungskünstler Harry Houdini. In Hollywood fand der Spiritismus besonders viele Anhänger. Zwar hatten sich Margaret und Kate Fox, denen die ersten »Erscheinungen« zu verdanken waren, bereits 1888 als Betrügerinnen offenbart, doch solche Bekenntnisse blieben wirkungslos angesichts bunt gemischter Gefolgsleute, die entschlossen waren zu glauben. Auch Conan Doyle war auf der Suche nach Menschen, die die Vermittlung von Botschaften aus dem Jenseits übernahmen. Deshalb empfing ihn der in New York lebende Italiener Nino Pecoraro zu einer Séance, auf der sich der Geist von Eusapia Palladino äußerte. Die aus den Abruzzen stammende Bäuerin hatte als Medium Weltruhm erlangt. Als Pecoraro sich 1931 der Presse gegenüber ebenfalls als Betrüger bekannte und erklärte: »Die Geister, die ich beschworen habe, hießen nie anders als Nino Pecoraro«, machte auch dies Geständnis wenig Eindruck. Doyle befand sich in bester Gesellschaft. Der Spiritismus war en vogue. Zahllose Mitglieder des europäischen Hochadels, Schriftsteller wie Victor Hugo, Guy de Maupassant, Victorien Sardou, Theophile Gautier und sogar ein amerikanischer Präsident folgten der Mode. Und Hollywood.[10]

Wer Angehörige verloren hatte, zeigte sich besonders anfällig. Rambovas leiblicher Vater war noch früher gestorben als Giovanni Guglielmi – kurz vor ihrem siebten Geburtstag. Besonders ausgeprägt war der Wunsch Valentinos, Kontakt mit der Mutter aufzunehmen. Er hatte es nie verwunden, dass sie nicht mehr miterleben konnte, wie er über die Rolle des Taugenichts hinausgewachsen war.

In diesem Umfeld wechselte man öfter den Glauben. Rambovas Vater starb als Mitglied der katholischen Kirche, ihre Mutter lebte als religiöse Nomadin. Im mormonischen Glauben aufgewachsen, war Winifred erst zum Katholizismus übergetreten, um sich dann der Christian Science anzuschließen. Nach der Heirat mit Richard Hudnut gehörte sie der Episcopal Church an und wandte sich schließlich – wie ihre Tochter – der Theosophie im Stile Helena Petrovna Blavatskys zu. Die russische Okkultistin, eine 1831 geborene Hahn von Rottenstern, begründete eine Lehre vom Übersinnlichen, die die Reinkarnation des Menschen in den Mittelpunkt stellte; ihre Anhängerschaft sammelte sich in der 1875 gegründeten Theosophischen Gesellschaft. Winifred Hudnut war fasziniert von dieser speziellen Richtung. Sie richtete in der Villa d'Or eigens einen Raum zum Gedenken an die 1907 verstorbene Blavatsky ein und hielt dort Séancen ab.

Auch Valentino und Rambova suchten nach Orientierung, nach einem Halt, den man in einem geheimnisvollen, nicht leicht zu durchdringenden Nebel des Ungefähren zu finden hoffte. Das verunsicherte Paar erhielt nicht nur Botschaften aus dem Jenseits, sondern auch Voraussagen über die Zukunft. Von einer längeren Reise war ebenso die Rede wie von einer Abschwächung der inzwischen gefallenen Gerichtsentscheidung, die Valentino die Möglichkeit genommen hatte, bis zum Ablauf seines alten Vertrags für andere Studios zu arbeiten. Unterdessen bemühten sich die Anwälte beider Seiten um eine gütliche Einigung.

Valentino hatte Zeit. Viel Zeit. Deshalb fragte Herbert Howe vom Photoplay Magazine an, ob er Interesse an der Veröffentlichung seiner Lebensgeschichte habe. Die Versuchung lag nahe, Dick Dorgans Tirade vom Juli 1922 etwas entgegenzusetzen. Als umsichtiger Beobachter der Filmszene und Herausgeber des Magazins ergriff James Quirk die Gelegenheit beim Schopf, einen ehrgeizigen Reporter, den er für besonders befähigt hielt, mit der Aufgabe zu betrauen. Möglicherweise spielte auch das Gefühl eine Rolle, Valentino nach all den Sticheleien etwas schuldig zu sein.

Einen besseren Zeitpunkt für seinen Vorschlag hätte Howe kaum wählen können. Nach dem Entschluss, künstlerische Ansprüche durchzusetzen und den Kampf mit der Paramount aufzunehmen, erschien die Chance, sich

in einem der wichtigsten Fanmagazine direkt zu artikulieren, von unschätz-
barem Wert. Valentino genoss es, sich dem sympathischen Howe anzuvertrauen. Damit lag die Möglichkeit zum Greifen nahe, dem, was die Studioabteilungen für Public Relations im Wechsel mit der Klatschpresse an
fiktiven Meldungen fabrizierten, etwas Eigenes entgegenzusetzen. Diesmal
würde die Verantwortung für sein öffentliches Image bei ihm selbst liegen.

James Quirk unterbreitete ein großzügiges Angebot. Seine »Autobiografie« sollte im Frühjahr 1923 in drei aufeinander folgenden Heften erscheinen. Einzige Bedingung: Er müsse genügend Zeit für Herbert Howe
erübrigen, mindestens eine Woche. Valentino stimmte zu und bat Rambova,
das Interview in ihrem Apartment führen zu dürfen, wo Tante Teresa für ein
ungestörtes Beisammensein der Männer sorgte.

Bald machte man sich ans Werk. Valentino fand in Howe einen Zuhörer,
der Begeisterung für eine faszinierende, wenn auch nicht in jedem Detail der
Wahrheit – welcher Wahrheit? – entsprechende Geschichte zeigte, der bereit war, seine Autorschaft zu verschweigen und den Star als Verfasser he-
rauszustellen. Dabei war Valentino durchaus in der Lage zu schreiben. Er
hatte sich daran gewöhnt, in Drehpausen Briefe an seine Fans zu diktieren,
doch bald fehlte es an Zeit, so dass er – wie viele Stars – auf Ghostwriter zu-
rückgegriffen hatte. Howe erwies sich als einfühlsamer Partner mit dem
Ehrgeiz, dem Gesagten eine Form zu geben. Als er Valentino sogar die eigenen Notizen überließ, gewann er vollends sein Vertrauen.

Valentino redete und redete – Howe hörte zu. Schmerzliche Erinnerungen an seine frühen Jahre verblassten, ein glanzvoller Stammbaum entstand – Leben aus dem Bilderbuch in den Farben der Legende. Da war er:
Rodolfo Alfonso Raffaello Pierre Filibert Guglielmi di Valentina d'Anton-
guolla … Päpstliche Titel, überkommene Privilegien, Duelle der Vorfahren
in dunkler Vorzeit – all dies war angesprochen und sollte eine Atmosphäre
herbeizaubern, die wohl nur »Unter italienischen Himmeln« – so der Untertitel dieses Teils seiner Lebensgeschichte – denkbar war. Der Halbwüchsige
aus dem tiefsten Süden war vergessen – hier entstand das Bild eines jungen
Mannes, der alles Provinzielle abgestreift und sich in Paris mit der gleichen
Selbstverständlichkeit bewegt hatte wie an anderen Schauplätzen der »großen Welt«. Monte Carlo zum Beispiel. Diese Version passte besser zu einem
Star als die Wirklichkeit des Jungen, den seine Familie nach Amerika geschickt hatte, um die Schande seines Scheiterns nicht mehr mit ansehen zu
müssen.

Tatsächlich hatte seine Kindheit in Castellaneta wenig mit dieser Geschichte gemein. Falls Howe es ahnte, so ließ er ihn doch gewähren und hörte zu. Tag um Tag. Er war Journalist, kein Beichtvater. Der »große Valentino«, wie die Fanmagazine ihn jetzt nannten, schob sich vor den Jugendlichen von einst, jenen Sohn des tiefsten und ärmsten Südens, der seine Onkel in Rage versetzt und seiner Mutter mehr Kummer gemacht hatte, als er sich je verzeihen konnte. Jetzt, in Gegenwart des sympathischen Howe, durfte ein Leben neben dem Leben erstehen. Mittendrin äußerte er die Befürchtung, jemand könne seine Angaben prüfen. Howe zerstreute solche Bedenken. Getragen von diesem stillen Einverständnis, erfand Valentino sich neu: als Kind, als Italiener, als Mann. Für ihn verging die Woche fast zu schnell.

Außer Howe wartete noch jemand auf eine Chance: die Journalistin Ruth Waterbury. Sie schrieb ebenfalls für das Photoplay Magazine. Da Valentino bereits mit ihrem Kollegen zusammenarbeitete, interviewte sie seine Frau – für die Dezemberausgabe –, während die »Autobiografie« erst ab Februar 1923 eingeplant war. Für ihren Artikel wählte Waterbury einen recht widersprüchlichen Einstieg: »Sie ist sehr subtil, ist Natacha Rambova. Sie ist weißer Satin mit Gold bestickt, sie ist Absinth in einem Kristallglas. Sie ist eine in Scharlach gebundene Swinburne-Ausgabe. Sie ist eine durch Blasiertheit vergiftete Schönheit … Und sie wird mich für diese offenen Worte hassen. Sie glaubt nämlich, von all dem nichts zu sein. Sie ist, glaubt sie, zu natürlich.«[11]

Rambova versuchte, das Gespräch auf ihre Tätigkeit zu bringen, und scheint sich von Anfang an gegen romantische Zuschreibungen gesträubt zu haben: Der flamboyante Charakter der Entwürfe für Filme wie *Billions, Forbidden Fruit, Camille* und *Salome* stehe im Gegensatz zu ihrer, wie sie fast zu eindringlich beteuerte, prosaischen Natur. Ruth Waterbury blieb höflich. Und skeptisch.

Sie wollte mehr über Valentino erfahren und bemerkte, wie Rambovas Versuch, »ihrem jungen Liebhaber gegenüber kühl und abwägend zu erscheinen«, durch ständiges Erröten misslang. Offensichtlich konnte sie sich immer noch nicht mit gewissen Direktheiten abfinden, ergriff aber die Gelegenheit, neben ihrer verfehlten Trauung auch den Konflikt mit der Paramount zu erwähnen. Sie habe sich auf den Rat des Studios verlassen und sei sofort aus Hollywood abgereist, um ihren der Bigamie angeklagten Mann nicht zu gefährden. Als sie später nach New York, ins Büro der Paramount, gekommen sei, habe sie den Eindruck gewonnen, dass man Valentino als Kriminellen betrachtete. Man habe ihr gesagt, dass er zu zehn Jahren Gefängnis verurteilt werden könne und kein Ausweg in Sicht sei. Außerdem habe Valentino sie längst vergessen. Spätestens da sei ihr klar geworden, dass das Studio ihr die räumliche Trennung von ihm aus anderen als rein juristischen Gründen empfahl. Daraufhin habe sie ihren Plan, die Zeit bis zur legalen Eheschließung mit ihren Eltern in Europa zu verbringen, aufgegeben, um in der Nähe ihres Mannes den Ausgang der Gerichtsverhandlung abzuwarten.

Ausdrücklich erwähnte sie die Intensität, mit der er sich auf die Rolle in *Blood and Sand* vorbereitet hatte (»Rodolfo legte seine ganze Seele in die Rolle«), und beschrieb die Schikanen am Drehort. Das Studio habe ihm für die Einkleidung als Matador keine Garderobe zur Verfügung gestellt und ihn gezwungen, sich vor aller Augen umzukleiden, und ihn darüber hinaus mit Vorschriften bombardiert, deren Sinn dunkel blieb. All dies, sagte Rambova, habe er hingenommen, doch als er bemerkt habe, dass es den Versuch gab, seinen zweiten großen Film am Schneidetisch zu ruinieren, sei das Ende des Erträglichen erreicht gewesen. Die meisten Liebesszenen seien herausgeschnitten worden. Warum?, fragte Waterbury. Rambova antwortete nicht direkt, sondern nahm die Frage zum Anlass, Unterschiede zwischen amerikanischen und südländischen Liebhabern anzudeuten: »Mit einem Amerikaner ist Liebe kaum mehr als ein langweiliges Vorspiel«, erklärte sie. »Mit einem Latin Lover ist es wie das Obligato eines herrlichen musikalischen Einfalls. Sanft umspielt es die schöpferische Melodie. Etwas so Schönes sollte nicht angetastet werden.«[12]

Ruth Waterbury bemerkte, dass Rambova zwischen der Privatperson und dem Schauspieler unterschied. Appellierte »Rudy« (selbst seiner zwei Jahre jüngeren Frau gegenüber) an mütterliche Instinkte, zeichnete »Valentino« sich durch Tatkraft und Entschlossenheit aus. Offenbar hatte sie sich weniger in einen Mann als in ein Talent verliebt.

Rambova schilderte, wie Valentino für *The Young Rajah* bis weit in die Nacht hinein arbeiten musste, weil der Film rasch und ohne größere Kosten abgedreht werden sollte, und beschrieb eine Praxis, die sich negativ auf die Schauspieler, die Qualität der Filme und schließlich auch das Publikum auswirkte: »Es gibt Produzenten, die entdecken einen ungewöhnlichen Darsteller. Sie wenden Tausende von Dollars auf, um ihn auszubeuten. Sie stecken ihn in einen Film, und der Film läuft und läuft und spielt eine Million ein. Dann, statt den Darsteller wie bisher seine Arbeit gut machen zu lassen, sparen sie am Material, am Drehort, an den Mitspielern, von allem nehmen sie nur das Billigste. Ihr Ziel ist, so viel wie möglich aus ihm herauszuholen ohne den geringsten Aufwand. Ist das nicht kurzsichtig?«, fragte sie am

156

Schluss. »Ist das nicht unklug?« Als Ruth Waterbury das Interview beendete, löste sich ihr Eindruck von der Gastgeberin in Bilder und Gleichnisse auf. »Sie ist eine aus einer schwarzen Onyxvase heraus leuchtende gelbe Orchidee. Sie ist das äußere und sichtbare Zeichen von Rodolfo Valentinos geistiger Entwicklung. Sie ist das Symbol seiner Kultiviertheit, sie ist der Kern seines Erfolges. Sie ist, sagt sie, völlig natürlich. Sie ist subtil, ist Natacha Rambova.«[13]

Unterdessen war es Valentinos geschiedener Frau wieder einmal gelungen, sich im ungünstigsten Moment in Erinnerung zu bringen. Diesmal ging es um das Recht, sich Jean Acker Valentino nennen zu dürfen. Valentinos Anwalt Graham gab zu bedenken, dass ein neues Verfahren nur Geld verschlingen und Acker feindselig stimmen würde. Valentino selbst sah keine Möglichkeit, die Zumutung abzuwehren, ohne als Grobian dazustehen. Für Nebenschauplätze blieb keine Zeit, da Graham jetzt auf einen Vergleich mit der Paramount hinarbeitete. Deshalb erkundigte sich Valentino, ob er im Photoplay Magazine eine Erklärung abgeben dürfe. Der Herausgeber stimmte zu, und Herbert Howe bereitete sie gemeinsam mit dem Star für die Januar-Nummer vor. Ab Februar 1923 würde seine Lebensgeschichte in Druck gehen.

Inzwischen wollte er sich nicht länger auf Fanmagazine beschränken, sondern das Publikum noch direkter, mit Hilfe der allerneuesten Technik ansprechen. Am 22. Dezember 1922 wurde eine Sendung mit dem Titel »Die Wahrheit über mich selbst« im Rundfunk gesendet. Zum ersten Mal war Valentinos samtener Bariton zu hören. Er sprach grundsätzliche Probleme des Filmwesens an und vertrat die Auffassung, das Entstehen schlechter, unkünstlerischer Produktionen sei allein der Industrie anzulasten. Fünfundsiebzig Prozent der im Verleih befindlichen Filme beleidigten die Intelligenz des Publikums.

Die Premiere von *The Young Rajah*, der im November 1922 nur mäßige Kritiken erbracht hatte, lag erst wenige Wochen zurück, doch als sich abzeichnete, dass Valentino auf seinen Forderungen dem Studio gegenüber bestand und in absehbarer Zeit kein neuer Film mit ihm zu erwarten war, erschienen in den Zeitschriften des Fachhandels plötzlich Anzeigen und sogar Kritiken früherer, zum Teil neu geschnittener oder sogar um ehemals verworfene Szenen ergänzter Streifen. James Quirk als Herausgeber des Photoplay Magazine gab Valentino die Möglichkeit, für die Januar-Ausgabe eine »declaration of principle« vorzubereiten, in der er seine Kritik an Praktiken der Filmindustrie begründen und seinen Anspruch wiederholen konnte, die künstlerische Verantwortung künftig mit Autoren und Regisseuren zu teilen. Während man bei der Paramount nur den Kopf schüttelte, war die Publikumsreaktion auf Valentinos mutige Stellungnahme überwältigend. In den Redaktionsräumen traf säckeweise Post ein. Da Quirk weder über die Mittel noch den Stab verfügte, um der Briefflut Herr zu werden, bat er Zukor und Lasky unter dem Vorwand, er wolle zwischen den Parteien vermitteln, in sein Büro, insgeheim aber in der Hoffnung, dem Studio die Post überlassen zu können. Doch seine Gäste streiften die Säcke nur mit einem flüchtigen Blick.[14]

Zwar hatte das Gericht inzwischen seine Entscheidung korrigiert und das generelle Arbeitsverbot zugunsten eines reinen Drehverbots aufgehoben – doch nach Valentinos Grundsatzerklärung, die aus Sicht der Filmgewaltigen einem professionellen Selbstmord gleichkam, stellte die Paramount nun auch die ihm verbleibenden Auftrittsmöglichkeiten als Radiosprecher oder Tänzer in Frage. Wer länger als ein Jahr nicht auf Bühne oder Leinwand erschien, von den Presseabteilungen großer Studios totgeschwiegen und von der kommerziellen Propaganda abgeschnitten blieb, war rasch vergessen. Natürlich hatte man vorgesorgt und im Fahrwasser des aufmüpfigen Stars längst andere *Latins* eingesetzt. Valentino, darauf setzte man, würde weder der erste noch der letzte Darsteller sein, der nach kurzem, heftigem Ruhm dem kollektiven Gedächtnis entglitt. Auch der Paramount ging es jetzt ums Prinzip. Man würde an diesem hergelaufenen Italiener ein Exempel statuieren.

Valentino hatte es nicht bei der am Drehort üblichen Nörgelei belassen, sondern Presse und Rundfunk eingesetzt, um das Studio in die Schranken zu weisen. Doch konnte er dem »kalifornischen Fluch« entkommen, wie Elinor Glyn die Wirkung der Traumfabrik auf ihre Beschäftigten genannt hatte? Sie vergaßen ihre Herkunft, ihre Erziehung, ihre Ziele und Prinzipien um einer überzogenen Selbsteinschätzung, um des Geldes willen und glaubten selbst, was in den Zeitungen über sie stand. Ihr Leben nahm das Unwirkliche eines Traumes an.[15]

Dagegen äußerte Valentino sich bescheiden über seine darstellerischen Fähigkeiten. Mitten in der Entwicklung sah er sich, im Werden. Doch in Hollywood alterte man schneller als anderswo. Stilisierungen, Werbestrategien durchwucherten die berufliche wie private Existenz. Während des Gesprächs mit Herbert Howe verliebte Valentino sich in den jungen Mann, der er hätte sein, in das Leben, das er hätte führen können – mit Ausflügen nach Paris und Monte Carlo, frühen Liebschaften. War er nicht schon dabei, sich von der Wirklichkeit zu verabschieden, um einer glatten, glänzenderen Version willen? Wo lag die Grenze? Die Wahrheit hatte viele Gesichter. Wer sollte Interesse daran haben, seine Angaben auf ihre Stichhaltigkeit hin zu prüfen? Wer hatte die Zeit? Howe zerstreute aufkommende Bedenken. Mit der »Autobiografie« entstand nicht nur eine vorzeigbare Version des Werdegangs von Rodolfo Valentino, sie verschmolz auch Sein und Schein. Vorerst schien nur die Vergangenheit davon berührt. Nachdem Valentino im Film schon so vielen Charakteren Gesicht und Gestalt gegeben hatte, lag die Versuchung nahe, sein frühes Selbst mit all dem auszustatten, wonach er sich immer noch sehnte: vornehme Abkunft … die Welterfahrung eines Lebemannes … Schönheit … Respektabilität. *Fare bella figura.* Jemand zu sein. In Rambovas Augen. Und denen der Welt.

EIN SCHÖNES PAAR

»Nie werde ich die erste Begegnung mit Rudolph Valentino vergessen. Natürlich, ich kannte seine Filme und hielt ihn für einen gut aussehenden Burschen. Ich hatte aber keine Ahnung von seiner Ausstrahlung oder seiner kultivierten Männlichkeit. Dass mich seine Persönlichkeit bei der ersten Berührung mit seiner sehnigen Hand und dem ersten Blick in seine unergründlichen Augen für sich einnahm, ist milde ausgedrückt. Ich wurde förmlich verschlungen, umgehauen, was ungewöhnlich zwischen zwei Männern ist.«

Vier Jahre nach der ersten Begegnung mit Valentino beschrieb S. George Ullman diesen ersten Eindruck, ohne seinen Beruf als Werbemann verleugnen zu können: »Ich lasse mich nicht von Gefühlen leiten«, sondern »bin im Kern ein Geschäftsmann«, beteuerte er rückblickend. »Man hat mich in der Tat oft als kühl bezeichnet, aber in diesem Fall, beim Zusammentreffen mit einem richtigen Mann, fand ich mich tief berührt von der kraftvollsten Persönlichkeit, der ich je begegnet bin, unter Männern wie Frauen.«[1]

Auf der Suche nach unverbrauchten Werbekonzepten hatte Ullman im Januar 1923 vom Urteil zu Gunsten der Paramount erfahren. Valentino durfte während der Laufzeit seines Vertrags zwar nicht filmen, andere Aufträge aber sehr wohl übernehmen. Trotzdem hatte ein Vertreter von United Artists angefragt, ob er bereit sei, sich an einer Neuverfilmung von *Romeo und*

Julia zu beteiligen, doch Valentino winkte ab. Er wollte keinen neuen Prozess. George Ullman hatte eine bessere Idee: Um die Gerichte nicht zu brüskieren, könne man Valentino als Tänzer auftreten und im Auftrag der Firma Mineralava für eine Hautcreme werben lassen. Da es sich um ein Schönheitsmittel für *Damen* handelte, für das so bekannte Schauspielerinnen wie Mae Murray warben, wäre es gut, Natacha Rambova als Partnerin zu gewinnen.[2] Sie sei nicht nur Tänzerin, sondern könne mit ihrem makellosen Teint auch die Wirkung des Produkts glaubhaft machen. So schlug Ullman beiden eine siebzehnwöchige Tournee durch die USA und Kanada mit einem Programm ihrer Wahl vor. Offenbar war er genau über den letzten Stand der Verhandlungen mit dem Studio orientiert, denn er bot ein Honorar von 7000 Dollar pro Woche plus Spesen. Um die Strapazen der Reise zu mildern, würde ihnen ein komfortabler Salonwagen der Eisenbahn zur Verfügung stehen. Als Gegenleistung sollte sich das Paar am Ende jeder Veranstaltung positiv über die Mineralava-Creme äußern, Valentino darüber hinaus lokalen Schönheitswettbewerben vorstehen, die den Gewinnerinnen Probeaufnahmen bzw. einen Filmvertrag in Aussicht stellten.

Das Angebot war lukrativ. Als Valentino mit Rambova die Vor- und Nachteile besprach, wandte sie ein, es könne seinem Image als Liebhaber schaden, sich der tristen Szenerie von Werbeveranstaltungen auszuliefern. Bestand nicht die Gefahr, in ein längst überwundenes Stadium zurückzufallen? Er gab ihr Recht, erinnerte jedoch an seine Schulden bei Freunden, Bekannten und Lasky. Laufende Kosten für Anwälte. Das Haus in Whitley Heights. Gab es denn eine Wahl? Er erwähnte die Knauserigkeit des Studios, unter der die letzten Filme gelitten hatten. Die Tournee würde sie mit einem Schlag vom Großteil ihrer Verpflichtungen befreien, ihnen den direkten Kontakt mit dem Publikum ermöglichen und das Interesse bis zum nächsten Film wach halten. Durften sie nicht ihrem Tanz, ihrer Wirkung, ihrem Geschmack vertrauen?

Rambova machte sich Sorgen und nahm wieder an Séancen teil. Auch Valentino selbst war alles andere als ein gefestigter Katholik. Aus Angst vor der Zukunft nutzten beide jede Gelegenheit, ihr Medium zu befragen, und hofften auf Rat. Nun erschienen ihre eigenen Wünsche in der Maske von Autoritäten. Beide dachten und handelten, als seien sie grausam allein, hätten weder Vater noch Mutter auf Erden. Alle Zuflucht lag nun im Okkulten.

Bald akzeptierten sie Ullmans Angebot. Doch zuvor wollten sie heiraten – diesmal mit Billigung der Gerichte. Die Feier sollte in den Marigold Gardens stattfinden. Als sich die Trauzeugen im Blackstone Hotel versammelten, erwartete sie eine unangenehme Überraschung. Der Zwischenbescheid über den Scheidungstermin in Los Angeles war versehentlich später datiert worden; dadurch verschob sich die Frist noch einmal um zwei Wochen. Natürlich amüsierte sich die Presse über die neue Verzögerung, doch der »Scheich« machte gute Miene zum bösen Spiel und bezauberte sein Publikum durch einen Tango mit Rambova im Trianon Ballroom. Als die Nachricht eintraf, die Scheidung sei rechtskräftig, tauchte ein neues Problem auf, denn der Bundesstaat Illinois sah nicht ein Jahr, sondern zwei Jahre Wartefrist bis zu einer Wiederverheiratung vor. Entnervt wich das Paar deshalb ins benachbarte Indiana aus. Am 14. März 1923 gelang es Valentino und Rambova endlich, die Ehe zu schließen: mit Billigung der staatlichen Autoritäten. Nun stellte sich heraus, dass auch diese Eheschließung anfechtbar war, da die Heiratslizenz nur von jemandem beantragt werden konnte, der einen Wohnsitz im Bundesstaat Indiana nachwies. Allerdings war inzwischen kein Journalist, der sich nicht der Lächerlichkeit preisgeben, kein Jurist, der sich seine Wiederwahl nicht verscherzen wollte, so unklug, diesen dritten Versuch infrage zu stellen oder weitere Verzögerungen zu erwirken.[3]

Statt auf eine Hochzeitsreise begaben sich Valentino und Rambova auf ihre Tour durch Kanada und die Vereinigten Staaten. Rambovas Kostüme hoben sich von ihren sonstigen Kreationen ab, wirkten streng und doch atemberaubend. Diesmal entschied sie sich für klare Schnitte und Linien; diesmal vertraute sie Valentinos »romanischem Charme« und ihrer eigenen Schönheit, die schon James Abbe inspiriert hatte, das Paar im Profil, frei von ablenkenden Accessoires zu fotografieren, um das Königliche ihrer Erscheinung hervorzuheben.

Valentinos Kostüm erinnerte an seinen Auftritt als argentinischer Tangotänzer in *The Four Horsemen of the Apocalypse*. Sparsam mit Details, betonte es Haltung und Bewegung. Für sich entwarf Rambova ein nachtdunkles Samtkleid mit schlichtem, eng anliegendem Oberteil – nur der Saum durfte in schmal gefaltetem und gerüschtem Taft ausschwingen. Er trug einen Hut, sie eine Ballerinenfrisur mit spanischem Kamm und einer Blüte im Haar. Beide Kostüme waren raffiniert aufeinander abgestimmt: Valentinos Brust und Schultern wurden durch ein helles Hemd, Rambovas Oberkörper durch Ausschnitt und bloße Arme hervorgehoben. Das Licht fing sich im Haar, in den Stofffalten, umfloss das Profil des Tänzers und der Tänzerin und gab jeder Bewegung einen lebendigen Schatten. Erinnern wir uns jener Szene, die Valentino zum Durchbruch verhalf. War seine damalige Partnerin im berühmtesten Tango der Filmgeschichte mehrfach von ihm in die Knie gezwungen worden, beschloss Valentino den Auftritt diesmal selbst mit einem Kniefall. Zwar war er schon früher mit anmutigen Tänzerinnen aufgetreten, doch mit *dieser* Frau konnte sich keine messen. Selbst Ullman war fasziniert: »Wirklich, in meinem ganzen Leben sah ich nie zwei schönere Wesen zusammen als Natacha Rambova und Rudolph Valentino in ihrem Verlobungsjahr … Es war wunderschön, diese beiden fremdartigen, anmutigen Gestalten beim Tanzen zu beobachten.«[4]

Vom Standesamt aus begann ihre Tournee. Der luxuriöse Eisenbahnwaggon bewährte sich schon deshalb, weil sie nicht die ganze Zeit über dem Publikum oder der Presse ausgeliefert waren und sich nach den Veranstaltungen erholen konnten. In wessen Hände sie geraten waren, wurde deutlich, als die Kosmetikfirma ohne Vorwarnung ihr Werbekonzept änderte. Auf einmal erschienen Zeitungsanzeigen mit Valentinos Foto und dem Text: »Jeder Mann und jede Frau sollte Mineralava verwenden. Ich möchte nicht darauf verzichten«, versehen mit der Unterschrift des Stars. Das »Ich« machte ihn stutzig. Plötzlich sollte er zu den »Hunderten Männer und Frauen von Bühne und Leinwand« gehören, die ihre Schönheit nicht der Natur oder einfach ihrer Jugend verdankten – ein gefundenes Fressen für die Chicago Tribune. In einem hämischen Artikel zog sie die Männlichkeit des Stars in Zweifel.[5]

Als Valentino Ullman zur Rede stellte, behauptete der, selbst von der neuen Kampagne überrascht worden zu sein – eine wenig glaubhafte Behauptung. Die Mineralava war nicht zimperlich und ließ in jeder Stadt die Honeymoon-Suite für das Paar reservieren, um Pressemeldungen zu den Flitterwochen auszuschlachten. Valentino wies Ullman darauf hin, dass er keine Lust hatte, nicht nur mit Worten am Ende der Vorstellung, sondern auch noch mit seinem Bild für die unselige Creme zu werben. Die Mineralava plante, die Tournee zu filmen, und folgte später einem Angebot von David O. Selznick, die Endrunde lokaler Schönheitskonkurrenzen im Madison Square Garden zu filmen, weil man vom Werbewert der Aufnahmen überzeugt war. Vielleicht hatte Ullman tatsächlich weniger Einfluss auf die Firmenleitung, als Valentino und Rambova vermuteten, denkbar ist aber auch, dass er dem Paar vordergründig entgegenkam, insgeheim jedoch eigene Ziele verfolgte.

Die Tournee begann in Omaha. Selbst ein Schneesturm über Nebraska konnte das Publikum nicht davon abhalten, die beiden leibhaftig sehen zu wollen. Viele Menschen kämpften sich durch den Sturm. Das Programm begann verspätet, dennoch wurde das Paar auf jeder Station begeistert aufgenommen. Über Montreal, wo Valentino und Rambova das Publikum auf Französisch ansprachen, ging es weiter bis nach Wichita. Im New Yorker Hotel Astor wurde Rambova zwischen zwei Tänzen der Freundin von Greta Garbo, Mercedes de Acosta, vorgestellt und hinterließ mit ihrem Mann einen unvergesslichen Eindruck. Neben dem berühmten Tanzpaar Irene und Vernon Castle, erinnerte sich die Schriftstellerin später, »waren sie das hinreißendste Tanzpaar, das mir je begegnete«.[6]

Obwohl Ullman beide täglich sah, konnte auch er sich ihrem Zauber nicht entziehen. Es war, als tanzten sie für sich allein. Frauen, Männer, selbst Kinder, die eigens schulfrei bekommen hatten, waren wie gebannt. Die Traumverlorenheit des Paars überraschte Ullman und half ihm zu verstehen, was Valentino von anderen Darstellern unterschied. »Viele Schauspieler verderben Liebesszenen durch ihre Befangenheit. Nie vergessen sie die Gegenwart der Zuschauer; so ist ihnen anzumerken, dass sie nur spielen. Das Fehlen jeder Beklommenheit, das den wahren Schauspieler auszeichnet, ließ Valentino absolut einmalig erscheinen. Er scheute sich nicht, äußersten Ernst, tiefste Leidenschaft auszudrücken, ohne die geringste Spur von Befangenheit … er besaß in hohem Maße die Begabung für die Kunst, einen Liebhaber darzustellen, und ließ die Zuschauer daran teilhaben.«[7]

Am Ende des Programms pries Valentino die Hautcreme. Dieser Absturz in die Niederungen der Werbewelt machte nur dem Paar zu schaffen, während die Menge in Utah, Texas, Illinois, auf kleineren oder größeren Stationen keinen Bruch empfand und gespannt auf das Ergebnis der Schönheitskonkurrenz am Schluss der Veranstaltungen wartete. Ullmans ursprüngliche Idee, Valentino die Auswahl der Schönsten zu überlassen, bewährte sich nicht, denn der Star war jedes Mal den Tränen von abgelehnten und beschämten Kandidatinnen ausgesetzt. Deshalb sollte die Entscheidung, welche Frau an der New Yorker Endrunde teilnehmen durfte, vom Publikum gefällt werden.

Denselben Mann, der seine Zuschauer nach Verspätungen und Pannen zu beschwichtigen wusste und ein Sensorium für die Stimmung im Saal besaß, erlebte Ullman im näheren Umgang als ein von Natur aus scheues Wesen. Natürlich entging ihm nicht, dass Valentino an Séancen teilnahm und sich in automatischem Schreiben versuchte. Spontanes Gekritzel oder Notate dienten auf spiritistischen Sitzungen dazu, das Unterbewusstsein bzw. »Reserve-Ich« zu erkunden; doch im Gegensatz zu seiner Frau konnte Valentino weder als »überzeugter Anhänger des Okkultismus« noch als besonders abergläubisch gelten.[8]

In San Antonio – sie kannten sich inzwischen besser – fragte Valentino Ullman, ob er sich vorstellen könne, als Manager für ihn zu arbeiten, das hieß: Ordnung in seine Finanzen zu bringen und die Rolle des Unterhändlers zu übernehmen – assistiert von effektiveren Anwälten als jenen, für die er wöchentlich 2500 Dollar aufbringen musste, ohne dass Fortschritte bei den zäh fließenden Verhandlungen mit der Paramount erkennbar waren. Ullman lehnte ab. Als Familienvater lag ihm an der Sicherheit bei der Mineralava. Doch zehn Wochen später überlegte er es sich anders. Das Paar zeigte sich wenig überrascht und deutete an, dass spirituelle Führer diesen Sinneswandel vorausgesagt hätten. »Das haute mich erst einmal um«, bekannte der Werbefachmann, doch nachdem Valentino seine Situation offen gelegt hatte, war klar, dass er die künftigen Aufgaben klar umreißen konnte.[9]

Das Drehverbot machte Valentino zu schaffen. Auf der Suche nach neuen Stoffen las er viel und nahm im Mai zwei Platten auf: den »Kashmiri Song« und – in spanischer Sprache – »El Reliquario«. Neben dem Film war das Grammophon das avancierteste Medium. Auch das Radio schaffte, was das Kino noch nicht geben konnte: Man hörte Valentinos Stimme. Dunkel, mit einem leichten Akzent.

Darüber hinaus wollte der Star mit seinem Publikum noch auf andere Art in Kontakt treten: durch einen Ratgeber. »How to keep fit« erschien 1923 bei MacFadden in New York und England. Mit dieser Anleitung zu gymnastischen Übungen präsentierte Valentino sich als Sportler mit typisch männlichen Vorlieben und hoffte auf diese Weise, den fatalen Eindruck der Mineralava-Kampagne auszulöschen. Das Ganze war ihm eine Lehre: Künftig wollte er die Kontrolle über die Art seines Auftretens behalten. Wesen und Erscheinung, Natur und Image sollten nicht auseinander fallen wie bei so vielen seiner Kollegen. Radio, Grammophon, die Publikation seiner Texte entschädigten das Publikum für die fehlende Leinwandpräsenz und gaben Valentino die Möglichkeit, ein Image zu kontrollieren, an dem Natacha Rambova manchmal direkt, bisweilen aber auch nur als Zuschauerin beteiligt war. Übrigens mit wachsender Distanz.

Zum ersten Mal wurde Valentino bewusst, dass seine Erscheinung auf der Leinwand ein Eigenleben führte, denn Geschäftsleute hatten die Drehpause des Stars genutzt, um frühe Filme mit ihm in Umlauf zu bringen. Er begegnete diesen jüngeren Versionen seiner selbst mit wachsender Fremdheit, auch mit Scham. Er war jung und trotzdem schon ein Opfer der Zeit. Das lag nicht an ihm, sondern an der Möglichkeit, neben dem Abbild jetzt auch die Stimme festzuhalten. Alle technischen Bildmedien waren gegenwartssüchtig: Fotografie, Film, Radio verewigten den Augenblick und hinderten ihn daran, so schien es Valentino, das Sein gegen ein Werden einzutauschen. Wer auf der Leinwand zu sehen blieb, konkurrierte mit jugendlichen Versionen seiner selbst. Denn das Leben ging weiter.

Die Filmindustrie der zwanziger Jahre war am Gewinn bringenden Einsatz von Schauspielern interessiert; ihre Entwicklung war ohne Belang. So tat sich für alle Stars eine Kluft zwischen Vergangenheit und Gegenwart auf. Für die Leinwand hergerichtet, schmeichelhaft ausgeleuchtet und ewig jung, riefen sie die verrinnende Zeit in Erinnerung, sobald sie persönlich in Erscheinung traten. Vor allem mädchenhafte Schauspielerinnen wie Mary Pickford oder Lillian Gish wurden zu Gefangenen kindlicher Auftritte und, als die Jahre vergingen, eines entäußerten, wie für die Ewigkeit gespeicherten Selbst. Doch die Zeit stand nicht still. Ohne Demütigung durften die wenigsten an Jugend verlieren.

In der erzwungenen Drehpause verschaffte Valentino sich Zugang zu Presse und Rundfunk. In Zeitschriften war er mit Aussagen und aktuellen Fotos, auf Schallplatten mit seiner Stimme, im Rundfunk mit Kritik an der Filmindustrie, sonst über Liveauftritte gegenwärtig. Und er schrieb. 1923 erschien sein zweites Buch, ein schmaler Gedichtband mit dem Titel »Day Dreams«. Im Vorwort vom 29. Mai bat er seine Leser zu bedenken, dass er weder Dichter noch Wissenschaftler sei und Träume vorstelle, die nicht an literarischen Formen gemessen werden dürften. Sie seien in einer Phase erzwungener Passivität, fern vom Studio, entstanden und hätten ihm geholfen, den Streit mit der Paramount und der amerikanischen Justiz zu vergessen.[10]

Während Valentino mit Rambova Amerika durchreiste, hatte er den Band als lockere Folge von dreißig Skizzen in Prosa oder Versform (die meisten davon mit Widmungen versehen) für die Veröffentlichung vorbereitet. »Day Dreams« erschien in den USA, außerdem bei Hurst & Blackett in London. Zwar wurde das Buch ein Bestseller, doch in Hollywood rief es Kopfschütteln hervor. Ein Schauspieler, der für kosmetische Artikel warb, die gewöhnlich nur von Frauen benutzt wurden, erschien schon in merkwürdigem Licht, aber ein Schauspieler, der Gedichte schrieb, galt nicht länger als ernst zu nehmender Geschäftspartner, mit dem sich Geld machen ließ. Oder sollte sich diese überraschende Autorschaft – so überlegte man bei der Paramount – doch irgendwie nutzen lassen? Romantik galt als europäischer Exportartikel, der im Filmgeschäft allein durch die Vermittlung von Elinor Glyn verkraftet wurde, und auch dies nur widerwillig. Hollywood war eine *black box*. Sie verwandelte Romantik in *romance*, ein Produkt, das von den

Produzenten selbst in seiner normierten, auf die vermuteten Bedürfnisse des weiblichen Publikums zurechtgestutzten Form weder geschätzt noch verstanden und einzig aus Geschäftsgründen hingenommen wurde. »Die Kunst, Liebhaber zu sein«, konnte sich unter solchen Umständen nur langsam entwickeln; sie musste ihre Impulse nicht nur aus einem fremden Umfeld schöpfen, sondern auch die kommerzielle Bewährungsprobe bestehen.

Im Filmgeschäft hatte *romance* den Stellenwert eines Schemas, das mal diesem, mal jenem Film verpasst wurde. Für amerikanische Männer Peinliches ließ sich vermeiden, indem man die Schauplätze des romantischen Melodrams von den USA in andere Länder verlegte oder sich durch den Einsatz von Ausländern behalf. Im Gegensatz zu amerikanischen Darstellern waren sie zu Experimenten bereit.

Eine glaubwürdige Verkörperung des romantischen Fremden blieb Europäern vorbehalten. *Romance* und Exotismus gehörten zusammen. Das weibliche Publikum liebte diese Kombination. Deshalb ließ man Elinor Glyn in den Fanzeitschriften darüber schreiben und drehte einen Scheichfilm nach dem anderen – allerdings mit mäßigem Erfolg. An Valentinos Magie reichte niemand heran. Er selbst hasste die Rolle. Zu seinem Leidwesen wurde er mit dem Scheich identifiziert – deshalb zielte sein Ehrgeiz, sich durch persönliche Auftritte vom Filmgeschäft zu emanzipieren, weniger auf den Versuch, die Kluft zwischen öffentlicher und privater Person zu verringern, als auf einen Befreiungsschlag. Er wollte nicht auf einen Typ festgelegt werden.

Niemandem bei der Paramount entging, dass Valentino in der Zwangspause Geschick und Mut bewies. Es hatte weniger mit Neid als mit schlichter Fassungslosigkeit zu tun, wenn mit dem Gedichtband die Grenze zur Selbstentblößung überschritten schien. Die Publikation von *Gedichten* war schon schlimm genug, doch als Valentino in »Day Dreams« freimütig seinen Wunsch nach Kindern bekannte, zweifelte man endgültig an seinem Verstand. Und an seiner Männlichkeit.

Three Generations of Kisses

A Mother's kisses
Are blessed with love
Straight from the heart
Of Heaven above.
Love's Benediction,
Her dear caress,
The sum of all our happiness.

Till we kiss the lips
Of the mate of our soul
We never know Love
Has reached its goal.
Caress divine,
You reign until
A baby's kiss seems sweeter still.

That beloved blossom
A baby's face
Seems to be Love's resting place.
And a million kisses
Tenderly
Linger there in ecstasy.

Were I told to select
Just one kiss a day;
Oh! What puzzle
I would say.
Still a baby's kiss
I'd choose, you see,
For in that wise choice
I'd gain ALL Three.[11]

Bei der Paramount schüttelte man nur den Kopf. Und es sollte noch schlimmer kommen. Valentinos Dichtung stand im Zeichen des Spiritismus. Nach Rambovas Ansicht war der Verfasser lediglich das Medium für Botschaften aus dem Jenseits, kaum mehr als ein ganz auf Empfang gestimmtes Instrument: Ghostwriter im vollen Sinne des Wortes.

Das Publikum reagierte begeistert. Bald wurde deutlich, dass man es mit einer Leserschaft aus bildungsfernen Schichten zu tun hatte. Etliche Gedichte waren mit Widmungen in Form von Namenskürzeln versehen. Viele Leserinnen bemühten sich um Entschlüsselung, vergeblich. Das Ganze erinnerte an die Lösung von Kreuzworträtseln. Der Autor ließ die Ratenden nicht lange zappeln und eröffnete einen bunten Reigen von Namen und Personen. Die verstorbene Freundin Jenny und Valentinos Mutter tauchen ebenso auf wie Größen des 19. Jahrhunderts: B. (Lord Byron), G. S. (George Sand), E. B. und R. B. (Elizabeth Barrett-Browning und Robert Browning), E. A. P. (Edgar Allan Poe), W.W. (Walt Whitman) und J. R. (James Whitcomb Riley). Aus dem spiritistischen Unfeld wurden tote und lebendige Personen einbezogen, wie der Band überhaupt Valentinos »Freunden hier und dort« gewidmet war. Die meisten blieben anonym. Unverschlüsselt erschien nur der Name seines 1921 verstorbenen Landsmannes Enrico Caruso. Neben »Italy«.

Mit »Day Dreams« bekannte Valentino sich zu Wahlverwandten in Geist und Empfindung. Für die Liebe standen Elizabeth Barrett-Browning und Robert Browning, für Freundschaft und Sympathie die tote Freundin Jenny, für Treue: ein Hündchen. Natur und Kreatur wurden weniger als existentielle Ressourcen oder Begleiter des Menschen, sondern als Symbole seelischer Entfaltung empfunden. Atmosphäre und Aura bildeten die Essenz des Lebens; alles Materielle faszinierte nur in flüchtiger, unveränderlicher Gestalt: Haut und Hauch, Wolke und Himmelsblau, »Milch und Honig des Herrn«.[12] Hunger war ein zentraler Begriff – nicht nur in seiner konkreten, die Anfangsjahre des Immigranten prägenden Form, sondern auch als Verlangen nach etwas anderem und Besserem. Was außer Geld hatte Hollywood zu bieten? Ruhm – ein leuchtend überhöhtes Bild auf den Leinwänden der Welt. Doch daneben auch Übergriffe, Einsprüche ins privateste Leben. Glamouröses Nomadentum.

Valentino war ein Mann, der alles Gewöhnliche verabscheute. Stets bemüht, unwürdige Situationen zu vermeiden, geriet er ständig neu in das Fahrwasser einer wuchernden Geschwätzigkeit. Daher kam *ein* Zugeständnis an Hollywood aus seinem Munde unerwartet: *»Extravaganza«!* »Das Wort«, schrieb er, »ist sehr vulgär. Doch Vulgarität ist immer noch nötig zur Entwicklung, denn manchmal lässt sich sogar aus einer im Sumpf wachsenden Weide ein edles Treibhausgewächs ziehen.« Er wusste, wovon er sprach, denn die Vorliebe für das Ausgefallene, Exquisite, für alles, was Solidität und Schönheit zu verbinden schien oder als Kitsch sein Dasein behauptete, war ihm keineswegs fremd. Trotzdem schloss er mit der Mahnung: »Sei lieber ein Grashalm, der den Herzschlag von Mutter Erde kennt, als eine künstliche Pflanze, die verwöhnt und nur zu scheinbarem Leben erweckt wird.«[13]

Mitte Juli beendete das Paar seine Tournee für Mineralava und bezog Valentinos altes Apartment in der 67. Straße. Inzwischen hatte Ullman sich Einblick in die Finanzen verschafft. Er begann mit Entschuldungsverhandlungen, kontaktierte die Gläubiger und wurde Zeuge einer unerwarteten Rückzahlung von 11 500 Dollar, die Valentino mit kindlicher Freude bar überbrachte. »Rudy war immer ein Prinz. Er liebte die große Geste.« Außerdem entließ Ullman Valentinos wenig effektiven, dafür aber umso kostspieligeren Anwalt und engagierte einen neuen. Anschließend nahm er Verhandlungen mit Vertretern der Paramount und dem Präsidenten der frisch gegründeten Ritz Carlton Productions, J. D. Williams, auf. Williams wollte den Star aus seinem alten Vertrag herauskaufen, doch als die Paramount sich nur um den Preis von einer Million Dollar dazu bereit erklärte, suchte er nach einer weniger belastenden Lösung.[14]

Am 18. Juli 1923 einigte man sich schließlich auf einen Kompromiss: Valentino würde noch zwei Filme für sein altes Studio drehen, in New York. Seine Gage lag bei 7500 Dollar wöchentlich; außerdem billigte man ihm Mitsprache bei der Wahl der Stoffe, Regisseure, Drehbuchautoren und des Ensembles zu und sah Rambova als Beraterin im Hinblick auf technische und Ausstattungsfragen vor. Nach Beendigung der letzten beiden Filme war er ein freier Mann. Valentino war bereit, sofort mit der Arbeit zu beginnen, doch die Paramount stellte erst für den Herbst 1923 etwas in Aussicht. Ullman handelte den sofortigen Beginn von Gehaltszahlungen aus und verschaffte dem von der Tournee erschöpften Paar eine Atempause, um sich einen lang gehegten Wunsch zu erfüllen. Das Gros ihrer Einnahmen wurde durch die Rückzahlung von Schulden und laufende Kosten – u. a. für den Umbau von Whitley Heights, den neuen Anwalt und Ullman – aufgezehrt. Die Erleichterung, einen Manager gefunden zu haben, der Geschäftssinn mit Verhandlungsgeschick und Loyalität verband, überwog auch dann jegliche Skepsis, als Ullman darauf beharrte, Rambova von geschäftlichen Besprechungen auszuschließen, was als Kotau vor der Konvention und Rücksicht auf altmodische Verhandlungspartner zunächst plausibel wirkte.[15] Die wahren Absichten des Managers sollten erst nach ihrer Rückkehr aus Europa deutlich werden. Valentinos Freude, allen, die ihm vertraut hatten, ihr Geld zurückgeben zu können, seine Erleichterung über die legale Trauung, Rambovas Stolz auf ein Verhandlungsergebnis mit der Paramount, das trotz hoher Risiken ihren Vorstellungen gemäß ausgefallen war, ließen sie wenig wachsam reagieren. Statt auf eine Hochzeitsreise waren sie auf Tournee gegangen und aus Reklamegründen von Honeymoon-Suite zu Honeymoon-Suite gereicht worden. All das lag hinter ihnen. Der Konflikt mit dem Studio war bereinigt. Nach einer Erholungspause würden sie mit frischer Kraft nicht in Hollywood, sondern in New York mit der Arbeit beginnen.

Endlich waren sie allein und in der Lage, eine wirkliche Reise zu planen. Natacha wollte Rodolfo ihr Internat in Südengland zeigen, Paris, die Villa ihrer Eltern an der französischen Riviera, und Rodolfo freute sich darauf, seine Frau an die Schauplätze seiner Kindheit zu führen. War es nicht genau das, wovon sie in Zeiten der Armut geträumt hatten? Jetzt konnten sie Amerika verlassen und einander zeigen, was sie bislang nur aus gegenseitigen Erzählungen kannten.

Während Valentino die Route ausarbeitete, fuhr Rambova nach Kalifornien, wo sie sich vom Fortgang der Renovierung von Whitley Heights überzeugte. Nach ihrer Rückkehr bummelten sie durch Little Italy, doch um das Restaurant, in dem sie bislang unbehelligt gegessen hatten, sammelten sich so viele Menschen, dass die Polizei eingreifen musste. Auch am nächsten Morgen, als sie sich in Begleitung von Natachas Tante an Bord der Aquitania begaben, hatten sie zahlreiche Zuschauer. Erschöpft, aber glücklich ließen sie alles hinter sich, was mit bösen Erinnerungen, Geld oder Geschäften verbunden war – frei, ihrem Traum zu folgen.

Valentino ahnte nicht, dass er mit Hilfe des automatischen Schreibens an Wahrheiten gerührt hatte, deren Bedeutung ihm derzeit noch verschlossen blieb. In »Day Dreams« hatte er unter dem Titel »Das Kaleidoskop der Liebe – Synonymus und Anonymus« sämtliche Buchstaben des Alphabets mit Begriffen versehen. Zu N wie Natacha fiel ihm Folgendes ein: »Nein – am nächsten – Neuigkeit – niemals«, für R wie Rodolfo und Rambova: »Romantik – Träumereien – Verwirklichung – Erinnerung«, für V wie Valentino: »Tugend – Eitelkeit – Schwüre – Rache«.[16] Die Stimmen aus dem Jenseits blieben stumm. Doch war inzwischen nicht eingetroffen, was sie vorausgesagt hatten? Ullmans Zusage. Ihre Reise nach Europa. Als die majestätische Aquitania ablegte und die Silhouette von New York sichtbar wurde, fühlten sie sich befreit zu neuem Leben. Das Schiff zog eine breite Spur in den Ozean; die Menge am Pier blieb klein und kleiner zurück und verlor sich schließlich ganz. Das war gut so.

NACH EUROPA!

Europa – das war zu Beginn der zwanziger Jahre in den Augen reiselustiger Amerikaner in erster Linie England, dann Frankreich, vielleicht noch Italien. Fern, exotisch, fremd, hielt es für Hollywoodflüchtlinge ein Exil besonderer Art bereit. Von Gloria Swanson bis Greta Garbo, von Douglas Fairbanks bis Charles Chaplin galt die Fluchtlinie New York – Cherbourg – Southampton. Oder Stockholm. Den meisten ging es weniger ums Prestige, was die Studios bei den von ihnen bezahlten Reisen natürlich besonders im Blick hatten, als um Abstand zu der mit ihrer Dynamik und Geldsucht so erschöpfenden Welt Hollywoods.

Viel Zeit zur Vorbereitung blieb Valentino und Rambova nicht. Zwar erschienen beide elegant bis extravagant, wie es Fans und Journalisten erwarten durften, doch ihr Verlangen nach Ungestörtheit war übermächtig und von Anfang an durch Neugierige bedroht. Eine aufdringliche Dame wollte Valentino für ihre Wohltätigkeitsveranstaltung an Bord gewinnen. Als er sich der Bitte höflich und mit einer Spende entzog, fand er Verständnis bei George Arliss, einem Schauspieler, der ebenfalls in Begleitung seiner Frau nach London reiste. Arliss hatte sich am englischen Theater durchgesetzt, bevor er zum Film nach Amerika gegangen war, und genoss in beiden Ländern hohes Prestige. Im Umgang mit der amerikanischen Schriftstellerin Willa Cather bewies er sein Talent für Freundschaft ebenso wie als Ratgeber und Förderer von Nachwuchstalenten wie Bette Davis oder Ronald Colman, der die Zusammenarbeit mit ihm nicht nur inspirierend fand, sondern seinen Mentor als überzeugenden Anhänger des Understatement bewunderte: »Arliss' Spielweise bestand in der Kunst, das Künstliche nicht sichtbar werden zu lassen.«[1]

Die Begegnung mit dem Mann, der später Disraeli verkörpern und für diese Rolle den Academy Award erhalten sollte, verlief angenehm, weil man bei zwanglosen Treffen Erfahrungen austauschen konnten. Überhaupt hatte sich an Bord eine anregende Reisegruppe versammelt. Dazu gehörten Teresa Werner und Robert Florey, ein junger Franzose aus Valentinos Bekanntenkreis, der ihnen während der Reise zur Hand ging und Filmaufnahmen machte (er ist auf der Fotografie, die einen lächelnden Valentino Auge in Auge neben der Kamera zeigt, im Bullauge hinter den beiden zu sehen).

Fünf Jahre jünger als sein Freund, gehörte Florey zu den frühen Filmenthusiasten, die in Hollywood sofort Anschluss an maßgebliche Kreise ge-

171

funden hatten. Später schrieb er Beiträge für das Cinémagazine und La Cinématographie Française, für Cinémonde, Ciné-Club, La Technique du Film und vergleichbare Zeitschriften. Ungebunden und reiselustig folgte er dem Paar, das ihn am liebsten schon für die Mineralava-Tournee verpflichtet hätte und froh war, ihn um sich zu wissen.

Valentinos Erleichterung nahm zu, als die Aquitania sich der englischen Küste näherte. Hinter ihm lagen harte Auseinandersetzungen mit dem Studio, der Kampf um finanzielle Sicherheit, eine hastig vollzogene Trauung, die so gar nicht der Hochzeit entsprach, die er sich erträumt hatte, außerdem eine anstrengende Tournee, wo er nicht nur als Tänzer in Erscheinung treten, sondern Reklame machen und bei fragwürdigen Schönheitskonkurrenzen assistieren musste.

Nachts, wenn er nicht schlafen konnte, ging er allein an Deck und schaute aufs Meer. Zehn Jahre zuvor war er in die Gegenrichtung gereist, in ein fernes, so verheißungsvolles Land. Damals hatte er alles hinter sich gelassen: die Enttäuschung der Familie über das schwarze Schaf in ihren Reihen, die Lethargie der Provinz, die Hoffnungslosigkeit. Anders als bei jener ersten Schiffsreise ging es diesmal um eine Atempause, um Kraft für die Zeit nach der Rückkehr. Und er kam nicht mit leeren Händen, sondern kehrte heim als jemand, der es im Ausland zu Ansehen gebracht hatte und die Skeptiker von einst beschämen würde. Drei Monate hatten sie für die Reise eingeplant. Schon jetzt kam ihm die Zeit knapp vor. Bei den Gesprächen mit George Arliss wuchs seine Vorfreude.

Das gesellige Leben an Bord ließ wenig Raum für sportliche Übungen. Seit Monaten gab es keine erträgliche Balance zwischen öffentlichem Auftreten und privater Ruhe. Die strahlende Präsenz konnte Valentino nur aufrechterhalten, wenn er sich von Zeit zu Zeit zurückziehen konnte. Freunde wussten das. Dieser merkwürdige Italiener liebte die Ritz-Carltons der Welt und sehnte sich zugleich nach familiärer Häuslichkeit.

Auf dem Schiff wurden sie allmählich ruhiger. Wie lange hatten sie von dieser Reise geträumt! Rambova gewann Stabilität durch Séancen, er las Freud und fühlte sich darin bestärkt, seine Erlebnisse festzuhalten. Was eignete sich dafür besser als ein Tagebuch? Er nahm sich vor, es auf dieser Reise täglich zu führen, und dachte an die Woche mit Herbert Howe zurück, in der sie unter großem Zeitdruck und mit noch größerem Enthusiasmus an seiner »Autobiografie« gearbeitet hatten. Für wen würde er schreiben? Für seine Nachkommen und – bis es so weit war – für das Publikum. Er freute sich schon jetzt auf die Schilderung jenes Reigens von Schauplätzen, Ereignissen und Begegnungen, dessen Höhepunkt die triumphale Rückkehr an seinen Geburtsort sein würde. Valentino fuhr nicht allein. Die Geister der Vergangenheit reisten mit. Offiziell reiste er für Millionen von Fans, im Stillen für seine Kinder. Rambova belächelte die Gewissenhaftigkeit, mit der er sich an die Niederschrift machte, nachts, wenn alle schliefen. Woher kam der Antrieb, sich Abend für Abend, manchmal bis zum Morgengrauen oder noch vor dem Frühstück hinzusetzen und zu schreiben? Vorerst dachte er nicht darüber nach, sondern überließ sich einfach dem Blick aufs Meer und seiner Erwartung.

Eine unbeachtete Ankunft wäre nicht nach Valentinos Geschmack gewesen. Da er nicht wusste, was ihn in England erwartete, hatte er eine Sekretärin vorausfahren lassen. Seine Sorge erwies sich als unbegründet. Als er schließlich in London eintraf, wurde er von Fans umringt; viele hatten ausgeharrt und um seinetwillen ihren letzten Bus verpasst. Gerührt verteilte er Autogramme, bevor er sich mit Rambova in eine Prominentensuite des Carlton Hotels zurückzog. »Geschichte hat ihren Preis«, würde seine Frau nach einem Blick auf die Rechnung sagen.

Valentino genoss die öffentliche Aufmerksamkeit und den Ansturm der Journalisten am nächsten Morgen in vollen Zügen. Um Zeit für Besichtigungen und den Kauf einer englischen Herrengarderobe zu erübrigen, reservierte er die Vormittage für Interviews und erkundete nachmittags die Stadt. Er ging gern zu Fuß durch Straßen, die ihn an Shakespeare und Charles Dickens erinnerten, und interessierte sich für alles. »Ich weiß nicht, wenn ich so darüber nachdenke, ob ich Besichtigungen wirklich so liebe, denn irgendwie scheint mir, dass die beste Art, eine Stadt, ein Land kennen zu lernen, die ist, einfach in einer bestimmten Gegend herumzuwandern, die Atmosphäre einzusaugen, die Farbe, die Erinnerungen aufzunehmen und teils bewusst, teils unbewusst den Geist eines Ortes mit allen Sinnen zu absorbieren, anstatt herumzulaufen und sich fleißig Fakten, Daten, Namen einzuverleiben.« Den ersten Abend verbrachte er allein, wie immer, wenn ihn etwas bewegte.[2]

»Mir ist, als würden die Stimmen Londons mir ständig etwas zuflüstern, mir zuwinken, mich aufrichten.« Rambova kommentierte Valentinos Zustand, seine jetzt nicht auf eine Rolle, sondern auf das Zentrum des britischen Empire konzentrierte Aufmerksamkeit, indem sie ihn – und das wurde allmählich zur Gewohnheit – mit einem Kind verglich: »Natacha sagt, kein Kind würde sich bei der Besichtigung eines unbekannten Ortes so aufregen wie ich. Vielleicht ist das so, aber ich denke, wenn wir die kindliche

Neugier verlieren, den Kinderglauben, dass hinter der nächsten Ecke etwas Neues, etwas Spannendes und Wunderbares auf uns wartet, dann verlieren wir mehr als die halbe Lebensfreude. Niemals möchte ich so gleichgültig werden. Ich möchte nie die Aufregung verlieren, die neue Beziehungen, neue Orte in mir hervorrufen … Ich hatte die Hoffnung, die kraftvolle Poesie Londons würde in mir ein starkes Echo erzeugen, und genau das trifft zu.«

Er empfand Rambovas Gelassenheit als Indifferenz. Da sie London kannte, schien ihr sein Enthusiasmus übertrieben; außerdem glaubte sie, dass die Niederschrift des Erlebten anstrengender sei als das Erleben selbst. Doch er setzte sich Abend für Abend an sein Tagebuch. »Erschöpft oder nicht. Die Dinge gleiten mir aus der Hand …« Noch im Schatten der Ereignisse kämpfte er gegen das Vergessen, gegen den Tod. »Ich werde möglicherweise noch viele andere Reisen machen, bevor ich mich auf die letzte, längste Reise aller Reisen begebe, aber wie auf dieser ersten wird es nie wieder sein. Es ist wie die Ruhe nach dem Sturm. Es ist wie der Spaß nach dem Ernst. Es ist die Erholung nach den Sorgen. Es ist ein herrliches Zwischenspiel und soll sich mit der Süße der Erinnerung verbinden.«[3]

An den verbleibenden Nachmittagen besichtigten sie den Tower und Westminster Abbey. Windsor Castle, Hampton Court standen ebenfalls auf dem Programm. Nach Rambovas Beobachtung war London für Männer, was Paris für Frauen bedeutete. Deshalb zeigte sie Geduld, wenn Valentino beim Schneider war, suchte, endlos auswählte, Anzüge, Hemden, Schuhe, Hüte in Auftrag gab. Nicht nur die Stadt, auch das Modeparadies London hielt sie gefangen.

Ein Empfehlungsschreiben verschaffte ihnen Zugang zum Haus des Industriellen Richard Guiness am Great Cumberland Place in St. Marylebone. Dort trafen sie eine bunt gemischte Gesellschaft aus Künstlern, Politikern und einflussreichen Damen der englischen Gesellschaft. Die Zeit reichte noch für einen Abstecher nach Ascot und auf den Landsitz von Bridget und Benjamin Guiness. Danach fuhren sie in Richtung Süden, wo sie Rambovas Schule in Leatherhead Court bei Epsom besuchten, deren Garten während der Ferienzeit verwaist dalag. Als begeisterte Tierliebhaber waren sie Gäste einer Hundezucht und verbrachten dort Stunden mit der Beobachtung und Auswahl von sechs Wochen alten, noch wolligen Welpen. Valentino, dem freudianische Terminologie geläufig war, vermerkte in seinem Reisetagebuch nur halb im Scherz »einen beträchtlichen Familienzuwachs«. Kinder, alle Kinder, riefen etwas in ihm wach, was sich nicht leicht in Worte fassen ließ:

»Kinder bedeuten Romantik. Sie sind der Anfang und das Ende.« Er liebte sie und träumte von einer großen Familie.[4]

Wohin er auch ging, wen er auch traf – überall interessierte man sich für den amerikanischen Film. Für ihn – das wollte Valentino auch dem US-Publikum vermitteln – ging es nicht allein darum, seinen Lebensunterhalt zu verdienen. Filmen war weder Selbstzweck noch pures Geschäft, weder reine Unterhaltung noch reine Kunst, sondern etwas von allem. Ihm jedenfalls machte es mehr Vergnügen, Emil Jannings im Film dabei zuzusehen, wie er als Heinrich VIII. einen Knochen benagte, als endlose Erläuterungen über die Morde des Herrschers anzuhören. In solchen Details steckte das Leben! Er besichtigte die königlichen Gemächer in Hampton Court, ging durch die Londoner Slums (»An jeder Ecke war die Stimme von Dickens deutlich zu vernehmen«), schaute sich danach wieder eine Revue an und genoss das Wechselbad der Eindrücke: »In einem alten Land hatte ich neue Träume.«[5]

Der Abschied von London fiel ihnen schwer. In Croydon bestiegen sie ein Flugzeug nach Frankreich. Nach einer sanften Landung in Le Bourget wurden sie von Jacques Hebertot, dem Besitzer des Théâtre des Champs-Élysées und Herausgeber mehrerer Zeitungen, empfangen. Viele Neugierige waren gekommen. Vor dem Flug war Valentino von beinahe abergläubischer Furcht geplagt worden, doch gefiel ihm die Idee, sich dem Geburtsland seiner Mutter vom Himmel aus zu nähern – frei wie ein Vogel.

Zum ersten Mal betrat Valentino den Schauplatz der *Four Horsemen of the Apocalypse*, dankbar für die Aufmerksamkeit. Im Plaza Athénée fanden sie eine luxuriöse Unterkunft. Für den Abend waren sie zu einem Diner eingeladen mit Schauspielern, Schriftstellern, Herausgebern, lokalen Berühmtheiten. Zu Valentinos Überraschung wurde über den Film und seine Zukunft auf eine Art gesprochen, die Amerikanern eher fremd war: kundig, an der Sache, an *Ideen* und nicht vorwiegend an Klatsch, Gagen, Geld und immer wieder Geld interessiert. Erfreut bemerkte er, dass er von englischen oder französischen Journalisten nicht nur verstanden, sondern sogar korrekt zitiert wurde. Hier wurde das Privatleben respektiert, während man in den USA selten zögerte, sich an die intimsten Dinge zu wagen, mit der Unbekümmertheit von Kindern, die ein Spielzeug zerlegen und die Lust verlieren, wenn ihnen etwas Bunteres ins Auge fällt. In Gedanken an sein amerikanisches Publikum wurde Valentino zum Pädagogen und suchte seinen Lesern nahe zu bringen, warum ihm diese Mentalität nicht gefiel. »Illusion muss einen Schleier tragen, Kunst ihre Anstrengung verbergen, wenn sie gefallen und verführen soll.«[6]

Dann ging es an die Reisevorbereitungen. In den ersten Tagen war er damit beschäftigt, zwei Wagen für die Fahrt nach Südfrankreich und Italien auszusuchen. Er wählte ein Kabriolett für sich und eine Limousine für Rambova aus, prüfte die Kraft der Motoren und zeigte bemerkenswerte Ausdauer, sobald es darum ging, den richtigen Grauton für die Lackierung oder ein Zinnoberrot für die Polster auszusuchen. Kein Detail blieb unbeachtet. Bis zur Lieferung des *voisin* stand ihnen ein Leihauto zur Verfügung.

Rambova hatte das alles mit wachsender Ungeduld verfolgt und atmete auf, als die Bestellung erledigt war. Endlich konnte sie die Vorbereitungen treffen, die ihr selbst wichtig waren. Auf dem Programm stand ein gemeinsamer Besuch bei dem Modeschöpfer Paul Poiret, einem Freund ihrer Tante Elsie. Der einstige Schüler von Jacques Doucet, der nach zwei Jahren bei Worth ein Modehaus in der Rue Auber eröffnet hatte, war mit seiner Liebe zur Kunst ein Favorit seiner amerikanischen Kundin: Wie sie ließ auch er sich von Werken früherer Jahrhunderte, verschiedener Regionen und Kulturen anregen.

1909 hatte er die Farben und Formen orientalischer Turbane im South Kensington Museum studiert. Léon Baksts Kostüme für das Russische Ballett inspirierten ihn ebenso wie Fahrten durch Italien, Spanien und Nordafrika, die er 1912 in Begleitung von Künstlern unternommen hatte, ein Jahr vor seiner ersten Reise nach Amerika, wo seine Entwürfe schamlos und straflos kopiert wurden.

Als Rambova ihn aufsuchte, lag sein zweiter Aufenthalt in den USA von 1922 schon hinter ihm, und er befand sich auf dem Höhepunkt seiner Laufbahn. Der stämmige Poiret dürfte von der Schönheit und natürlichen Anmut seiner Kundin ebenso bezaubert gewesen sein wie sie von seinen Schöpfungen. Sie zeigten eine schmale Silhouette, bisweilen auch fade, von Valentino für unkleidsam befundene Pastelltöne, hatten aber durch die Kombination edler Materialien wie Wolle und Seide, Kaschmir und Samt, von einfarbigen Flächen und ungewöhnlichen Mustern, von glatten und bestickten Partien einen Reiz, dem Rambova sich schwer entziehen konnte. In Poirets »großartigem Gespür für Linie, Farbe und Muster« klang etwas von dem an, was sie als Designerin umsetzen wollte.

Für Fotografien, die James Abbe in Poirets Atelier aufnahm, wählte sie »Sultana«, einen langen, schmal silhouettierten Rock mit einer Satinschleppe, zu dem ein purpurfarben und gold gemustertes Oberteil gehört, das die rechte Schulter freigab. Ein anderes Modell mit einem Rock aus weißem Samt fiel in reichen Falten herab und setzte sich wirkungsvoll gegen ein Oberteil ab, dessen Blumenmuster aus winzigen Perlen entstand. Zu schmal

176

geschnittenen, glänzenden Pumps mit Riemen trug sie einen Chinchilla. Die Kopfbedeckungen für beide Modelle waren diesmal keine Turbane, sondern in Anlehnung an Diademe geformt. Rambova erschien in Dreiviertelansicht, ihr Kopf im Profil – einmal vor zwei halbrund abgeschlossenen, beleuchteten Türöffnungen, das andere Mal neben einem Fenster, hinter dessen Vorhang sie ins Freie blickt wie eine gefangene Königin.

Paul Poiret gratulierte dem Paar zu seinem Geschmack. Er hatte bemerkt, dass Valentino nicht die Unrast gewöhnlicher Begleiter zeigte, sobald es um Farben und Nuancen, Materialien und Schnitte ging; nie wurde er des Abwägens und Aussuchens müde, nie reizbar wie andere Männer. Schönheit kostete Zeit. Valentino akzeptierte das auch für seine Frau, stolz, dass sie auf sein Urteil Wert legte.

Es war August, der ungünstigste Monat für einen Paris-Besuch. Hebertot lud sie deshalb zum Grand Prix nach Deauville ein. Sie sagten zu, froh, der Hitze für ein paar Tage am Meer zu entkommen, und fuhren mit beiden Autos los: der Limousine für ihre Garderobe und dem Kabriolett für sie selbst. Als sie spätabends in Deauville ankamen, erwartete sie ein Haus ohne Telefon mit gleichgültiger Bedienung. Über kleine Misshelligkeiten hinwegzusehen, gehörte nicht zu Valentinos Stärken. Er klagte über mangelnden Komfort und war enttäuscht wie ein Kind, als es am nächsten Tag regnete. Hebertot munterte ihn mit einer Spazierfahrt durch die Normandie auf und entschädigte seine der Hotelküche allmählich überdrüssigen Gäste durch ein ländliches Mahl.

Am Abend hüllte sich Rambova für einen Besuch im Kasino in ihre Robe von Poiret. Wieder erwartete sie eine Enttäuschung. Das touristische Publikum missfiel ihnen: Frauen mit harten Gesichtern und zu viel Schmuck, verbrauchte Männer, Zocker. Sie beide hatte keinen Spaß am Glücksspiel; aus ihrer Sicht kam es nur für Menschen in Frage, die nichts mit dem Leben anzufangen wussten. Fahrten über Land mit dem aus der Normandie stammenden Hebertot sagten ihnen mehr zu. Valentino fotografierte, war aber noch nicht völlig vertraut mit dem Apparat, wie Rambova lächelnd bemerkte, als er eine Platte mehrfach belichtete. Nachts fragte sie ihn, ob er sich Sorgen mache über das, was sie nach der Rückkehr in New York erwartete: Konflikte, Schulden, Gemeinheiten von Seiten der Studiobosse und der Presse. Er beruhigte sie. Das Meer, der Himmel schoben sich zwischen ihn und die Sorgen. Da sein eigentliches Ziel – Italien – noch vor ihnen lag, fühlte er sich schon jetzt wohler. Optimistischer. »Das alles ist zwar immer noch wichtig«, sagte er, um sie aufzuheitern. »Aber ich bin es auch.«

Unterwegs sahen sie alte Gemäuer, ein Kloster; sie fühlten sich an die Zeit Wilhelm des Eroberers erinnert und Valentinos Kindertraum von ritterlichen Heldentaten, genossen unterwegs das noch warme Brot, duftige Soufflés, die ein Windhauch zusammenstürzen ließ, französischen Landwein. Mit diesen Fahrten durch die Normandie machte Hebertot ihnen eine echte Freude.

Zurück in Paris, unternahmen sie einen halbherzigen Vorstoß ins Nachtleben; doch verglichen mit den amerikanischen Ziegfeld-Revuen erschienen ihnen die Folies Bergères beinahe provinziell. Die Theater wirkten schäbig, der Montmartre spießig. Manche Amerikaner boten den Anblick grober Hinterwäldler und hatten so gar nichts mit jenen Landsleuten gemein, die Valentino sich als Leser seiner Reisenotizen vorstellte. Paris war billig, weckte das Billige. So fiel der Abschied leicht. Jacques Hebertot gab Valentino als Souvenir einen Dobermann-Pinscher mit auf den Weg. »Noch ein Familienmitglied, das uns begleitet.« Sie nannten ihn Kabar.[7]

Die Strecke nach Nizza legten sie mit dem Auto zurück. Valentinos Fahrkünste standen in keinem harmonischen Verhältnis zum Überlebenswillen seiner Mitreisenden. Er war kurzsichtig, sah aber keinen Grund, sich deshalb mit einer Brille zu verunstalten. Bald kam es über seine Raserei zum Streit. »Rudy war zum Glück ein geschickter Fahrer, aber wie rücksichtslos!«, erinnerte Rambova sich später. Dieser Mann mit seinen kultivierten Umgangsformen, seiner Fähigkeit zu zartester Rücksichtnahme wirkte hinter dem Steuer wie entfesselt. Trotz gut ausgebauter Straßen empfand sie die Fahrt als »ein einziges idiotisches Gerase durch eine erstickende Staubwolke« und hatte jedes Mal den Eindruck, es könne ihr letzter Ausflug sein. Fast wäre es so gekommen, als Valentino auf einer Passstraße in den Alpen die Kontrolle über den *voisin* verlor. Erst im letzten Moment gelang es ihm zu halten. Ein Rad hing frei über dem Abgrund. Er war so erschrocken, dass Rambova es nicht übers Herz brachte, ihm Vorwürfe zu machen. Doch das war erst der Anfang.[8]

Längst hatte die Eisenbahn den Reiz eines neuen, atemberaubend schnellen Transportmittels verloren. Seit den achtziger Jahren des 19. Jahrhunderts existierten Straßennetze, exklusive Clubs, Verkehrsschilder, Autokarten und sogar ein bescheidenes Distributionssystem für Ersatzteile, von denen Fahrer wie Valentino in abgelegenen Gebieten profitierten. Alle Reparaturen musste er selbst ausführen. Jetzt kam ihm zugute, dass er stundenlang unter alten Autos gelegen hatte, um sich mit der Technik vertraut zu machen.

Das Automobil rief damals Mediziner und Psychologen auf den Plan. In der zeitgenössischen Diskussion wurden Nerven- und Verkehrssystem miteinander verglichen, Fachleute suchten nach Ursachen für die um sich greifende Raserei. Sie hatte einen Namen, der heute nur noch wenigen geläufig ist – Neurasthenie – und galt als amerikanische Krankheit. War es Zufall, dass die »Geburtsstunde des Automobils und seine Kinder- und Flegeljahre … in die sich entfaltende und fast ungeheuerliche Ausmaße annehmende Nervositäts- und Neurastheniedebatte« fiel? Zu Beginn des 20. Jahrhunderts wurde das Auto als Therapeutikum gepriesen. Viele Fahrer reagierten dermaßen heftig auf den »Nervositätsvorwurf«, dass mancher darin eine »Krise männlicher Selbstbilder« zu erkennen glaubte.[9]

Während der Fahrt beobachtete Rambova die Metamorphose ihres Mannes vom Gentleman zum Rowdy. Mit seiner Raserei verletzte er Prinzipien, auf die sie Wert legte: Haltung, Distinktion. Seit dem Vorfall in den Bergen hatte ihr Vertrauen in Valentinos Fahrkünste deutlich nachgelassen. Appelle an die Vernunft, Proteste, Schreien oder Schweigen: Nichts half. Teresa Werner enthielt sich als Beifahrerin jeder Stellungnahme.

Valentino hatte die Route sorgfältig geplant und Zeit für spontane Ausflüge in der Gegend zwischen Bourges und Avignon reserviert. Es machte Spaß, nicht zu wissen, was der nächste Tag bringen, wo man übernachten würde; man ließ sich treiben und genoss die abenteuerliche Fahrt trotz der bewussten Einschränkungen für die Beifahrerinnen. Obwohl er gut daran getan hätte, in Städten und Dörfern »ein bisschen abzubremsen«, überließ er sich bei der nächsten Gelegenheit wieder ganz dem Reiz der Geschwindigkeit. Kurzsichtig, wie er war, wusste er *eine* Errungenschaft der Automobilclubs nicht genug zu preisen: weithin lesbare Schilder. Zum Glück verlief die letzte Strecke bis zur Riviera ohne Zwischenfälle. Am späten Abend trafen sie in Juan-les-Pins ein. Man erwartete sie bereits.[10]

Valentino und Rambova waren fasziniert von der weißen Villa und ihrer wechselvollen Geschichte. Im Krieg ein Lazarett, hatte sie zuvor einem russischen Prinzen gehört, der sein Vermögen in Monte Carlo ließ und das Anwesen verkaufen musste, und war nun Alterssitz der Hudnuts. Schon lange war es ein Traum von Richard Hudnut gewesen, sich an der französischen Riviera niederzulassen. Nach einer mehrjährigen Umgestaltung im Stil Ludwigs XVI. hatte Winifred nur eine Ausnahme gemacht: Die Räume für Tochter und Schwiegersohn waren in kräftigen Farben gehalten und modern eingerichtet worden. Rambova liebte das Gebäude mit seinem Garten, dem Gewächshaus, einer Dependance für Gäste und einer Bootsanlegestelle. Diesmal verstand sie ihren Mann, der vor Plänen übersprudelte, wenn er frühmorgens das Gelände durchstreifte. Sie wurden über ihre Fahrt ausgefragt und darüber, was sie in Amerika erlebt hatten. Winifred wollte die jungen Pekinesen versorgen, denn als Reisegefährten für Italien kamen sie nicht in Betracht. Kleine Neckereien und Provokationen veranlassten Valentino, über seine Frau und die Doppelnatur des Weiblichen nachzudenken: »Die Mutter in den Frauen scheint mir liebevoll zu sein, aber das Weib in ihnen ist eine Art Tigerin und freut sich an raffinierten Quälereien, am Kräftemessen oder der Beobachtung des von ihr selbst hervorgerufenen Leidens beim anderen Geschlecht.« »Ich liebe das Madonnenhafte an den Frauen«, fügte er nach einigem Nachdenken hinzu, nicht ohne sich wieder in die Rolle des Kindsohnes zu versetzen. Wenn er an ein Zuhause dachte, wollte er sich von mondänen Paaren abheben, die wie Zelda und Scott Fitzgerald von Saison zu Saison, von Kontinent zu Kontinent, von Hotel zu Hotel hasteten und in gemieteten Häusern einer alkoholisierten Ruhelosigkeit nachgaben, die sie schließlich verzweifelt und arbeitsunfähig werden ließ. Er wollte die Jahreszeiten an einem einzigen Ort, im eigenen Heim erleben: »Modernität ist mir nicht so wichtig, nicht beim Haus, nicht bei der Kleidung oder den Frauen. Ich liebe ein bisschen von der Atmosphäre der Alten Welt. Einen Hauch von Tradition. Etwas aus anderen Ländern oder anderen Zeiten … Ich hätte gern ein Zuhause, um darin all die wunderbaren Dinge aufzubewahren, die ich aus allen Teilen der Erde zusammensammele. Wohin meine Freunde kommen können, um meiner zu gedenken … dahin, wo ich am Ende, nach all den Stürmen und dem Ärger sterben kann.«[11]

Rambova las sein Tagebuch, wenn sie im Bett frühstückten – bei offenen Fenstern zum Garten mit seinem Sommerduft. Das Meer war nicht weit. Valentino dachte darüber nach, wem aus seiner Familie er ähneln könnte. Die nächsten Angehörigen schieden aus; zu groß erschien die Kluft zwischen ihm und den Geschwistern Alberto und Maria. Er wollte seinen Stammbaum erkunden, endlich die Person finden, der er sich innerlich verwandt fühlen konnte, um sich selbst besser zu verstehen. Er beobachtete Rambova beim Lesen seines Tagebuchs und fragte sie, ob etwas unerwähnt geblieben sei. Sie erinnerte ihn an André Daven, einen gut aussehenden Pariser Journalisten, den Valentino selbst für begabt gehalten und nach Hollywood eingeladen hatte. Sonst, glaubte sie, sei alles Wesentliche notiert. Er kam im Tagebuch nicht nur mehrfach auf seine Lektüre zurück, sondern erwähnte auch, dass er mit ihr Freuds These, nichts werde je wirklich vergessen, diskutiert hatte. Doch eine Antwort auf die Frage, die ihn am stärksten beschäftigte, warum er sich seinen Geschwistern gegenüber so fremd, so anders fühlte, fand er nicht. In Gedanken an sein Publikum, das diese Zeilen irgendwann lesen würde, schloss er eine Psychoanalyse aus: »Ich weiß nichts von Hemmungen. Ich habe weder Neurosen noch Komplexe. Und wenn ich sie habe, leide ich nicht daran.«[12]

Die Zeit in der Villa d'Or näherte sich ihrem Ende. Sie packten, konnten Winifreds Bitte, eine Nacht länger zu bleiben, dann aber doch nicht widerstehen. Nach lächelnd ertragenen Ermahnungen, weniger halsbrecherisch zu fahren und seine Reisegefährtinnen Natacha und Teresa heil ans Ziel zu bringen, fuhr Valentino die Küste entlang. Nach Italien.

REISE IN DIE KINDHEIT

Weit war es nicht bis zur Grenze. In Ventimiglia warteten sie zwei Stunden in der Mittagshitze, bis die Grenzbeamten ihre Siesta beendet hatten und geruhten, einen Blick in ihre Pässe zu werfen. Zu verzollen gab es nichts bis auf Zigaretten, mit denen Valentino sich gut versorgt hatte. Mit einem Blick auf den *voisin* forderten die Beamten eine unverschämte Summe. Proteste auf Italienisch blieben wirkungslos. Man sah im Ankömmling einen reichen Mann, dem man nur auf eine Art begegnen konnte. Das bedeutete: nachgeben und zahlen. An der Schwelle zu seiner Heimat war Signore Valentino ein Unbekannter, dem man unter Berufung auf obskure Bestimmungen ungeniert Dollars aus der Tasche ziehen konnte. Obwohl er sich schon in London Gedanken über den Empfang an der italienischen Grenze gemacht hatte, traf ihn der Vorfall doch tiefer, als er vor Rambova und Teresa Werner zugeben wollte, die ihr Lachen kaum unterdrücken konnten, als sie bemerkten, wie gekränkt er auf die Unverschämtheiten seiner Landsleute reagierte.

Danach fuhren sie die Küste entlang, durch San Remo und Alassio in Richtung Genua. Beim Abendessen in einer ländlichen, mit Wein überwachsenen Trattoria schauten sie aufs Meer, das die untergehende Sonne gelb-rot färbte. Valentino blieb still und in sich gekehrt. Er fühlte sich in die Vergangenheit zurückversetzt.[1]

In San Francisco, im elterlichen Haus, hatte Natacha Rodolfo erstmals ihren familiären Hintergrund offenbart und bald darauf mit ihm die Schauplätze ihrer Kindheit besucht: Salt Lake City auf der Mineralava-Tournee,

Leatherhead Court in Surrey, vermutlich auch Elsie de Wolfes Villa Trianon in Versailles. Nun lag es bei ihm, all das, was er Herbert Howe und dem amerikanischen Publikum von seiner Heimat berichtet hatte, mit der Wirklichkeit zu vergleichen. Rambova war aufmerksam, aber auch spottlustig. Je näher sie den Stätten und Menschen seiner Kindheit kamen, umso mehr begann er sich zu fürchten vor dem, was kommen sollte.

Wie wenig er von Italien wusste! Während der ersten Nacht in Genua nahm er Kontakt zu Beatrice Guglielmi auf. Papier und Bleistift genügten für die Séance. Was hatte die Verstorbene ihm zu sagen? »Vergiss nie deine Mutter und Italien!« – die väterliche Mahnung war unvergessen.

Zum Glück verlief der Besuch seiner alten Schule in einem Außenbezirk der Stadt ohne Zwischenfälle. Er konnte den Frauen das Klassenzimmer, seine Bank und die Ecke zeigen, in der er als Kind oft gestanden hatte. Auf der Rückfahrt erspähte er eine üppige Frau mit mehreren Kindern, in der er ein Mädchen von früher erkannte, und verschwand in einem mit Spitzen und Kurzwaren bestückten Laden, um ihn bald darauf mit vielen Päckchen zu verlassen. Rambova beobachtete dies »Sinnbild italienischer Mutterschaft« und Valentinos Gefühlsausbruch aus sicherer Entfernung.[2]

Unablässig aufwirbelnde Staubwolken, der ausgesprochen schlechte Zustand der Straßen und die Augusthitze machten die Fahrt zur Qual. Tagsüber erlebte Rambova ihren Mann als rasanten Fahrer, doch wenn er kurz vor Mitternacht bei strömendem Regen, nur von Chianti erwärmt, auf der Suche nach einer Garage Dorfbewohner aus dem Schlaf trommelte, verwandelte er sich vor ihren Augen in eine beinah unwirkliche, seltsam verlorene Gestalt. Manchmal bedurfte es nur noch einer Kleinigkeit, um sie explodieren zu lassen.[3]

Er ahnte, dass sie trotz ihres Mutes, den sie bislang bei allen Konflikten mit dem Studio bewiesen hatte, am Ende ihrer Kraft angelangt war. Vor einander hatten sich beide stärker gezeigt, als sie tatsächlich waren; nun fürchteten sie insgeheim und ohne es sich eingestehen zu wollen, dass ihnen der gemeinsam errungene Sieg über die Paramount während ihrer Abwesenheit streitig gemacht werden könnte. Zum ersten Mal sah Valentino seine Frau weinen. Wenn auch nur aus Erschöpfung. Zwar schien am nächsten Tag alles vergessen, doch allmählich wurde es Zeit für ein weniger anstrengendes Programm.

Niemand erkannte ihn. Einmal bemerkte er ein angerissenes Plakat, das unter dem Titel »La comedia humana« für *The Conquering Power* mit Alice Terry warb. Wen er auch fragte – keiner kannte den Film, obwohl er seit 1921 im Handel war. Überhaupt schien sich niemand um Aktualität zu kümmern, denn gerade lief ein Film über die heilige Johanna mit Geraldine Farrar von 1917. Im Mai und Juni waren Meldungen durch die amerikanische Presse gegangen, die von einem geplanten Erfahrungsaustausch zwischen italienischen und amerikanischen Industriellen berichteten. Dazu gehörten auch Abgesandte der Unione Cinematografica Italiana und Vertreter der Fox.

Auch seine Schwester Maria, die sie in Mailand trafen, hatte ihren Bruder noch nie auf der Leinwand gesehen. Sichtlich bewegt schloss Rodolfo sie nach fast zehn Jahren in die Arme. Nach Rambovas Beobachtung ähnelte sie ihrem Bruder weniger äußerlich als charakterlich: »Beide waren sie sehr halsstarrig, aber auch wendig und lernfähig.« Die Schwester brachte ihn durch altbackene Ansichten und ihre steife, provinziell wirkende Garderobe in Verlegenheit. Im Tagebuch vermerkte er – vage wie immer, wenn es um Status oder Beruf seiner Verwandten ging –, dass sie Sekretärin in einer Bekleidungsfirma sei.[4]

Als Kind hatte er sich mit ihr besser verstanden als mit dem älteren Alberto. Marias Gegenwart ließ die Familie wieder lebendig werden, und er fühlte sich an jene starke, über den Tod des Vaters hinausreichende Verbundenheit seiner Eltern erinnert, die ihrer Mutter die Kraft gegeben hatte, das Leben ohne männlichen Beistand zu bewältigen.

Maria hatte Beatrice Guglielmi kurz vor Kriegsausbruch nach Frankreich begleitet und dort ihren Tod miterleben müssen. Das war im Jahr 1919 gewesen, zur selben Zeit, als Valentino in San Francisco von einer Grippewelle erfasst worden war. Seitdem blieb Maria auf sich gestellt. Jetzt wirkte sie erschöpft und antriebslos. Valentino und Rambova überlegten, was man für sie tun könnte. Er verhalf ihr zu einer besseren Garderobe, sie unterwies die Schwägerin im Gebrauch von Lippenstift, Puder und Rouge. Vielleicht sollte Maria ihre Stelle kündigen und sich ein Jahr bei den Hudnuts erholen? Valentino war froh, als er hörte, dass die Schwester selbst für ihren Unterhalt aufkommen wollte. Wie eine Amerikanerin. Doch sagte er ihr auch, dass sie erst gesund werden müsse, um in Ruhe über ihre Zukunft nachzudenken. »Heutzutage ist das in dieser Hinsicht bei einem Mädchen nicht anders als bei einem Mann«, resümierte er seine Erfahrung mit Rambova und den vielen berufstätigen Kinderstars und jungen Schauspielerinnen, denen er in Hollywood begegnet war. Allerdings hatte er auch ausgehaltene Männer vom Schlage der Mdivani-Brüder im Auge, wenn er über Maria sagte: »Ich möchte, dass sie unabhängig ist. Das ist nach meiner Überzeugung wichtig für eine Frau. Genauso wichtig wie für einen Mann.«[5]

Jetzt, wo er etwas aufzuweisen hatte, fand er den Mut, über seine Anfangsjahre in den USA zu sprechen. Damit sie ihn endlich im Film erleben konnte, bestellte Valentino eine Kopie von *Blood and Sand*. Zum ersten Mal sah Maria ihn auf der Leinwand. Sie war fasziniert. Ihre Bewunderung tat gut, entschädigte ihn für Vorfälle aus gemeinsamen Jugendtagen, die ihm in ihrer Gegenwart wieder überdeutlich und beschämend ins Bewusstsein drangen.

Man genoss die neue Gemeinsamkeit. Eigentlich waren Rambova und Valentino zu müde für Besichtigungen, aber um Maria nicht zu enttäuschen, ließen sie sich den Dom und andere Sehenswürdigkeiten zeigen und machten Ausflüge in die Mailänder Umgebung. Bald darauf musste Maria sich verabschieden, und so verließen sie ebenfalls die Stadt und erreichten nach den Stationen Parma und Bologna Florenz. Obwohl er seiner Kurzsichtigkeit wegen Schutzbrillen *(goggles)* tragen sollte (und manchmal auch trug), fuhr Valentino im Dämmerlicht gegen einen Telegrafenmast. In Florenz blieb ihnen nur Zeit für den Palazzo Pitti, dann ging es über Pisa weiter nach Siena. Dort stießen sie in einem Antiquariat auf das Porträt der Anna von Cleve nach Holbein und kauften es für eine geringe Summe. Da sie selbst das Bild nicht beurteilen konnten, improvisierten sie eine Séance und riefen Beatrice Guglielmi, Jenny und andere Leitfiguren an. Die Stimmen aus dem Jenseits teilten mit, dass es sich zwar nicht um ein Original, dafür aber um eine ältere Kopie handele, was ein Fachmann bestätigte, den Rambova bald nach ihrer Rückkehr konsultierte.

Weil sie von den Hotels enttäuscht waren, hielten sie auf dem Weg nach Rom jetzt lieber in ländlichen Trattorien und Gasthäusern. Trotz etlicher Pannen, die Valentino selbst behob, und der Tatsache, dass er einmal trotz Brille in träumerischer Selbstvergessenheit ein anderes Auto streifte, näherten sie sich der Ewigen Stadt in bester Stimmung. Rom! Hier würde man seine Filme kennen. Hier endlich würde man wissen, wer er war, denn in Italien hatte nicht er, sondern Rambova alle Blicke auf sich gezogen, Blicke, in denen sich Dreistigkeit und naives Staunen mischte. Überall in den Bars saßen untätige, dabei scharf beobachtende Männer, die entweder still ihren Espresso tranken oder mit weit ausholenden Armbewegungen von großartigen Absichten, doch nie von Taten zu berichten wussten und über all dem Geschwätz vor der Zeit alterten. Wie leicht hätte er einer von ihnen werden können! Einerseits erschienen sie ihm vertraut wie Verwandte, andererseits hatte er sich ihrer Welt für immer entfremdet, wenn sie ihm auch äußerlich wie Brüder glichen. Und viele sahen besser aus als er.[6]

Am Abend nach ihrer Ankunft in Rom dinierten sie mit Baron Fassini und Cine, dem Sekretär der Unione Cinematografica Italiana, die etwas über das amerikanische Filmgeschäft erfahren wollten und sie zu den Dreharbeiten von *Quo Vadis?* einluden. Sie sahen zu, wie ein paar Massenszenen gedreht wurden. Valentino beneidete alle Beteiligten um ihre Aktivität und versuchte, etwas über die amerikanisch-italienischen Kontakte in Erfahrung zu bringen, denn in diesen Monaten war man in Hollywood fieberhaft mit den Vorbereitungen zu *Ben Hur* beschäftigt, dem bislang ehrgeizigsten und aufwändigsten Projekt in der Geschichte des amerikanischen Films. An der Spitze des Projekts stand June Mathis, und ihr Studio schickte im Sommer 1923 zwei Männer aus der Firmenleitung nach Rom, die sich von den Originalschauplätzen in der Heiligen Stadt zwar beeindruckt zeigten, aber auch feststellten, dass »Italien – im Hinblick auf die Filmherstellung – eine unerschlossene Wildnis« sei.[7]

Nach einem Tief in den Nachkriegsjahren erholte sich der italienische Stummfilm gerade mit ambitionierten Projekten wie *La Nave* (1920/21), einer Adaption der 1907 entstandenen Tragödie von Gabriele d'Annunzio, mit seinem Sohn Gabriellino als Regisseur, oder *Il Grido dell'Aqua* (1923), der sich unter der Regie von Mario Volpe mit der Nachkriegszeit befasste. Jetzt ging es um *Quo Vadis?*, nach dem Buch des polnischen Romanciers und Literaturnobelpreisträgers Henryk Sienkiewicz von 1895.

Während deutsche und österreichische Schriftsteller sich vom neuen Medium irritieren, aber auch faszinieren ließen, hielt sich das Interesse des begnadeten Selbstdarstellers Gabriele d'Annunzio daran in Grenzen. Zwar hatte er 1913 die Untertitel für *Cabiria*, einen Kostümfilm von Giovanni Patrone, geschrieben und sich über die gute Bezahlung gefreut, doch es war sein Sohn Gabriellino, der das Filmen ernst nahm. Fünf Jahre älter als Valentino, hatte er sich als Schauspieler in den Dramen seines Vaters profiliert, bekam 1913 in Luca Comerios *Ritorno* seine erste Filmrolle und debütierte mit *La Nave* neben Mario Roncoroni als Regisseur. Für *Quo Vadis?* teilte er die Verantwortung mit dem gleichaltrigen Georg Jacoby. Der Stoff war bereits 1901 in Frankreich und Italien verfilmt worden, wobei sich in der italienischen Version bereits der Trend zum abendfüllenden Film abzeichnete.[8]

Der junge d'Annunzio und Jacoby profitierten von der Tatsache, dass die Unione Cinematografica Italiana als Produzentin auftrat und Emil Jannings für die Rolle des Nero hatte verpflichten können. Alle Beteiligten unterschätzten die Probleme beim Drehen von Massenszenen. Auf dem unüberschaubaren Gelände wurden Menschenmengen hin und her dirigiert. Das babylonische Sprachgewirr vor Ort erzeugte Missverständnisse und Orientierungslosigkeit. Rambova unterschied Deutsch, Italienisch, Englisch, Französisch, dazu lokale, ihr unverständliche Dialekte von Schwarzen aus der Komparserie. Beim Drehen von Stummfilmen, die nach Meinung von Experten über Sprachgrenzen hinweg verstanden wurden (eine Annahme, die nicht von allen geteilt wurde), ging es laut zu. Man hörte nicht nur Musik, um die Stars in Stimmung zu bringen, sondern auch Handwerkerlärm, einander überschreiende Regisseure und Übersetzer, Krach jeder erdenklichen Art.

Man traf den Produzenten Arturo Ambrosi und schließlich Emil Jannings, der trotz seines englischen Vaters kein Wort Englisch sprach und auf seine mimischen Gaben und die Übersetzungskunst seiner Frau angewiesen war. Der deutsche Charakterdarsteller hatte sich für *Quo Vadis?* engagieren lassen, weil er »das Nützliche mit dem Angenehmen« verbinden und seine Flitterwochen mit der Schauspielerin Gussy Holl in Italien verleben wollte.

Bei einem Diner lernten Valentino und Rambova nicht nur Gabriellino d'Annunzio kennen, sondern konnten mit Hilfe von Gussy Holl alle Fragen diskutieren, die ihnen am Herzen lagen. Wie würde sich das Privileg, an Originalschauplätzen zu drehen, auf den Film auswirken? Wie wurde jemand wie Jannings zum Nero? Wie stellte man es an, in die Haut dieser Figur zu schlüpfen? Nach dem Essen führte man sie über das Gelände und durch verschiedene Abteilungen des Studios. Arturo Ambrosi beklagte den Mangel an technischem Know-how sowie kompetenten Regisseuren in Rom und deutete an, dass noch viel zu tun sei, um dem italienischen Film Geltung zu verschaffen.[9]

Emil Jannings sympathisierte mit dem jungen Kollegen. »Er war eine Erscheinung, die auf den ersten Blick gefangen nahm. Schlank, elegant und vorbildlich gewachsen, besaß er einen gelassenen Charme und ein strahlendes Lächeln, das auf Frauen unwiderstehlich wirkte. Unter Männern war er still, aufmerksam und unaufdringlich, ein ganz ausgezeichneter Kamerad. Wenn man mit ihm allein war, konnte er allerdings sehr lebhaft werden.« Gab es überhaupt gegensätzlichere Männer als den derb und wuchtig dröhnenden Jannings mit seiner eher lutherischen Ausstrahlung neben dem muskulösen und doch grazilen Italiener, der sehnsüchtig auf Stars und Statisten, die römischen Szenarien, all die Kameras, das kleine Orchester, den Sohn des verehrten Dichters d'Annunzio schaute? Wie gern wäre er einer von ihnen gewesen – wie fehlte ihm jetzt die eigene Arbeit! Das Studio. Und vor allem: Was hätte er darum gegeben, in seiner Heimat ein paar Proben seines

186

Könnens abzuliefern! Bei aller Verschiedenheit hatten beide Schauspieler doch etwas gemeinsam: die Art, Rollen zu erarbeiten. Nach Anfängen am Theater war Jannings aus finanziellen Gründen beim Film gelandet. Als er sich zum ersten Mal übergroß auf der Leinwand sah, erschrak er selbst über sein wildes Grimassieren; vor der Kamera war es geboten, sich mimisch und gestisch zurückzunehmen. Dasselbe hatte Griffith, hatte June Mathis Valentino geraten.[10]

Seit *Madame Dubarry* (1919) an der Seite von Pola Negri und mit seiner Rolle als Ludwig XV. schien Jannings prädestiniert für die Darstellung gekrönter Häupter. Da deutsche Filme von 1920 an auch in den USA gezeigt wurden, wurde er bald in Amerika bekannt. Nach *Anna Boleyn* (1920) wo er als Heinrich VIII. brillierte, und *Deception* (1921) an der Seite von Henny Porten sah man ihn als Danton und später als Othello (1923). Er spielte Peter den Großen und bereitete sich jetzt auf die Rolle des Nero vor, indem er Büsten des Kaisers betrachtete. Stets mussten ihm die Gestalt, das Temperament einer entrückten, allein über Bilder und Bücher fasslichen Figur vor Augen stehen. »Dieser Prasser, Fresser und Diplomat«, schrieb er später über Heinrich VIII., »dieser Tyrann, in dem zu gleicher Zeit ein Kind sichtbar wurde, war keine monumentale Attrappe, sondern ein lebenssprühender Charakter welthistorischen Formats – einer jener Großen, bei denen man nicht unbedingt nach Recht oder Unrecht fragt, sondern einfach fasziniert ist … Immer wieder betrachtete ich Holbeins Meisterwerk und vertiefte mich in die breitschultrige Gestalt mit den gesträubten Augenbrauen und dem elektrischen Lachen …« Allmählich entstand ein »Gesamtbild«, dem er entsprechen und mit dem er der Welt begegnen konnte. Jannings liebte das Derbe, Ungeschminkte, Lebensechte. Mal »war er zu groß für ein einfaches Verhältnis, mal zu klein für ein großes – in diesem tragischen Grundkonflikt konnte sein Talent leben«, schrieb Hugo von Hofmannsthal über ihn, und er habe »jenen seltsam fremden Blick des Salamanders, der im Feuer wohnt«.[11]

Auf der Suche nach Rollen und künstlerischen Vorbildern war Jannings für Valentino ein Gesprächspartner, mit dem er – wie einst mit Abel Gance – auch über Studios und den schon vom Theater her vertrauten Konflikt zwischen Kunst und Geschäft sprechen konnte. Da auch Valentino sich durch Lektüre bzw. das Studium von Kostümen und Schauplätzen auf neue Rollen vorbereitete, verstand er sofort, was das Porträt Heinrichs VIII. von Holbein dem deutschen Kollegen bedeutete. »Bilder sind für mich ein Stück gemalte Wirklichkeit«, bekannte Jannings – durch die Augen eines Zeitgenossen gesehen. Mit dieser Art, sich in historische Gestalten zu versetzen, sollte er in Hollywood bald auf Unverständnis stoßen. Bei den Vorbereitungen zu *Peter the Great* (1923) häuften sich die Konflikte mit der Paramount, Valentinos altem Studio. Jannings gab zu, »dass der mir vorschwebende ›Peter der Große‹ nicht gerade nach Veilchen oder Rosenöl duftete«, woraufhin man ihn einem Crashkurs in amerikanischer Mentalität unterzog. »Wir wollen … einen Mann bringen, der gefällt«, hielt man dem verblüfften Schauspieler entgegen, lehnte seinen Wunsch nach einem deutschen Drehbuchautor ab und setzte das Skript von Sada Cowan durch. Sie »salbte es mit Ölen, für die sich das amerikanische Publikum zugänglich zeigte. Das Untier Peter wurde bürgerlich geschminkt, die Tatzen ihm beschnitten. Schrittweise musste ich um jede Szene kämpfen, doch bei den Aufnahmen rettete ich, was zu retten war.« Die Paramount weckte nicht nur bei Valentino, sondern auch bei Jannings unliebsame Erinnerungen, denn natürlich war er nach dem Welterfolg als Heinrich VIII. sofort bedrängt worden, die verhassten Billigproduktionen *(cheaters)* nachzuschieben. Er rächte sich, indem er ein Drehbuch nach dem anderen ablehnte.

Älter, pragmatischer und gewitzter als Valentino, verstand Jannings sofort, was dem jungen Kollegen zu schaffen machte. Sein eigenes Misstrauen im Hinblick auf die von Studios angeheuerten »Experten« hatte ihm in Amerika sogar einmal das Leben gerettet, als er es ablehnte, ohne ausreichenden Schutz gemeinsam mit Löwen aufzutreten. Ein Komparse wurde statt seiner getötet. Glücklicher war es für Gloria Swanson ausgegangen, die in einer Löwenszene freiwillig auf ihr Double verzichtete und sich von dem mächtigen Tier die Tatzen auf den bloßen Rücken legen ließ. Später beschwerte sie sich nicht über die Feigheit des in sicherer Entfernung verharrenden Regisseurs, sondern nur über den Atem der Raubkatze.[12]

Der Versuchung, starke Charaktere zu verkörpern, konnte Jannings selten widerstehen. Dennoch blieb ihm ein Gespür für Zumutungen, Übergriffe und den (auch für die Löwenszene) verbürgten Mangel an Sorgfalt und Professionalität in Hollywood. Er ahnte, welche Gratwanderung Valentino bevorstand. »Nur wer die an Irrsinn grenzende Vergötterung miterlebte, wird verstehen, dass ein fester Charakter dazugehört, bei derart abenteuerlichen Huldigungen im Gleichgewicht zu bleiben.«[13] Valentino bemerkte Jannings' kindliche Freude an Komplimenten, fand ihn sympathisch und schätzte ihn älter, als er war. Jannings erkundigte sich nach den Produktionsbedingungen von *The Four Horsemen of the Apocalypse* und den Gepflogenheiten von Hollywood; die Inflation in Deutschland ließ ihn wie so viele andere Europäer nach stabileren Währungen Ausschau halten.

Die restlichen Tage verbrachten sie auf Spaziergängen durch die sommerlichen Straßen. Valentino kam es vor, als sei er zu Hause – doch vermutlich sah er die Hauptstadt zum ersten Mal. Er ließ sich von Berninis Arkaden und dem Kolosseum im Mondlicht bezaubern. Baron Fassini zeigte ihm das Arsenal für Autorennen und dozierte über das antike Rom. Das Kolosseum wurde nachts bewacht; erst kürzlich hatte sich dort ein Deutscher von den Mauern gestürzt, ein Italiener sich erschossen. Valentino fühlte sich an die Brooklyn Bridge und andere *jumping-off places* erinnert, an Freud, an Pioniere der Psychoanalyse – und an die Schlussszene in Gabriele d'Annunzios Roman »Triumph des Todes« (1894), in der der verhätschelte und des Lebens überdrüssige Protagonist seine Geliebte gegen ihren Willen mit in den Abgrund reißt. Im Tagebuch dachte Valentino Seite um Seite über Selbstmörder und ihre Szenarien nach. Auch er war in Versuchung gekommen, das Leben wegzuwerfen, als Jugendlicher und dann während seiner schlimmsten Zeit in New York. Das Kolosseum als Schauplatz unzähliger Tragödien ängstigte ihn nicht: »Ich glaube an das Übernatürliche … Ich habe keine Furcht vor dem Unbekannten.«[14]

Mit Fassini tafelten sie im Palazzo Titoni und besuchten sein Anwesen in Nettuno, wo sie Mussolini als Gast hätten begegnen können. Im Hotel trafen Telegramme aus Frankreich ein. Die Hudnuts mochten Nachrichten aus Amerika, die nach Juan-les-Pins geschickt worden waren, ungern der italienischen Post anvertrauen. Die bisherige Fahrt mit all dem Schmutz, den Pannen und Zusammenstößen hatte Rambova strapaziert. Sie ergriff die Gelegenheit und schlug vor, allein mit der Bahn zurückzufahren, um sich über den Stand der Dinge in Hollywood zu informieren, während Valentino das Gefühl hatte, das Ziel dieser so lang ersehnten Reise zu verfehlen, wenn er jetzt umkehren würde. Ihr Vorschlag war vernünftig, und doch gab es ihm einen Stich, als er daran dachte, dass er ohne sie vor seinem Elternhaus stehen würde. Am 11. September war sie bereits unterwegs zur Villa d'Or.

So fuhr er mit Teresa und Maria, die sich ihnen angeschlossen hatte, weiter Richtung Süden, in die Abruzzen zu seinem Bruder Alberto. Die Frauen genossen die Fahrt durch das von engen Tälern durchschnittene Hochland mit dem Gran Sasso d'Italia, wechselnden Szenarien und Ausblicken umso mehr, als sie die hinteren Sitze einnahmen, um Valentinos Manövern nicht allzu genau folgen zu müssen. In Campobasso wurden sie von der Schwägerin und dem Neffen empfangen. Alberto brachte sie im Hotel unter. Beim Essen fanden sie kein Ende – redeten und redeten. Wie Maria hatte Alberto bislang keine Gelegenheit gehabt, seinen Bruder auf der Leinwand zu sehen.

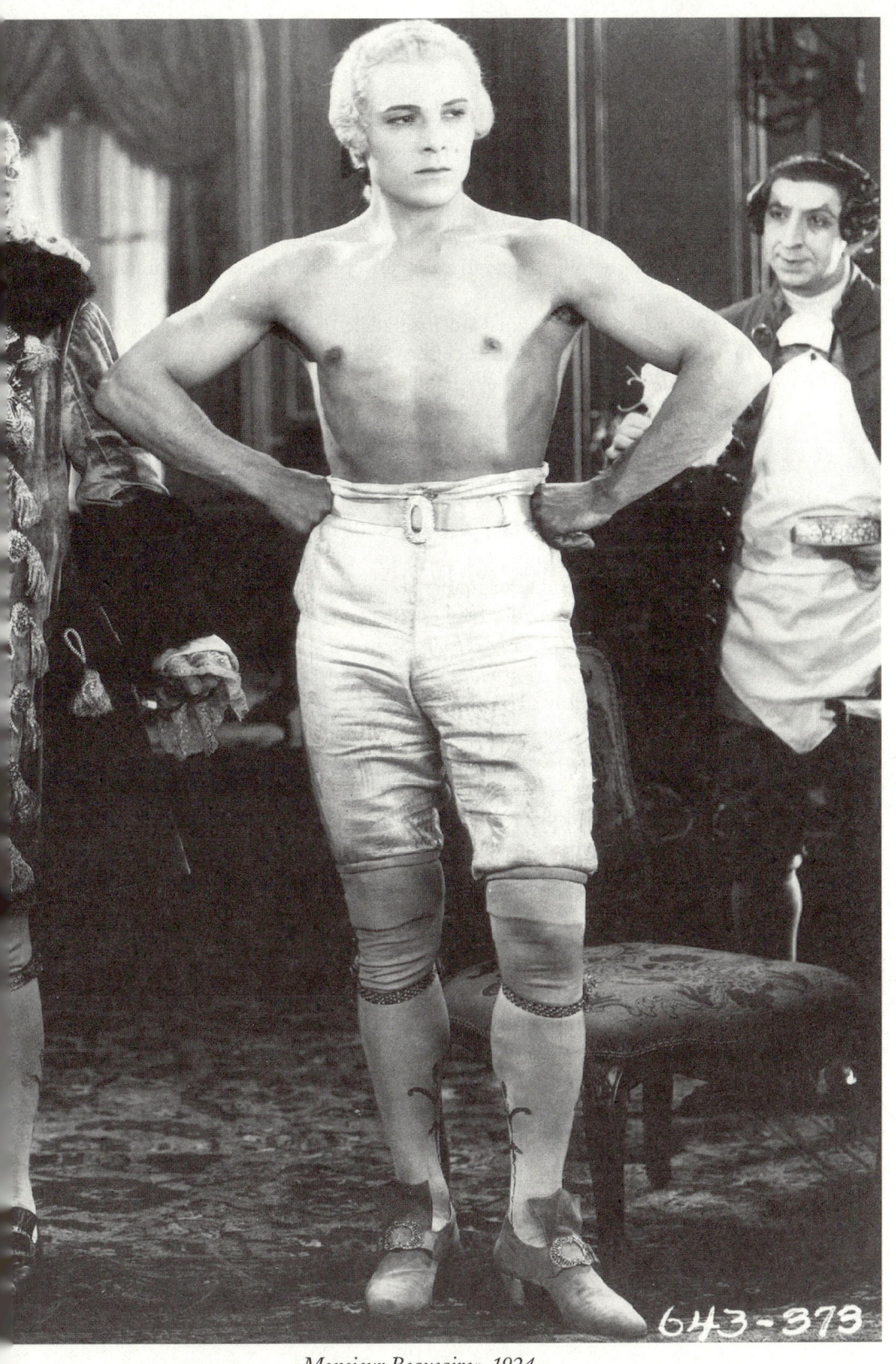

643-379

»Monsieur Beaucaire«, 1924

Viele Briefe waren verloren gegangen. Wenn doch Post ankam, blieben die beigelegten Zeitungsausschnitte ungelesen liegen, weil Alberto kein Englisch verstand. Er arbeitete im Rathaus und berichtete von seinem Plan, die nahe gelegene Burg Monforte in ein Kriegerdenkmal zu verwandeln. Rodolfo schlug eine Aufführung der *Four Horsemen* vor, um für den Umbau zu sammeln, und bestellte telegrafisch eine Kopie des Films. Die Familie war begeistert.

Während er wieder einmal auf Ersatzteile für den *voisin* wartete, zog es ihn fort aus Campobasso, in Richtung Süden. Maria blieb zurück. Welche Nachrichten mochte Rambova in Juan-les-Pins vorgefunden haben? Ihre Briefe klangen beruhigend. Vorerst. Zwischen Campobasso und Tarent musste er zweimal die Reifen wechseln, und in Tarent fuhr er so lange mit einem Platten herum, bis er jemanden fand, der ihm bei der Beschaffung neuer Reifen helfen konnte.

Il Mezzogiorno! Als Kind war er vermutlich nicht weit über seinen Geburtsort Castellaneta, Tarent und das nahe gelegene Carosino hinaus gelangt, wo man während der Sommer bei Verwandten lebte. Nun kam es ihm vor, als sehe er die von Schluchten durchzogene Landschaft mit ihren Höhlen, Trulli und den einem Meer aus Stein entwachsenden Grottenkirchen zum ersten Mal – Zeugen eines schier undurchdringlichen Gewebes von Ereignissen, die Jahrhunderte zurücklagen.

Alles war Stein. Griechen, Römer, Normannen, Stauffer, Franzosen, Österreicher hatten die Region durchquert und Spuren hinterlassen. Bauern, Landarbeiterinnen, Fischer, Fromme, Ungläubige mochten zu seinen Vorfahren gehört haben. Sehr arme Bewohner, beherrscht von Furcht und archaischem Misstrauen, ähnlich jenen Menschen der Basilikata, denen der sieben Jahre nach Valentino geborene Turiner Carlo Levi seinen Roman »Christus kam nur bis Eboli« (1945) widmen sollte.

Sein Auto wirbelte die rote Erde Apuliens auf: *terra rossa*. Während er an Olivenhainen vorbeifuhr, Wein, Feigen-, Mandelbäume sah und die mit großblütigen blauen Winden bewachsenen Mauern, fühlte er sich an seine Ankunft in Kalifornien erinnert. Verführt vom Duft der Orangen- und Zitronenhaine, wollte er damals Farmer werden. Hier war das Leben der bäuerlichen Bevölkerung immer noch so mühsam wie früher. Eseltreiber mit finsteren Mienen, vor der Zeit gealterte Frauen, magere, vernachlässigt wirkende Kinder starrten die Reisenden an und verschwanden kurz in der Staubwolke, die Valentinos Luxuskarosse hinterließ. Bald beschlich ihn die Ahnung, dass die Zurückgebliebenen sich darin gefallen könnten, ihren

Hass auf die Verhältnisse an all jenen auszulassen, die ihnen entkommen konnten: *Signori* aus Amerika fuhren in protzigen Autos vor und waren sich ihrer touristischen Verschontheit kaum bewusst, ja, sie merkten nicht einmal, wie ungern die Beschämten sich beschauen ließen. Scham – *vergogna* – überall. Scham, die in Hass umschlug.

Wie vor seiner Ankunft in Paris oder London erfüllte ihn auch jetzt »eine wilde Erregung«. Weitere Reparaturen und das Treffen mit einem Vetter in Carosino schoben die so schmerzlich ersehnte und doch gefürchtete Begegnung mit Castellaneta auf. Das war ihm recht. Die nächste Station, Tarent, hatte während des Krieges als militärischer Stützpunkt gedient und zeigte sich jetzt spürbar modernisiert. Etwas jedoch war gleich geblieben. In den Cafés erkannte er Männer wieder, die er als Knabe bewundert hatte: Mittdreißiger, Vierziger »saßen immer noch um den Tisch herum, verbreiteten sich immer noch in derselben Sprache auf dieselbe Art über dieselben kleinen albernen Ideen mit derselben Beschränktheit des Denkens. Wie ich sie so vom Nachbartisch aus beobachtete, kam mir in den Sinn, dass wohl das größte Glück, das mir je begegnete, meine Auswanderung nach Amerika war, und dass ich ihnen entkommen bin. Wie leicht hätte ich einer der ihren werden können!« Diese müßigen, geschwätzigen, sich unablässig im Kreis drehenden Landsleute »wirken wie eine Narkose, sie rauben dir deine Entschlusskraft und das Bedürfnis, etwas zu schaffen«.[15]

Valentino hatte nie zugeben können, dass alle Versuche, ihn eine Schule besuchen, eine Ausbildung abschließen zu lassen, gescheitert waren. Was war er den Onkeln denn anderes gewesen als *brádipo – imbecille – girandolone – birbone*, Faultier, Dummkopf, Herumtreiber, Tunichtgut und dann, als niemand mehr weiter wusste und sich alle Hoffnungen auf Amerika richteten: *figlio prodigo.* Der verlorene Sohn. In der Bibel kommt er zurück und wird in Ehren wieder aufgenommen. Auf Valentino wartete niemand. Der Vater war tot, die Männer der Familie hatten sich zerstreut, und plötzlich durchschoss ihn der Gedanke, dass die eigentlich verlorenen Söhne Apuliens nicht die sein mochten, die es fortgetrieben hatte, sondern jene, die geblieben waren. Dank seiner Ungebärdigkeit war er frei geworden für den amerikanischen Traum. Der italienische war zum Glück schon früh ausgeträumt. Das von versunkenen Welten gezeichnete Apulien ließ keine Moderne zu. Hier ging es ums Überleben. Es gab »keine Chance. Keine Aussichten.« Nur Stein.[16]

Noch immer galt der Satz *O emigrante – o brigante:* entweder Auswanderer – oder Bandit. Valentino hatte Apulien verlassen und mit dem Kontinent auch die Zeit gewechselt. Im Mezzogiorno wurde es ihm neu bewusst. Fast alle Erinnerungen waren schmerzlich, aber nun wusste er wenigstens, warum ihm Italien schon als Knabe zu klein für alles erschienen war, was als Sehnsucht in ihm lebte.

Valentino hatte die modernste Form des Reisens gewählt. Vom Auto aus boten Hügelketten, Plateaus, verborgene Täler und Schluchten überwältigende Aussichten. Bald war sie hautnah zu spüren, die Wirklichkeit Apuliens. Valentino hatte von Italien geträumt; jetzt erlebte er die konkreten Menschen des Südens. Nicht er – seine Situation war einzigartig. Er wollte sich in die Kindheit zurückträumen und wurde in Situationen versetzt, auf die er schlecht vorbereitet war – all das inmitten überwältigender Zeugnisse einer vergangenen Größe und einer Landschaft, auf der der Staub von Jahrhunderten zu liegen schien.

Bewehrt mit Karten, Ersatzteilen, Baedecker, dazu auffällig elegant, stand er dem italienischen Alltag hilflos gegenüber. Wie ein Kellner auf Reisen verglich er den einheimischen mit dem amerikanischen Service. Er beeindruckte niemanden. Alte Wunden öffneten sich. Was in Amerika an *Italianità* in ihm lebendig geblieben war, mischte sich nun mit einem unüberwindlichen Gefühl von Fremdheit. Im Mezzogiorno spürte er die Nachwirkungen seiner amerikanischen Jahre. Jede Begegnung, jedes Erlebnis geriet zur Lektion, wobei es ihm manchmal vorkam, als habe er das Buch des Lebens auf der falschen Seite aufgeschlagen. So begegnete er der geliebten Mutter auf Séancen; so verbannte er Apulien in die Sehnsucht, seinen Traum in den Ruhm. Unmerklich und unerwartet richteten sich hier, im Süden, die Weichen für seine Zukunft neu aus.

Obwohl der Zwischenfall an der Grenze und die Männer in den Bars von Tarent Valentinos Zugehörigkeitsgefühl an seine Heimat untergraben hatten, stand ihm die eigentliche Zerreißprobe noch bevor. Bisher hatte Teresa Werner alle Widrigkeiten kommentarlos ertragen, doch inzwischen ließ weniger der Zustand der Straßen als der Ingrimm der Einheimischen die Fahrt zum Alptraum werden. Autos waren hier ein so ungewohnter Anblick, dass der *voisin* sofort von Kindern umzingelt wurde, wenn sie ein Dorf passierten. Man kam kaum vorwärts; hupen, langsam fahren – nichts half. Seit dem letzten Zusammenstoß mit dem Wagen eines Einheimischen fürchtete er das Temperament seiner Landsleute. Niemand wusste, wer er war. Seine fast naiv zur Schau gestellte Wohlhabenheit wurde als Provokation empfunden. Der geringste Fehler, das spürte er, würde sie beide dem Zorn der sich überall neu formierenden Bewohner ausliefern.

Bedrückt erreichten sie Castellaneta. Wie klein der Ort jetzt war! Aber doch unverändert. Das war das Schlimme daran. Direkt hinter den Häusern erstreckte sich eine der größten Schluchten Apuliens. Sie gingen zu Valentinos Geburtshaus, dann zu einem Kirchlein, auf dessen Vorplatz er früher gespielt hatte. Die Hauptstraße war rasch abgeschritten. Kaum jemand erinnerte sich noch an ihn, und wer sich erinnerte, schien vor der Zeit gealtert. Während all der Jahre in den USA hatte sich ein Bild von seinem Ursprung geformt, das dem, was er nun mit den Augen eines Erwachsenen sah, nicht länger entsprach. »Wieder zu Hause!«, notierte er im ersten Überschwang – doch wo zeigte es sich? Seine Eltern waren tot, die Geschwister zerstreut, Rambova hatte ihn kurz vor dem Ziel zwar nicht im Stich, aber doch allein gelassen und – nur von Teresa Werner begleitet – diesem letzten und für ihn wichtigsten Abschnitt der Reise überantwortet. Zum ersten Mal war er froh darüber. Der Blick des Knaben von einst, der sich vom höchsten Punkt des Dorfes aus über die Schlucht hinweg in unbekannte Fernen geträumt hatte, war ihm verloren gegangen; dafür fielen ihm die provinzielle Apathie, der Mangel an Impulsen, an Zukunft schwer auf die Seele. Und die Feindseligkeit.

Seit Jahren war die Region Auswanderungsgebiet. Wer Initiative hatte oder verzweifelt genug war, schiffte sich in die USA ein. Weder Rom und seine *Signori* mit ihrem Desinteresse an den von Malaria, harter Arbeit und hohen Abgaben geplagten Menschen noch das näher gelegene, von Elendsquartieren durchzogene Neapel behauptete sich als heimliche Hauptstadt Apuliens oder der Basilikata, sondern New York. Schutz boten in den Häusern des Landstrichs nur die Madonna von Viggiano oder ein Bild des neben einer Dollarnote an die Wand gehefteten amerikanischen Präsidenten. Wer fortging, verstand nicht automatisch zu emigrieren, wusste aber, wie man zurückkehrte und jegliche Spur des amerikanischen Abenteuers löschte. Manche verschwanden für immer, andere »jedoch, die, welche nach zwanzig Jahren zurückkehren, sind genau die gleichen wie bei ihrer Abreise. In drei Monaten vergessen sie die wenigen englischen Worte; die wenigen überflüssigen Gewohnheiten werden abgelegt, und der Bauer ist der gleiche wie vorher, so wie ein Stein, über den lange Zeit das Wasser eines vollen Stromes dahingeflossen ist, unter den ersten Sonnenstrahlen in wenigen Minuten trocknet. In Amerika leben sie abseits, unter sich, sie nehmen nicht am amerikanischen Leben teil, essen weiter durch Jahre hindurch wie in Gagliano nur Brot und sparen die paar Dollars. Sie sind in der Nähe des Paradieses; aber sie denken nicht einmal daran, hineinzugehen.«[17]

Die Mythen der Region waren immer noch lebendig. So lebten die Briganten, über die Valentino schon als Kind die wildesten Geschichten gehört hatte, als rebellische, unkalkulierbare Naturen in der Phantasie fort. Und die Monachicchi, mit roten Mützchen ausgestattete Geister von Kindern, die ungetauft gestorben waren.[18] Im Wirbel von Eindrücken erinnerte sich Valentino an die Gefährdung seines Großvaters durch Räuber und an die Sagen von ewiger Schatz- und Goldsuche. Er hatte sich für die Emigration entschieden und beherzt ergriffen, was sich bot. Freundschaften geschlossen. Gelernt. Gearbeitet. Eine ebenso schöne wie begabte Frau für sich gewonnen. Wie sehr ihn all das seinem Ursprung entfremdet hatte, spürte er jetzt.

In Apulien glaubte man an Hexen und Zauberinnen, an Engel und eben die Monachicchi. Die Nächte waren von Geistern erfüllt. Im Unterschied dazu wirkten Valentinos spiritistische Experimente geradezu von Vernunft gelenkt, auch wenn er sich unter dem Einfluss von Rambova kritisch über Conan Doyle und sein von Hokuspokus durchsäuertes Umfeld äußerte. Für ihn waren Séancen immer mit dem eigenen Wollen verknüpft. Hier, in seiner Heimat, fehlten Impulse. Die Gewohnheiten der Einheimischen schienen unberührt vom Fluss der Zeit. Das tägliche Elend hatte etwas Vertrautes. Man fand sich darin zurecht mit einem Argwohn, der in erster Linie den Willen zur Veränderung traf, ins Lächerliche zog und selbst der fatalen Formel *O emigrante – o brigante* den Charakter einer unabänderlichen Wirklichkeit gab. Wer konnte die Augen davor verschließen?

Als Kind hatte Valentino sich vor den Forderungen des Tages in den Traum von fernen Ländern geflüchtet; in Amerika war er von der Vergangenheit eingeholt worden. »Die Vergangenheit ist nie ganz tot, niemals«, notierte er in einer melancholischen Nacht. In Apulien gab es nichts und niemanden mehr, zu dem er sich flüchten konnte in der Hoffnung auf ein Zuhause. Ihm blieb nur Amerika. Und die Zukunft. Sie sollte und würde ihm gehören, das schwor er sich.[19]

Wie oft hatten andere Landsleute, wie oft hatte er selbst in der Fremde seine *Italianità* empfunden. Es war ihm, als käme er ausgerechnet in der Stadt seiner Geburt zum zweiten Mal zur Welt, diesmal, im Spätsommer 1923, als Amerikaner. Den USA verdankte er Arbeit, Geld, Ruhm – Freunde, Natacha Rambova und eine neue Familie. In den Cafés von Tarent wurde ihm bewusst, wie sehr er sich an der Seite einer Amerikanerin daran gewöhnt hatte, Pläne nicht in einem Nebel von Ankündigungen platzen oder in Geschwätz versanden, sondern Wirklichkeit werden zu lassen. Die Zwänge und Nöte, die zu der von ihm beobachteten Haltung geführt haben mochten, waren ihm kaum noch zugänglich; er stand ganz unter dem Eindruck, einer großen Gefahr entkommen zu sein. War es ihm nicht trotz seiner Herkunft gelungen, wie die *It-Girls* und *Jazz Babies*, die Bankiers der Wall Street oder die Tycoone Hollywoods den Rhythmus einer neuen Ära zu repräsentieren?

Der Tod hatte Valentino zwei Menschen genommen, die in Gedanken immer um ihn waren. Vater und Mutter. Sein Triumph kam zu spät, verfehlte die Welt von einst und war nicht frei von Peinlichkeit. Er traf nur wenige entfernte Verwandte und Bekannte. Das Hervorkramen von Erinnerungen war qualvoll, der Abschied lau. Die Einheimischen verfolgten Valentino und seine Begleiterin mit finsterem Groll – von seinen Vettern bis zum Priester der benachbarten Kirche verlangten alle nur Geld von ihm. Sein Tagebuch gibt keine Auskunft darüber, was tatsächlich geschah, sondern reflektiert stattdessen die schwierigen Entwicklungs- und ersten Emigrantenjahre. Etwas sehr Unangenehmes muss vorgefallen sein, was nicht zu einer normalen Abreise führte, sondern einer Flucht gleichkam. Etwas, das sich der Beschreibung entzog. Er war froh, dass Rambova nicht mit nach Castellaneta gekommen war und an der Riviera auf ihn wartete, froh, dass sie nicht sah, was er gesehen hatte. Eine Welle von Scham und Enttäuschung durchflutete ihn. Teresa Werner ahnte, wie ihm zumute war, und zog sich unauffällig zurück. Dass sie schwieg und schweigen würde, vergaß Valentino ihr nie. Sprechen konnte und schreiben wollte er nicht darüber. Abends schloss er sich in seinem Zimmer ein.[20]

HOMEWARD – SCREENWARD

Danach will er nur noch weg. Schlaglöcher, Steine auf unbeleuchteten Straßen, Versagen der Batterie – all das setzt ihm jetzt mehr zu als gewöhnlich. Für gemächliche Reparaturen fehlt die Geduld. Selbst Teresa Werner zeigt Ermüdungserscheinungen. Im überfüllten Neapel legt der Besuch eines Prinzen alles lahm. Zum ersten Mal freut Valentino sich auf das Ende der Reise. Dennoch bleiben sie wie von einer heiligen Pflicht erfüllt der geplanten Route treu, schauen sich Pompeji an, machen Ausflüge nach Caserta, Capua, um schließlich in Rom all das nachzuholen, was während Rambovas Anwesenheit unbesichtigt bleiben musste. Im Wirbel historischer Persönlichkeiten, die Valentinos Phantasie gefangen halten, tauchen Benvenuto Cellini, Cagliostro, Napoleon III., Beatrice Cenci, Cavadarossi aus »La Tosca« und Cesare Borgia auf. *Monstres sacrés* haben ihn immer fasziniert. Aber wie anders fühlt er sich hier als in London, zu Beginn der Europareise!

Der Wunsch, endlich wieder zu spielen, meldete sich noch stärker als beim Besuch von Dreharbeiten in Rom. So schnell er vor ein paar Monaten das Hollywood der Probleme, der Intrigen verlassen wollte, so wenig konnte er jetzt abwarten, zurückzukommen.

Inzwischen fühlte er sich von Zuversicht getragen und der Gewissheit, gefunden zu haben, wonach er als Knabe unablässig gesucht hatte: Wert, Sinn, Bedeutung – in heroischer Dimension. Was den meisten Menschen versagt blieb, ermöglichte das neue Medium. Im Film ließen sich Träume transformieren, viele Leben leben. Gestern Scheich, heute Gallardo, morgen Franzose oder Russe – im Wechsel von Zeiten, Nationen, Kontinenten, von Charakteren und Schauplätzen lag ein Zauber, den er als Knabe vermisst und allen Domestizierungsversuchen zum Trotz gesucht hatte. Nicht am Drehort mit seinen trivialen Gegebenheiten, nicht im Täglichen, nur auf der Leinwand konnte die ersehnte Wirklichkeit sichtbar werden.

Valentino reiste, wie er filmte. Von einem Ort zum andern, aus der Realität in den Traum. Auf den Straßen von Castellaneta war er abgestürzt in die Wirklichkeit. Denn was ihn zutiefst irritierte, waren sämtliche seiner Vorstellung von Heimat zuwiderlaufenden Erlebnisse, von denen er Rambova nichts erzählen würde. Auch auf der Rückfahrt blieb Teresa Werner gelassen. Er war ihr dankbar dafür und staunte, wie viel besser es sich mit der Tante als mit der Nichte reisen ließ. Gemeinsam trafen die beiden Anfang Oktober in Juan-les-Pins ein, wo die Hudnuts und Maria Guglielmi sie bereits erwarteten.

Noch war es warm. Das Wiedersehen mit Rambova, ein Park, in dem letzte Rosen blühten, die luxuriöse Umgebung – all dies trug zum Gelingen des Besuchs bei. Die Aufnahme bei seinen Schwiegereltern tat ihm so wohl, dass sich erste Anflüge von Humor in die Schilderung der Reiseabenteuer mischten. Rambova hatte unterdessen Nachrichten von Ullman und Steuer erhalten und während Valentinos Abwesenheit über den Gang der heimischen Verhandlungen gewacht. Ihre Professionalität flößte ihm Vertrauen ein; niemand, so glaubte er, überträfe sie darin.[1]

Als eine Nachricht vom Chef der Ritz Carlton Productions sie erreichte, mit der Bitte, sich nicht, wie geplant, in London, sondern bereits an Bord der Leviathan zu treffen, zögerten sie. Doch als Williams darauf bestand, brachen sie unverzüglich auf. Offenbar hatte er Wichtiges mitzuteilen. Um Rambova nicht durch seine Fahrweise aufzubringen, engagierte Valentino einen Chauffeur. Trotzdem verpassten sie die Fähre zum Schiff. Was nun geschah, zeigt, wie tief die Angst saß, den Anschluss an das Filmgeschäft zu verlieren. Nur mit Mühe machten sie ihr von Paris aus nachgesandtes Gepäck ausfindig. Als man endlich einen Karren dafür bereitgestellt hatte, war so viel Zeit vergangen, dass die Fähre längst abgefahren war. Sie wollten ein Motorboot mieten, doch um Mitternacht war keins aufzutreiben. Es regnete in Strömen. Ihre Eile erregte Verdacht. Sie wussten nicht, dass aus Paris der Verlust zweier in Versailles gestohlener Gobelins gemeldet worden war, und fragten sich, warum ihr Gepäck mit quälender Gründlichkeit durchsucht wurde. Inzwischen war Wind aufgekommen. Sie hatten jemanden aufgetrieben, der die Überfahrt wagte, doch dann zwang das Wetter sie zur Umkehr. Um ein Haar wären sie über Bord gespült worden. Nur mit Mühe erreichten sie den Hafen, erschöpft und verzweifelt, da es keine Möglichkeit gab, Williams zu informieren, der Cherbourg bereits verlassen hatte. Valentino musste die schweren Koffer eigenhändig abladen und zum nächsten Hotel tragen. Da die beste Unterkunft von General Pershing und seinen Begleitern besetzt worden war, warteten sie im Hotel de France bis weit über Mitternacht auf ein freies Zimmer. Bis zur Abfahrt der Fähre blieb nicht viel Zeit. Alles hätte zu einem guten Ende führen können, wenn sie zur rechten Zeit geweckt worden wären. Der nächste Dampfer war damit auch verpasst, und so verbrachten sie einen weiteren Tag in Cherbourg, nun im Hotel Casino. Als sie mit fühlbarer Verspätung in London ankamen, hatte ihre Anspannung den Höhepunkt erreicht. Denn was in New York an Übereinkünften mit der Paramount und den Ritz Carlton Productions ausgehandelt worden war, sollte ja zu einem neuen Projekt führen. Doch alles, was ihr Gastgeber zu sagen hatte, war, dass er sie mit einer Party auf der Leviathan hatte überraschen wollen. Neues hatte er nicht mitzuteilen. Entgeistert nahmen sie zur Kenntnis, dass sie um der Laune dieses Mannes willen ihr Leben aufs Spiel gesetzt hatten. Hätte Williams geahnt, was sie auf sich genommen hatten, um seinem Ruf zu folgen, wäre ihre verzweifelte Suche nach Arbeit deutlich geworden. Deshalb verbargen sie ihre Empörung und lachten bereitwillig über Williams' Scherze. Kurz darauf schiffte das erschöpfte Paar sich auf der S. S. Belgenland ein – »heimwärts, filmwärts«. Es war eine gute, inzwischen sogar die einzige Richtung.[2]

Jetzt wollte Valentino nur noch ankommen. Jedes Zeichen dafür kam gelegen. Die Freiheitsstatue schien dem Set eines Monumentalfilms entnommen, und beim Anblick des Panoramas von Manhattan spürte er Vorfreude und Erleichterung. Als er in New York landete, ahnte niemand, dass mit ihm ein nomadisches Wesen das Ritz betrat, ein Mann, der Illusionen verloren und dafür an Realitätssinn gewonnen hatte. Und Kontur. »Versucht nicht, mich aufzutakeln«, hieß es nun. »Nehmt mich so, wie ich bin.«[3]

Die Paramount hielt zwei Stoffe zur Auswahl bereit: »Captain Blood« von Raffael Sabatini und »Monsieur Beaucaire« von Booth Tarkington. Die Rolle des Abenteurers hätte Valentino einem von Douglas Fairbanks geprägten Genre ausgeliefert, während Tarkingtons Roman die Chance für ein Comeback als romantischer Liebhaber bot. Nach Ansicht von Rambova und Lasky ließ das Skript zu wenig Spielraum für das, was Valentino wie kein anderer verkörperte: »Romantik und Spannung sind das, was am meisten fehlt«, behauptete der Star, »und ich werde dafür sorgen.«[4] Man einigte sich auf eine Überarbeitung des Skripts. Und New York als Drehort.

Die Verhandlungen liefen gut an. Beruhigt fuhren sie zurück an die Riviera, um das Jahresende mit den Hudnuts zu verbringen. Valentino war der Erste, sie traf erst unmittelbar vor Heiligabend mit Christbaumschmuck bepackt in Juan-les-Pins ein. Da kein Tannenbaum aufzutreiben war, wurde eine Pinie gefällt, mit vereinten Kräften im Foyer aufgerichtet und geschmückt. Richard Hudnut wollte eine elektrische Lichterkette anbringen, doch die »Kinder« steckten Kerzen auf, umwanden die Zweige mit glitzerndem Schmuck, befestigten einen Weihnachtsmann an der Spitze und verteilten Silbersterne, winzige Tüten mit Schokolade, Päckchen und Schneeflocken aus Watte. Als die Lichter brannten, entdeckte Rodolfo noch eine vergessene Kerze und zündete sie an. Eine »Schneeflocke« fing Feuer und setzte den Baum in Brand. Winifred fürchtete um ihre Möbel und wertvollen Gobelins, doch alle waren so rasch mit Wasser zur Hand, dass der Baum bald schwarz und in beißenden Rauch gehüllt dastand. Währenddessen hatte Teresa Ruhe bewahrt und alle Geschenke in Nebenzimmer getragen, wo man mit Champagner auf die Rettung der Villa anstieß.

Silvester wurde für Valentino und Rambova eine Party im Hotel Negresco gegeben. Als Winifred sich spätabends einen Weg durch die Menge bahnte, fand sie ihren Schwiegersohn auf Knien vor; er demonstrierte den Gästen, wie ein Torero den Stier niederstach – zur Freude der Umstehenden. Sie wollte Natacha alarmieren und sah, wie ihre Tochter in Gesellschaft von acht Männern über die Tücken des Filmgeschäfts dozierte – »allerdings hörte niemand zu«. Winifred fand es an der Zeit durchzugreifen. Ohne nennenswerten Erfolg, denn Natacha machte sich jetzt auch bei jungen Damen beliebt, indem sie Valentino bat, mit ihnen zu tanzen. Winifred wies die Band an, nur noch *Home, sweet home* zu spielen, doch auch das trieb niemanden aus dem Haus. Schließlich gelang es, die Gäste zu Perroquet zu fahren, von wo aus sie nach einem Katerfrühstück müde, aber glücklich aufbrachen.[5]

Viel Zeit zum Überdenken des vergangenen Jahres blieb Valentino nicht. Trotz seiner erzwungenen Filmpause hatte er es 1923 geschafft, dem Publikum im Gedächtnis zu bleiben: durch die Mineralava-Tournee, zwei Veröffentlichungen, mehrere Radiosendungen und eine neue Strategie im Umgang mit der Presse. Das Reisetagebuch erwies sich dabei als innere Bühne, auf der die für sein Leben entscheidenden Personen auftraten mit allem, was sie auslösten an Hoffnung, Angst und Ambitionen. Auf dieser Bühne wollte er selbst Regie führen, und so verbarg er, was in Castellaneta geschehen (oder eben nicht geschehen) war. Es fiel ihm leichter, Tagebuch als Briefe zu schreiben. Bald sollte es in Auszügen, ergänzt durch Fotos und vermutlich von einem Ghostwriter überarbeitet, für sein Publikum erscheinen.

Einst hatte ihn eine junge Reporterin interviewt, Margaret Mitchell, die sich bald darauf an die Niederschrift ihres Romans »Vom Winde verweht« machen würde. Die USA hatten mehr als eine Südstaatensaga und bedeutende Staatsmänner hervorgebracht. Dagegen schien es im Land seiner Herkunft nur »Politiker des Nichts« zu geben. Von Mussolini und dessen Schwarzhemden konnte er sich von Amerika aus kein rechtes Bild machen.

Aus der Sicht von Carlo Levi, der mit seinem Roman »Christus kam nur bis Eboli« einer Region des Mezzogiorno ein Denkmal setzen sollte, waren weder von italienischen Politikern noch von Schriftstellern in der Art D'Annunzios Impulse für den Süden zu erwarten. Allerdings fehlte es D'Annunzio nicht an Sinn für die Gefahren schlichter Negativität, die Apulien oder der Basilikata erst jene Aura der Hoffnungslosigkeit verlieh, von der Valentino sich gleichfalls abschrecken ließ. Levi schilderte diese Atmosphäre und überlegte noch mehr als zehn Jahre nach seiner Verbannung dorthin, »wie oft am Tage ich dieses immer wiederkehrende Wort in allen Gesprächen mit den Bauern gehört hatte. ›Ninte‹, wie sie in Gagliano sagen. ›Was hast du gegessen?‹ – ›Nichts.‹ – ›Auf was hoffst du?‹ – ›Nichts!‹ – ›Was könnte man tun?‹ – ›Nichts!‹ – Immer das gleiche, und die Augen blicken mit dem Ausdruck der Verneinung zum Himmel auf. Das andere in Gesprächen immer wieder auftauchende Wort ist *crai*, das lateinische *cras*, morgen. Alles, worauf man wartet, was eintreffen, getan oder verändert werden soll, ist *crai*. Aber *crai* bedeutet niemals.«[6]

Dieser Mangel an Hoffnung hatte Valentino unvorbereitet getroffen. Für die Menschen in Castellaneta, Carosino oder Tarent war er ein hoch gestellter *Signore*. *Un americano*. Wie viele Landsleute hatte man nicht schon nach Amerika fahren sehen! Und wie rasch wurden sie wieder von den alten Verhältnissen verschlungen, so, als seien sie nie fort gewesen. Bei diesem *Signore*, das spürten alle, würde es anders sein.

Denn Valentino hatte nicht umsonst gehungert, im Central Park übernachtet, sich aus der Komparserie emporgearbeitet. Freundschaft von Frauen und Männern erfahren, die an ihm und seiner Begabung interessiert waren; niemals würde er sich jener fatalen Negativität überlassen, die Apulien lähmte. Vielleicht wurden die Menschen im Süden tatsächlich von denen des Nordens verkannt – aber hatten sie nicht auch *einander* verraten? Und schließlich sich selbst? Wer helfen wollte, ging mit zu Grunde. Keiner, das sollte auch Levi erfahren, war stark, war langlebig genug, um ihr Nein-Nichts-Nie zu durchbrechen. Die Auswanderung hatte Valentino vor dem Schicksal der Einheimischen bewahrt. Mehr noch als die Rhythmen und Mentalitäten seiner Wahlheimat liebte er die Dynamik der USA. Den amerikanischen Traum. Etwas in ihm hatte sich verändert in den letzten Jahren, so langsam und unmerklich, dass es erst zum Ausdruck kam, als er sich dort wieder fand, von wo er ausgegangen war. In Amerika hatte er sich als Italiener gefühlt; jetzt ließen ihn seine eigenen Landsleute spüren, was er geworden war, ohne es recht zu wissen: ein Amerikaner.

Wer hatte in Italien auf ihn gewartet? *Niemand*. Was erwartete ihn dort in Zukunft? *Nichts*. Wann würde er wiederkommen? *Niemals*.

MONSIEUR BEAUCAIRE

Monatelang hatten Valentino und Rambova auf Arbeit gewartet; endlich war es so weit – in New York! Seit Adolph Zukors Firma 1916 mit Jesse Laskys Feature Play Company fusioniert hatte und den Verleih über die Paramount laufen ließ, bis sie schließlich selbst Teil des größeren Studios waren, stellte sich die Standortfrage neu. Hollywood verfügte über ein sonniges, drehfreundliches Klima – das Büro in New York über Geld und Know-how. Das 1920 in Long Island entstandene, nur durch den East River von Manhattan getrennte Studio galt als erste Adresse und hatte außeramerikanische Märkte im Blick. Obwohl das Gros der Filme nach wie vor in Kalifornien entstand, konkurrierten die Niederlassungen an der Ostküste mit den Produktionsstätten im Westen. Ihr Hauptquartier erfüllte nicht nur das Repräsentationsbedürfnis von Produzenten, sondern befand sich auch am Geburtsort der neuesten Trends. Glich Hollywood einer kulturellen Einöde, die außer Sonne, Orangenhainen und Millionärspartys wenig zu bieten hatte und jeder Form von Bildung mit Arroganz begegnete, gab es in New York Theater, Opern, Konzertsäle, den Broadway mit seinen Bühnen und Gästen aus aller Welt, dazu eine unausgesprochene, aber wirksame Allianz von kreativen Männern und Frauen, die die Aufbruchstimmung nach dem Krieg für Experimente nutzten, in der Gewissheit, Gleichgesinnten näher zu sein, als es in Kalifornien möglich war.[1]

New York galt als privilegierter Drehort. Im Astoria drehten Hollywoodflüchtlinge wie Gloria Swanson. Valentino war einer von ihnen. Sein Vertrag verpflichtete ihn noch zu zwei Filmen mit der Paramount. Beide sollten in Long Island, nicht weit vom Hauptquartier des Studios, entstehen – in sicherer Entfernung von Schulberg und seinen Gehilfen, die ihm während der Dreharbeiten zu *Blood and Sand* das Leben so schwer gemacht hatten. Einen Nachteil hatte der Wechsel. Als bekannt wurde, dass Valentino auf die Leinwand zurückkehren würde, war seine Post kaum noch zu bewältigen, und es wimmelte von Fans, die sich nicht mit Autogrammen oder einem Händedruck begnügen wollten, sondern ihm folgten und bei öffentlichen Auftritten Schals, Krawatten, Knöpfe, Einstecktücher entrissen. Das Studio sah sich gezwungen, Männer zu engagieren, die die eintreffende Post kontrollierten, bevor sie den Sekretärinnen unter die Augen kam, denn inzwischen lagen freizügige Fotos, bisweilen sogar Dessous (oder die Bitte darum) bei. Es gab eindeutige Angebote. Manche Fans baten um Gegenstände aus dem persönlichen Gebrauch. Die zarte Bewunderung von einst war verflogen und hatte handfesteren Erwartungen Platz gemacht, die – auf der Leinwand erweckt – natürlich von niemandem, am wenigsten von ihrem Verursacher, eingelöst werden konnten. Das Studio beauftragte jemanden, Tausende von Antwortschreiben und Fotografien mit Valentinos Unterschrift zu versehen, doch so oft er konnte, in Drehpausen zum Beispiel, diktierte er selbst Briefe an die Fans. Ein Leibwächter ließ ihn weder in der Garderobe noch auf dem Weg ins Hotel aus den Augen. Luther H. Mahoney, ein stämmiger Mann vom New Yorker Polizeirevier, sollte ihm bald darauf nach Whitley Heights folgen. Beide mochten sich auf Anhieb. Valentino brauchte Ruhe und Konzentration, Rambova sehnte sich nach einer Vaterfigur in ihrem persönlichen Umfeld. Mit Mahoney hatten sie den Richtigen gefunden.

Nach der unfreiwilligen Drehpause zwischen 1922 und 1923 glaubte Rambova, einen passenden Stoff für Valentinos Comeback in Booth Tarkingtons Roman »Monsieur Beaucaire« gefunden zu haben, der 1900 für die Bühne adaptiert worden war. Alles lief auf einen Kostümfilm zu, denn die von historischen und erfundenen Personen getragene Handlung gab wenig an dramatischen Zuspitzungen her. Für das Studio kamen Originalschauplätze wie Bath oder Versailles aus Kostengründen nicht in Betracht.

Tableaus von erstaunlicher Naivität sollen Einblick in die höfische Welt zur Zeit Ludwigs XV. geben. Der König vertreibt sich die Zeit mit Handarbeiten, die Königin kultiviert ihren Groll auf Madame Pompadour. Es gibt Blickduelle und merkwürdige Gepflogenheiten. Während man in Versailles eine italienische Komödie aufführt, stickt der König von Frankreich lustlos vor sich hin und verlangt nach der Gesellschaft des Herzogs von Chartres (Valentino), weil der ihn nie langweilt. Der Herzog spielt auf einer überdimensionierten Laute und ist beleidigt, als ihn eine Dame, für die er sich interessiert, links liegen lässt. Als ihm gegen seinen Willen eine Heirat mit der stolzen Prinzessin Henriette (Bebe Daniels) aufgezwungen werden soll, flieht er nach England und gibt sich als Friseur namens Beaucaire aus, um bürgerliche Freiheiten auszukosten. Er verliebt sich in Lady Mary Carlisle, die Schöne von Bath (Doris Kenyon), und gerät um ihretwillen in Lebensgefahr. Als er während eines Rendezvous mit Lady Mary von seinen Feinden angegriffen und schwer verwundet wird, ruft sie nach ihrem Kutscher, um ihn zu retten. Als sich herausstellt, dass der Verwundete kein Mann von Adel ist, lässt sie ihn unversorgt liegen. Vor weiteren Nachstellungen seiner Feinde und einem Mordkomplott bewahrt Beaucaire schließlich der französische Botschafter. Nach allem, was er mit der Schönen von Bath erlebt hat, erscheint ihm Henriette jetzt in neuem Licht. Der König verzeiht ihm die Flucht, der Herzog kehrt nach Paris zurück und versöhnt sich mit der Prinzessin.

Hugo Reisenfeld, der schon die Musik für *Die zehn Gebote* geschrieben hatte, arrangierte die Begleitung für den Film, Mel Shauer komponierte den Titelsong »Red, Red Rose«. Auch in anderer Hinsicht war für ein glanzvolles Comeback gesorgt. Für die Ausstattung standen Rambova gleich mehrere Assistenten zur Seite. Die aufwändige Garderobe des Ensembles bedurfte intensiver Betreuung. Experten für höfische Etikette, Mode, Kutschen, Tapeten, Gartenanlagen und Tänze wurden zu Rate gezogen. Rambova legte Wert auf authentisch wirkende Kostüme und beauftragte George Barbier, der sich durch seine Liebe zu Beardsley und zum Russischen Ballett als Wahlverwandter erwies, mit Entwürfen.[2] Um Valentino kümmerten sich neben Leibwächter, Masseur, dem eigens bestellten Geiger und Vorleser noch jemand, der seine zahlreichen Anschaffungen auflistete. Ein Fecht- und ein Tanzlehrer standen ebenfalls bereit. Diesmal wurde der Star mit Aufmerksamkeiten überhäuft, verwöhnt, geschont.

Für das Paar war *Monsieur Beaucaire* die erste befriedigende Zusammenarbeit. Zu ihrer Erleichterung hielt sich das Studio an die Vereinbarungen. Dieser Film sollte künstlerischen Ansprüchen genügen. Rambova sah diesen Traum in greifbarer Nähe, spürte aber, dass bis zum letzten Moment Wachsamkeit geboten war. Mit Sidney Olcott hatte die Paramount einen Veteran der Branche für die Regie verpflichtet. Olcott stammte aus Toronto und war 1907 an einer Version von *Ben Hur* beteiligt gewesen. Da er nicht nur in Irland, Deutschland und Italien gedreht, sondern in Palästina sogar das Leben Christi, *From the Manger to the Cross* (1912), verfilmt hatte, war er mit Originalschauplätzen und historischen Szenerien vertraut. Allerdings fehlte ihm die professionelle Einstellung zu Frauen hinter der Kamera, er hatte Mühe oder war nicht bereit, sich mit Rambova darüber zu verständigen, auf welche Weise Darsteller, Kostüme und Schauplätze am besten zur Geltung kommen könnten.[3]

Deshalb dauerte es nicht lange, bis Olcott Jesse Lasky und Adolph Zukor in den Ohren lag, ihre »Einmischung« zu stoppen. Da die Studioleitung kein Interesse daran hatte, den Kampfgeist des jungen Paares zu entfachen, und mit der Entwicklung der Dreharbeiten mehr als zufrieden war, wurde Olcott vertröstet. Dass Valentino sich zu wehren und die Presse auf seine Seite zu ziehen verstand, hatte man hinlänglich erfahren. Die letzten beiden Filme mit ihm sollten ohne Ärger über die Bühne gehen.

Entsprechend sorgfältig wurde die Kampagne für *Monsieur Beaucaire* gestartet. Für die persönliche Publicity des Stars war Harry Reichenbach zuständig, doch nur wenige seiner Vorschläge fanden Rambovas Billigung. Voll Wut darüber, dass sie nichts für Klatsch und erfundene Nachrichten übrig hatte, mit denen er das Interesse ankurbeln wollte, beklagte sich auch Reichenbach über Rambova, stieß bei den Produzenten jedoch auf taube Ohren. Sie hielten eisern an der Vereinbarung fest, die dem Paar ein Veto in Fragen der Pressearbeit einräumte – freilich auf Kosten Rambovas, die immer dann als »schwierig« im Umgang empfunden wurde, wenn ihre (und Valentinos) Vorstellungen nicht mit der Studiopolitik übereinstimmten.[4]

Rambova arbeitete unter dem Eindruck, unmittelbar vor dem Durchbruch zu stehen, und wollte diese Chance unter keinen Umständen verpassen. Zum ersten Mal konnte sie die Produktion im eigenen Sinn beeinflussen. Kompromisse, die ihre Vorstellungen verwässerten, glaubte sie sich nicht leisten zu können. Bei unterschiedlichen Auffassungen ergriff Valentino ihre Partei. Rambovas Vorstellung von Authentizität zeigte sich in Details: vom Make-up über Gesten bis zu einem Degen oder Tanz. Sie wollte Valentino ins beste Licht setzen und ertrug, dass er selbst bei Unterredungen mit seinem Manager in der Rolle Beaucaires verblieb.

Aus dem rasanten Autofahrer wurde ein hemmungsloser Verschwender; nur so konnte er spüren, dass die Tage des Mangels für immer vorbei waren. Gemeinsam besuchten sie Auktionen, erwarben Antiquitäten, alte Waffen, Teppiche, Geschirr für ihr neues Anwesen in Whitley Heights und künftige Projekte. Wie viele Aufsteiger wollte Valentino sich eine Vergangenheit zusammenkaufen: ideelle Ahnen. Ritter, Prinzen, waghalsige Duellanten – etwas von ihrem Flair schien auf ihn überzugehen, wenn er ihre Hinterlassenschaften wie Waffen, Antiquitäten, selbst prätentiösen Trödel, der bis zum Umzug nach Kalifornien in irgendwelchen Lagern verschwand, in seine Privatsphäre aufnahm. Beide liebten solche mit Vergangenheit gesättigten Überbleibsel für ihren Traum von Größe.

Während der Dreharbeiten traf Besuch aus Moskau ein: Konstantin Stanislawski. Der Theatermann genoss im Ausland hohes Ansehen. Am 8. Januar hatte die erste Saison des Moskauer Künstlertheaters in New York mit »Zar Fjodor« begonnen. Man gab auch Tschechows »Kirschgarten« mit Olga Knipper, der Witwe von Anton Tschechow, als Ranevskaja. Zum Empfang der sowjetischen Handelsdelegation erschien Nazimova, um Kolleginnen und Kollegen von einst zu begrüßen, die sie als Anfängerin erlebt hatten und nun behaupteten, all ihre Filme zu kennen. Sie näherte sich ihren Landsleuten mit einer gewissen Scheu und erbat von Stanislawski Informationen über die sowjetische Regierung. Was hatte sich verändert, vielleicht sogar verbessert für Künstler und Menschen, die wie sie ins Exil gegangen waren? Wie standen die neuen Machthaber zum Theater, zum Film? Viel Gutes hatte Stanislawski nicht zu berichten. Der früh gealterte Leiter des Moskauer Künstlertheaters fand die erst dreiundvierzigjährige Nazimova »alt, aber ... sehr süß« und zeigte sich höflich beeindruckt von ihrem filmischen Ruhm. Obwohl Stanislawski mit seinen Manierismen bereits Anton Tschechow zur Verzweiflung getrieben und seine auch schriftlich niedergelegten Anweisungen für Schauspieler nie systematisiert hatte, galt er mit seiner »Lehre« als Autorität. Für eine Weile konnte er sich neben Vertretern der Avantgarde wie Meyerhold und Eisenstein halten und die Stagnation seiner Truppe wenigstens auf Gastspielreisen im Ausland verbergen. Für Nazimova und die gesamte russische Kolonie in Hollywood bedeutete er ein Stück Heimat – so anrührend und vertraut wie ein Volkslied. Viel Zeit für Gespräche dürfte dem stark beanspruchten Russen nicht geblieben sein; dennoch posierte er am Drehort von *Monsieur Beaucaire* gut gelaunt inmitten des Ensembles für die Fotografen, und die Paramount machte von der Gelegenheit gern Gebrauch, durch illustre Gäste den Rang ihrer Produktionen zu unterstreichen.[5]

Endlich konnte Valentino mit seiner Wunschpartnerin Bebe Daniels drehen, was ihm für *Blood and Sand* noch verwehrt worden war. 1901 in Texas geboren, hatte sie eine Karriere als Kinderstar und mehr als hundertsiebzig Kurzfilme mit Hal Roach und ihrem Jugendfreund Harold Lloyd hinter sich, bevor sie 1919 *Male and Female* drehte. *Monsieur Beaucaire* war ihr neunzehnter Film für die Paramount. Schwarzhaarig und dunkeläugig, weder auf Vamp- noch auf matronale Rollen festgelegt, verkörperte sie in diesen Jahren noch am ehesten den Typus des Flappers mit seinem auch von Älteren tolerierten Übermut. Wie Valentino liebte sie schnelle Autos. Kurz zuvor war sie bei einer Fahrt mit dem Boxer Jack Dempsey von der Polizei gestoppt und wegen überhöhter Geschwindigkeit in Orange County zu zehn Tagen Haft verurteilt worden. Danach brachen goldene Zeiten für die Delinquentin an. Als sie das Gefängnis betrat, empfing der Richter sie mit Blumen. Möbelhäuser und Restaurants erboten sich, Bebes Zelle auszustatten und sie mit Mahlzeiten zu versorgen (was geschah). Da sie noch minderjährig war, durfte ihre Mutter bei ihr bleiben. Es waren verrückte Tage. Alle genossen sie, da der junge Star niemanden geschädigt hatte. Nachmittags sorgte ein Strom von Besuchern für Abwechslung. Bebes Zelle glich einem Boudoir und quoll über von Blumen, Süßigkeiten, Lektüre. Um ihr die Gefangenschaft noch angenehmer zu machen, reiste Abe Lyman mit seinem Orchester aus Los Angeles an und ließ vor den Toren des Gefängnisses Bebes Lieblingsstück, »Rose Room Tango«, erklingen, nach dem sie im Coconut Grove mit Valentino getanzt hatte. Wegen guter Führung erließ ihr der Richter einen Tag und verabschiedete sie in Gegenwart von Pressefotografen mit Rosen. Das Studio tat, was es immer tat, wenn sich aus dem Privatleben seiner Stars Kapital schlagen ließ, und drehte *The Speed Girl* (1921) mit ihr. Als hervorragende Fechterin schreckte auch Bebe Daniels – ähnlich wie Gloria Swanson – vor gefährlichen Stunts nicht zurück. Sie galt als talentierte, couragierte, ausgesprochen vielseitige Darstellerin. Die Rolle der Prinzessin Henriette sagte ihr zu, und sie freute sich auf die Zusammenarbeit mit einem Partner, der Furore gemacht hatte. Im Gefängnis von Orange County hatte sie ein Gästebuch geführt; jetzt, während der Dreharbeiten, schrieb sie Tagebuch. Darin vermerkte sie ihre Angst vor Fremdsprachen. Für Valentino waren Dialoge auf Französisch kein Problem. Andere hatte mehr Mühe mit dem Text. Sechs Jahre jünger als Valentino, entdeckte Bebe Daniels mit ihrer langjährigen Berufserfahrung, warum ihr Partner als schwierig galt. *Temperamental.* Wie Rambova gab er sich nicht mit halb Gelungenem, Zweitklassigem zufrieden. Auch er war Perfektionist. Dennoch bekannte Daniels noch im Alter, niemals »einen Menschen« getroffen zu haben, »mit dem einem die Zusammenarbeit so leicht fiel, und niemanden, der so freundlich zu jedem im Studio war, beim Pförtner angefangen«. »Er war gut erzogen, hatte Charme, war intelligent und besaß einen wunderbaren Sinn für Humor.« Noch nie hatte sie einen Schauspieler kennen gelernt, der in solchem Maße auf ein Klima des Wohlwollens und auf Sympathie angewiesen war.[6]

Olcott hielt sich viel darauf zugute, die für Liebesszenen nötige Stimmung zu zerstören, und verwechselte Ruppigkeit mit Professionalität. Dagegen anzugehen war ein Akt der Notwehr. Deshalb bat Valentino Daniels, auch dann in seiner Nähe zu bleiben, wenn sie keinen Einsatz hatte. Während jener Einstellung, die Monsieur Beaucaire verletzt und dem Tode nahe zeigte, brüllte Olcott ins Megaphon: »Los Rudy, fang an zu HEULEN!« Valentino konnte sich nicht konzentrieren und verlangte Glyzerin, doch Daniels sagte, ein Schauspieler seines Talents habe solche Hilfen nicht nötig. Sie erklärte ihm, was diese Begegnung für den Herzog von Chartres und Prinzessin Henriette bedeutet hatte. Danach flossen echte Tränen, und es entstand eine Szene, die im Gedächtnis blieb.[7]

Lois Wilson spielte die Königin von Frankreich. Als Freundin von Patsy Ruth Miller, Gloria Swanson und Bebe Daniels hatte sie nach einem Schönheitswettbewerb ebenfalls in Hollywood reüssiert und war bereits ein Paramount-Star, als sie nach *Manslaughter* (1922) und *The Covered Wagon* (1923) ihre Vielseitigkeit unter Beweis stellen konnte. Sie erlebte Valentino als »wahrhaft guten Schauspieler, einen gefühlvollen jungen Mann und humorvollen Gentleman, aber sehr ernsthaft und konzentriert bei der Arbeit. Am Drehort gab es keine Mätzchen oder dergleichen.«

Valentino sorgte dafür, dass André Daven, ein französischer Journalist, den er in Paris kennen gelernt und für kameratauglich befunden hatte, die

Rolle des Bruders von Beaucaire spielen durfte, und war stolz auf seine Entdeckung. Anders als Griffith und vergleichbare Pioniere im Filmgeschäft hatte er nicht nur einen Blick für weibliche, sondern auch für männliche Attraktivität.[8]

Auf das amerikanische Publikum wirkten die Vorgänge in *Monsieur Beaucaire* märchenhaft, nicht ganz von dieser Welt. Höfische Gebräuche waren unvertraut; schockartige Einblicke – so, wenn der König mit Handarbeiten beschäftigt ist oder sich schminkt –, fremdartige Kostüme, Kutschen, Zeremonien sorgten für Verwunderung. Als Herzog von Chartres wirkt Valentino ebenso lakaienhaft wie in der Rolle Beaucaires. Trotz grandioser Kampfszenen agiert er weder als zweiter Fairbanks, noch lassen aristokratische Umgangsformen ein freieres Empfinden oder Handeln zu. Während Barbiers Kostüme die flamboyanten Auftritte der Damen am Hofe unterstreichen, wird Valentino (mit Ausnahme einer Szene, die ihn mit entblößtem Oberkörper zeigt) unter Perücken, bestickten Jacken, Hosen und Spitzenjabots förmlich versteckt. Er trägt herzförmige Schönheitspflaster, ist beringt wie ein Schwarm Tauben und ähnelt eher einem überpuderten Windbeutel als einem romantischen Heros.

Das Missverhältnis von äußerer Welt und innerem Erleben war schon im Text von Booth Tarkington deutlich geworden. Die Entwicklung der Charaktere kam entschieden zu kurz. Mit Ausnahme der Kampfszenen fehlte es an Dynamik. Das prunkende Ambiente ließ die Handlung noch dürftiger erscheinen. Alles war auf Valentino konzentriert. Die Mitspieler rückten in den Hintergrund, Kontraste und Wechselwirkungen blieben aus. Ein komischer, ein humorvoller Valentino verlor an Flair.

Trotzdem, nach der Premiere im August 1924 begeisterte *Monsieur Beaucaire* viele Kritiker. Die New York Times würdigte Rambovas Arbeit: »Großartig ist ein Wort, das wir weiterhin vermeiden, aber diese gestalterische Arbeit verdient eine solche Bezeichnung, denn solche wundervollen Dekorationen und herrlichen Kostüme wurden noch nie in einem Film gesehen.« Viele teilten diese Auffassung, doch es gab auch Stimmen, die den Film nicht als Kunstwerk verstanden: »Da steckt zu viel von Valentino in Beaucaire und zu wenig von dem aristokratischen Franzosen«, doch »das ändert nichts an der Tatsache, dass dies bei allen Abschweifungen von der Erzählung ein wundervolles und höchst bemerkenswertes Werk ist. Es ist schade, dass die Produzenten beschlossen, daraus einen großen Kassenerfolg statt eines kunstvollen Filmes zu machen ...« Nach Auffassung von James R. Quirk, dem Herausgeber des Photoplay Magazine, hatte Rambova ihr eigentliches Ziel verfehlt: »Frau Valentino«, schrieb er in hartnäckiger Verkennung ihres Namens, »überwachte die gesamte Produktion, und weil ihre künstlerischen Fähigkeiten wunderbare Dekorationen und Kostüme hervorbrachten, macht der Film den Eindruck, hier sei mit riesigen Anstrengungen etwas versucht worden, das nicht ganz gelungen ist.«[9]

Quirks Urteil traf zu. Als einziger Kritiker spürte er, worum es Valentino und Rambova ging. Zwar hatten sie den Kampf um bessere Arbeitsbedingungen vorerst zu ihren Gunsten entschieden, doch mussten sie sich vor Ort, in Auseinandersetzung mit unterschiedlichsten Hollywoodgrößen, noch bewähren.

Wie lange war es her, dass Theodore Kosloff sich als Urheber ihrer Entwürfe ausgegeben hatte? Mit der Ansprache als »Mrs. Valentino« versuchte man erneut, die Eigenständigkeit zu ignorieren, mit der sie ein von der Karriere ihres Mannes unabhängiges Profil entwickelte. Wer stand überhaupt hinter den Einzelleistungen im Film? Das war nicht leicht auszumachen. Daniels, Rambova und Valentino hatten heimlich Absprachen getroffen, um den Liebeszenen, die Olcott mit seinem Geschrei torpedierte, mehr Intensität zu verleihen. Es war ein Akt der Notwehr, hinter seinem Rücken Regie zu führen. Wer vermochte im Nachhinein jene Summe von Eingriffen zu entwirren, die beim Zustandekommen von *Monsieur Beaucaire* eine Rolle gespielt hatten? Als kollektive Produktion lebte der Film von Einfällen, die im Nachhinein selten genau zugeordnet werden konnten. Für Außenstehende war letztlich undurchschaubar, wer was getan oder bewirkt hatte.

Bereits 1924 wollte Quirk einen Wendepunkt in Valentinos Karriere ausgemacht haben. Adela Rogers St. Johns stellte in der April-Ausgabe des Photoplay Magazine unter dem Titel »Zu welcher Art von Männern fühlen sich die Frauen am meisten hingezogen?« klar, dass sie Wallace Reid, Richard Dix oder sogar die als Valentino-Ersatz aufgebauten Schauspieler wie Ramon Novarro und Ricardo Cortez einem Italiener vorzog, der im Ruf stand, die Leidenschaft in Person zu sein. Sie schlug sich auf die Seite konservativer Amerikaner, deren Eifersucht angesichts eines Darstellers, der »das Schlechteste in den Frauen« (was mochte das sein?) anzusprechen schien, groteske Formen annahm. Noch war die Zeit nicht gekommen, in der Schauspielerinnen wie Mae West frischen Wind in das von Heuchelei durchdrungene Filmgeschäft brachten.

Für Rogers St. Johns war Valentinos Anziehungskraft sexueller Natur und damit unanständig. Ein Gran Verwunderung mochte sich in ihre Sittenstrenge gemischt haben, war sie doch nicht die Einzige, die im alltäglichen

Umgang mit Valentino jene erotische Aura vermisste, die ihn auf der Leinwand unwiderstehlich machte. Für James Quirk, ihren Chef, stand fest, dass Beaucaire »kein bisschen gefährlich für Frauen« wirkte. »Es ist nämlich so, dass sie ihren Rudy ein wenig verrucht sehen wollen.« Auch Frauen aus seinem Umfeld waren »verblüfft und etwas belustigt über die Gewalt und Wirkung seiner sexuellen Anziehungskraft auf der Leinwand. Sie mögen ihn, finden ihn unterhaltsam, aber soweit ich sehen kann, hat sich keine je in ihn verliebt. Aber jede von ihnen gibt zu, dass er sie auf der Leinwand erregt.«[10]

Etwas entgleiste – im Bewusstsein seines Publikums und allmählich in ihm selbst. Wenn Valentino sah, wie sich in den Büroräumen des Studios Säcke mit Fanpost stapelten, wurde ihm unheimlich zumute. Er war allein, und die anderen waren so viele. *Er* hatte ein Gesicht – doch *ihre* Gesichter verschwammen inmitten von Menschenansammlungen und offenbarten das Verlangen der zu kurz Gekommenen. Wer saß denn im Kino? Büroangestellte, Arbeiterinnen, Handelsvertreter auf Reisen, befangen in ihrem ganz und gar unvermeidlichen Unglück, geblendet vom Wimpernschlag in Großaufnahme, den Bildern verfallen, verführt zu Hoffnungen, die sich vielleicht nie erfüllen würden.

Rambova spürte die Nachdenklichkeit ihres Mannes. So entschlossen zum Glück war wohl kaum jemand, so bereit für Träume, Wunder, Schönheit in jedweder Gestalt. Noch widerstand er der Gefahr, zum Double seiner Leinwandgestalt zu werden. Noch ließ er das Glück nicht die *ganze* Arbeit tun. *Monsieur Beaucaire* war ihr erstes wirklich gemeinsames Projekt. Und es weckte schlafende Hunde, denn im Umfeld des Paares hatte man Mühe, die Natur einer Zusammenarbeit zu verstehen, die ihre Kraft nicht allein aus der Liebe, sondern auch aus dem Talent und gegenseitigem Vertrauen zog. Dass Valentino Rambovas Urteil schätzte und niemals Zweifel an seiner Loyalität aufkommen ließ, verstieß gegen die stillschweigende Übereinkunft, der zufolge Frauen vor, aber nicht hinter die Kamera gehörten. Für Rambova ging es deshalb weniger um Geld als um die öffentliche und offizielle Anerkennung als Autorin, Urheberin, Regisseurin, Produzentin.

Obwohl das Paar vertraglich festgelegte Aufgaben übernahm, wurde seine Arbeitsteilung als Privatangelegenheit behandelt. Während er an seiner Rolle arbeitete, konzentrierte sie sich auf Gestaltungsfragen und – wie im Vertrag festgelegt – auf Reichenbachs Pressearbeit. Da Rambova Klatsch als schädlich für Valentinos Image abwehrte, verbreitete Reichenbach und mit ihm der in seiner Eitelkeit gekränkte Regisseur das Gerücht, sie mische sich überall ein und sei eine Perfektionistin. Sie *war* Perfektionistin. Das Bild der dominanten Ehefrau existierte bereits vor ihr und musste nur aktiviert werden. Eifersucht war eine Kraft. Und Neid. Rambova weckte nicht nur die kollektive Eifersucht des Publikums, sondern auch den Groll von Männern, die ihren Einfluss auf einen der wichtigsten Stars durch ihre Gegenwart geschmälert sahen. Das galt für die Studiobosse ebenso wie für George Ullman. Der Manager versäumte keine Gelegenheit, ihr klarzumachen, wie verheerend sich Valentinos Status als verheirateter Mann auf sein Image auswirkte. Die Ironie der Tatsache, dass ausgerechnet Männer sich dem Klischee der eifersüchtigen Ehefrau gemäß verhielten, entging der viel beschäftigten Rambova; zu sehr war sie um Valentinos Karriere besorgt, zu stark wünschte sie, etwas von Dauer und Bedeutung zu schaffen im flüchtigsten Medium. Ullmans Intervention hatte Erfolg: Im Vorspann des Films tauchte ihr Name nicht mehr auf.[11]

Monsieur Beaucaire stellte nicht nur einen Wendepunkt in der Einschätzung von Valentino als Schauspieler dar; die Dreharbeiten wurden zum Ausgangspunkt einer Fehleinschätzung, die Rambovas Ruf noch über ihren Tod hinaus antasten sollte. Seit ihrer Zusammenarbeit mit Nazimova kultivierte man das Bild einer von Ehrgeiz zerfressenen Lesbierin.[12] Tatsächlich war nicht die Karriere ihres Mannes, sondern ihre eigene gefährdet. Nicht ihn, sondern sie traf die nur schwer zu durchdringende Mischung aus Eifersucht, Ressentiment und Neid von Männern, die beruflich mit Valentino zu tun hatten.

Nichts davon fand sich in den Äußerungen von Frauen wieder, die Rambova im beruflichen Umfeld erleben und ihre Arbeitsweise einschätzen konnten. Im Gegenteil: Das Image rüder Dominanz entsprach so gar nicht dem, was Valentinos Kolleginnen beobachteten. Lois Wilson erinnerte sich: »Ich sah sie nie am Drehort, und sie kommandierte ihn nicht herum. Sie war liebenswürdig – sehr würdevoll und zurückhaltend. Ihre Kostümentwürfe waren wunderbar und brauchten kaum geändert zu werden. Valentino erschien mir als glücklicher und humorvoller Mensch, überhaupt nicht eingebildet, und er liebte seine Arbeit.«[13]

Bebe Daniels, die Valentinos Leidenschaft für schnelle Autos, nicht aber für Knoblauch und Waffen teilte, schilderte eine Situation, die ein Licht auf Rambovas Umgang mit Gegnern und Neidern warf. Bei der Durchsicht des gedrehten Materials missfielen ihr die Liebesszenen. Es fehlte das gewisse Etwas. Dem Regisseur war nichts aufgefallen, doch die beiden Stars gaben ihr Recht, und alle überlegten gemeinsam, wie man Olcott, der solche Szenen mit dem Ruf »Rudy, sei mal albern!« einzuleiten pflegte, zum Nachdrehen bewegen könnte. Rambova hatte eine Idee.«... keiner von uns«, schrieb sie rückblickend, »wollte Sidney mit der Wahrheit kränken. Unter dem Vorwand schlechter Bildqualität sorgten wir dafür, dass sie überarbeitet wurden, und Rudy, Bebe und ich verabredeten ein System geheimer Signale. Ich sollte hinter den Kameras stehen, und wenn Beaucaires Leidenschaft abzukühlen drohte, sollte ich rufen: ›Rudy, sei mal albern!‹, was in unserem Geheimkode heißen sollte: ›Zeig mehr romantisches Feuer.‹ Das Ergebnis war, dass wir am Ende ein paar wirklich aufregende Liebesszenen hatten.«[14] Während sie den Regisseur schonte, um ihn nicht zu kränken, dachte Olcott nicht im Traum daran, Rambovas Renommee zu respektieren. Er ignorierte ihren Namen. Unablässig drang sein »Mrs. Valentino! Mrs. Valentino!« auf sie ein. Olcott war eine Fehlbesetzung.

Außer Lois Wilson und Bebe Daniels gab es noch eine dritte Zeugin der Dreharbeiten zu *Monsieur Beaucaire*: Doris Kenyon, die Schöne von Bath. Ihr Kommentar erinnert an Ruth Waterburys Gedicht von 1922 und fand ebenfalls seinen Weg in die Öffentlichkeit:

> Mrs. Rudolph Valentino
>
> Sie ist eine Schwertlilie, schwankend auf ihrem Stiel,
> Sicher, kühl, rätselhaft in der Abenddämmerung:
> Ihre Augen, verhängt durch einen Nebelschleier,
> Sprechen von seltsamen Träumen, gestern erinnert
> In einem schönen Land – wie Echos noch mal rufen;
> Der Rhythmus ihrer stolzen Anmut, ihres sanften Schrittes
> Ist wie Musik, gespielt auf verstummten Saiten;
> Die Schönheiten eines uralten Griechenland
> Brachten ihren Geist hervor, der sie heute spiegelt;
> Ihr Herz weist auf eine verschlossene Gartentür,
> Die niemand durchschreitet, es sei denn, er findet den Schlüssel
> zum magischen Schloss, aber einmal darin
> Ist er voll Staunen über den herrlichen Wohlgeruch.[15]

»Stolze Anmut« – wer Natacha Rambova kannte, wusste, was gemeint war. Doch ihr war, als lösche die Überschrift die Poesie des Gesagten aus, als hätte man ihr ein Namensschild umgehängt aus Angst, sie könne verloren gehen. Wer sollte das sein – »Mrs. Rudolph Valentino«? Wie müde sie all dessen war. Wie überdrüssig.

STOLZ UND LÜGEN

Im Sommer 1924 sollte der letzte Film für die Paramount gedreht werden. Das Drehbuch basierte auf Rex Beachs »Rope's End«, der Geschichte eines reichen Südamerikaners. Der Autor selbst las Valentino und Rambova den Text vor. Nachdem das Studio die Rechte gekauft hatte, strich man jeden Bezug zum Krieg heraus. Für Rambova war die Plausibilität des Ablaufs damit infrage gestellt, das Projekt hinfällig. Sie protestierte – ohne Erfolg. Das Kriegsthema sei veraltet, beschwichtigte man sie von Seiten des Studios, Verzögerungen seien unerwünscht. Man wolle diesen letzten Film mit Valentino endlich hinter sich bringen.

Rambova arbeitete mit gewohnter Energie und entwarf atemberaubende Kostüme für die Verfilmung unter dem Titel *A Sainted Devil* – zusammen mit dem Modeschöpfer Adrian und einem jungen Designer namens Norman Norell. Die Regie übernahm Joseph Henabery. Er hatte in Griffith' *Birth of a Nation* den Abraham Lincoln gespielt und sich inzwischen als Regisseur einen Namen gemacht.[1] Unter Produzenten galt er als erste Wahl. Man drehte im Astoria auf Long Island. Die Landschaft um Farmingdale ersetzte die Pampa, das Studio baute ein spanisches Dorf, und bald tanzte Valentino für die Kameras seinen ersten Tango seit *The Four Horsemen of the Apocalypse*.

Photoplay fand die Romanze (oder das, was von ihr übrig war) schwerfällig erzählt. Der reiche Don Alonzo Castro, ein Südamerikaner (Valentino), soll mit der schönen Julietta (Helen d'Algy) verheiratet werden. Das Paar hat sich vorher nie gesehen, findet aber Gefallen aneinander. So steht einer Hochzeit nichts im Wege. Damit zerschlagen sich die Hoffnungen der ehrgeizigen Carlotta (Nita Naldi), die sich schon als Herrin des großen Anwesens sah, nachdem Don Alonzo sie verführt hatte. Aus Rache heiratet sie den Banditen El Tigre und bringt ihn dazu, die Hazienda des reichen Mannes zu überfallen. El Tigre entführt die eben vermählte Julietta, tötet Don Alonzos Eltern und setzt das Anwesen in Brand. Durch ein Missverständnis glaubt Don Alonzo, seine Braut sei El Tigre freiwillig gefolgt. Bald klärt sich alles auf, der Ehemann zieht den Banditen zur Rechenschaft und wird nur dadurch vor dem sicheren Tod bewahrt, dass ein anderer El Tigre erschießt. Bevor es zum herzzerreißenden Wiedersehen der Liebenden kommt, muss der Held zwei Vamps widerstehen: Nita Naldi als Carlotta und Dagmar Godowsky als Doña Florencia.

212

Zum ersten Mal drehten Valentino und Godowsky gemeinsam. Ursprünglich war die Französin Jetta Goudal für die Rolle vorgesehen, doch nachdem sie Rambovas Kostümentwürfe kritisiert hatte, verzichtete man auf ihre Mitarbeit. »Es gab wilde Temperamentsausbrüche« – auf beiden Seiten. Goudal rächte sich, indem sie eine Romanze mit Valentino andeutete. Am Set lachte man nur darüber. Godowsky fand Rambovas Kostüme atemberaubend und ließ die Presse wissen, wie sehr sie die Arbeit mit dem Hauptdarsteller genoss. Da sie sich schon länger kannten, fiel es ihnen leicht, zwei Versionen jeder Liebesszene zu drehen: eine für den inländischen und eine für den außeramerikanischen Markt. Für die USA war die Kusslänge begrenzt, während man sich für die europäische Version keine Zügel anlegen musste. Entsprechend fielen die Szenen aus: »Sie waren ganz schön scharf. Verglichen mit heute«, erklärte Godowsky später.[2]

A Sainted Devil gibt Valentino Gelegenheit, nach langer Pause und einer für das amerikanische Publikum gewöhnungsbedürftigen Rolle als Beaucaire an Julio aus *The Four Horsemen* anzuknüpfen – wenn auch mit einem wesentlichen Unterschied: Diesmal darf er in Wut und reumütige Stimmungen verfallen, töten, trinken, kämpfen und leiden, ist *bad boy* der Pampa und Liebhaber zugleich. Wo er geht und steht, umschmeichelt ihn Fischbecks Kamera. Immer wieder kommt sie auf ihn zu: frontal, in Dreiviertelansicht und im Profil. Valentino darf und will *alle* Gefühle ausspielen. Das hat Nachteile. Hass, Empörung und Leid verzerren die berühmten Züge. Auf einer Fotografie wirkt Don Alonzo wie ein zerraufter, weinerlicher Bajazzo, ohne die herrische Aura des Machos.

Ein Charakterdarsteller war vom Zwang, schön sein zu müssen, befreit. Doch ein attraktiver Mann, dessen Gesicht sich verzerrte – was bei den kräftig überschminkten Gesichtern des Stummfilms besonders stark ins Auge fiel –, erregte Befremden. Sofort tauchten entsprechende Schlagzeilen auf: »Valentino stellt Kunst über Aussehen.« Das Porträt eines verzweifelten, saufenden Südamerikaners bedeutete in den Augen des Publikums, eben das zu opfern, wofür Valentino bislang stand: Leidenschaft, Mut und Eleganz.[3]

In *A Sainted Devil* will er sich für Charakterrollen profilieren und dem Latin Lover neuen Glanz verleihen – im Kampf mit seinen schönen Versucherinnen und als Bräutigam. Noch findet er keine rechte Balance zwischen machistischem Gebaren und Schmerz. Immer wieder wird er an der Rolle des Scheichs gemessen, während die Erinnerung an Julio oder Gallardo, die ihm viel näher liegen, allmählich verblasst.

Nach Drehschluss hatte er alle Vertragsbedingungen erfüllt, deshalb fiel der Abschied vom Studio auf beiden Seiten überschwänglich aus. Valentino und Rambova fühlten sich genauso erleichtert wie Lasky und Zukor. Auch bei der Paramount machte sich Erleichterung breit. Man war sie los. Anstrengende Diskussionen über Kunst – vorbei auch dies. Nachdem klar war, dass Valentino sich in allen substantiellen Fragen mit Rambova beriet, wurde ihr Einfluss nicht nur als lästig empfunden, sondern auch maßlos übertrieben. Mit ihren Sets und Kostümen war man jedoch mehr als zufrieden gewesen.

Jetzt ging es für Rambova nur noch darum, dass die Werbung keine falschen Weichen stellte. Der Versuch, Valentino während der Drehzeiten abzuschirmen und in den wenigen Ruhepausen keine Interviewer zuzulassen, hatte Unmut heraufbeschworen. Sie blieb standhaft; der Preis, den auch *sie* für die Zwangspause Valentinos gezahlt hatte, war einfach zu hoch gewesen, um ihn vom erstbesten Journalisten oder einem Mann wie Olcott in Frage stellen zu lassen. Aus ihrer Sicht ging es ums Ganze. Ein furioses Comeback würde neue Facetten von Valentinos Können zeigen. Dafür arbeitete sie mit der gleichen Intensität wie für Nazimovas Projekte, die im Beisein der Presse stolz auf die Verdienste der jungen Designerin hingewiesen hatte. Als Valentino ebenfalls erkennen ließ, dass er den Rat seiner Frau beherzigte und ihrem Urteil vertraute, galt er nicht als Mann, der klug genug war, Begabungen um sich zu scharen, sondern als Pantoffelheld.

Seine Loyalität war den Männern der Filmbranche nicht nur suspekt, sondern schlicht unverständlich. Was mochte dahinter stecken?, fragten sie sich. Obsessionen? Eine angesichts einer so schönen Frau verständliche Blindheit? Mangel an Rückgrat oder Durchsetzungsvermögen? Das Misstrauen wuchs. Noch waren sich beide nicht der Gefahr bewusst, in der sie schwebten.

Kaum war der Vertrag ausgelaufen, suchte Lasky nach Ersatz. Einer Publikumsbefragung des Magazins Picturegoer zufolge stand Valentino als populärster Darsteller auf Platz eins, gefolgt von Norma Talmadge. Ramon Novarro, mit dem Ingram Valentinos Austauschbarkeit beweisen wollte, nahm bereits den dritten Rang in der Publikumsgunst ein. Was mit Novarro zu gelingen schien, sollte, so dachten sie, auch mit anderen möglich sein. Von Los Angeles bis zur mexikanischen Grenze war es nur ein Katzensprung. Attraktive Südländer gab es wie Sand am Meer. Jesse Lasky selbst machte sich auf den Weg, und es dauerte nicht lange, bis er Jack Crane (eigentlich Jacob Krantz) fand, einen Tänzer. Die Presseabteilung der Paramount würde sich des Mannes annehmen, überlegte Lasky, als er ihm gegenübersaß, eine

Identität fabrizieren, ihn zum Schneider schicken, mit schönen Schauspielerinnen bekannt machen und ein paar Reporter alarmieren. Eins war klar: Als Jakob Krantz konnte man in Hollywood nichts werden. So ersann Lasky einen Namen wie Musik: Ricardo Cortez.

Während Lasky nach Ersatzliebhabern Ausschau hielt, dachte Rambova über das nächste Projekt nach. Diesmal in ganz großem Stil. Da sie die Gerüchte von ihrer angeblichen Dominanz nicht aus der Welt schaffen konnte, legte sie unter dem Pseudonym Justice Layne einen ersten Entwurf vor. Es traf sich gut, dass June Mathis gerade aus Italien zurückgekommen war, wo sie den italienischen Kameramann Silvano Balboni geheiratet hatte. Rambova und Valentino informierten sie über ihr neues Vorhaben. Mathis gefiel der Plan. Sie erklärte sich bereit, das Drehbuch zu schreiben. Schauplatz von *The Scarlet Power* (so der vorläufige Titel) würde das mittelalterliche Spanien, Held der Kämpfe zwischen Christen und Mauren eine Art El Cid sein. Als Anführer der Mauren sollte Valentino Abenteuer kriegerischer und romantischer Natur erleben, wohl Araber sein, doch kein Scheich mehr für gewisse Stunden. Rambova träumte von originalen Schauplätzen und Kostümen.

Die Idee für den Film dürfte sich auf ein Drama von Guillén de Castro y Bellvis, »Las mocedades del Cid«, von 1618 bezogen haben. (Wie Blasco Ibáñez stammte der als Reiterhauptmann tätige Dramatiker ebenfalls aus Valencia.) Für Valentinos Knabenträume war der Spanier mit seinen Romanzen, Mantel- und Degenstücken der ideale Autor; doch wahrscheinlich stützte Rambova sich auf die dramatische Zuspitzung des Stoffs durch Pierre Corneille von 1637, in deren Mittelpunkt die Jugend des Nationalhelden stand. Der mit Valencia eng verbundene kastilische Adelige verkörperte wie kein anderer die Werte der spanischen Reconquista und ging als Ritter in die Literatur ein. Nach seinem Vorbild sollte der Held des nächsten Films geformt werden.

Die frisch gegründeten Ritz Carlton Productions mit J. D. Williams als Finanzier an der Spitze waren zu einem Risiko bereit. Als Freund von Ullman, der in Valentinos Diensten mehr und mehr Verantwortung für das berufliche und private Leben des Stars übernahm, schien Williams vertrauenswürdig, obwohl ihm weitere (nach außen anonym bleibende) Geldgeber im Nacken saßen, die sich von Zeit zu Zeit störend bemerkbar machten.[4] Er war noch nicht lange im Filmgeschäft und heilfroh, dass Valentino und Rambova ein Projekt parat hatten. Mit *Monsieur Beaucaire* war Valentinos Comeback gelungen, und der Nachweis, dass Rambova die kommenden Aufgaben bewältigen und geeignete Mitarbeiter heranziehen konnte, schien ebenfalls erbracht. Williams gewährte ihr deshalb einen Vorschuss von 40 000 Dollar für Recherchen in Spanien.

Im August brachen sie auf und nahmen den Weg über Juan-les-Pins. Vorher holte Valentino in Paris einen neuen, nach seinen Wünschen ausgestatteten Wagen ab und fuhr unfallfrei mit einem Dobermann auf dem Nebensitz und Rambova mit fünf Pekinesen auf dem Rücksitz bei den Hudnuts vor. Er hatte eine Kopie des *Monsieur Beaucaire* dabei, doch bei jedem Aufführungsversuch schlugen die Sicherungen der Villa durch, was vor allem den Koch in Rage versetzte, da ihm nichts anderes übrig blieb, als das Abendessen im Schein von Kerzenstummeln zuzubereiten. Schließlich bestellten die Hudnuts einen Elektriker aus Antibes. Er war ratlos, und so konnte der Film am Ende nur deshalb gezeigt werden, weil es Valentino gelang, einen alten Projektor anzuwerfen. Nach so viel Aufwand erübrigte sich natürlich jede Kritik an *Monsieur Beaucaire*.

Die gute Stimmung erfasste alle Sommergäste, darunter Teresa Werner, Alberto Guglielmi und James Abbe, der die Gelegenheit zu Fotos und Beobachtungen nutzte. »Natacha«, schrieb Abbe später, »hatte ebenso viel Haltung wie Valentino«. Selbst zu Hause, bei den Eltern, wirkte sie »zurückhaltend, gut erzogen und in angenehmer Weise kultiviert«, während man Rodolfo die schweren Anfänge in New York als »Teilzeit-Gigolo und Möchtegern-Schauspieler« anmerkte. Trotzdem besaß er nach Abbes Meinung »angeborene Würde, sah gut aus, war nie vulgär, prahlte nie mit seinem plötzlichen Ruhm … und wirkte nicht einmal in den altbackensten seiner Filme lächerlich«.[5] Einmal fuhr Valentino mit dem Boot zur Insel St. Lerins mit einer verfallenen, mittelalterlichen Ruine und sagte Rambova, dass er am liebsten dort bleiben und sich mit ihr vor der Welt verstecken würde. Ein Jahr später sollte sie sich schmerzlich daran erinnern.

Im September reisten sie nicht mit dem Auto, sondern mit der Bahn durch Spanien, diesmal in Begleitung von Winifred Hudnut. Wieder mit schwerem Gepäck. Außer einer umfangreichen Garderobe für die Damen und sich selbst nahm Valentino mehrere Kameras mit. Rambova hatte das Projekt derweil in *The Hooded Falcon* umbenannt. Die Rolle verlangte von Valentino nicht nur den Umgang mit Falken, den er nach seiner Rückkehr erlernen sollte, der Titel schien auch auf ihn selbst gemünzt, wenn man Fotografien dieser Tage Glauben schenken darf, die ihn mit Bart und kapuzenartiger Kopfbedeckung zeigen. Fasziniert von spanischer Geschichte, spanischer Architektur, spanischer Kleidung, durchstreiften sie zu dritt Kleidergeschäfte, Antiquitäten- und Buchläden. Ullman mit seinem Einblick in

216

Valentinos Finanzen mahnte von fern und wies auf den bedrohlich wachsenden Schuldenberg hin. Niemand schenkte ihm Gehör. Amerika war weit weg, Spanien überwältigend. Jeder Tag brachte neue Einblicke und Überraschungen. Wenn es wirklich so schlimm stand, wie Ullman behauptete, kam es auf ein paar Dollar mehr oder weniger auch nicht mehr an. Williams' Vorschuss schmolz dahin. Es hagelte Rechnungen. In Madrid, Sevilla und Granada verfielen sie einem wahren Kaufrausch. Valentino fotografierte das Alcazar und die Alhambra, Rambova verliebte sich in spanische Schals und stöberte in Antiquariaten Bücher über die Geschichte der Mauren auf. Als Höhepunkt der Reise empfanden sie eine Corrida in Andalusien. Auch Rambova war fasziniert vom Stierkampf, musste aber Winifred zu Hilfe rufen, um Valentino davon abzuhalten, sich in die Arena zu stürzen. Er erinnerte sich, dass der Matador, welcher Blasco Ibáñez als Vorbild für Gallardo gedient hatte, in Sevilla gelebt haben sollte. Da er sich verständigen konnte, stieß er auf der Suche nach dessen Adresse auf eine elende Hütte. Die Bewohner konnten sich kaum an den berühmten Torero erinnern. Allerdings gab es in der Nähe einen Händler, der gebrauchte *trajes de luces* verkaufte und noch ein Kostüm besaß, das einem Freund von Gallardo gehört hatte. Valentino kaufte es und andere dazu; inzwischen unterschied er schon nicht mehr, was für den Film und was für Whitley Heights gebraucht wurde. Am Ende ihrer Reise hatten sie das Budget um mehr als das Doppelte überzogen.

Wieder in Frankreich, machten sie mit Nita Naldi eine Reise zu den Loire-Schlössern, um sich danach auf der Leviathan nach New York einzuschiffen – voller Hoffnung und Optimismus. Mit kostspieligem Gepäck. In Spanien hatte Valentino lange vor dem Porträt eines Mannes gestanden, der El Cid zu verkörpern schien. Wie immer suchte er nach äußerlichen Anhaltspunkten, um sich in die Seelenlage der von ihm verkörperten Figur zu versetzen. Für *The Hooded Falcon* war es der Bart des Mannes – »Rudy war in einer so medialen Verfassung«, dass er sich gleichfalls einen Bart und Schnurrbart wachsen ließ.[6]

Mit dem nun einsetzenden Sturm der Entrüstung hatte er allerdings nicht gerechnet. Amerikanische Friseure protestierten. Ihr Berufsverband befürchtete Einkommensverluste, wenn die Mode um sich griffe. Man drohte dem Star sogar mit dem Boykott seiner Filme. Also ließ Valentino sich im Beisein der Presse glatt rasieren. Niemand sollte seinetwegen brotlos werden.

Da *The Hooded Falcon* an der Ostküste gedreht werden sollte, suchte er nach einer New Yorker Wohnung und fand sie schließlich in der Park Avenue Nr. 270. Ullmans Warnungen blieben fruchtlos. Sein Toben von ferne berührte sie beide kaum. Warum knausern? Der neue Film würde Millionen einspielen und rechtfertigte in den Augen des Paares jede Ausgabe. Nicht alle dachten so. Solch extravagante Selbstvergessenheit alarmierte die Geldgeber der Ritz Carlton Productions. Sie weigerten sich, mehr als die vereinbarte Summe von einer halben Million Dollar zu investieren. Die Kosten für Dreharbeiten an Originalschauplätzen seien unkalkulierbar. Man müsse die Produktion nach Hollywood verlagern, wo mehr Platz zur Verfügung stehe als in den Long-Island-Studios. Eben das hatten Rambova und Valentino eigentlich vermeiden wollen. Bedrückt fuhren sie westwärts – mit dem Drehbuch von June Mathis im Gepäck, das kurz vor ihrer Abreise eingetroffen war. Sie hatte es nach dem Entwurf von Rambova beginnen, aber noch nicht vollenden können und entschuldigte sich im beiliegenden Brief, weil sie durch den Wechsel von Goldwyn-Mayer zu First National kaum Zeit dafür gefunden hatte. Genau das merkte man dem Skript an.

Erst in Spanien war Rambova auf entscheidende Informationen für die Entwicklung von, wie sie glaubte, »authentischen« Szenerien gestoßen. Ergänzungen schienen geboten. Vorsichtshalber holten sie die Meinung von Joseph Henabery ein, der für ein detaillierteres Drehbuch plädierte. Da die Zeit drängte und Mathis mit ihrer ersten Produktion für First National beschäftigt war, schlug Henabery vor, Anthony Coldeway um Unterstützung zu bitten. Mit ihm hatte er früher schon gut zusammengearbeitet. Als Williams von der Verzögerung erfuhr, schlug er ein anderes Projekt für die Monate bis zum Drehbeginn von *The Hooded Falcon* vor, um die Geldgeber der Ritz Carlton Productions zu beruhigen, die sich weigerten, einen Star zu bezahlen, der nicht filmte, und erwarb die Rechte für »Cobra«. Dies Stück von Martin Brown war ein Jahr lang am Broadway gelaufen. Rambova und Valentino betrachteten es als moderne Belanglosigkeit und winkten ab. Ihr Vertrag gab ihnen das Recht dazu.

Zurück in Whitley Heights, überschüttete Ullman die Heimkehrer mit Hiobsbotschaften über die Finanzen. Sie hörten nur mit halbem Ohr zu und stürzten sich in die Arbeit. Es war ein Fehler, nicht selbst mit June Mathis über die neue Lage zu sprechen, sondern Ullman als Vermittler einzuschalten – mit dem Ergebnis, dass sie den Kontakt zu ihnen abbrach. Die Frage, was Ullman gesagt, wie er die Situation dargestellt hatte, blieb ungestellt. Valentino und Rambova bedauerten den Verlust der Freundschaft sehr, doch waren sie zu beschäftigt, um die Dinge direkt zu klären. Schon nach wenigen Tagen in Hollywood hatten sie Mühe, die Stimmung des Südens festzuhalten, und fast schien es, als entglitte ihnen das Spanienerlebnis. Der Verlust von June Mathis war ein herber Rückschlag. Wer das Skript gelesen hatte, wusste, dass noch viel daran zu tun war. Doch im Gespräch mit ihr hatte Ullman allein Rambovas Enttäuschung betont. Im Kontakt mit wichtigen Vertretern Hollywoods schob er ihr die Rolle des Sündenbocks für alle Schwierigkeiten und Fehlschläge zu, ohne dass es dem Paar auffiel. Am Ende war es zu spät.

Da sie jetzt längere Zeit in Hollywood verbringen würden, richtete Rambova das Haus in Whitley Heights mit Antiquitäten und unzähligen Fundstücken ein. Luxuriöse Anwesen waren ein Muss in Hollywood. Journalisten der Filmmagazine berichteten regelmäßig über Einrichtung und Lebensstil der Stars. Ohne ständiges Vorzeigen und Vergleichen ging es auch bei privaten Treffen nicht ab. Im Garten wuchsen italienische Zypressen. Rambova beauftragte den inzwischen mit seiner Familie nach Los Angeles übersiedelten Luther Mahoney, auf ihrem Grundstück für Ordnung zu sorgen und eine kleine Volière mit Nistplätzen an der Rückseite des Hauses zu bauen. Als er sie nach kurzer Zeit damit überraschte, umarmte sie ihn vor Freude und bat noch um einen Fischteich auf jeder Seite des Hauses, wenn möglich, mit zwei Fröschen, denen Wasser aus dem Mund laufen sollte. Fließendes Wasser war auf dieser Seite des Hügels schwer zu beschaffen. Luther löste auch dieses Problem. Valentino übertrug ihm die Sorge für sechs aus Europa beschaffte, noch zu trainierende Falken. Zum Glück fand sich dafür ein echter Experte. Von ihm erfuhr Luther, worauf man achten musste. Die »tückischen Vögel« waren nicht ungefährlich. Sobald er sachgerecht mit ihnen umgehen und ihnen kleine Mützen überstülpen konnte, verbrachte er viele Stunden damit, Valentino als Falkner anzulernen. Luther wohnte im Haus und wurde aufgrund seines Alters und seiner Lebenserfahrung bald zum Vertrauten des Paares. Als Valentino einmal zwei Platten hervorkramte und abspielte, die er besungen hatte, »The Kashmiri Song« und »El Reliquario«, konnte er sich das Lachen kaum verkneifen, bis sein Chef ihn wissen ließ, dass er sich nicht als neuen Caruso betrachtete.

Vor Luther musste Rambova keine Fassade aufrechterhalten. Als Einziger außer ihrem Mann sah Mahoney sie mit offenem Haar, Zeichen ihres Vertrauens, denn zu zwei Dingen würde sie sich in der Öffentlichkeit nie verstehen: zu rauchen oder mit offenem Haar zu erscheinen, »was das schönste und vollste Haar ist, das ich je sah. Sie trug es immer wie einen Turban und zeigte sich nie anders in der Öffentlichkeit. Ich habe ihr Haar aufgelöst gesehen – es reichte ihr bis zu den Hüften. Es war wundervoll.« Luthers Beobachtungen beschränkten sich nicht nur auf Äußerlichkeiten. »Natacha war ein weit blickender Mensch, der immer viele Jahre voraus dachte, und das war der Grund, warum sie von manchen nicht verstanden wurde.«[7]

Das Paar sehnte sich nach ein paar ungestörten Tagen in Whitley Heights, umsorgt von Mahoney. Rambova hielt es ohnehin nur mit Arbeit in Hollywood aus. Doch mit der erhofften Ruhe war es bald vorbei. Rascher als erwartet regte sich neben der inzwischen bekannten kollektiven Eifersucht ein von der Presse aufgestachelter Unmut. Man war gezwungen, Journalisten ins Haus zu laden, um der Zweisamkeit das Provokative zu nehmen. Sie waren beide nicht arrogant, nur des ewigen Verstellens müde, schleppten sich schließlich aber doch auf die eine oder andere Party und gaben vor, sich zu amüsieren. Mit einem Empfang im Ballsaal des Ambassador meldeten sie sich auch offiziell in Hollywood zurück. Rambovas spätes Erscheinen in Gegenwart so illustrer Gäste wie Charles Chaplin, Mary Pickford, Douglas Fairbanks, John Barrymoore, Thomas Meighan, Harold Lloyd, Tom Mix, Mae Murray, John Gilbert, Marion Davies löste weniger Befremden aus als die Tatsache, dass um halb elf immer noch nicht zu Tisch gebeten worden war. Manche Gäste verließen mit knurrendem Magen das Hotel, darunter Adela Rogers St. Johns vom Photoplay Magazine, für die eigens ein Platz an Valentinos Tisch reserviert worden war. Ihr Stuhl blieb leer. Um eine Erklärung gebeten, sagte sie Valentino, sie habe es vor Hunger nicht ausgehalten. Verlegen bat er die Journalistin, Rambova eine Entschuldigung zu schicken, die darauf weder reagierte noch jemals wieder mit ihr sprach. Damit war – wie im Fall von June Mathis – ein wichtiger Kontakt abgebrochen. Kein Wunder, wenn sich das Gerücht, Rambova vergraule Valentinos Freunde und stoße Vertragspartner vor den Kopf, hartnäckig hielt und es immer wieder Versuche gab, den »Scheich« als Pantoffelhelden darzustellen.

Williams erneuerte seinen Vorschlag, »Cobra« zu verfilmen. Langwierige Vorbereitungen erübrigten sich für die banale Story. Valentino und Rambova gaben nach. Sie wollten die Zusammenarbeit mit der neuen Firma nicht unnötig belasten, verlangten jedoch, den Film erst nach der Premiere von *The Hooded Falcon* in die Kinos zu bringen. Überzeugt vom Thema waren sie nicht. Rambova unterbrach ihre Arbeit und zog Adrian sowie den von ihr besonders geschätzten William Cameron Menzies von den Vorbereitungen für Kostüme und Set des *Falcon* ab, um sich *Cobra* zu widmen, wenn auch nicht mit der gewohnten Energie. Die Story langweilte sie. Als sie eine unbekannte Nachwuchsschauspielerin namens Myrna Loy engagieren wollte, fielen die Probeaufnahmen zu ihrem Bedauern nicht gut aus. Mehr Glück hatte sie mit einer witzigen Szene, die Valentino mit Bart und Locken als Spielball der Frauen in frühere Jahrhunderte versetzte. Wieder bot sich ihm die Gelegenheit, in einer Traumsequenz als Held einer vergangenen Ära aufzutreten, wie es bereits in *Camille* oder *Beyond the Rocks* geschehen war.

In *Cobra* spielt Valentino den verschuldeten italienischen Grafen Rodrigo Torriani. Er arbeitet als Experte in der New Yorker Firma des amerikanischen Antiquitätenhändlers Jack Dorning (Casson Ferguson). Eine wichtige Kundin stellt den beiden ihre verführerische Nichte Elsie van Zile (Nita Naldi) vor. Elsie wirft zwar ein Auge auf den smarten Neuankömmling, heiratet aber seinen Chef, als klar wird, dass der Graf nicht über Vermögen verfügt. Torriani seinerseits ist den Frauen verfallen und hat sich schon auf der Überfahrt von zart bestrumpften Damenbeinen verwirren lassen. (Dorning sagt im Scherz, nur die Freiheitsstatue sei vor ihm sicher.) Nach Elsies Heirat macht Torriani der Sekretärin Mary Drake (Gertrude Olmstead), Prototyp der jungen berufstätigen Frau, den Hof. Elsie ist bereits nach kurzer Zeit ihres Mannes überdrüssig geworden. Als Jack Dorning verreist ist, gelingt es ihr, Torriani zu einem Stelldichein zu überreden, doch in buchstäblich letzter Sekunde muss er an seinen Freund denken und zieht sich zurück. Daraufhin verbringt sie die Nacht mit einem anderen Mann. Am nächsten Tag erfährt der Graf, dass Elsie und ihr Liebhaber bei einem Hotelbrand ums Leben kamen, wagt aber nicht, seinem Freund die Vorgeschichte zu beichten.

In den Zwischentiteln werden Konflikte zwischen Frauen und Männern mit dem Kampf zwischen Kobra und Leopard verglichen. Interessant sind Details: Wieder gewinnt – wie Doña Sol in *Blood and Sand* – der Vamp das Blickduell gegen den Mann. Wieder senkt Valentino als Erster die Augen. Die Strafe für weibliche Unmoral ist der Feuertod. Die Ehebrecherin und ihr Liebhaber verbrennen bei lebendigem Leibe. Der Witwer hält nach einer neuen Braut Ausschau und entscheidet sich für seine tüchtige Sekretärin. Zum zweiten Mal verliert Torriani eine Frau an seinen Freund und Chef. Der charmante, aber glücklose Graf gibt nun auf und verlässt Amerika, nicht ohne mit nerviger Hand eine Rose zerdrückt und ihre Blätter ins Meer gestreut zu haben. Die Botschaft des Films: Italiener gehören nach Italien. In New York, unter Amerikanern, haben sie nur das Nachsehen.

Auch ein weniger genauer Beobachter als Luther Mahoney hätte bemerkt, dass Valentino jede Minute verabscheute, die er dem Film mit den peinlichen Zwischentiteln von Anthony Coldeway widmen musste: Coldeway, man hätte es wissen müssen, konnte einer June Mathis nicht das Wasser reichen. Valentino lenkte sich mit sportlichen Aktivitäten ab; er trainierte bereits vor dem Frühstück und erschien pünktlich um sechs Uhr morgens am Drehort. Am liebsten trat er gegen Boxer an: Gene Delmont oder »Ace« Hudkins. Jack Dempsey war gerade selbst mit Dreharbeiten in Hollywood beschäftigt und erklärte sich bereit, Valentino für einen Schlagabtausch in *Cobra* anzuleiten. Wie Max Schmeling nach ihm, heiratete Dempsey einen Star (Estelle Taylor) und war Ausflügen ins Filmgeschäft ebenso wenig abgeneigt. Über Valentino äußerte er sich auch in späteren Jahren positiv: »Er war kein Weichei, der Junge. Er konnte hart austeilen und ordentlich einstecken, ohne zu Boden zu gehen« – kein schlechtes Kompliment aus dem Munde eines Weltmeisters im Schwergewicht.[8]

Rambova war beschäftigt. Beschäftigt und traumwandlerisch glücklich. In der Hoffnung, dass es so bliebe, hielt Luther ihr den Rücken frei. Tagsüber überwachte sie die Produktion, die Abende gehörten den Vorbereitungen für *The Hooded Falcon*. Schon um des Projektes willen, das ihnen wirklich am Herzen lag, musste *Cobra* ein Erfolg werden, und so ließen sie sich auf jeden Wink des Studios bei Empfängen, in Nachtclubs oder auf Cocktailpartys sehen.

Als *Cobra* Ende November 1925 in die Kinos kam, war die Enttäuschung groß. Valentino hatte weder seine heroische noch seine romantische Seite ausspielen können. Als von Gewissensbissen geplagter Angestellter, der nicht einmal eine Durchschnittsamerikanerin für sich zu gewinnen vermochte, ließ er wenig vom Feuer des Scheichs oder eines Gallardo spüren. Außerdem gab es kein Happy End: Die letzte Szene zeigte ihn als Rosen streuenden Verlierer. *Latin Loser.*

Auf der Suche nach Schuldigen für das Misslingen geriet Rambova erneut in die Schusslinie. Schon bei *Monsieur Beaucaire* hatte sie erfahren, wie rasch allein sie es war, die für jede Störung, jede Fehlentscheidung verantwortlich gemacht worden war, um vergessen zu werden, wenn der Film mit Anerkennung bedacht wurde.[9]

Das Jahr ging zu Ende. Es wurde Zeit für eine Pause, Zeit, auf andere Gedanken zu kommen. Kurz vor Weihnachten schickte Rambova Luther mit einer Zeichnung zu Tiffany. Sie ließ dort ein Armband nach eigenem Entwurf anfertigen: aus Platin geformte, kräftig ineinander greifende Kettenglieder mittlerer Größe zum Verschließen, im Umfang für ein männliches Handgelenk berechnet. Zum Glück wurde es rechtzeitig fertig, und so überraschte Rambova Valentino zum Fest mit einer »Sklavenfessel« *(slave bracelet)*. Er konnte seine Bewegung kaum verbergen und legte es sofort an. Bislang hatte sich seine Vorliebe für Schmuck auf Ringe oder Armbanduhren beschränkt. Das *slave bracelet* fiel aus dem Rahmen. Für ihn allein entworfen, erschien es Valentino als Symbol und süße Fessel. So einzig wie seine Liebe.[10] Keiner der Männer, mit denen er zu tun hatte, verstand, warum er das Armband sichtbar für alle trug: selbst beim Filmen.

Als kluger Mann enthielt sich Luther jeglichen Kommentars. Bösartige Scherze, abfällige Bemerkungen machten woanders die Runde. Normalerweise war Valentino nachgiebig, sobald es um Publikumswünsche ging. Er hatte die Hysterie amerikanischer Friseure mit einem Lächeln besänftigt und sich den Bart abnehmen, er hatte die Muskeln spielen und seine Privaträume fotografieren lassen, sich auf Premieren und Partys gezeigt, den Fäusten von Schwergewichtlern standgehalten, zahllose Interviews gegeben und die dümmsten Fragen höflich beantwortet – dies aber war seine Privatsache. Als Romantiker, als Gentleman war er zu spät geboren für seine Träume – gerade deshalb trug er das *slave bracelet* so stolz wie die Ritter von einst, wenn sie mit dem Hemd oder Handschuh ihrer Dame ins Turnier zogen. Er liebte es. Und legte es nie mehr ab. Noch acht Monate, und man würde ihn damit begraben.

S. GEORGE ULLMAN: JAGO IN HOLLYWOOD

Wie sah er aus, der Anfang vom Ende? Er begann mit einer Auszeit – fern von Hollywood. Eine Freundin überließ den beiden ihr Haus in Palm Springs. Die überwältigende Wüstenlandschaft mit den Bergen des San Jacinto im Hintergrund gab ihnen ein Gefühl von Ruhe und Weite. Mal ritten sie gemeinsam aus, mal machten sie kleine Wanderungen, schauten dem Sonnenuntergang zu und ließen sich vom Farbspiel auf dem Sandmeer faszinieren.

Rambova beschäftigte sich mit dem Material für *The Hooded Falcon*, wann immer es die Vorbereitung für *Cobra* erlaubte, denn sie wollte beim Start des Projekts gut vorbereitet sein. Kaum hatten sie sich eingelebt, erhielten sie eine böse Nachricht von Ullman. Der Manager teilte ihnen mit, dass J. D. Williams nicht nur die Vorbereitungen für *The Hooded Falcon*, sondern das gesamte Vorhaben storniert habe – ein klarer Vertragsbruch.

Valentino war außer sich – Rambova behielt die Nerven. Wie stets in Kri-

223

sensituationen, verblüffte sie auch diesmal durch Kaltblütigkeit und Stolz. Allerdings war sie von dem treuen Luther vorgewarnt worden. Da er zeitweise im Studio aushalf, konnte er berichten, dass Williams über die Kosten geklagt und mehrere mit dem Kulissenbau beschäftigte Arbeiter entlassen hatte. Die Situation musste so rasch wie möglich geklärt werden. Als der Beherrschteren von beiden fiel Rambova diese Aufgabe zu. Valentino blieb in Palm Springs zurück.

Unterdessen hatte Ullman in Hollywood seine Fühler ausgestreckt. Als Rambova dort ankam, war die Zusammenarbeit mit Williams bzw. den Ritz Carlton Productions praktisch beendet – sang- und klanglos. Auf beiden Seiten war Bitterkeit zu spüren. Mit dem *Falcon* platzte ein Projekt, an dem Rambovas Herz hing und das sie mit besonderer Sorgfalt vorbereitet hatte. Wenn Mahoney sie abends in Whitley Heights am Fenster stehen und in die Nacht schauen sah, kam es ihm vor, als seien ihre Schultern schmaler geworden. Die Falken, mit denen er bisher trainiert hatte, saßen nun unbeschäftigt auf ihren Stangen, die kleinen Hauben achtlos beiseite geworfen.

Die Lage spitzte sich zu. Bis jetzt hatte nicht nur Valentino, sondern auch Rambova Ullmans Warnungen in den Wind geschlagen. Es stimmte, sie waren hoch verschuldet, doch der Gedanke an den *Falcon* hatte keine wirkliche Angst aufkommen lassen. Sobald der Film in die Kinos kam, dessen waren sie sich sicher, könnten alle Gläubiger mit einem Schlag zufrieden gestellt werden. Dennoch schreckten beide davor zurück, sich ein klares Bild von ihrer finanziellen Situation zu verschaffen. Er wunderte sich darüber. Das Projekt war geplatzt, alle Hoffnung dahin. Wie sollte es weitergehen?[1]

Dass der Latin Lover bei niemandem mehr unter Vertrag stand, sprach sich blitzschnell herum. In Hollywood liefen die Telefone heiß. Ullman hatte sich nicht umsonst in der Werbebranche hochgearbeitet. Ihm war der Kontakt mit Williams zu danken. Nun schwieg er über die Ursachen des unverhofften Rückzugs der Ritz Carlton Pictures. Stattdessen machte er sich einen Spaß daraus, die Begehrlichkeit der Produzenten anzuheizen, indem er kurzfristig unerreichbar blieb für Anrufe, Terminvorschläge, Nachfragen.

Die Taktik ging auf. Als Rambova in Hollywood eintraf, konnte er ihr sagen, dass Joseph M. Schenck, der Präsident von United Artists, Interesse signalisiert habe. Wenn es überhaupt ein Studio gab, das für künstlerische Projekte stand, dann United Artists mit der Crème von Hollywood an der Spitze: Charles Chaplin, Mary Pickford, Douglas Fairbanks und Norma Talmadge. Griffith hatte die Firma inzwischen verlassen.[2]

Rambova verbarg ihre Erleichterung und gab sich Ullman gegenüber kühl und geschäftsmäßig. In Hollywood konnte alles schnell beginnen und ebenso schnell enden. Gemeinsam besprachen sie, was bei einem Vertragsabschluss mit United Artists zu bedenken sei. Anderthalb Tage dauerte die Unterredung mit Ullman. Danach fuhr Rambova nach Palm Springs zurück und berichtete vom Stand der Dinge. Die abschließenden Verhandlungen führte Ullman.

Ein paar sorglose Tage waren ihnen noch beschieden. Valentino liebte es, allein oder mit Rambova auszureiten; die Weite und die unbeschreiblichen Farben der Landschaft hatten es ihm angetan. Er war glücklich. Optimistisch. Im Haus stapelten sich Skizzen und Entwürfe für den *Falcon*. Doch die Ruhe, nach der sie sich gesehnt hatten, war die Ruhe vor dem Sturm. Der neue Vertrag kam mit der Post. Gespannt gingen sie Punkt für Punkt durch. Zum ersten Mal wurden Valentino traumhafte Bedingungen – die besten und lukrativsten seiner gesamten Laufbahn – zugestanden: drei Filme im Jahr, 10 000 Dollar Gage pro Woche und eine 42-prozentige Beteiligung am Einspielergebnis – doch nur, wenn der letzte Punkt erfüllt würde. Mit ihm stand und fiel der Vertrag. Als sie die Bedeutung dieser Klausel erfassten, stockte ihnen das Herz: Natacha Rambova, so war nachzulesen, dürfe in keiner Funktion an Valentinos Arbeit beteiligt sein. Weder als Designerin noch als Drehbuchautorin oder Expertin. Und niemals am Drehort erscheinen.[3]

Der Schlag kam unerwartet. Wie war das möglich? Wie konnte es sein, dass ihr eigener Manager so eine Klausel, und sei es nur im Entwurf, durchgehen ließ? Für Rambova war klar, dass man sie nicht als Designerin und professionelle Beraterin betrachtete, sondern wie einen lästigen Appendix abtrennen wolle, um den Latin Lover an sich zu binden. Valentino hielt das anfangs für übertrieben, doch auch er wusste, wie rasch sich die Produzenten der großen Studios über die Einschätzung von Stars und Regisseuren verständigen oder jemanden auf die schwarze Liste setzen konnten. Nichts blieb geheim. Dass Rambova auf Qualität bestanden, interveniert und unbequeme Fragen gestellt hatte, wurde übel vermerkt und sprach sich rasch herum. Die exzellenten Kritiken für Set und Kostüme von *Monsieur Beaucaire* oder *A Sainted Devil* waren vergessen. Nicht ihre Arbeit, sie selbst galt als Stein des Anstoßes. Dass sie hervorragende Arbeit geleistet hatte, kümmerte niemanden mehr.

Mit Ausnahme dieser letzten Klausel stellte der Vertrag von United Artists genau das Angebot dar, auf das beide schon immer gewartet hatten. Inzwischen stand wirklich alles auf dem Spiel: die Wohnung in der New Yorker Park Avenue, Whitley Heights und der Kredit für den Kauf eines größeren, repräsentativen Anwesens in Beverly Hills, das er im Vorgriff auf den neuen Film Falcon Lair getauft hatte, kostspielige Empfänge, Einkäufe und Geschenke, modische Garderobe, ihre Menagerie, zu der inzwischen auch Hunde und Reitpferde gehörten, neue Autos, Valentinos Angestellte und Anwälte.

Wie sollten sie sich Ullman gegenüber verhalten? Er hatte sie unablässig vor weiteren Ausgaben gewarnt, aber nie eine Übersicht der finanziellen Verpflichtungen und Einnahmen vorgelegt. War er als Mann der Werbung überhaupt in der Lage, die Finanzen des Stars in den Griff zu bekommen? Einerseits hatte man seine Warnungen ignoriert, andererseits sollte er bei jeder Krise sofort Rat schaffen und Gläubiger hinhalten. Beide hatten ihm blindlings vertraut, ihm aber auch wie Kinder die Rolle des lästigen Mahners aufgedrängt, ohne einen Gedanken an *seine* Situation zu verschwenden.

Als Tochter aus reichem Haus war Rambova Ullman keine Hilfe, wenn es darum ging, die Ausgabefreudigkeit ihres Mannes zu bremsen. Hatte sie nicht bewiesen, dass sie aus eigener Kraft leben und mit wenig Geld auskommen konnte? Ganz am Anfang, als beide heimlich Kaninchen geschossen und am Meer nach Muscheln gesucht hatten? In dem Maße, wie sie sich vom Projekt des *Falcon* gefangen nehmen ließ, war ihre Widerstandskraft erlahmt. Am Ende, in Spanien, hatte auch sie sich dem Sog der schönen Dinge überlassen. Dasselbe behauptete der Manager auch von Valentino. Doch nur Rambova nahm er es übel.

Wenn Ullman mit der Überlast von Schwierigkeiten und Problemen kaum noch fertig wurde, stritt er mit Luther Mahoney, denn er hatte ihn im Verdacht, den Chef zu neuen Ausgaben zu verleiten, was nicht den Tatsachen entsprach; doch ein gutes Leben hatte Mahoney danach in seiner Nähe nicht mehr.

Ullman war Familienvater. Seine Söhne schwärmten weniger für ihn als für Valentino, der sich gern mit ihnen beschäftigte und einmal sogar eine ganze Nacht bis in den frühen Morgen hinein damit verbracht hatte, für die Jungen ein Eisenbahngelände mit allem Drum und Dran aufzubauen. »Onkel Rudy« mochte Kinder, und sie mochten ihn. Stets war es Liebe auf den ersten Blick. Von beiden Seiten.

Das Leben war ungerecht. Und so wurde der Mann in Valentinos Diensten zum Jago, der seinen Othello heimlich und gnadenlos analysierte. Wie der Mohr eine Senatorentochter, so hatte der Italiener aus Apulien eine Tochter aus reichem Haus für sich gewonnen. Othello wurde um der überstandenen Gefahren willen geliebt – Valentino wegen seines Talents. Wie der schwarze Feldherr in Venedig bewegte sich auch der Latin Lover in Hollywood auf gefährlichem Terrain. Jago nutzte seinen Heimvorteil. Ihm war klar, wo er ansetzen konnte, um Othello zur Verzweiflung zu treiben: bei Desdemona.

Statt dort fortzufahren, wo sie als Designerin mit Hilfe von Nazimova begann, hatte Rambova sich sechs Filme lang auf Valentino, den Schauspieler, konzentriert: in *Camille, Beyond the Rocks, The Young Rajah, Monsieur Beaucaire, A Sainted Devil, Cobra*. Von Teresa Werner abgesehen, war sie der einzig verlässliche Mensch in Valentinos Leben. Er liebte ihre Kultiviertheit, ihre Kenntnisse, ja sogar ihren Stolz, selbst wenn es darüber zu Meinungsverschiedenheiten kam. Rambova war kein Starlet, das aus dem Nichts ins Filmgeschäft drängte, und hatte das gleiche Gefühl für Würde wie Valentino. Manche hielten sie für arrogant. Dabei war sie nur zurückhaltend. Und diskret. Wäre sie ein Mann, hätte man sie dafür bewundert – so, wie die Dinge standen, galt sie als Hindernis für den ungehemmten Zugriff der Produzenten auf »ihren« Star. Lange Zeit war sie zu beschäftigt, auch zu glücklich, um es zu bemerken, und sprach ausgerechnet in Ullmans Gegenwart über ihre Pläne. Jetzt wusste er, wo er den Hebel ansetzen konnte.

Ullmans Verständnis von Männlichkeit schloss für verheiratete Frauen die Duldung eigener Ziele aus. Weibliche Kraft hatte sich namenlos in männliche Dienste zu stellen. Er glaubte, dass Männer Frauen beneideten: um ihre Fähigkeiten, ihr Talent, ihre berufliche Position. Amerikaner, davon war der selbst in einer Hausfrauenehe lebende Ullman überzeugt, leiteten weibliches Wissen und Können auf die eigene Mühle, profitierten von fremder Energie. Nur zugeben wollten sie es nicht. Warum sollte es Valentino anders gehen?

Ullman begann zu sticheln, machte plumpe Andeutungen und staunte, dass Valentino auf Rambovas Genialität so wenig eifersüchtig war wie ein Kind. Ihm kam nie in den Sinn, dass das Beste ihres Könnens ihm auch nur das Mindeste von der öffentlichen Wertschätzung nehmen könnte, in deren Licht er sich sonnte. »Auch wenn es so scheinen mag, dass ich das Geschlecht verleumde, zu dem ich selbst gehöre, muss ich gestehen, dass so viele Künstler auf die Fähigkeiten ihrer Frauen eifersüchtig waren. Es muss deshalb betont werden: Valentino war völlig frei von dieser Form der Eigenliebe.« Auch die Kommentare anderer Männer über das *slave bracelet* ließen ihn kalt.[4]

Zu Ullmans Verblüffung spielte Valentino nicht nur Liebhaber – er liebte tatsächlich! Warum sollte Valentino Rambova beneiden? Ihr den Erfolg missgönnen? Doch Ullman ließ nicht locker. Als Mann der Werbung glaubte er zu wissen, wie das Gros seiner Geschlechtsgenossen dachte. Für Valentino waren seine Andeutungen und versteckten Fingerzeige nichts als Geschwätz

Dafür hörte ein anderer umso aufmerksamer zu, wenn Ullman wieder einmal über Rambova klagte: Joseph Schenck. Der wollte die Situation im Auftrag von United Artists nutzen. Er interessierte sich seit langem für Valentino und bedauerte immer noch, dass eine Verfilmung von »Romeo und Julia« mit ihm nicht zustande kam, weil der Vorschlag damals in die Zeit von Valentinos Drehverbot fiel. Als Insider ahnte Schenck, was der Ausschluss Rambovas für das Paar bedeutete. Er hätte nie gewagt, diesen Ausschluss festzuschreiben, wenn er nicht im Detail und aus verlässlicher Quelle über die Schulden des Paares informiert worden wäre. Es ist nicht verbürgt, dass Ullman die Quelle seines Wissens war, aber wahrscheinlich, denn er als Einziger hatte den Überblick.

Valentino zögerte. Der Schock saß tief. Er hielt Rücksprache mit seinem Manager, mit Schenck, zerbrach sich den Kopf, suchte verzweifelt nach einer Lösung – doch an der fraglichen Klausel ging kein Weg vorbei. Sie hatten sich in eine Sackgasse manövriert. Valentinos Unterschrift würde das Ende ihrer finanziellen Bedrängnisse bedeuten. Aber auch das Ende ihrer Zusammenarbeit. Hatte er überhaupt eine Wahl? Nein. Er unterschrieb.

Wie hatte es so weit kommen können? Hämische Presseartikel fielen Rambova ein, die ihre »Dominanz« hervorgehoben hatten, um damit nicht nur ihre, sondern auch Valentinos Position zu untergraben. Wenn Mahoney sich im Haus zu schaffen machte, sah er, wie sehr beide unter der neuen Situation litten. Sie zogen ihn ins Vertrauen und deuteten an, es gebe Versuche, Rambova die Kontrolle über bestimmte Arbeitsbereiche zu entziehen – eben jene, wo sich beide strikt aufeinander verlassen konnten –, und dass Rambova von der Detektei Burns beschattet wurde. Als ehemaliger Polizist fand Luther heraus, um wen es sich handelte, weigerte sich aber noch viele Jahre später, den Namen preiszugeben. Der Verdacht, Ullman könne dahinter stecken, lag jedoch nahe.

Die großen vier von United Artists schickten Glückwunschtelegramme. Unter anderen Umständen wäre Rambovas Freude über einen Vertrag mit dem renommierten Studio groß gewesen. Sie unterdrückte den Impuls, sofort abzureisen. Das würde Rückschlüsse auf die Tiefe der Kränkung zulassen. Vorerst ging es nur darum, Haltung zu bewahren.[5]

Rambova ritt allein in die Wüste. Vor ihren Augen wellte sich kilometerweit der Sand. Sie wartete innerlich abwesend auf das rosarote und lila Farbenspiel, das Valentino liebte, Sonnenuntergänge, Weite, Ruhe, klare Nächte und dachte nach. Über die Filmindustrie, ihre Illusionen, über das, was sie nach dieser wie aus dem Nichts aufgetauchten, unfasslichen Kränkung zu erwarten hatte. Von ihrem Mann, von Hollywood.

Rein äußerlich hatte Valentino den Studiowechsel gut verkraftet. Zwar bekümmerte ihn die rüde Art, in der das Studio das berufliche Band zwischen ihm und seiner Frau zerschnitten hatte – aber ein Gutes hatte die Situation aus seiner Sicht doch. Rambova würde Zeit haben. Viel Zeit. Und wofür? Es gab ein heikles Thema, das inzwischen nur noch mit äußerster Vorsicht berührt werden durfte. So viele Träume waren für Valentino in Erfüllung gegangen – bis auf einen: seinen Kinderwunsch. Er war es leid, überall nur »Onkel Rudy« zu sein. Im Mai 1925 wurde er dreißig. Dreißig! Für einen Filmliebhaber schon fast zu alt. Vater blieb man bis ans Lebensende. Vor zwei Jahren war sein Gedichtband »Day Dreams« erschienen. Wie schnell die Zeit verging! Wonach hatte er sich damals gesehnt? Nach dem Kuss eines Neugeborenen.

DAS ENDE DES REGENBOGENS

Sie blieben noch eine Weile in Palm Springs. Während man bei United Artists nach einem Stoff für Valentino suchte, dachte Rambova über die Zukunft nach. Sie brauchte Zeit, um mit dem Scheitern des *Falcon*, um mit ihrem Ausschluss fertig zu werden. Offenbar konnte der kalifornische Fluch nicht nur nach Misserfolgen, sondern sogar nach Erfolgen wirksam werden.

Rambova liebte den Film, weil er als Medium unendliche Möglichkeiten barg. Es gab kein Vokabular, keine Grammatik, keine verbindlichen Kriterien, nur ein Meer von Annahmen und Behauptungen, in dem sich ungehemmt schwimmen ließ. Grenzen setzten das Geld, die Beteiligten selbst und das Publikum. Man spielte mit hohem Einsatz. Als vielseitig begabter Mensch würde sie sich auch in Zukunft nicht auf ein einziges Feld beschränken. In der Spätphase des Stummfilms konnte man sich während der Arbeit alle nötigen Fähigkeiten aneignen. Die zwanziger Jahre waren eine Ära für Pionierinnen. Rambova ergriff diese Chance. Sie offenbarte einen Ehrgeiz, der weit über die Ambitionen anderer Frauen und Männer hinausging, und suchte zu verhindern, dass Valentinos Leben vollständig vom Studio gelenkt wurde. Die Falken in Hollywood wurden aufmerksam. Sie stießen herab und trafen sie mitten ins Herz. »In Hollywood«, sagte sie rückblickend, »musste ich eine Prüfung ablegen, und wie viele andere fiel ich durch ...«[1]

Nach knapp vier Jahren endete die berufliche Zusammenarbeit mit Valentino. Zu stolz, um Außenstehenden gegenüber die Kränkung zu zeigen, dachte sie in Palm Springs über ein eigenes Projekt nach. Was wäre, wenn sie als Produzentin arbeiten und beweisen würde, dass man auch mit kleinem Budget einen anspruchsvollen und gleichzeitig kommerziell erfolgreichen Film machen konnte? Nur – woher sollte das Geld kommen? Valentino war hoch verschuldet. Der Kauf einer exklusiven Villa nahe am Bella Drive, die so viel größer und aufwändiger zu bewirtschaften war als Whitley Heights, verschärfte die Lage. Sie wurde gerade renoviert und musste Unmengen an Waffen, Büchern und Möbeln aufnehmen, die aus New York herangekarrt wurden. Den Namen, Falcon Lair, hatte Rodolfo in Anlehnung an Foxlair, den Landsitz seiner Schwiegereltern in den Adirondacks, gewählt, und in Gedanken an *The Hooded Falcon*, auf dem 1924 so viele Hoffnungen geruht hatten.

Andere an ihrer Stelle hätten die berufliche Zwangspause sofort für Einrichtungsarbeiten genutzt. Doch Rambova war nicht wie andere Frauen und setzte keinen Fuß auf das Anwesen, wo Valentino sich mit italienischem Sinn für *sistemare* und Häuslichkeit in unmittelbarer Nähe zu den Reichen und Schönen etablieren wollte. Als Schauspieler – und Familienvater. Das war der Punkt. Für Rambova kam der Kinderwunsch ihres Mannes zur Unzeit. Seit ihrem siebzehnten Lebensjahr hatte auch sie für einen Traum gearbeitet, der sich nur in Hollywood erfüllen ließ und in den letzten Jahren durch gemeinsame Arbeit zum Greifen nahe schien. Falcon Lair symbolisierte eine Art Festsitzen, was sich in ihren Augen schlecht mit der im Filmgeschäft nötigen Mobilität vertrug. War in ihrem überbeschäftigten Leben überhaupt Zeit für ein Kind? Selbst die wenigen Stunden, die beide am liebsten gemeinsam und allein verbracht hätten, wurden von allen Seiten beschnitten. Wenn sie zur Ruhe kam und über die letzten Tage nachdachte, schien ihr schon der Name des neuen Hauses suspekt: ... Lair – ein Gehege, ein Ort für die Brut mit all seinen Assoziationen; manchmal erwachte sie nachts, in Palm Springs, aus bösen Träumen von einem Käfig, in dem sie inmitten von Windeln und Kindergeschrei ihren täglichen Pflichten nachging, ein Verlies ohne Himmel, ohne Hoffnung, ohne eine Spur dessen, was ihr

Leben ausgemacht hatte, mit einem gutwilligen Mann, der ihren Käfig in strahlender Unwissenheit jeden Tag aufs Neue schloss.

Tagsüber sah alles anders aus. Valentino überlegte, wie er Rambova für die Niederlage entschädigen könnte, die er zu allem Unglück mit seiner Unterschrift besiegelt hatte, denn im Kampf mit der Paramount hatte er keine tapferere Verbündete gefunden als sie. Für Frauen mit Selbstachtung schien Hollywood nicht der richtige Ort. Andererseits blieb es *der* Ort für eigene Produktionen. Davon hatte sie stets geträumt und deshalb jede Chance genutzt, um Einblick in Abläufe und Strukturen zu gewinnen. Valentino kannte sie inzwischen gut genug, um zu wissen, wie tief die Kränkung reichte, auch wenn sie sich der Presse gegenüber nichts anmerken ließ und die Verbindung mit United Artists nach außen hin begrüßte.

Was konnte er in dieser Lage tun? Wenn es nach ihm ginge, sollte Rambova ihren eigenen Film machen, doch vorher musste er mit Ullman sprechen. Obwohl ein Gewitter aufzog, fuhr Ullman sofort nach Palm Springs. Bei seiner Ankunft fand er Rambova mit verstauchtem Knie über einem Berg von Büchern, Zeitschriften, Abbildungen, Zeichnungen sitzend vor. Valentino war ausgeritten. Bei seiner Rückkehr wirkte er nervös und angespannt. Ullman war skeptisch, ob man eine unabhängige Produktion ohne Geldgeber auf die Beine stellen konnte. Er schätzte die Kosten auf 25 000 Dollar. Mindestens. War es gut, sich weiter zu verschulden? Selbst diese geringe Summe war momentan nicht greifbar. Valentino verlor trotzdem keine Zeit und bat seinen Manager unter vier Augen, Rambova in jeder Form zu unterstützen. Nach den herben Enttäuschungen der letzten Tage wollte er sie glücklich wissen.

Er hatte sie stets arbeiten und planen sehen, deshalb fielen ihm jetzt winzige Veränderungen in ihrem Verhalten auf. Anders als sonst ging sie mit ungewohnter Hast vor. Ihre Wahl fiel auch nicht, wie man vermuten sollte, auf ein historisches, sondern auf ein modernes Thema. Kostümfilme waren teuer. Streng genommen handelte es sich auch nicht um ein künstlerisches Projekt, sondern um eine Satire, in deren Mittelpunkt Qualen standen, die Frauen auf sich nahmen, um schön zu sein oder zu bleiben. Der Titel *What Price Beauty?* erinnerte an einen Film, der auf den Dramatiker Maxwell Anderson zurückging. Sein Schauspiel *What Price Glory?*, eine Auseinandersetzung mit dem Krieg, war Anfang September 1924 in New York uraufgeführt worden. Während sie am Skript schrieb, begann Valentino mit den Dreharbeiten für seinen ersten Film bei United Artists, *The Eagle*. Rambova hatte die üppige Nita Naldi, Valentinos Partnerin aus *Blood and Sand* und *Cobra*, für die Hauptrolle ihres Projekts gewinnen können. Alan Hale führte Regie, Adrian entwarf die Kostüme. Das Photoplay Magazine berichtete im Juli 1925 über die Vorbereitungen, ohne sich einen Seitenhieb auf das Multitalent Rambova verkneifen zu können, wenn es hieß: »O ja; Frau Valentino wird die Ausstattung entwerfen, die Kostüme zeichnen, und ich wäre nicht im Mindesten überrascht, wenn sie nicht auch das Drehbuch geschrieben hätte.«[2]

Trotz verzweifelter Anstrengungen waren die Kosten für *What Price Beauty?* inzwischen auf das Vierfache der veranschlagten Summe gestiegen. Anders als Williams oder United Artists hatte Rambova nicht mehrere Geldgeber, sondern allein Valentino als Rückhalt, der die Summe erst noch verdienen musste. Außerdem war es durch Absprachen zwischen Produzenten und Verleihern fast unmöglich, für unabhängige Produktionen einen Verleih zu finden. Gewisse Leute in Hollywood freuten sich schon jetzt auf den Tag, an dem Rambova versuchen würde, *What Price Beauty?* in die Kinos zu bringen.

Zum Glück kam niemand auf die Idee, ihre Satire auf den Jugend- und Schönheitskult, dessen Mittelpunkt Hollywood war, als Medium stolzer Selbstbehauptung zu betrachten. Wer nicht mehr jung war und Geld genug hatte, trotzte der Vergänglichkeit mit Schönheitsoperationen. Für die Stieftochter eines Mannes, der mit kosmetischen Produkten ein Vermögen gemacht hatte, war es allerdings ein merkwürdiges Projekt. Oder lag genau deshalb ein kritischer Zugriff nahe? Zeitgenossen wie Filmhistorikern war das Multitalent Rambova suspekt, doch nicht alle gingen so weit wie Alexander Walker, der nicht nur ihr, sondern auch Valentino »Elefantiasis des schöpferischen Willens« unterstellte.[3]

Während Rambova mit Nita Naldi drehte, erinnerte sie sich an ein junges Mädchen namens Myrna Loy, das bei Probeaufnahmen für *Cobra* durchgefallen war. Diesmal lag die Entscheidung, sie zu engagieren, glücklicherweise bei ihr allein. Myrna Loy war bezaubert von der Schönheit, der Autorität und einer Äußerung Rambovas, die sich später für Loys eigene Erfahrungen mit der Filmindustrie bestätigen sollte: »Ich war unerfahren, jung und optimistisch und voller Kampfeslust. Ich erkannte nicht, wie nutzlos das alles war. Studios kümmern sich nicht um deine Ideen oder um dich selbst. Sie wollen in so wenig Zeit wie möglich so viele Filme von dir einsammeln, wie sie können. Was mit dem Star passiert, ist unwichtig.«[4]

Unterdessen stellte United Artists Valentino eine zarte, blonde Neuentdeckung an die Seite: Vilma Banky aus Ungarn. Er sollte nie mit Greta Garbo arbeiten, für die er wie geschaffen schien. Stattdessen brachte man die Schwedin mit seinem Nachbarn John Gilbert zusammen. Zwar schloss die Metro bereits 1925 einen Vertrag mit ihr, doch *The Flesh and the Devil* kam erst zwei Jahre später heraus. Wie viele Darsteller wurden Garbo und Valentino zunächst an ihrer eigentlichen Begabung vorbei besetzt: sie als Vamp und er als Bösewicht. Beide mussten sich von etablierten Stereotypen befreien. Danach waren sie unverwechselbar. Clarence Brown sprach in späteren Jahren vom »Vergnügen« und »großen Glück«, »als Regisseur mit den beiden Menschen arbeiten zu dürfen, die ich für die größten Persönlichkeiten der Leinwand halte – Rudolph Valentino und Greta Garbo«. Für Garbo konzentrierte sich alles, was ihr an Hollywood missfiel, in zwei Worten: »faule Orangen«, während Valentino sich immer noch für Zitronen- und Orangenhaine begeistern konnte und den Traum von einem Leben als Farmer noch nicht völlig aufgegeben hatte.[5]

Hollywood lebte von adaptierten Bühnenstücken, Bestsellern, die in Skripte verwandelt wurden, fast so, als bedürfe es stets einer Probe, die möglichst am Theater stattgefunden haben musste, bevor einer Story zu trauen war. Zu den wenigen, die andere Wege einschlugen und Projekte von Anfang an filmisch konzipierten, gehörte Charles Chaplin.

Für Rambova und Valentino engte sich der Kreis akzeptabler Stoffe schon deshalb ein, weil sie sich inzwischen fast nur noch im Getto der Reichen und Berühmten bewegten. Für begabte, aber arme Neuankömmlinge war hier kein Platz mehr. Mit Künstlern und Intellektuellen außerhalb des Filmgeschäfts trafen sie selten zusammen. Dasselbe galt für Schriftsteller und Schriftstellerinnen ihrer eigenen Generation. Für moderne Themen nahm man mit Autoren vom Schlage eines Frank Norris, Martin Brown, Booth Tarkington, einer Elinor Glyn oder Edith M. Hull vorlieb, statt sich etwa mit Katherine M. Porter, John Dos Passos, Francis Scott Fitzgerald, William Faulkner, Thornton Wilder, Ernest Hemingway, Vladimir Nabokov, Aldous Huxley auseinander zu setzen, die zwischen 1894 und 1900 geboren waren. Manche traten in den frühen zwanziger Jahren erstmals in Erscheinung. Mit Margaret Mitchell, Autorin des erst 1936 erschienenen »Vom Winde verweht«, die fasziniert war vom Tangotänzer Valentino, kam es nur deshalb zu einer Begegnung, weil sie den Latin Lover als junge Reporterin interviewen durfte.

1921 erschien Aldous Huxleys Künstlerroman »Chromgelb«, 1925 F. Scott Fitzgeralds Roman »Der große Gatsby«, 1926 Hemingways »Fiesta« – Stoffe, die sich zur Verfilmung eigneten und später tatsächlich verfilmt wurden. Bedenkt man, dass Vicente Blasco Ibáñez etliche Romane in seiner

Heimat spielen ließ, verwundert es eigentlich, dass niemand Grazia Deledda aus Sardinien ins Spiel brachte, die bedeutendste Vertreterin des italienischen Naturalismus. Ihr Roman »Marianna Sirca« spielt unter sardischen Räubern und hätte mit dem Banditen Simone Sole eine interessante Rolle für Valentino geboten. Vielleicht wäre man 1926, als Deledda den Nobelpreis bekam, auch in den USA auf sie aufmerksam geworden, doch in dem Jahr war es für Valentino bereits zu spät.

Über United Artists konnte er sich vorerst nicht beklagen. Man stellte ihm auf dem Gelände einen Bungalow mit mehreren Räumen und einer kleinen Küche zur Verfügung. Dort ruhte er sich während der Drehpausen aus oder empfing Gäste. Auch eine Sekretärin und ein Koch wurden für ihn engagiert.

Rambova zog sich von Valentinos Freunden zurück. Sie weigerte sich, jemanden zu empfangen, der in irgendeiner Beziehung zu United Artists stand, und war oft nicht da, wenn Valentino in Whitley Heights eintraf. Manchmal fuhr sie stundenlang im Auto durch die Gegend, vorbei an Zitronen- und Orangenhainen. An faulen Orangen. Oder sie blieb ganz fort.

Luther Mahoney sah, wie konzentriert sie für den neuen Film arbeitete, und tat alles, was in seinem Kräften stand, um Kosten zu vermeiden. Als sie davon sprach, dass sie am liebsten ein Boot bauen und zu einer einsamen Insel segeln würde, um über ihre Situation nachzudenken, nahm er das Gesagte wörtlich und riet ihr zu einem Urlaub. An der Riviera hatte sie mit Valentino von solch einer Insel geträumt. Jetzt brauchte sie Abstand. Warum sollte er ihr kein Boot kaufen?

Selbst mochte sie es nicht zur Sprache bringen – nicht in ihrer jetzigen Lage. Luther würde es für sie tun – und er hielt die Augen offen. Jetzt, wo Valentino von Dreharbeiten und Rambova von ihrem neuen Film absorbiert war, gewann Ullman mehr Einfluss auf ihr Privatleben.

Rambova fühlte sich unbehaglich. Als ehemaliger Polizist fand Luther bald heraus, warum: Sie wurde beschattet. Und von wem? Von Detektiven der Agentur Burns. Wer mochte den Auftrag dazu erteilt haben? Rasch verbreitete sich das Gerücht, Rambova verbringe Stunden mit einem attraktiven Kameramann im Labor. Schlagzeilen gab das nicht her. Offenbar steckte Ullman dahinter, jedenfalls war er es, der seinen Chef informierte. In einer Aufwallung von Eifersucht wollte Valentino den vermeintlichen Rivalen niederstrecken, konnte zum Glück aber davon abgebracht werden.[6]

Konsequenzen für den Manager blieben aus. Weder Valentino noch Rambova wollten auch noch an *dieser* Front kämpfen. Langsam entglitt ihnen die

Kontrolle über ihr Leben. Zu viel stürzte gleichzeitig auf sie ein, deshalb verständigten sie sich auf eine Art Stillhalteabkommen und gingen sehr vorsichtig miteinander um. Im Wirbel von zwei Filmen und einer tiefen persönlichen Krise nahm Valentino das befremdliche Verhalten von Ullman hin. Jetzt, wo das Einvernehmen mit Rambova gestört war, blieb inmitten seiner finanziellen, beruflichen und publizistischen Turbulenzen nur der Manager als Beistand.

Hollywood war kein Ort für ein Heim, wie Valentino es ersehnte, kein Ort für die Kunst. Immer und immer wieder stellte Ullman Rambova Filmleuten gegenüber als Künstlerin dar, hob ihr Temperament, ihr Können hervor – mit Vokabeln, die im Hirn jedes Produzenten, jedes Verleihers sofort die Assoziation von prätentiöser Wichtigtuerei, von Kassengift hervorriefen. Wie war es tatsächlich mit ihrem Kunstverständnis bestellt? Erfahrungen als Designerin konnte sie im Hinblick auf Kostüme, Sets, Inneneinrichtungen und die Formung eines neuen männlichen Leinwandtypus vorweisen. Eine reguläre Ausbildung hatte sie nie durchlaufen, sondern vieles im Kontakt mit ihrer Mutter, bei Elsie de Wolfe in Versailles, später im Umfeld von Theodore Kosloff gelernt, und in der Atmosphäre, die sie als junges Mädchen auf Auslandsreisen mit Winifred wahrgenommen hatte. Ihre zwischen Art déco und Camp schwankenden Einrichtungsideen ließen weniger ein geschultes Kunstverständnis als einen hoch entwickelten Sinn für räumliche und dekorative Wirkungen erkennen.

In dieser Zeit tauchte Federico Beltrán Masses auf, ein Spanier, der sich Hollywood als Porträtist andienen wollte und sich in Uniform mit dem eleganten Paar fotografieren ließ. Zwischen den beiden Männern wirkte Rambova zerstreut, fast geistesabwesend. Vermutlich entging ihr das Groteske der Situation. Beltrán Masses malte zwei großformatige Porträts von Valentino und eines von einer Frau mit nacktem Oberkörper und dramatisch geschwärzten Augen, von dem manche annahmen, es sei Rambova.[7]

Nach wie vor fasziniert von Spanien – seiner Geschichte, seinen folkloristischen Kostümen, dem Stierkampf, seiner grandiosen Architektur –, übertrug Valentino diese Vorliebe auf Beltrán Masses. Gewitzt genug, um Profit daraus zu schlagen, lockerte der Maler die strapaziösen Sitzungen mit Scherzen und Anekdoten auf. In Hollywood fiel sein protziges Auftreten nicht aus dem Rahmen. Als guter Geschäftsmann konzentrierte er sich zunächst auf Valentino, dann umwarb er Marion Davies. Die Schauspielerin und Geliebte des Zeitungstycoons William Randolph Hearst stand im Mittelpunkt luxuriöser Feste auf Hearsts Anwesen; dort traf sich Hollywoods

High Society. Dass Beltrán Masses' Gemälde mit ihrer Anmutung von sexuellem Kitsch, von Kaufhausmalerei Begeisterung hervorrufen konnten, sprach nicht gerade für den Kunstverstand der Auftraggeber. Sie freuten sich an ihren Porträts und verschafften ihm weitere Kunden.

Um Trennungsgerüchten vorzubeugen, bat Valentino Rambova, Beltrán Masses einen Empfang auszurichten und die Rolle der Gastgeberin zu übernehmen. Da sie jetzt allen Leuten, mit denen Valentino beruflich zu tun hatte, aus dem Weg ging, ließ sie sich nur schwer überreden. Als es so weit war, erschien sie verspätet und stieß ihre Gäste durch kühles Gebaren und allzu kurzes Verweilen vor den Kopf. Dass Rambova sich nach der inzwischen bekannt gewordenen Ausmusterung durch United Artists ungern als »Mrs. Valentino« präsentierte, hatte er nicht bedacht. Ihre Zusammenarbeit war beendet. Valentino hörte auf, ihr Faun, ihr Armand oder Beaucaire – ihr Projekt zu sein. Seine Rollen, seine Filme, seine Zukunft standen nicht länger im Mittelpunkt ihres Denkens. Wer jetzt abends nach Hause kam, war nur noch Ehemann, ein erschöpfter dazu, denn die Dreharbeiten begannen im Morgengrauen. Nicht Desinteresse, sondern Stolz hielt Rambova von abendlichen Gesprächen zurück, die sie früher genossen hatten.

Am Drehort war sie unerwünscht, und von Ferndiagnosen hielt sie nichts. Schon deshalb verbot sich jeder Rat. Sie hörte ihm zu, mochte aber keine Kommentare abgeben wie andere Ehefrauen, die die Empörungen oder Prahlereien ihres Mannes abzunicken pflegten, da sie die Verhältnisse nur aus seiner Darstellung kannten. Sie hielt den Vertrag mit United Artists, der sie ausschloss, privat ein, und strikter, als ihm lieb war. Jetzt arbeiteten sie nebeneinander her.

Wie stets verharrte Valentino außerhalb des Drehorts in seiner Rolle. Rambova liebte alles Russische, doch Dubrovskij am Abendbrottisch fiel ihr auf die Nerven. Ihr gegenüber saß nicht länger der Vertraute von einst, der allem Neuen gegenüber aufgeschlossen, der ernst zu nehmen war wie kein zweiter, sondern ein gebürtiger Italiener, der zu Hause den Robin Hood spielte. Früher hatte seine Begeisterung sie mitgerissen, auch wenn sie – anders als er – nie den Kopf verlor. Von ihrer Seite war es keine Liebe auf den ersten Blick gewesen. Im Grunde genommen hatte sie sich eher in sein Talent verliebt und von der Leichtigkeit faszinieren lassen, mit der es ihm gelang, männlichen Charakteren Grazie, Drive, Temperament, kurz: Leben zu verleihen. Rambova glaubte an seine Zukunft als Künstler. Für sie stand er erst am Anfang der mit Julio und Gallardo begonnenen Entwicklung. Nun trennten sich ihre Wege. Nie mehr würde sie eine Premiere mit solcher

Spannung erwarten wie bei der Uraufführung von *Camille*, als Valentino im Dunkel des Zuschauerraums ihre Hand ergriffen und nicht mehr losgelassen hatte. Obwohl er nicht weniger aufmerksam, nicht weniger höflich war und sich glaubhaft um ihr Wohlergehen sorgte, verlor er in ihren Augen an Reiz.

Für einen so sensiblen und vor allem suggestiblen Mann hatte Valentino dem Trommelfeuer des Klatsches, der üblen Nachrede und dem Unsinn, der in Fanmagazinen verbreitet wurde, erstaunlich lange standgehalten. Inzwischen, unter starkem Schulden- und Produktionsdruck, zeigte er Wirkung. Rambova war nicht länger der Mensch, mit dem man träumen und planen konnte, bereit, Ideen auch dann in die Tat umzusetzen, wenn es anstrengend wurde, sondern eine Frau, von der er sich Kinder wünschte (allmählich wäre, so glaubte er, Zeit dafür), die sich der Einrichtung von Falcon Lair widmen sollte und an seiner Seite auch dann glücklich wäre, wenn keine neuen Aufgaben winkten. Hatten sie nicht Recht, die Ullmans dieser Welt? Von Frau Ullman würde die Öffentlichkeit nie Bemerkenswertes erfahren, aber sie hatte Herrn Ullman wenigstens zum Vater gemacht. Valentino litt unter seiner Kinderlosigkeit. Er liebte Kinder, wusste sie zu überraschen, ließ sich gern mit ihnen fotografieren. Auch wenn andere sich den »Scheich« nicht im Umkreis von Windeln und Fläschchen vorstellen konnten – er sehnte sich danach.[8]

Und Rambova? Sie konnte sich ein Leben mit Kindern vorstellen, nur nicht, solange sie beide von Projekt zu Projekt, von Studio zu Studio, von Kontinent zu Kontinent hasteten. Je länger sie darüber nachdachte, umso deutlicher wurde, dass Valentino aufhörte, ihr Vertrauter, ihre Hoffnung und der Mittelpunkt ihrer künstlerischen Ambitionen zu sein. Der wichtigste Teil seines Lebens fand schon jetzt ohne sie statt. Würde er in Zukunft jemanden finden, der ihn uneigennützig beriet und seine Vertrauensseligkeit nicht ausnutzte, dem etwas an seiner Entwicklung als Schauspieler lag und der ihn nicht nur als Mittel zum Zweck betrachtete? Den Überblick behielt und, wenn es sein musste, kaltblütig Entscheidungen traf? Sie hatte diese Rolle lange gespielt, viel bewirkt und – wie sollte es anders sein – Fehler gemacht, denn die fatale, zur Vertragsunterzeichnung führende Verschuldung ging auch auf ihr Mittun zurück. Da sie von den Starqualitäten ihres Mannes überzeugt war, hatte seine Sorglosigkeit auf sie übergegriffen. Doch inzwischen war nicht einmal Valentino mehr in der Lage, seine Schulden auf die leichte Schulter zu nehmen.

All diese Gedanken behielt Rambova für sich. Eines Abends sah Mahoney sie weinend am Fenster stehen, mit aufgelöstem Haar. Ein Alarmzeichen. Er versuchte gar nicht erst, sie zu trösten, und sie war zu verzweifelt, um die Tragweite seiner Andeutungen über Ullmans obskure Rolle zu erfassen. Mahoney zeigte sich väterlich besorgt, doch die Qual der Entscheidung, wie es weitergehen sollte, blieb ihr allein überlassen. Alle verbliebenen Hoffnungen kreisten nun um den eigenen Film. Nach dem Ende der Dreharbeiten wurde Rambova unruhig. Die Resonanz auf eine Probeaufführung von *What Price Beauty?* in Pasadena fiel gedämpft aus. Wie vorauszusehen war, fand sie keinen Verleih. Gewisse Absprachen in Hollywood funktionierten.

Am 1. August 1925 war Falcon Lair bezugsfertig. Rambova wollte nicht einziehen, sondern nur noch weg. Vorher musste ein Grund gefunden werden, der ihre Abreise plausibel erscheinen ließ, denn die Presse war dem Paar ständig auf den Fersen. Dieser Abschied war das Letzte, was ihnen gemeinsam gelang, eine Vorstellung mit winzigen, nur im Nachhinein erkennbaren Irritationen.

Am 13. August 1925 fuhr Rodolfo seine Frau nach Los Angeles. Die Presse wartete; am Bahnhof standen Fotografen und Kameramänner bereit. Valentino erwähnte einen geplanten Besuch bei Rambovas Mutter in Nizza und lieferte eine weitere Begründung für die Abreise seiner Frau: Sie wolle an der Ostküste einen Verleih für *What Price Beauty?* finden. Beide lächelten mit vom Weinen geschwollenen Augen. Unter Valentinos Sommerhut tauchte ein angespanntes, von den Strapazen der letzten Tage gezeichnetes Gesicht auf. Es blieb kein Geheimnis: Das Paar nahm »Ferien von der Ehe«.[9]

Heftige Auseinandersetzungen waren vorausgegangen. Die Kamera hielt ihre Erschöpfung fest. Neugierige, die sich am Bahnhof eingefunden hatten, ließen sich von dem exquisiten Auftritt ablenken. Rambova erschien mit Turban und weißen Handschuhen, Valentino mit einem übergroßen, geckenhaft wirkenden Hut. Sie küssten sich ein letztes Mal – für die Kameras. Zu sehen war kein Abschieds-, sondern ein *Film*kuss, und er dauerte selbst für amerikanische Verhältnisse mit den für die Leinwand streng limitierten Sekunden nicht lange. Zum ersten Mal küsste Rodolfo nicht als Valentino, sondern wie Chaplin – mit einem offenen Auge zum Publikum hin. Rambova wischte ihm lachend etwas Lippenstift ab. Er hielt noch ihre Hand, als die Lokomotive sich in Bewegung setzte, und lief eine Weile neben dem Waggon her. Winkte und winkte, bis der Zug entschwand.

Noch wusste Valentino nicht, dass diese »Ferien von der Ehe« ein Abschied für immer sein würden. Die Dreharbeiten zu *The Eagle* hielten ihn beschäftigt. Er stürzte sich in die Arbeit und machte doch niemandem etwas vor. Für einen Schauspieler konnte er sich wenig verstellen. Selbst Unbeteiligte merkten ihm seine Verzweiflung an. Er litt an Schlaflosigkeit. Die Polizei stoppte ihn wegen zu schnellen Fahrens. Dann verursachte er einen Unfall. Die Belastungen der letzten Monate machten sich bemerkbar, umso mehr, als er bemüht war, mit seinem ersten Film für United Artists die Erwartungen des Studios einzulösen.

Das zweistöckige, mit sechzehn Räumen versehene Falcon Lair war zu groß für ihn allein. Eines Tages fand ihn Beltrán Masses mit einem Revolver an der Schläfe. Der Maler schlich sich auf Zehenspitzen an und entriss ihm die Waffe. Als Valentino sich dem Freund zuwandte, war sein Gesicht tränenüberströmt.

Vilma Banky riet ihm, den Wahrsager von Norma Talmadge und Joseph Schenck aufzusuchen. Sie begleitete ihn sogar und starrte mit ihm in eine Kristallkugel. Der Wahrsager machte Valentino keine Hoffnung auf eine Versöhnung. Als aufmerksamer Zeitungsleser konnte er das sogar begründen: Rambova ziehe ihre Karriere einem Leben als Ehefrau und Mutter vor, während Valentino für viele Romanzen geboren sei. Von dieser Seite war kein Trost zu erwarten.

Aus New York kam die Nachricht, dass Rambova nicht zu ihrer Mutter nach Frankreich fahren, sondern Schauspielerin werden wolle. Telefonisch blieb sie unerreichbar, obwohl Teresa Werner mit ihr ein Apartment teilte und Nachrichten stets weitergab. Auf »Tantchen« war immer noch Verlass, nur helfen konnte sie nicht. Alte Wunden rissen auf: Die Rückkehr nach New York rührte bei Rambova an das Kosloff-Trauma, wogegen Valentino sich durch ihre Weigerung, direkten Kontakt mit ihm aufzunehmen, nicht ganz zu Unrecht an Jean Acker und das Ende seiner ersten Ehe erinnert fühlte.

Die Presse tat alles, um die Kluft zu vertiefen. Natürlich ließ sich niemand von den Bulletins täuschen, an denen Valentinos Anwalt und Vertreter von United Artists gefeilt hatten. Schadenfroh forderte man dem getrennten Paar immer neue Erklärungen ab oder erfand gleich selbst welche. Zwischen Ost- und Westküste war es ohne direkten Kontakt schwierig, wirklich Gesagtes von Erfundenem zu unterscheiden oder sich im Dickicht von Halbwahrheiten zurechtzufinden. Das wurde beiden zum Verhängnis, denn nun waren sie gezwungen, öffentlich auf die jeweiligen Presseverlautbarungen zu reagieren. Nachdem Valentino anfangs in einer peniblen Erklärung für die New York Times Freundschaft, Bewunderung und Respekt gegenüber »Mrs. Valentino« bekundet hatte (wobei er die Gründe ihrer Trennung im Dunkeln ließ), wurde er – provoziert durch kolportierte Interviews mit Rambova

– deutlicher. Die neuen Verlautbarungen trugen Ullmans Handschrift, denn bislang hatte Valentino keinen Grund gesehen, seine Frau auf die Mutterrolle festzulegen. Das journalistische Gezerre um den Kinderwunsch, der auf Kosten Rambovas diskutiert wurde und sie ins Klischee der kalten Karrieristin presste, lag im Zug der Zeit. In Hollywood wurde über die Einhaltung von Geschlechtsnormen gewacht, vor allem dann, wenn es sich um beruflich verbundene Paare handelte. Die Wirklichkeit war auch hier der herrschenden Ideologie voraus. Während es im Filmgeschäft von Karrierefrauen und -mädchen nur so wimmelte, waren dieselben Frauen gezwungen, Bilder des »Weiblichen« zu verkörpern, die mit der Lebenswirklichkeit von Amerikanerinnen nur wenig zu tun hatten.[10]

Valentino konnte der Presse kaum ausweichen. Rambova wurde ebenfalls von Reportern aufgespürt und zur Rede gestellt. Die öffentliche Diskussion spitzte sich zu. Rambova ließ die Presse wissen, dass Valentino ohnehin nur an einen Sohn als Spiegelbild seiner selbst gedacht habe und als Ausländer nicht von der Gleichrangigkeit von Männern und Frauen überzeugt sei. Deshalb sei ein gemeinsames Leben unmöglich. Beide standen nur noch brieflich in Verbindung. Wie stets in Krisen blieb Rambova unerreichbar. Deshalb kehrte sie auch nicht in die gemeinsame New Yorker Wohnung 270 Park Avenue zurück, sondern bezog mit Tante Teresa ein Apartment in 9 West 81th Street. Ihr Rückzug war vollständig und unwiderruflich.

Bedrängt von seinen neuen Partnern bei United Artists, an deren Spitze Joseph Schenck stand, sah Valentino sich zu juristisch ausgetüftelten Verlautbarungen in Schriftform gezwungen und stellte sie vor die Wahl, sich für ein Leben als Ehefrau und Mutter oder eine eigene Karriere zu entscheiden. Damit brach er in aller Öffentlichkeit mit dem inneren Code, der ihrer Liebe eine besondere Intensität verliehen hatte. Mit Rambova hatte er moderner gelebt, als ihm bewusst war. Bezaubert vom Charme ihrer Ideen und Aktivitäten, hatte er alles geteilt, was sie ausmachte: Arbeits- und Experimentierfreude, Ehrgeiz, Mut und die Vorliebe für ein zurückgezogenes, häusliches Leben. Dies Idyll war am Ende durch Ullmans Intrigen und eine kollektive, von Reportern geschürte Eifersucht überschattet worden. In immer neuen Artikeln wurde das Paar als blasiert und snobistisch beschrieben. Da es gefährlich war, die Presse gegen sich aufzubringen, hatten sie sich auf Partys geschleppt und der verlorenen Zeit nachgetrauert.

Es entsprach Rambovas Temperament, nichts, was ihr wichtig erschien, zu verleugnen oder kompromisslerisch abzuschwächen. Das Arbeitsethos ihrer Mutter und ihrer Tante hatte sie früh verinnerlicht. Obwohl berufstätige Paare in Hollywood keine Seltenheit waren, blieb es den jeweiligen Partnerinnen vorbehalten, ihren Beruf mit dem Habitus der unterwürfigen Gattin in Einklang zu bringen, ein Eiertanz, der nur wenigen gelang: Mary Pickford, phasenweise auch Gloria Swanson und Mae Murray. Selbstverleugnende Beschwichtigungen für die Öffentlichkeit waren Rambova fremd. Sie kämpfte mit offenem Visier, bestand darauf, nach ihrer Arbeit beurteilt zu werden, und reagierte zunehmend gereizt, als die Presse, schlimmer noch, Valentino selbst, sie auf etwas verpflichten wollte, das sie nie angestrebt hatte: »Mit Dienern und Butlern, Dienstmädchen und all den anderen, was bleibt da an Arbeit für eine Hausfrau?«, verteidigte sie sich. »Ich möchte kein Parasit sein. Ich habe keine Lust, Däumchen zu drehen, während ich auf meinen Mann warte, der meist morgens um fünf geht und um Mitternacht nach Hause kommt und Briefe von Mädels aus Oshkosh und Kalamazoo erhält … Er wusste, wer ich war, als ich ihn heiratete. Ich habe gearbeitet, seit ich siebzehn war. Das mit einem Heim und Babys ist alles schön und gut, aber man kann keine Kinder haben und eine Karriere dazu. Ich hatte und habe noch vor, Karriere zu machen, und Valentino wusste das. Wenn er eine Hausfrau will, muss er sich woanders umsehen.«[11] Als Tochter aus reichem Hause, umgeben von Frauen, die es aus eigener Kraft zu gesellschaftlichem Ansehen und Wohlstand gebracht hatten, zeigte sie sich unbeeindruckt vom Lebensstil an Valentinos Seite. Außerdem hatte sie mit ihm Tage der Armut durchlebt, ohne ihre Eltern um Hilfe zu bitten. Um keinen Preis würde sie ihre Kreativität ersticken, sich auslöschen lassen.

Männer, die Valentino mit seinen Rollen verwechselten, konnten sich ihn einfach nicht als Vater vorstellen – die Hand des »Scheichs« mit dem *slave bracelet* an der Wiege. Valentinos plötzliche Vorliebe für eine patriarchalisch geführte Ehe hatte nicht automatisch etwas mit seiner Herkunft zu tun. Europäische Länder erlebten in der Nachkriegszeit eine emanzipatorische Scheinblüte und gefielen sich in Beschwörungen der »neuen Frau« oder zeigten eine gewisse, allerdings auf Halbwüchsige beschränkte Toleranz. Das Gros der Frauen hatte längst nicht mehr die Wahl zwischen hausfraulicher oder beruflicher Arbeit. Während man Flapper und Jazz Babies in Literatur und Film ihren Charme entfalten und für eine Weile gewähren ließ, wurden kaum ältere Frauen mit großer, als fortschrittlich daherkommender Geste auf der niedrigsten Stufe des Arbeiter- und Angestelltendaseins festgehalten. Kinogängerinnen, Fans, Journalistinnen der Fanpresse gehörten ohnehin nicht zur Speerspitze der abflauenden Emanzipationsbewegung. Alle hatten Angst vor dem Moment, in dem sie als unübersehbar erwachsen erkannt, in dem die kurze, nur Teenagern zugebilligte Zeit der Freiheit beendet sein würde. Bereits ganz junge Mädchen fürchteten sich vor dem Älterwerden, während sie im Filmgeschäft, im Berufsleben allgemein mit sorglos reifenden oder wirklich alten Männern in machtvollen Positionen konfrontiert waren. *What Price Beauty?* rührte an diesen Alptraum: die kollektive Angst vor dem Absturz in die Wirklichkeit. Mary Pickfords Versuch, sich als das zu etablieren, was sie war: nicht das goldlockige ewige Mädchen, sondern eine Frau in den Zwanzigern, stieß auf Ablehnung; das Publikum wollte eine kindliche Entwicklungsphase ins Unendliche gedehnt wissen. *What Price Beauty?* kam verfrüht. Die weiblichen Ängste lagen zu tief, um durch eine Satire beschwichtigt zu werden. Die Kluft zwischen Person und Image hatte Rambova schon immer fasziniert. Auch sie agierte im Vorfeld von Illusionen.

Für Valentino war es nicht ehrenrührig, nur ungewohnt, Objekt kollektiver Sehnsüchte zu sein. Seine Wohlerzogenheit ließ ihn auch mit indezenten Wünschen seiner Fans schonend umgehen. Seit 1921 hatte er mit Rambova den Typus des Latin Lover geschaffen. Im Spiegel ihrer Aufmerksamkeit war es ihm gelungen, ein maskulines Profil zu entwickeln, für das es in Hollywood bis dahin kein Vorbild gegeben hatte. Andere sahen es ebenso.

Nach Pola Negri bestand das Außergewöhnliche in jenen frühen Tagen des Films darin, »dass wir uns alle neu erfanden, als wir vorwärts kamen. Da gab es keine Richtlinien. Wir waren die ersten Idole des Zeitalters der Massenkommunikation. Alle, die nach uns kamen, passten sich den von uns geschaffenen Vorbildern an.«[12] Viele ließen erfinden – Valentino erfand sich im Gespräch mit Rambova selbst. Sich entwerfen, darum ging es, in ein Nichts, eine Leere, die spürbar wurde, sobald man die Gesellschaftslöwen, Tramps, Komiker, Westernhelden, sobald man die einem Ausländer zugeschobenen Ganoven und Apachen hinter sich ließ. Natürlich verlief die Entwicklung nicht geradlinig. Vom Scheich zum Rajah oder Torero gab es Brüche im Image. Rambova schwebte ein kultivierter, auf das *weibliche* Publikum bezogener Eros vor, eine gelassene, schwerelose Präsentation des Männerkörpers, die allerdings durch Aktivitäten motiviert sein musste, um die Zensur nicht auf den Plan zu rufen. Sie träumte davon, in künftigen Projekten die Summe ihrer gemeinsamen Überlegungen und Lernprozesse zu ziehen. Von einem Film, der Valentino zwar wieder in einer Kostümrolle, als romantischen Helden zeigen, aber endlich auch als Charakterdarsteller etablieren sollte. Noch schien sein gutes Aussehen das zu verhindern. *The Hooded Falcon* war gestoppt worden. Der höfische, als feminin empfundene

242

Habitus von Beaucaire hatte vielen Amerikanern missfallen. Außerdem wurde hier ein Mann in der Rolle des Begehrten inszeniert, was nach Meinung der Zuschauer schon fast wie ein Geschlechtertausch wirkte.

Als Italiener sah Valentino nichts Erniedrigendes darin, eine gute Figur zu machen. Er unterschätzte, dass der Mann auf der Straße das Privileg, Frauen missfallen und sich trotzdem aufdrängen zu können, ebenso genoss wie die mächtigen Produzenten vom Schlage Louis B. Mayers, dessen Mundgeruch Legende war. Valentino legte Wert auf Stil und Umgangsformen. Mit Ruppigkeiten mochte er sich nicht exponieren. Er war ein loyaler Ehemann. Spuren davon waren sogar in kolportierten Aussagen erkennbar.

Rambova war ebenso loyal. Sie wollte ihre Position deutlich machen, ohne seinem Ansehen zu schaden. Von kleinen Spitzen abgesehen (»Mein Mann ist ein großer Liebhaber des häuslichen Lebens«), verteidigte sie ihn bis zuletzt gegen vulgäre Reporter und einen Rückfall in das alte, ihm so verhasste Scheich-Image. Befragt, wie es sei, einen Scheich zu lieben, antwortete sie kühl: »Das weiß ich nicht. Ich war nie mit einem verheiratet.«[13]

Indem Valentino seine Frau öffentlich vor die Wahl zwischen Ehe und Karriere stellte, verlor er sie für immer. Für Rambova war Liebe ohne Stolz nicht denkbar. Darin unterschied sie sich von ihm. Und Millionen Fans. Über Dritte vor diese, wie einem schlechten Film entstammende Wahl gestellt, zögerte sie keine Sekunde mit ihrer Entscheidung. Sie erinnerte sich daran, wie Mahoney sie einmal weinend und mit offenem Haar vorgefunden hatte. Damals hatte sie ihm gestanden, sie träume von einem Boot, das sie weit fort aufs offene Meer tragen würde. Es war ein Traum, kein konkreter Wunsch gewesen – ein Missverständnis, über das sie beide Männer nie aufzuklären wagte. Innerlich hatte sie Valentino schon in diesen letzten Tagen auf Whitley Heights verlassen. Für immer. Während er über den Typ, die Leistungsfähigkeit und die Kosten der Jacht für seine Frau nachdachte, war Rambova dabei, ihr eigenes Traumboot zu besteigen. Allein.

United Artists wurde seinem Ruf und dem neuen Star gerecht. Anfangs. Das zeigte sich nicht allein in dem eigens zu Valentinos Bequemlichkeit ausgestatteten Bungalow, sondern auch im Stoff und in dem ihm zur Seite gestellten Stab.

Kein Geringerer als Puschkin lieferte die Vorlage für das Skript. Die Novelle »Dubrovskij« war 1841 erschienen, vier Jahre nach Alexander Puschkins Tod im Duell. Es geht darin um die zeitgenössische, an Originaldokumenten orientierte Rechtsprechung, die einen ehrlichen Mann zum Rächer seines Vaters werden lässt. Erzählt wird die Geschichte des reichen Gutsbesitzers Trojekurow. Er nimmt einen läppischen Streit zum Anlass, mit seinem armen, aber geachteten Nachbarn und Freund Dubrovskij zu brechen und ihn mit Hilfe korrupter Richter um seinen Besitz zu bringen. Dubrovskijs Sohn Wladimir wird durch den Verlust des väterlichen Gutes um seine militärische Karriere gebracht. Er eilt aus Petersburg herbei, kann aber nur noch mit ansehen, wie sein Vater stirbt. Da er den juristisch legitimierten Raub nicht verhindern konnte, zündet er den väterlichen Besitz an, taucht unter und wird zum Chef einer Räuberbande, die die Armen schont und die Reichen schädigt. Es gelingt ihm, unerkannt als Hauslehrer bei dem Mann, der seinen Vater ruiniert hat, angestellt zu werden. Er verliebt sich in Trojekurows siebzehnjährige Tochter, Maria. Als der Vater sie gegen ihren Willen mit einem älteren Lebemann verheiraten will, plant der junge Dubrovskij, sie zu entführen. Da die wenig gewitzte Braut ihm keinerlei Hilfen für das Vorhaben zu geben vermag, gelingt es Dubrovskij und seinen Leuten erst nach der Trauung, das Paar zu stellen. Maria fühlt sich an das Ehegelöbnis gebunden und bleibt bei ihrem Ehemann, dem es gelingt, Dubrovskij zu verwunden. Von Soldaten verfolgt, entkommt er ein letztes Mal und entlässt seine Leute, die durch gemeinsame Raubzüge inzwischen reich genug sind, um ein ehrliches Leben zu beginnen. Danach verliert sich seine Spur.

Hans Kralys Skript konzentrierte sich nicht auf den Kohlhaas'schen Zug der Geschichte, sondern auf das Liebespaar. Und er führte Katharina die Große (Louise Dresser) ein, die bei Puschkin gar nicht vorkommt. Die Zarin hat stets die männliche Phantasie beflügelt. In der Filmversion fällt der junge Leutnant (Valentino) ihr durch die Kühnheit ins Auge, mit der er ein paar durchgegangene Pferde stoppt, und sie sucht nach Vorwänden für seine Nähe. Als er ihren Avancen ausweicht, soll er mit dem Tod bestraft werden –

eine krause, von keinerlei historischem Wissen belastete Einfügung, der zu allem Überfluss noch ein Happy End beschieden ist. Dubrovskij schleicht sich als Hauslehrer in das Anwesen des Mannes ein, der seinen Vater ruiniert hat, doch da er dessen Tochter (Vilma Banky) liebt, bringt er es nicht fertig, den Alten zu ermorden. Mascha selbst hat inzwischen erkannt, dass es sich bei ihrem Lehrer um den gefürchteten, steckbrieflich gesuchten »Adler« handelt, doch bevor die Situation geklärt werden kann, wird er von der zaristischen Polizei verhaftet. Seine Hinrichtung scheint beschlossen, und es kommt zu einer bewegenden Abschiedsszene mit Mascha im Morgengrauen. Doch die Zarin, die sich inzwischen mit einem anderen Mann getröstet hat, begnadigt ihn im letzten Moment und lässt ihren Untertan mit Braut unbehelligt ins Ausland ziehen.

Diesmal konnte Valentino seine aktionistische Seite stärker ausspielen: Mal wird er mit Peitsche und Maske als Schrecken seiner Feinde, mal als ungestümer, auf den ersten Blick verliebter und geschickt agierender »Adler« in Szene gesetzt. Das Spektrum der Emotionen wird in komischen Situationen ebenso deutlich wie in der bewegenden Abschiedsszene am Sterbebett des Vaters.

Katharina II. und Dubrovskij verstoßen gleichermaßen gegen das Klischee von weiblicher Passivität und männlicher Aktivität. Die Herrscherin zeigt Interesse; der Leutnant findet sich plötzlich in der ihm unvertrauten Rolle des Begehrten wieder, dazu in einer Machtkonstellation, die anders als im gewöhnlichen Leben von weiblicher Dominanz und männlicher Unterwerfung geprägt ist. Amüsant ist, wie Valentino sich der unwillkommenen Gunst subtil, aber doch für alle sichtbar entzieht. Als die Herrscherin ihm als Zeichen ihres Wohlwollens die Hand aufs Haar legen will, biegt er seinen Kopf kaum merklich zur Seite, so dass sie ins Leere greift.

Kein Geringerer als Adrian entwarf die russischen Kostüme. Für die Ausstattung war William Cameron Menzies verantwortlich. Mit beiden hatte Rambova noch vor kurzem *The Hooded Falcon* vorbereitet, eine Arbeit, die alle drei für *Cobra* unterbrechen mussten. Glück hatte Valentino auch mit seinem Regisseur. Clarence Brown stand 1925 am Beginn einer viel versprechenden Karriere, die er nach Anfängen bei Universal bzw. United Artists schließlich bei Metro Goldwyn Mayer fortsetzen sollte, wo er sich der besonderen Wertschätzung Greta Garbos erfreute. Mit ihr sollte er, beginnend mit *The Flesh and the Devil* (1926), sechs Filme drehen. Ihm zur Seite stand George Barnes, einer der gefragtesten Kameramänner in den zwanziger Jahren.

Clarence Brown durchlebte während der Dreharbeiten bange Augenblicke, da Valentinos Raserei mit dem Auto nicht nur ihn, sondern die gesamte Produktion gefährdete und er darauf beharrte, gefährliche Stunts selbst zu übernehmen. So warf er sich für die Eingangsszene auf eine Kutsche mit durchgehenden Pferden und wurde meterweit auf unsanfte Art über den Boden geschleift. Wieder lebte er rund um die Uhr in seiner Rolle und ließ sich, von der Kühnheit Dubrovskijs beflügelt, zu Risiken hinreißen, denen sein Regisseur mit wachsender Unruhe zusah. Es war, als suche Valentino die Herausforderung, den körperlichen Schmerz, um den seelischen zu betäuben. Manchmal stand ihm die letzte Szene von *Blood and Sand* vor Augen, wo Gallardo sterbend die Verzeihung seiner Frau erlangt. Er dachte an Rambova. Wenn es bei den Dreharbeiten für *The Eagle* zu einem Unfall käme, würde sie gewiss an sein Krankenbett eilen. Doch außer Schürfwunden und Prellungen trug er keine ernsthaften Verletzungen davon.

Der romantische Heroismus des Helden, aufgelockert durch humorvolle Momente, war ganz nach Valentinos Geschmack. Und dem des Publikums. Der Film betont Kontraste: Das kindhafte Blond von Vilma Banky setzt sich wirkungsvoll gegen Valentinos dunkle, dazu oft mit Maske versehene Erscheinung ab. Seine Bewegungen sind kraftvoll, aber auch behutsam, so am Totenbett des Vaters, dessen Körper er auf sanfteste Art berührt.

Clarence Brown gab seinem Star eine durch Maske und Peitsche eher an den leidenschaftlich-grausamen Vater aus Turgenjews Novelle »Erste Liebe« von 1860 als an den verliebten Leutnant aus Puschkins Erzählung erinnernde Note. Weekly Variety feiert Valentino als modernen Robin Hood, der es »leid sei, immer der Welt der Frauen zugerechnet zu werden«, und »ein paar Proben harter Männlichkeit *(some male stuff)* zeigt, worin er selbst Tom Mix übertrifft«.[1]

Obwohl intensiv mit Dreharbeiten beschäftigt, musste Valentino sich auf Geheiß des Studios wieder und wieder der Presse stellen. Diesmal warf er alle Hemmungen über Bord, die ihn mit Rambova im Hintergrund vor Peinlichkeiten bewahrt hatten. Der große Liebhaber des amerikanischen Kinos war zum Vergnügen seiner Mitmänner zum zweiten Mal verlassen worden und suchte die Scharte mit Hilfe seiner Berater von United Artists auszuwetzen, indem er seine Frau öffentlich vor die Wahl zwischen Ehe oder Karriere stellte. Liebe oder Stolz – was war ihr wichtiger? Rambova konnte diesen Zug kaum parieren, ohne ins Hintertreffen zu geraten und amerikanische Hausfrauen oder Frömmler gegen sich aufzubringen. Sie wollte als Produzentin, nicht durch Kinderreichtum Maßstäbe setzen. Gemessen daran war Rambovas Ankündigung, als Schauspielerin zu arbeiten, ein Rückschritt. Obwohl ihre makellose Schönheit sie für die Leinwand prädestinierte, entsprach es nicht ihrem Naturell, fremden Anweisungen zu folgen.

Nachdem sie jedoch von jedem Einfluss auf seine Arbeit ausgeschlossen worden war, stand sie vermutlich nicht allein bei der Paramount, sondern den Studios von ganz Hollywood auf der schwarzen Liste, was man sie bei der Suche nach einem Verleih für ihre erste unabhängige Produktion spüren ließ. Die Loyalität des Paares war vielen ein Dorn im Auge. Journalisten machten sich einen Spaß daraus, Valentino als Pantoffelhelden *(hen-pecked husband)* lächerlich zu machen, um das brillante Duo von innen aufzusprengen. Dass Rambova ihren ersten Film allein mit dem Geld ihres Mannes finanziert hatte und ohne die Infrastruktur eines Studios, ohne Rückhalt eines Verleihs enorme Risiken eingegangen und an Grenzen gestoßen war, erregte Eifersucht und Schadenfreude zugleich. Kein Wunder, dass ihre Entscheidung, vorerst als Schauspielerin zu arbeiten, unter solchen Umständen die letzte Möglichkeit war, im Filmgeschäft zu bleiben.

Während sie über ihre berufliche Zukunft nachdachte und sich unter dem Einfluss ihrer Mutter einer neuen, von Helena Blavatsky in Umlauf gebrachten Form des Spiritismus zuwandte, was sich in zahlreichen Séancen mit einem Medium zeigte, versuchte Valentino, seine Verzweiflung auf andere Art zu überwinden. Wie viele Männer in ähnlicher Situation konzentrierte er sich auf das Nächstliegende. Er hatte nichts dagegen, dass man ihm eine Romanze mit seiner ungarischen Partnerin Vilma Banky andichtete. Am Set verständigten sie sich mit Hilfe eines Lexikons; er bewirtete sie in seinem Bungalow auf dem Studiogelände, lud sie nach Falcon Lair ein und zeigte sich auch sonst mit ihr in der Öffentlichkeit. Nebenbei intensivierte er den Kontakt zu seiner Kollegin Nita Naldi.

Als Anita Donna Dooley in New York geboren, hatte sie ihre Karriere bei den Ziegfeld Follies begonnen. Dagmar Godowsky zufolge prädestinierte »die Majestät und die Erotik ihrer Erscheinung« sie für Hollywood. 1920 war es so weit. Naldi wurde als Vamp besetzt und genoss es, im Film nicht nur all die blonden, edelmütigen, braven Gegenspielerinnen an der Nase herumzuführen, sondern auch Liebhaber oder Ehemänner zu provozieren. In *Blood and Sand* kam sie noch schadlos davon; in *Cobra* musste sie dafür mit dem Leben zahlen. Naldi, der nicht ganz zu Unrecht eine verstaubte »Theda-Bara-Routine« nachgesagt wurde, nahm das Drehen von der amüsanten Seite und unterdrückte bei leidenschaftlichen Szenen nur mit Mühe ein Kichern.[2] Versuche, sie für Fanmagazine als »Pantherin« aufzubauen, wurden durch ihr träges Naturell zunichte gemacht. Da sie in Gestik und Mimik zu Übertreibungen genötigt wurde, wirkte sie auf Fotos attraktiver als auf der Leinwand.

In *What Price Beauty?* spielte sie einen kosmetisierten Vamp, der mit einem Mädchen vom Lande um den Geschäftsführer eines Schönheitssalons konkurriert. Rambova hatte Adrian gebeten, die junge Myrna Loy für eine futuristische Sequenz, in der verschiedene Frauentypen vorgeführt wurden, mit Kostümen zu versehen. Die Fotos brachten der am Anfang ihrer Karriere stehenden Darstellerin ein neues Engagement ein. Vielleicht war Naldi als Star des Films über die Myrna Loy gewidmete Aufmerksamkeit verärgert. Da sie sich für das Projekt nur mit Mühe aus einer anderen Verpflichtung gelöst hatte, verübelte sie Rambova den Misserfolg von *What Price Beauty?* umso mehr, als sie fürchten musste, ebenfalls in Ungnade zu fallen. Es bedurfte keiner großen Verführungskunst von Valentinos Seite, um sie für ein Rendezvous zu gewinnen.

Die für Rambova in Auftrag gegebene Jacht Phoenix lag inzwischen startbereit im Hafen. Da sie für den eigentlichen Zweck nicht mehr brauchbar war, würde Valentino sie wie zum Trotz entweihen und für intime Treffen mit anderen Frauen nutzen. Gesteuert wurde sie von Mont Westmore, der ihm sonst beim Make-up half und sich stets in Hörweite befand. »Oft, wenn Mont auf der Brücke stand und mit den Augen nach den tückischen Riffen von Catalina Ausschau hielt, konnte er Nitas melodiöse Stimme die Fähigkeiten Rudys rühmen hören«, erinnerte sich dessen Bruder, Frank Westmore. »Mont war immer besonders erfreut, wenn sie Bemerkungen über sein weiches, angenehm duftendes Haar machte.«[3]

Seit Beginn seiner Karriere war Valentino ein verheirateter Mann gewesen. Das konnte zwar kaum verheimlicht, sollte nach Auffassung der Presseabteilung der jeweiligen Studios aber auch nicht besonders betont werden. Nun machte ihre als »Ferien von der Ehe« ausgegebene Flucht an das andere Ende des Kontinents ihn frei für das Nächstliegende, führte ihm aber auch vor Augen, dass er stärker als bisher auf seinen Umgang achten sollte. Und auf sich selbst. Er war ihm nicht möglich, Runden durch Nachtlokale und Bordelle zu drehen wie andere, robustere Naturen. Journalisten verfolgten ihn auf Schritt und Tritt. Also würde er den Spieß umdrehen und zur Abwechslung einmal die Presse für sich nutzen.

Bisher hatte es einen Unterschied gegeben zwischen dem Privatmann und dem Schauspieler. Jetzt fand er keine rechte Balance mehr zwischen Vertrauensseligkeit und Zurückhaltung, Spontaneität und Distinktion. Erschien er den einen scheu, von nahezu britischer Reserviertheit, erlebten andere, wie er ihnen sein Herz ausschüttete und sich heftigsten Stimmungen überließ. Rambova führte dies Schwanken auf seine Sensibilität und Suggestibilität zurück. Damit sollte es nun vorbei sein. Er würde leben, wie er noch nie gelebt hatte, sich nicht − wie in Gegenwart von Rambova − ständig neu entwerfen, sondern auf *einen* Entwurf konzentrieren. Und an ihm festhalten. In Zukunft würde er aufhören, ein Romantiker zu sein, und ihn nur noch spielen. Nie mehr leiden. Noch war er jung genug für gewisse Rollen. Gewisse Szenen unter Deck. Das waren Nachtgedanken. Tagsüber lebte er als Dubrovskij. Außerhalb der Arbeitszeit nahm man sich im Freundeskreis seiner an und hielt Ausschau nach einem Wesen, das den Latin Lover aus seiner Melancholie reißen würde. Da es nicht irgendeine Frau sein durfte, arbeitete man heimlich schon am Drehbuch einer solchen Begegnung. Das Objekt stand bereits fest. Neben Gloria Swanson, die mit dem Gedanken spielte, ihr Studio zu verlassen und als Produzentin zu arbeiten, gab es in Hollywood nur eine Schauspielerin von vergleichbarem Charisma: Pola Negri.

Schon bei ihrer Ankunft war sie als Star empfangen worden. Von vielen Studios umworben, hatte sie sich 1922 für Valentinos alte Firma Famous Players-Lasky (später Paramount) entschieden und verfügte über Bühnen- und Filmerfahrung. In jungen Jahren hatte sie in Polen eine Karriere als Balletttänzerin und Schauspielerin begonnen, um dann für das polnische Studio Sphinx zwischen 1914 und 1916 acht Filme zu drehen, bevor Max Reinhardt sie entdeckte und nach Deutschland holte. Dort drehte sie für die Ufa einen Film nach dem anderen und freundete sich mit Ernst Lubitsch an, ihrem Regisseur in *Die Augen der Mumie Ma* (1918), *Carmen* (1918), *Madame Dubarry* (1919) und *Sumurun* (1920). 1922 hatte sie in der Rolle von Madame Dubarry an der Seite von Emil Jannings ihren Durchbruch in den USA, wo der Film 1920 unter dem Titel *Passion* in Umlauf kam. Nachdem sie 1922 mit Lubitsch einen letzten Film für die Ufa beendet hatte, ging sie in die USA. Ihr »Scheich« Emil Jannings (die arabische Mode war keineswegs auf Amerika beschränkt) sollte ihr bald folgen, denn die Inflation in Deutschland ließ die Angebote aus Übersee verlockend erscheinen.

Adolph Zukor hatte sie wie eine Fürstin empfangen. Hier war eine Schauspielerin, die etwas riskierte, die sich mit ungeheurer Leidenschaft in eine Rolle stürzte, frei von dem bei amerikanischen Schauspielerinnen üblichen Bedürfnis nach Pose und Ziererei. Diese Leidenschaft, diese Energie hatte sie mit Valentino gemeinsam. Auch den Mut zur Hässlichkeit, wenn es ihre Ausdruckskraft steigerte. Da Negri bisweilen dabei ertappt wurde, wie sie ein Buch las, und sich manchmal vom Starrummel distanzierte, war sie in Gefahr, von der Presse als intellektuell oder hochnäsig aufs Korn genommen zu werden. Lubitsch warnte sie. Sein »Rat war zu beherzigen. Ich posierte für Reklameaufnahmen, ging auf Partys, stand Interviewern Rede und Antwort, stutzte mein Vokabular, so dass kein Hauch Intelligenz durchschimmerte. Einer ausdruckslosen Existenz vergab Hollywood und nahm mich als eine der ihren an.«[4]

Im Gegenzug machte Pola Negri ihren Einfluss geltend, damit Lubitsch eine Chance bekam. Bereits 1924 drehten sie für die Paramount ihren ersten amerikanischen Film, *Forbidden Paradise*. Während er seinen berühmten *touch* entfaltete, drehte sie allein im Jahr 1924 vier, 1925 sogar fünf Filme für die Paramount. Ihre weiß schimmernde Haut, ihr lackschwarzes Haar, ihre Vitalität und flamboyante Exotik hoben sie deutlich aus der Gruppe der Vamps à la Nita Naldi heraus. Pola Negri gab sich temperamentvoller, als sie war – und schreckte vor handfesten Auseinandersetzungen am Set nicht zurück. Das polierte nicht nur ihr Image als »slawische Wildkatze« auf, sondern hatte auch reinigende Wirkung auf die Arbeitsatmosphäre. Solange es nicht um Männer, sondern um Verträge ging, war sie eine besonnene Frau und reihte sich umstandslos in die Gruppe der ihren Müttern ergebenen Halbwaisen von Hollywood ein. Viele ihrer Kolleginnen übernahmen schon im Mädchenalter die Rolle des Familienvaters. Als Kind hatte sie ihren Vater an die polnische Widerstandsbewegung verloren und mit der Mutter in bitterster Armut gelebt. Sie und sich zu befreien, blieb der stärkste Antrieb: »Von meiner Arbeit abgesehen war sie das Einzige, was zählte.« Pola Negris Liebe zu Literatur, Musik, Kunst war nicht vorgeschoben, sondern echt: Ihren Künstlerinnennamen (für Barbara Apolonia Chalupiec) wählte sie nach der italienischen Dichterin Ada Negri, deren Verse sie als junges Mädchen während einer Lungenkrankheit getröstet hatten.[5]

Eine Diva im besten Sinne des Wortes, spendete sie für Wohltätigkeitsorganisationen und bot, gestützt von einem kostbaren Ambiente, umhüllt von Pelzen und im Glanz teuren Schmucks, einen unvergesslichen Anblick. Ihr Englisch? Nicht gerade berühmt (»pretty crude«), doch Teil ihres Charmes. Nach ersten Eroberungen in Hollywood, die im Trubel des Filmens und Feierns von der Presse nicht genau ausgemacht werden konnten, wurde Negri von Charles Chaplin belagert. Was sie für ihn verkörperte? »Schönheit, Verstand, Talent.« Nachdem er sie mit der Geschichte seiner Kindheit weich gestimmt und durch eine Kette klotziger Aufmerksamkeiten in Verlegenheit gebracht hatte, wobei ganz Hollywood zusah, fand sie es an der Zeit, in den sauren Apfel zu beißen, um ihren Ruf als »Wildkatze« nicht zu gefährden. Vom Wesen her erschien er ihr kindisch und unreif. Auch berechnend. Chaplins Manieren ließen zu wünschen übrig, doch als Künstler faszinierte er sie. Seine Eifersucht und sein Hang zur Theatralik waren ermüdend. Der unablässigen Szenen überdrüssig, gab sie ihm schließlich den Laufpass, tief beschämt, den clownesken, zu Sadismen neigenden Mann als Liebhaber akzeptiert zu haben. Chaplin rächte sich später in seiner Autobiografie.[6]

Es klingt unwahrscheinlich, dass Pola Negri und Valentino zwischen 1922 und 1925 nie zusammengetroffen sein sollen. Immerhin hatten sie gemeinsame Bekannte: George Fitzmaurice, Raoul Walsh, Sidney Olcott, Marion Davies, Mary Pickford – fast alle bekannt für ein gastfreies Haus. Hans Kraly, der das Skript für *The Eagle* schrieb, hatte bereits in der Ufa-Zeit als Drehbuchautor für den polnischen Star gearbeitet. In ihren Erinnerungen weist Pola Negri darauf hin, dass man sich in Hollywood schon ausweichen konnte. In ihrem Freundeskreis »konnte niemand verstehen, warum ich mich nicht mit einem der attraktivsten Männer treffen wollte. Kaum, dass ich es selber begriff. Obwohl es lachhaft war, fürchtete sich etwas in mir davor, Valentino zu begegnen.« Überall stand sie im Mittelpunkt des Interesses. Für eine ihrer Nachfolgerinnen, die junge Lita Grey Chaplin, war sie »die betörendste Frau, der ich je begegnet war … Alles war schrecklich durchsichtig, aber es verfehlte nicht seine Wirkung … ihren üppigen Körper gebrauchte sie wie eine Waffe …« Auch außerhalb der Dreharbeiten blieb Pola Negri ihrem Ruf als unwiderstehliche Frau verpflichtet. Sie lernte schnell. Auf ein Klischee mochte sie sich allerdings nicht festlegen lassen: »Ein Vamp war ich nie. Ich war eine große, dramatische Schauspielerin … Vamps gingen den Bach runter …«[7]

Nach der Trennung von Rambova und Valentino begann ein Katz-und-Maus-Spiel, dem Marion Davies schließlich ein Ende machte. Sie lud beide zu einem ihrer berühmten Kostümbälle zu Ehren ihres Geliebten William Randolph Hearst ein. Solche Einladung abzuschlagen war nicht ratsam. Louella Parsons lag auf der Lauer und fieberte dem Treffen der Stars entgegen. Außer Hedda Hopper gab es niemanden, der im Bereich von »Gesellschaft« über größeren Einfluss verfügte als die Klatschkolumnistin, und es war nicht ratsam, sie zu enttäuschen.

Pola Negri lieferte eine von Parsons bestätigte Version dieser Begegnung.[8] Demnach erschien sie in der Regimentsuniform der Ulanen als Katharina die Große aus *Forbidden Paradise* – allein, da ihr Geliebter Rod La Rocque sich nach einem Eifersuchtsanfall geweigert hatte, mitzukommen. Marion

Davies stellte ihr einen gut aussehenden Mann vor. »Als er sich bückte, um meine Hand zu küssen, blickte er mir unentwegt in die Augen. Er sagte dann auch die üblichen Höflichkeitsfloskeln, und zwar mit weicher, musikalischer, fast akzentfreier Stimme. Hübsch und dabei so zurückhaltend, fehlte die intensive Sinnlichkeit aus der Leinwand-Darstellung. Zum einen strahlte Rudy die Kultiviertheit des Italieners aus, andernteils schien er völlig unkompliziert.« Er sah unglücklich aus und wirkte in »dem bombastischen Torero-Kostüm aus *Blood and Sand* ... wie ein in Phantasie-Kleidung gehülltes, verwundbares Kind«. Nach einem Tango wurden sie getrennt: Vilma Banky wollte nach Hause begleitet werden. Höflich, wie er war, konnte er nicht ablehnen.[9]

Es dauerte eine Weile, bis sie sich zufällig im Biltmore wieder sahen, wo Pola Negri ein Essen zu Ehren des englischen Romanciers Michael Arlen gab. Valentino saß ein paar Tische weiter in Gesellschaft. Es dauerte nicht lange, und er forderte Negri zum Tanzen auf und bat sie, ihre Gäste möglichst rasch zu verabschieden. Was gelang. Sie folgte dabei nicht nur ihrer Laune, sondern einem ebenso strengen wie verbindlichen Code: »In Hollywood darf sich keine Dame – und sei sie noch so faszinierend – zu lange zieren.«[10]

Diesmal waren sie weniger befangen als bei ihrer ersten, von anderen herbeigeführten Begegnung. Verführerisch auf der Leinwand, mussten beide den wechselseitigen Vorstellungen nun Auge in Auge genügen. Damit es so blieb, bedurfte es vieler Trennungen. Und großer Gesten. Er streute Rosenblätter über ihr Lager. Sie zitierte Ernest Christopher Dowson: »Sie sind nicht lang, die Tage mit Wein und Rosen ...«[11] Es folgten Ausflüge nach Catalina auf seiner Jacht. Er bereitete Spaghetti für sie. Bei der Hochzeit von Mae Murray mit einem der fatalen, auf reiche Frauen spezialisierten Mdivanis erschienen sie strahlend als Führer des Brautpaars. Ein Alltag stellte sich nicht ein. Die aufregende Zeit des Kennenlernens, wochen-, monatelang, nahm kein Ende.

Nur einmal ging ein Riss durch das schöne Bild. Mitten im Gespräch krümmte Valentino sich plötzlich vor Schmerzen. Vergeblich versuchte er, ihr den Anblick zu ersparen, doch sie folgte ihm und fragte, was ihm fehle. Kaum war der Anfall vorbei, steckte er sich eine Zigarette an und sagte, es sei eigentlich nichts. Nur sein Haar werde dünn. Er nehme ein Mittel dagegen ein. Das mache Probleme. Dann fragte er sie, ob sie sich einen Latin Lover mit Glatze vorstellen könne. Negri versuchte, das Ganze als unwichtig abzutun, doch ihr mütterlicher Ton alarmierte ihn. Es dauerte nicht lange, und

252

Valentino kündigte eine mehrmonatige Trennung an. Aus beruflichen und privaten Gründen. Am 6. November erwartete man ihn zur Premiere von *The Eagle* in New York, danach in London. Um Rambova die Scheidung zu ermöglichen, würde er für eine Weile seinen Wohnsitz in Paris nehmen müssen.

Joseph Schenck und andere einflussreiche Mitarbeiter von United Artists beglückwünschten ihn zu seiner schauspielerischen Leistung. Zur Premierenfeier von *The Eagle* erschien er in Begleitung von Beulah Livingstone, der Pressesprecherin von United Artists. Inmitten des Beifalls trat er bescheiden vor sein Publikum und dankte allen, die zum Gelingen des Films beigetragen hatten. Unmittelbar danach entschloss er sich zu einem Schritt, der in den Vereinigten Staaten Überraschung, in seinem Geburtsland Befremden auslöste: Rodolfo Guglielmi beantragte die amerikanische Staatsbürgerschaft. Keine spontane Entscheidung. Auf der Leinwand war er so vieles gewesen: Ganove und Aristokrat, Argentinier, Araber, Inder, Franzose, Spanier, Italiener, zuletzt Russe. Er hatte zwei Amerikanerinnen geheiratet und in den USA eine Karriere gemacht, an die in der alten Heimat nicht zu denken war. Bis auf ein paar Eingeweihte kannte oder beachtete ihn dort niemand. Nun wollte er ankommen im Land seiner Wahl. Dazugehören.

Wie lange war er nun schon auf Reisen? Italien, vor allem der Süden, hat ihm die beschämendste Erfahrung seines Lebens beschert. Es kam ihm nicht in den Sinn, dass er mit seiner Aufmachung auf die Bewohner der Region protzend, ja arrogant gewirkt haben könnte. Einmal war ihm ein aufgebrachter Padrone in den Weg getreten, dann waren Teresa und er von malariakranken Kindern oder Bäuerinnen verfolgt, von zerlumpten Männern geschmäht und mit Dreck beworfen worden: Bilder der italienischen Realität, die er nur noch vergessen wollte. Im Traum war er einmal in die gigantische Schlucht hinter Castellaneta gestürzt, an deren Rand sich wenige Häuser trotzig behaupteten. Er fiel und fiel und fiel, gemäß einer alten, von den Eltern eingepflanzten Kinderangst vor dem Abgrund. Beim Erwachen erst besann er sich auf seine amerikanische Wirklichkeit. Castellaneta hatte ihm bewiesen, dass es in Italien kein Zuhause für ihn gab, und in Rom versuchten junge Faschisten, einen Boykott von *The Eagle* zu erwirken. Es ließ ihn zwar nicht kalt, aber er nahm es fast schon wahr, als beträfe es einen anderen Menschen.[12]

Ohne Rambova fühlte er sich entwurzelt. Sein Sinn für Häuslichkeit hatte sich mit ihrer Gestaltungslust getroffen. Niemand liebte wie sie den Entwurf, das Experiment, Risiken. Mit ihr hatte er nicht nur träumen, sondern auch manches in die Tat umsetzen können. Ohne Traum gab es für Rambova keine Wirklichkeit, kein Leben.[13] Wie oft hatte er mit ihr den Kontinent zwischen Ost- und Westküste durchquert, Dampfer bestiegen nach Europa und Züge nach London – Paris – Nizza. Jetzt reiste er wie ein Geschäftsmann, der tagsüber arbeitet und sich abends amüsieren will, und plante entsprechend. Die meisten Metropolen des Films waren ihm vertraut – mit Ausnahme von Berlin. Er würde Berlin besuchen, wenn die Zeit reichte, auch das Studio der Ufa in Babelsberg, in dem Pola Negri mit Lubitsch gedreht hatte. Valentino sprach Italienisch, Französisch, mittlerweile fließend Englisch, Spanisch so gut, dass er sich mit Spaniern in ihrer Muttersprache unterhalten konnte. Seine Deutschkenntnisse waren allerdings gering.

Für Valentino und Rambova war der Reigen des Sich-Verfehlens noch nicht abgeschlossen. Während er im New Yorker Mark Strand Theater für seinen neuen Film umjubelt wurde, reichte sie in Paris die Scheidung ein. Während er seine Reise nach London vorbereitete, wollte sie sich künftig ihrer eigenen Karriere widmen. Sie kam mit der Leviathan aus Frankreich zurück; er fuhr kurz darauf mit demselben Dampfer in Richtung Europa. Reportern fiel auf, wie elend er aussah. Seine Augen waren umschattet, sein Gesicht wirkte verquollen, beinahe hässlich.

In Paris schien es ihm besser zu gehen. Wieder tauchte er im Wirbel teurer Vergnügungen unter. Zeit, mehr als die mondänen Zirkel aufzusuchen, war ihm selten geblieben. Er liebte die Atmosphäre luxuriöser Hotels. Das Plaza Athénée seiner Flitterwochen. Das Ritz Carlton. Ordnung auf Zeit, professionelles Umsorgtsein, Eleganz, die Gegenwart eines internationalen Publikums, eilfertige Empfangschefs, mit schimmernden Lüstern versehene Foyers in Erwartung großer Auftritte. Und er gehörte dazu. Oder kaufte sich dazu. Trotzdem brauchte er jetzt ein Zuhause. Sein Antrag auf die amerikanische Staatsbürgerschaft lief.

Das intellektuelle Paris blieb ihm verschlossen – das amüsante zog ihn in seinen Bann. Es war – trotz der Vielzahl von Bekanntschaften – eine in sich kreisende, dem Jetzt verschriebene Welt. Viele Namen tauchten in seiner Umgebung auf und verblassten rasch wieder: Jean Nash, die Dolly Sisters – oft nur Gesichter, wechselnde Begleiterinnen, die die Presse nicht immer zu identifizieren vermochte, und mittendrin versprach ihm ein ägyptischer Prinz den Himmel auf Erden, wenn er in Kairo filmen würde. Im Wirbel von Stars und Starlets genoss er es manchmal, den Überblick zu verlieren.

Bald trieb es ihn nach London. Das erste Weihnachten ohne Rambova wollte er mit seinen Angehörigen verbringen. Alberto, Maria, Schwägerin

Ada und sein Neffe Jean hatten versprochen zu kommen. So blieb ihm im Dezember 1925 nur wenig Zeit für einen Abstecher in die deutsche Hauptstadt.

Am Bahnhof traf er Mae Murray. Ihr Ziel war gleichfalls Berlin. Beide wurden im Hotel Adlon aufs Höflichste empfangen und mieden jeden Anschein einer Romanze. Valentino lobte die guten Manieren der deutschen »Fräuleins«, verweigerte aber jeden Kommentar zu persönlichen Angelegenheiten. Er war gekommen, um sich ein Bild von der deutschen Filmindustrie zu machen. Pola Negri hatte ihm viel über ihre Zeit bei der Ufa erzählt, in Rom war er dem bewunderten Emil Jannings begegnet, jetzt würde er Friedrich Wilhelm Murnau treffen. Valentino kannte deutsche Filme: *Madame Dubarry, Anna Boleyn, Caligari, Der Golem,* und hielt viel von deutschen Regisseuren. Auch über Emil Jannings' Leistungen, namentlich in *Der letzte Mann,* der vor genau einem Jahr im Ufa-Palast am Zoo Premiere gehabt hatte, war »er voll des Lobes«, wie die Berliner Morgenpost berichtete. 1925 konzentrierte sich Murnau auf *Tartüff* mit Emil Jannings, Werner Krauss und Lil Dagover, plante aber eine Reise in die USA, was ihm mit seinem letzten, noch in Deutschland gedrehten Film *Faust* im Gepäck im Sommer 1926 auch gelingen sollte.[14]

Für Murnau war Valentino wegen seiner Kenntnisse des amerikanischen Filmgeschäfts und seiner Kontakte interessant; Valentino selbst ließ durchblicken, dass er gern in Deutschland arbeiten würde: nicht nur als Schauspieler, sondern auch als Produzent. Murnau, der sich in einem autobiografischen Text als »Sohn der roten Erde« bezeichnete, obwohl er in Bielefeld unter dem prosaischen Namen Friedrich Wilhelm Plumpe geboren war, dürfte sich mit einem Italiener, dem noch der Staub der *terra rossa* Apuliens auf der Seele lag, gut verständigt haben. Murnau hatte nach einem Studium der Kunstgeschichte als Schauspieler, dann als Regisseur bei Max Reinhardt Erfahrungen gesammelt. Der Erste Weltkrieg hatte seine Arbeit unterbrochen, ihm als Pilot aber auch optische Erlebnisse beschert, die man für die Kameraführung verwenden konnte. Murnau war homosexuell und hatte Mühe, sich in der Weimarer Republik einer Avantgarde anzuschließen, die zwischen George-Kult, expressionistischen, dem Theater verpflichteten Exzessen der Schauspielkunst und technischen Neuerungen nach unverbrauchten Ausdrucksmöglichkeiten suchte. Es war schwer, eine Linie zu finden; so schwankte er auf der Suche nach verfilmbaren Stoffen zwischen der Adaption von Illustriertenromanen und Themen der Weltliteratur, zwischen expressionistischen und modernsten Strömungen. Die Suche nach filmischen

Ausdrucksmitteln erinnerte Valentino an Rambova. Wie Murnau hätte auch sie sagen können: »… jede Aufgabe, die sich nicht mit geldlicher Spekulation beschäftigt, weist in die Zukunft«. Valentino reiste ab mit dem Versprechen, wiederzukommen.[15]

Silvester war er in Monaco. Pola Negri, im wirklichen Leben nicht gerade eine Idealbesetzung für die Rolle der wartenden Geliebten, musste durch Briefe und zärtliche, auf Französisch geschriebene Telegramme besänftigt werden, denn die Presse berichtete, der »Scheich« habe derzeit weder Film- noch Heiratspläne. Zwar zog sie der Ehe mit Valentino ebenfalls eine durch prestigeträchtige Auftritte gewürzte Affäre vor, durfte das aber – so gut kannte sie Hollywood inzwischen – auf keinen Fall zugeben. Die Fans würden es nicht verkraften. Beide Stars fühlten sich manchmal wie Beauftragte eines kollektiven, nie recht greifbaren Willens. Ihre Studios verfolgten die Fieberkurven des öffentlichen Interesses mit wachsender Nervosität und bemühten sich, das Paar anzuleiten.

Eine Reise machte Valentino zum Jahresanfang von 1926 allein, ohne seine Angehörigen. Von Monte Carlo aus war es nicht weit bis Juan-les-Pins. Dort empfing Winifred Hudnut ihn mit unverminderter Herzlichkeit. Auch an ihr waren die Geschehnisse der letzten Monate nicht spurlos vorübergegangen, und so suchte sie Trost in der Theosophie. Ihr Mann und ihre Tochter waren ihr darin gefolgt. Ein Medium fanden sie in George Wehner, der sich zuvor als Komponist, Musiker und Schauspieler versucht hatte. Wehner war nicht nur fasziniert von der kultivierten Atmosphäre in Rambovas New Yorker Apartment, sondern auch von seiner Gastgeberin: »Ihre Bewegungen waren geschmeidig und anmutig, und sie hatte diesen Schimmer in ihren dunklen Augen, den ein Medium sogleich als Zeichen einer telepathisch veranlagten Persönlichkeit erkennt. Was mich aber am meisten an dieser pittoresken Erscheinung beeindruckte, war das ungewöhnliche Timbre ihrer wunderbar klingenden Stimme. Aus dieser Stimme las ich Leidenschaft, eine verwandte Intelligenz und große Gefühlstiefe.«[16]

Rambova engagierte Wehner für zwei Séancen pro Woche. Offenbar war sie zutiefst unsicher, welche Richtung sie einschlagen würde, jetzt, wo sie durch die Trennung nicht nur den Mittelpunkt ihrer Arbeit, sondern auch den Zugang zur Filmindustrie verloren hatte.

Den Jahresanfang 1926 verlebten die Hudnuts allein in Juan-les-Pins. Offiziell hatten sie noch einen Schwiegersohn. Rambova verzichtete auf Unterhalt. Sie wollte nur eins: nie mehr »Mrs. Valentino« sein. Die Scheidung wurde am Tag vor ihrem neunundzwanzigsten Geburtstag in Paris ausgesprochen. Das Paar war abwesend und sich nichts schuldig – Äußerlichkeiten für die scheidungserprobte Mama. Ihre Sympathie für Rodolfo war unverändert. Es quälte sie, so gar nichts für ihn tun zu können. »Im Januar«, erinnerte sich Winifred, »kam er wieder zu uns, derselbe freundliche, liebenswerte Junge von früher. Er konnte nicht lange bleiben, denn seine Traurigkeit war zu groß. Oft ging er in Natachas Zimmer, um dort eine Weile mit sich allein zu sein, und wenn er wiederkam, kniete er neben mir nieder und verbarg seinen Kopf in meinem Schoß und weinte wie ein kleines Kind. Mir brach es das Herz.«[17]

DER LETZTE FILM

Ende Januar kehrte Rodolfo mit Alberto, Ada und Jean im Schlepptau auf der Berengeria zurück. Falcon Lair war noch im Umbau begriffen, aber man würde sich arrangieren. Um Aufsehen zu vermeiden, holte Ullman sie in Pasadena ab.

Schon nach *The Eagle*, dem ersten Film mit ihrem neuen Star, gingen United Artists die Ideen aus. Als neues Projekt boten sie ihm die Verfilmung eines weiteren Romans aus der Wüstenserie von Edith Maude Hull an: »The Sons of the Sheik« (1925) war gerade erschienen und enthielt brisanten Stoff. Falls Valentino Bedenken kamen, hielt er sie zurück. Allerdings hatte er noch im November 1925 in einem Interview verkündet: »Ich habe genug von der Scheichspielerei. Keine Rollen mehr als posierender Apoll.« Schluss mit dem »parfümierten Murks«. Nach Ullman hasste es Valentino, »als Scheich bezeichnet zu werden, wenn sich das nicht auf seine Filmrolle bezog«.[1]

Hinzu kam, dass es bald nach der Verfilmung des ersten Scheichfilms von 1921 erste Parodien gegeben hatte. Al Christie ging 1922 mit *The Son of a Sheik* auf Tournee, und der schielende Ben Turpin hatte im Jahr darauf *Shriek of Araby* gedreht. Es gab ein (männliches) Publikum dafür, das Tränen lachte. Und ein ambitioniertes Projekt von Rex Ingram, der 1924 nach Tunesien fuhr, um *The Arab* zu filmen, mit Alice Terry als Missionarstochter und dem zum Valentino-Ersatz aufgebauten Ramon Novarro als Scheich – eine ernsthafte Konkurrenz in der romantischen Linie, zumal John Seitz die Kamera übernommen hatte und originale Kostüme, Waffen, Tänze und Schauplätze zur Verfügung standen.² Fünf Jahre waren seit dem ersten Scheichfilm vergangen. Ullman saß ihm mit Rechnungen aus London und Paris im Nacken. Das neue Projekt würde Valentino mit einem Schlag vom Großteil seiner Schulden befreien.

Diesmal hatte er Glück: George Fitzmaurice, sein Wunschkandidat für *Blood and Sand*, der damals durch den ungeliebten Niblo ersetzt worden war, übernahm die Regie. Mit George Barnes, dem Kameramann von *The Eagle*, konnte er mehr als zufrieden sein, und die Ausstattung lag bei William Cameron Menzies, den Rambova damals für den *Falcon* engagiert hatte, in besten Händen. Die weibliche Hauptrolle übernahm Vilma Banky.

Für anderes sorgte Valentino selbst. Nachdem er seine Aversion gegen die neue Scheichrolle überwunden hatte, stürzte er sich mit Verve in das Projekt. Es gelang ihm sogar, Agnes Ayres, die Lady Diana aus dem früheren Film, zu gewinnen – diesmal für die Rolle der Mutter. Leicht fiel ihr die Entscheidung nicht, denn sie hatte gerade ihr erstes Kind zur Welt gebracht. Niemand außer Valentino hätte sie überreden können, ausgerechnet jetzt ins Studio zurückzukehren und sich mit einer Nebenrolle zu begnügen.

Das Skript setzt die mit *The Sheik* begonnene Geschichte in der nächsten Generation fort. Ahmed, der Sohn von Lady Diana Mayo (Agnes Ayres) und Ahmed Ben Hassan, verliebt sich in die Tänzerin Yasmin (Vilma Banky), ohne zu wissen, dass ihr Vater als Haupt einer Ganovenbande Überfälle und Diebstähle organisiert. Yasmin soll nach väterlichem Willen Ghabah heiraten, verliebt sich aber in Ahmed. Als Ghabah (Montague Love) davon erfährt, entführt er seinen Rivalen, um von dessen Vater Lösegeld zu erpressen. An einem abgelegenen Ort wird Ahmed an den Händen gefesselt, aufgehängt und gefoltert, weil er sich weigert, der Erpressung zuzustimmen. Es gelingt einem Diener des alten Scheichs, ihn zu befreien. Yasmins vermeintlicher Verrat schmerzt Ahmed mehr als alle Wunden, und er denkt nur noch an Rache.

Bald darauf sieht er Yasmin in einem Festzug wieder. Sie tanzt und wirft ihm eine weiße Rose zu, die er auffängt und zerdrückt, wobei er sich verachtungsvoll abwendet. Nach einem Kampf mit Ghabah entführt er sie noch am selben Abend und hält sie in seinem Zelt gefangen. Als Yasmin ihn nach dem Grund seines Zorns fragt, reißt er das Gewand auf, um ihr die Narben zu zeigen, die er von der Folter zurückbehalten hat. Sie beteuert ihre Unschuld, aber er glaubt ihr nicht: »Ich mag nicht dein erstes Opfer sein, aber bei Allah, ich werde derjenige sein, an den du dich erinnerst!«³ Als Yasmin entkommen will, tritt ihr der Diener in den Weg. Der zweite, zu Ahmeds Schlafstätte führende Fluchtweg verbietet sich von selbst, so dass sie sich in den Armen ihres zornigen Geliebten wieder findet, der sie langsam in Richtung eines großen Bettes drängt, bevor abgeblendet wird.

Unterdessen hat Ramadan (Karl Dane) herausgefunden, dass Yasmin Ahmed tatsächlich nicht verraten hat. Ghabah nähert sich in Begleitung einer Karawane und nimmt die Tänzerin mit. Verkleidet folgt Ahmed ihm, entschlossen, Yasmins Verzeihung zu erlangen. Wieder kommt es zum Kampf mit der Bande. Ahmed Ben Hassan eilt seinem Sohn zu Hilfe, und gemeinsam kämpfen sie sich den Weg frei. Ghabah ist es gelungen, mit Yasmin zu fliehen. Bei einem furiosen Kampf auf galoppierenden Pferden gelingt es Ahmed, Ghabah zu töten und Yasmin auf seinen Schimmel zu reißen. Gemeinsam reiten sie durch die grandiose Landschaft einem neuen Leben zu.

Es gelang Fitzmaurice, seine Hauptfiguren effektvoll in Szene zu setzen, überhaupt war es ihm gegeben, noch den abstrusesten Storys eine stilvolle Note zu geben. Rambovas Diktum »schlimmster Kitsch« schwebte auch über diesem Projekt, doch Valentino war fest entschlossen, etwas daraus zu machen. Im Skript geht das Zwillingspaar des Romans in *einer* Figur – Ahmed – auf. Rein technisch bestand die Möglichkeit, Valentino beide Söhne spielen zu lassen, doch man verwarf sie zugunsten anderer Überlegungen. Doppelrollen waren en vogue.[4] Das brachte ihn auf die Idee, neben dem leidenschaftlichen Sohn auch den gereiften, väterlichen Scheich zu spielen – ein vorsichtiger Ausflug ins Charakterfach.[5]

Wo immer es sinnvoll erschien, wurden Verbindungen zum ersten Scheichfilm hergestellt. Araberpferde waren Mangelware in Hollywood. Valentino verstand etwas davon. Er kaufte ein Tier namens Feuerball und begab sich auf die Suche nach Jadan, dem weißen Hengst aus *The Sheik*. Er wurde für die Szene benötigt, in der der Vater dem Sohn zur Hilfe eilt. Valentino spürte Jadan im Reitstall eines Mannes namens W. K. Kellogg auf und erhielt die Erlaubnis, das Tier für Dreharbeiten zu verwenden. Für Originalkostüme hatte er ebenfalls gesorgt. Wie einst mit Rambova traf er sich beim Bemühen um Wirklichkeitsnähe jetzt mit seinem Regisseur.[6]

George Fitzmaurice war in Frankreich aufgewachsen und hatte an der Académie Julian studiert, bevor er als Geschäftsmann weite Reisen unternahm, um Anfang der zwanziger Jahre in die USA zu emigrieren. Er begann als Drehbuchautor, arbeitete für Goldwyn und drehte 1922 *Bella Donna* mit Pola Negri. Seine Frau Ouida Bergère arbeitete als Schauspielerin und Agentin für Alla Nazimova, Lionel Atwill, Adolphe Menjou, schließlich als

Kostümdesignerin, bevor sie Drehbücher für große Studios schrieb und zusammen mit Fitzmaurice eines der beruflich verbundenen Ehepaare von Hollywood bildete.[7]

Valentino und sein Regisseur hatten vieles gemeinsam: die Herkunft, den französischen Hintergrund und das Gespür für die Möglichkeiten des jungen Films. Zehn Jahre älter als sein Star und wesentlich erfahrener, hatte Fitzmaurice sich öfter mit seinen Vorstellungen durchsetzen können. Er sah im Film eine der Malerei oder Bildhauerei vergleichbare Kunst, hatte Humor und litt nicht übermäßig, wenn er sich bisweilen – wie viele andere – auf Billigproduktionen einlassen musste.

Im Gegensatz zu Olcott, der mit seinen Anfeuerungsrufen jede Stimmung am Set zerstört hatte, zeigte Fitzmaurice »ein wunderbares Verständnis für Valentino. Selbst Künstler bis in die Fingerspitzen, traf er den rechten Ton im Umgang mit dem lebhaften Italiener, konnte richtig mit ihm umgehen, das Beste aus ihm herausholen« und sorgte dafür, dass Valentinos Talente zur Geltung kamen. Fitzmaurice überließ nichts dem Zufall, ließ seinen Star einmal ohne Make-up fotografieren und ordnete an, dass panchromatische Filme verwendet wurden.[8]

Valentino suchte die körperliche Herausforderung und scheute keine noch so gefährliche Aktion zu Pferd. Kein Detail blieb unbeachtet. Wenn ihm und Fitzmaurice nach strapaziösen Dreharbeiten das Englische ausging, unterhielten sie sich Französisch weiter. Einmal fiel er wie vom Blitz getroffen im Sattel nach vorn. Ein heftiger Schmerz hatte ihn bewegungsunfähig gemacht. Karl Dane bemerkte es und half ihm über den Moment hinweg.[9]

Anfangs drehten sie in der Nähe von Yuma, Arizona, und dann bei Guadalupe, Kalifornien, unter reichlicher Verwendung von Windmaschinen, die alles abschmirgelten und die Damen um ihren Teint fürchten ließen. Lästige Fliegen umschwirrten die Gruppe. Montague Love, inzwischen auf das Fach des Bösewichts spezialisiert, wurde ernstlich krank, weil er brackiges Wasser getrunken hatte. Sand war überall – in der Kleidung, in Zelten und Kameras, im Essen. In Augen und Mund. Aber Valentino liebte die Wüste, ihre sanft fließenden Formen, den Wechsel ihrer Farben mit dem Licht. Seine Begeisterung steckte an. Während der Außenaufnahmen ließ er sich Homer Grunns »Wüsten Suite« vorspielen. Für ihn konnten die gefürchteten Windmaschinen gar nicht genug Sand aufwirbeln, und er freute sich wie ein Kind, wenn er als alter Ahmed Ben Hassan mit ergrauendem Haar und müden Augen von niemandem am Set erkannt wurde.

Alberto und seine Familie hatten es in Falcon Lair jetzt nicht mit Rodolfo, sondern mit einem Scheich zu tun und weniger den besonnenen Vater als den ungebärdigen Ahmed im Haus. »Valentino fiel es nie schwer, in eine Rolle hineinzuschlüpfen, aber er kam nur schwer wieder heraus!« Sein Neffe hatte Spaß daran, doch dem Bruder und der inzwischen erkrankten Ada fiel alles furchtbar auf die Nerven. Sie fühlten sich nicht wohl in der weiträumigen Villa mit ihrem Mangel an Privatsphäre und der halb offiziellen Betriebsamkeit von Partys und miteinander rivalisierenden Frauen, denn überraschend für Pola Negri war Lady Sheila Loughborough aus London angereist, und es gab Vermutungen, dass der polnische Star seinen Unmut darüber handgreiflich offenbart hatte. Ab und zu ritt das Paar noch gemeinsam aus, ließ sich auf Partys sehen oder fuhr mit der Jacht nach Santa Catalina.[10]

Valentino hatte abgenommen. Auf Fotos wirkte er angespannt. Einige Szenen wurden noch auf dem Studiogelände von United Artists gedreht. Zum Kummer von Agnes Ayres und Vilma Banky traten die Windmaschinen erneut in Aktion. Dann war es vorbei. Valentino sah sich das geschnittene Material an und machte nur wenige Änderungsvorschläge. Ermüdende Auseinandersetzungen wie mit Ingram und Olcott blieb ihm diesmal erspart. Fünf Jahre nach dem ersten Scheichfilm hatte er seine Ausdrucksmittel erweitert.

Das zeigt sich in vielen Szenen. Ahmed begehrt eine Frau, von der er sich verraten glaubt: »Die Liebe war tot, aber das Begehren blieb.«[11] Hin- und hergerissen zwischen Hass und Lust, Wut und Reue, Respekt vor dem Vater und Rivalität mit ihm ist er dabei, Grenzen auszuloten: im Zugriff auf andere, im Durchleben von Leidenschaft, Verrat, Entführung, Folter.

Wieder einmal muss Valentino sich gegen seine Kostüme behaupten. Hände und Gelenke sind mit Ringen, einer Armbanduhr bzw. dem *slave bracelet* bepackt, alles Übrige ist aufs Üppigste mit verwirrenden Stoffen, Mustern, Borten belegt. Fitzmaurice hat seinen Star in den vorausgegangenen Filmen studiert und folgt Rambovas Linie, indem er – wie in *Blood and Sand* oder *Monsieur Beaucaire* – Szenen einbaut, die Valentinos muskulösen Körper freilegen. Trotzdem kann ihn niemand mit einem Action-Darsteller verwechseln, bewegt er sich doch zu Pferde wie im Innern seines Zeltes mit einer nur ihm eigenen schwerelosen Grazie. Fitzmaurice gibt Valentino mehrfach Gelegenheit, die Ambivalenz seiner Gefühle auszuspielen. Die Kraftprobe zwischen Vater und Sohn, die Balkonszene, auf der Valentino gleichsam die Rolle der Julia einnimmt, während Vilma Banky ihm von unten eine Rose hinaufwirft, und der Show-down zwischen Yasmin und Ahmed im Zelt gehören zu den visuellen und psychologischen Höhepunkten des Films.

Fitzmaurice dürfte *The Eagle* sehr genau angesehen haben. Mit dem neuen Film nahm die erotische Aura des Helden dunklere Töne an. Maske und Peitsche waren deutliche Requisiten; auch in der Provinz sollte man begreifen, worum es ging. Fitzmaurice hatte bei der Folterszene in *Son of the Sheik* den heiligen Sebastian im Sinn.[12] Die Szene, in der Ahmed von den Kumpanen seines Gegners am Fensterkreuz aufgehängt und ausgepeitscht wird, dauert relativ lange. Valentinos Oberkörper ist zum Teil entblößt, sein Haar fällt ihm wirr ins Gesicht. Er scheut nicht die Hässlichkeit des Gepeinigten. Der Genuss seiner Folterer am Ungleichgewicht der Kräfte fällt ebenfalls ins Auge. Auch hier geht es nicht um den Masochismus des Helden, sondern seine für die sadistischen Neigungen anderer aufbereitete Qual.

Für Yasmin lässt Fitzmaurice Liebe und Unterwerfung (physisch und psychisch) in eins fallen. Ahmed sperrt sich innerlich und äußerlich gegen die begehrte Frau, von der er sich verraten glaubt. Erst nach einem unvergleichlichen, von Fitzmaurice mit Großaufnahmen bedachten Duell der Blicke, als sie sich aufrichtet und Ahmed ein »Ich hasse dich! Ich hasse dich!« entgegenschleudert, kommt ihm die Idee, sie über Nacht bei sich zu behalten. Während die Folterszene in einer abgelegenen Ruine breit ausgespielt wird, überlässt Fitzmaurice das in der Nähe des Bettes angesiedelte »Gegenstück« dazu der Phantasie der Betrachtenden, widmet der vorausgehenden Auseinandersetzung zwischen Ahmed und Yasmin aber die eindringlichsten Momente des Films. Vilma Banky erscheint »verloren in erotischer Sehnsucht«. Ihre hingerissene Selbstvergessenheit fällt zwar nicht der Doppelmoral anheim wie sonst, doch weil Yasmin im Verdacht steht, Ahmed an seine Folterer verraten zu haben, wird sie dennoch bestraft.

Als Valentino Banky in seine Arme reißt und ihr Gesicht und ihren Oberkörper mit Küssen bedeckt, erscheint er nicht als Vergewaltiger, sondern als leidenschaftlicher Liebhaber. Für spätere Betrachter gibt Valentino seinem Scheich »einen Hauch von Sensibilität … der ihn selbst in Augenblicken sexueller Aggressivität sanft macht. Er ist sicherlich der freundlichste Vergewaltiger auf der amerikanischen Leinwand.«[13]

Manche Szenen haben die Naivität eines Fiebertraums, durchwebt von psychologischen Raffinessen, die dem Film Tempo, Rhythmus und Kontur geben. Was das Publikum sich wünscht – Ikonen der Sehnsucht –, entfaltet in Großaufnahmen seine Wirkung: Das gewisse Etwas, Elinor Glyns »It«, lässt sich nirgends sonst auf Dauer nieder, verflüchtigt sich unter den Belas-

262

tungen des Alltags. Büros, Fabriken, Kasernen lassen kaum Spielraum für
»It«. Ihre Rhythmen vertragen sich nicht mit dem Takt einer Annäherung,
der im Tanz von Yasmin überzeugend zum Ausdruck kommt. Das schöne,
unter einem Tränenschleier verschwimmende Auge, ein kühner Blick, die
Erotik der Wüstenlandschaften selbst, deren wechselnde Formen mit den
geliebten Zügen und Gesten korrespondieren und mehr als eine Kulisse töd-
licher Auseinandersetzungen und leidenschaftlicher Begegnungen bilden –
Fitzmaurice und sein Kameramann lassen die Emotion selbst auftreten: in
Großaufnahme.

In seinen Filmen verliebt Valentino sich fast immer auf den ersten Blick.
Dieser Blick hält die Zeit an. Keine Selbstverständlichkeit. Mag sein, dass
die in *The Eagle* und *Son of the Sheik* hinzukommenden Facetten männlicher
Selbstbehauptung, dass rasche Wechsel zwischen Opfer- und Täterstatus
seine Charaktere spannungsvoller erscheinen lassen; mag sein, dass Rambovas Abwesenheit diese Entwicklung begünstigt. Während sie sich in
Séancen verliert, spielt Valentino wie auf eine ferne Geliebte hin, hantiert
mit traumhafter Sicherheit nach einem inneren Drehbuch. In allem sieht er
ein Symbol des Durchlittenen.

RUFMORD

Obwohl Valentino versprochen hatte, nur mit Chauffeur zu fahren, brach er
eines Morgens sein Versprechen. Gegen vier Uhr morgens verlor er bei Nebel und hoher Geschwindigkeit die Kontrolle über den Wagen – ausgerechnet an einem Bahnübergang. Hätte der Zugführer nicht im letzten Moment
gebremst, wären die Insassen wohl kaum mit dem Leben davongekommen.
Valentino wurde aus dem Auto geschleudert und kam mit einem Schock davon; zwei Mitfahrer mussten im Krankenhaus behandelt werden. Es war
nicht sein erster Unfall, doch am 10. März erschien ein Zeitungsartikel mit
der Überschrift: »Stoppt diese unverantwortliche Karriere!« »›Setz einen
Bettler aufs Pferd, und er reitet zum Teufel‹, heißt ein altes Sprichwort. Die
moderne Version ist: ›Gib einem größenwahnsinnigen Emporkömmling ein
Auto, und er wird sich über kurz oder lang seinen Hals brechen oder den eines anderen.‹« Joseph Schenck fand es an der Zeit zu intervenieren.[1]

Seine Mahnung kam an. Valentino schüttete wieder einmal sein Herz aus und fragte Schenck, wie mit einem Interview umzugehen sei, das Pola Negri nur wenige Tage nach seinem Unfall, am 6. März, der New York Times gegeben hatte. Von Reportern nach Heiratsplänen ausgefragt, fand er Zuflucht in dem Satz: »Fragen Sie die Dame«, und schob Pola Negri die Entscheidung zu. Im Stillen hatten sie längst ein Arrangement getroffen, das beiden zugute kam. Während er sich privat gern mit alten und neuen Freunden wie Douglas Gerrard, Paul Ivano, Manuel Reachi und Beltrán Masses umgab und das Zusammensein mit der Familie seines Bruders genoss, soweit Albertos bedenkliche Miene im Hinblick auf den Lebensstil seines Bruders oder Pola Negris Anwesenheit in Falcon Lair es zuließen, erschien er zu offiziellen Anlässen, Empfängen und Veranstaltungen stets in Begleitung der Diva. Gemeinsam fielen sie stärker ins Auge. Eine versiertere Strategin hätte er kaum finden können. Von Journalisten attackiert, gelang es ihr, beider Image zu schonen. Sie glaubte nicht an die Ehe, hütete sich aber vor entsprechenden Äußerungen und kündigte in dem Interview eine Reise nach Deutschland an, wo sie einen neuen Film drehen wollte. »Ich bin so begierig darauf, durch eine Trennung auf die Probe gestellt zu werden … Wahre Liebe sollte das überleben.« Drehbuchsätze. Dabei umging sie das Heiratsthema und parierte noch die peinlichsten Fragen, etwa nach den »Qualitäten« ihres Liebhabers, mit Antworten, nach denen sich jedes weitere Wort erübrigte. »Ich denke, er steht über allen anderen Männern. Er ist perfekt.«[2]

Schenck wusste, dass es Valentino nicht nur darum ging, welche Haltung er für die Öffentlichkeit annehmen sollte; deshalb verbarg er seine Zufriedenheit mit Negris Geschick und sagte nur, es erschiene ihm indiskret und gewagt, in einer persönlichen Angelegenheit zu intervenieren. Allerdings könne eine gewisse Junggesellenzeit nicht schaden.

Valentinos private und berufliche Belange hatten sich inzwischen so verwoben, dass nicht nur seine Karriere, sondern auch sein Lebensstil kontrolliert wurde. Das Zusammenspiel mit Journalisten – ganz gleich, ob sie in der Presseabteilung des eigenen Studios oder für Zeitungen und Magazine arbeiteten – bedurfte großer Aufmerksamkeit. United Artists beauftragte Ausschnittdienste, um die Popularitätskurve ihres Stars im Blick zu halten. Männer wie Zukor oder Schenck zögerten nicht, auf gewisse Fanmagazine Druck auszuüben, sobald sich die Gefahr einer rufschädigenden Kampagne abzeichnete.

Nach der Trennung von Rambova waren Ullman und Schenck seine Berater geworden. Keiner dieser Männer handelte unparteiisch. Schenck hatte die Interessen von United Artists, Ullman seine eigenen im Blick. Beide nutzten Valentinos Schwäche für willensstarke Persönlichkeiten aus. So reserviert, so scheu er sein konnte – sobald jemand sein Vertrauen gewonnen hatte, äußerte er sich rückhaltlos. Beruflich und privat. Für seine Partner war er deshalb ein offenes Buch.

Er wollte niemanden verletzen, nur gefallen. Doch um welchen Preis? Nicht nur Rambova, Winifred Hudnut, Pola Negri – auch Ullman erschien er manchmal wie ein Kind. Als Schauspieler kam ihm das zugute. Sein Problem bestand weniger darin, sich in eine Rolle hineinzuleben, als aus ihr herauszufinden. Das Ausleben verschiedener Charaktere versetzte ihn in solche Euphorie, dass er in Traurigkeit verfiel, wenn die Wirklichkeit ihn wiederhatte. Das Vergnügen, Weltflucht als Arbeit genießen zu können, währte nicht lange, dann holten ihn die Anfälle von Niedergeschlagenheit erneut ein. Was ihm blieb, waren Momente glücklichen Selbstvergessens, sobald sich die Verschmelzung von Mensch und Rolle vollzog. Mit der Dichte einer Filmhandlung konnte kein Leben konkurrieren.

Nach etlichen Vorschauen, auf denen die Reaktionen des Publikums getestet wurden und die Schauspieler sich für Nachbesserungen bereithielten, kam *Son of the Sheik* in den Verleih. Es war Sommer. United Artists organisierte eine Premierentournee durch mehrere Städte. Mit seinem Manager, der ihn ständig begleitete, diskutierte Valentino Zukunftspläne, denn der nächste Film war für Oktober geplant. Auf die Frage, wie lange er noch als romantischer Liebhaber auftreten könne, meinte Ullman: fünf Jahre. Valentino gab sich nicht mal eins.[3]

Sein Haar wurde dünn. Medikamente dagegen erwiesen sich als wirkungslos – schlimmer noch, sie bekamen ihm nicht. Er sah sich bereits mit Glatze wie andere »Scheichs« des deutschen oder amerikanischen Kinos, die im Schutz ihrer Fettpolster ein so viel bequemeres Leben genossen. Valentino musste seinen Widerwillen nicht gegen die Figur des Scheichs selbst, sondern gegen vulgäre Assoziationen überwinden, die mit der Rolle verbunden waren. Er, der nie anders als *con amore* zu spielen vermochte, fand Trost in der Doppelrolle, die mehr Spielraum gewährte. Zum ersten Mal durfte er einen älteren Mann spielen. Wie lange würde er den Frauen noch gefallen? Als Vorbilder für zukünftige Rollen dachte er jetzt an Männer von historischer Bedeutung. Die Rolle des Vaters in *Son of the Sheik* war ein Schritt in diese Richtung. Im Gespräch mit seinen Beratern fielen große Namen in bunter Folge: Cesare Borgia, Kolumbus, Machiavelli, Marco Polo, Ben Hur. Alles schien möglich. Valentino brachte noch einmal das letzte mit Rambova vorbereitete Projekt ins Spiel: *The Hooded Falcon.* Doch Schenck winkte ab. Die Ära von El Cid war vorbei. Wen kümmerten die Mauren? Estelle Taylor, die ebenfalls bei United Artists unter Vertrag stand und von Valentino als Hauptdarstellerin vorgeschlagen worden war, brachte »The Firebrand« ins Gespräch. In dem Stück von Edwin Justus Mayer ging es um den italienischen Bildhauer Benvenuto Cellini.

Bei Antritt der Premierenrunde für *Son of the Sheik* waren alle weiteren Pläne noch in der Schwebe. Er traf Bekannte von früher wie die Schauspielerin Cora Macy und deren Mutter Cora McGeachy, eine angesehene Kostümexpertin. Schließlich entdeckte er in der Menge June Mathis. Sie hatte sich den jüngsten Film ihres Julio angeschaut. Er begrüßte sie überglücklich, und sie zeigte mit ihrer Freude über die Begegnung, dass sich ihr Groll aus der Zeit der Vorbereitungen für den *Falcon* längst gelegt hatte. Überhaupt begann mit diesem Treffen eine Reihe von Versöhnungen und Annäherungen, um die sich Valentino bemühte. Keine davon entstand im Bewusstsein seines nahen Endes. Doch alle Beteiligten erinnerten sich später daran.

Er ging sogar so weit, Adolph Zukor, mit dem er heftige Differenzen gehabt hatte, als er noch bei Famous Players-Lasky unter Vertrag stand, um eine Unterredung zu bitten. Der Widersacher von einst nahm gleichmütig hin, dass der Star seine damalige Haltung dem Studio gegenüber bedauerte. Valentinos Bedürfnis nach Versöhnung überraschte ihn. Reue war Zukor fremd. Nachträgliches hatte in Hollywood keinen Platz, ging es doch ums Geschäft. Wen kümmerte das Gestern, wenn die Kasse stimmte? Zukor konnte sich kaum noch auf Details besinnen, wohl aber auf gravierende Fehler des Studios. Gebrochene Versprechen. Dreistigkeiten. Tricks. Dass dieser junge Mann ausgerechnet mit ihm ins Reine kommen wollte! Er sah das Ganze gelassener: »Wenn wir in diesem Geschäft nicht auch einmal nein sagen können, manchmal sogar laut, und dann das Ganze vergessen, kommen wir nicht weit. Sie sind jung. Viele gute Jahre liegen noch vor Ihnen.« Adolph Zukor war es bestimmt, einhundertvier Jahre alt zu werden – Valentino hatte nur noch wenige Wochen zu leben.[4]

Die Premiere von *Son of the Sheik* fand im berühmten Theater von Sid Grauman in Los Angeles statt. Valentino erschien in Begleitung von Pola Negri, die ihn mit einem riesigen Blumenarrangement aus roten Gladiolen und seinem aus weißen Nelken gebildeten Namen überraschte. Von diesem Film hing viel ab – für ihn und United Artists. Zum Glück wiederholte sich der rauschende Beifall in allen Städten und führte in San Francisco, Chicago, New York, Atlantic City und Brooklyn zu turbulenten Szenen. Die Fans waren noch aggressiver geworden, griffen nach ihm, rissen an seiner Kleidung. In San Francisco wurde er vom Bürgermeister nach einem Lunch im Fairmont Hotel sogar privat empfangen und mit einem schwarzen Spaniel beschenkt. Eine Hitzewelle lag über dem Land. Trotz exklusiver Bedingungen, die Valentino einen Rückzugsort im Zug sicherten, wo er sich ausruhen, lesen, über seine Zukunft nachdenken konnte, wurde die Fahrt nach Osten zur Qual. Selbst nachts kühlte es kaum ab.

Als sie am 18. Juli in Chicago den Zug nach New York nehmen wollten, entdeckte Ullman einen in der Tribune erschienenen Artikel mit der Überschrift: »Pink Powder Puffs« – rosa Puderquasten. Darin wurde die Verweiblichung amerikanischer Männer beklagt. Der eher nichtige, möglicherweise sogar erfundene Anlass: Im Norden der Stadt sollte ein Tanzlokal eröffnet worden sein, auf dessen Herrentoilette sich ein Automat für Gesichtspuder befand. Auf der Suche nach einem Schuldigen stellte der Verfasser die Frage: »Warum hat nicht vor Jahren einer den Rudolph Guglielmi alias Valentino still und heimlich ersäuft?«, um dann zu überlegen, ob es sich bei dem Puderspender um eine dem Pazifismus geschuldete Erscheinung der Nachkriegszeit handeln könne, gestützt von Müttern, die ihre Söhne ungern als Kanonenfutter zugrunde gehen sahen. Standen »rosafarbener Puder und Salonkommunisten in irgendeiner Beziehung zueinander? Wie kann man Männerkosmetik, Scheichs, Schlabberhosen und Sklavenarmbänder mit der Missachtung des Gesetzes und der Neigung zum Verbrechen verbinden, was doch eher zum Wilden Westen vor einem halben Jahrhundert als zu einer Metropole des zwanzigsten Jahrhunderts passt?« (Diese Bemerkung entbehrte gerade in Chicago als einem Zentrum des organisierten Verbrechens nicht einer gewissen Pikanterie.) »Hollywood ist die Schule der Männlichkeit. Rudy, der hübsche Gärtnerjunge, ist der Prototyp des amerikanischen Mannes … Ach, Süßer!«[5]

Der Artikel stellte Valentino als Homosexuellen dar; die mehrfache Namensänderung, in Hollywood gang und gäbe, wurde ihm als Zeichen der Zwielichtigkeit zur Last gelegt. Es gab Anspielungen auf seine frühe Tätigkeit als Tänzer in gewissen New Yorker Lokalen. Der Autor stellte Degenerationserscheinungen, die er in London und Paris durch bezahlte Tänzer und Gigolos ausgemacht haben wollte, in eine Reihe mit angeblichen Verweiblichungstendenzen in Amerika und erinnerte an die Zeit, in der Valentinos sich als bezahlter Tanzpartner durchs Leben geschlagen hatte. Der Text wimmelte von dunklen Anspielungen und kaum maskierten Verdächtigungen. In einem Land, in dem Werbung, Kunst und Unterhaltung in eins flossen, genügte die Tatsache, dass Valentino Reklame für eine Hautcreme für *Frauen* gemacht hatte und wie alle Darsteller Schminke auflegte, um seine Männlichkeit in Zweifel zu ziehen – damals ein schwerwiegender Vorwurf.[6]

Die Sorgfalt, mit der er sich kleidete, seine gepflegte, elegante, nur selten ins Stutzerhafte abgleitende Erscheinung war nicht nur dem Verfasser ein Dorn im Auge. Valentino setzte Maßstäbe, die amerikanischen Männern ein Vielfaches der bisher auf ihr Erscheinungsbild verwandten Anstrengungen abverlangten. Seine Vorliebe für Ringe, teuren Schmuck, selbst das Tragen einer Armbanduhr wirkten in den USA jener Zeit auf viele effeminiert, in Italien dagegen war es Ausdruck männlicher Eleganz und männlichen Selbstgefühls. *Fare bella figura* galt nicht als peinlich, sondern als Anspruch, dem man in unterschiedlichsten Formen genügen wollte.[7]

Valentino trug das *slave bracelet* im Privatleben wie im Film, als Zeichen seiner immer noch tiefen Bindung an Rambova. Das Ertragen aller um die »Sklavenfessel« kreisenden Anfeindungen nahm bisweilen selbstzerstörerische Züge an. Ullman war nie wohl dabei, hatte er doch an der vom Studio betriebenen Trennung der beiden aus, wie er glaubte, vernünftigen wirtschaftlichen Gründen seinen Anteil. Als Reporter nach der Bedeutung des Armbandes fragten, ließ Valentino sich zum ersten Mal zu keiner Erklärung bewegen. Für den Journalisten der Chicago Tribune war damit der Beweis dekadenter Feminisierung erbracht. Am Ende des Artikels mit seiner verqueren Mischung aus Frauen- und Fremdenverachtung wurde nicht die rote, sondern die rosa Gefahr beschworen. Wer immer noch nicht verstanden hatte, was den Verfasser umtrieb, den belehrten seine letzten Worte: »Ach, Süßer!« Der Verdacht, Valentino, der Frauenliebling, könnte schwul sein, wog schwer; er diskreditierte nicht nur den Latin Lover selbst, sondern auch seine weiblichen Fans. War es Zufall, dass dieser Angriff von Chicago ausging? Dort hatte sich schon früh eine amerikanische Gruppe gebildet, die 1924 als »Vereinigung für Menschenrechte« für die Entkriminalisierung der Homosexualität eintrat und kaum ein Jahr bestand, da man ihre Mitglieder in Polizeigewahrsam genommen hatte.[8]

In Hollywood war Homosexualität kein Thema. Wenigstens offiziell. Der verkrampfte Aktionismus, die Pflege machohafter Attitüden waren der Angst geschuldet, als »Sissy« diffamiert zu werden. In den zwanziger Jahren sahen Homosexuelle beim Film keine Möglichkeit, sich zu offenbaren und für ihre Rechte zu kämpfen. Sie unterwarfen sich der Strategie der Studiobosse, die seit dem Mord an William Desmond Taylor befolgt wurde. Das Privatleben »problematischer« Stars, die als Homosexuelle, Bisexuelle oder

Lesbierinnen nicht offen in Erscheinung treten durften, konnte nur bedingt kontrolliert werden, aber es gab immer noch die Möglichkeit, ihr Image für die Öffentlichkeit intakt zu halten – bis hin zur Ehe aus Tarnungsgründen. Der Fall Taylor von 1922 mit den Vertuschungsversuchen von Seiten seines Studios galt manchen als Beweis dafür, dass Homosexualität in den zwanziger Jahren »ein größerer Skandal war als ein strafrechtlich nicht verfolgter Mord«. Die Tarnung war in der Regel perfekt.[9]

Valentino kam weder auf den Gedanken, für eine Gruppe einzutreten, die ihn nichts anging, noch fühlte er sich aufgerufen, gleichsam in Vertretung der Diskriminierten selbst gegen Diskriminierung vorzugehen, und reagierte nur auf den Willen zu beleidigen, der im Artikel deutlich wurde. Zwar konnte Ullman sich vage an ein, zwei ältere, ebenfalls negative Berichte in der Chicago Tribune erinnern – doch Vergleichbares war bisher nicht veröffentlicht worden. Gemessen daran waren die schon erwähnten Auslassungen von Dick Dorgan in einer Nummer des Photoplay Magazine aus dem Jahr 1922 von erfrischender Offenheit und einem Schuss Selbstironie geprägt gewesen.

Valentino konnte kaum glauben, was er da las. Der Artikel war namentlich nicht gekennzeichnet. Er hatte einen Feind – und dieser Feind versteckte sich. Die Überschrift »Rosa Puderquasten« schraubte sich ihm förmlich ins Hirn. *Pink Powder Puffs*. Was hatte Rambova immer gerettet? Der Stolz. Was davon in ihm war, brauchte er nun. Ullman riet, das Geschreibsel nicht tragisch zu nehmen. Journalistengewäsch, heute gedruckt, morgen vergessen. Valentino aber wollte verteidigen, worin er sich angegriffen sah: seine Männlichkeit. *Virilità*.[10]

»Hallo, Flapper! Rudy, der Scheich ist wieder da! Nach der Rumfiedelei mit Beaucaires und Cobras ist Valentino wieder der heiße Verführer«, lautete die Ankündigung für seinen neuesten Film.[11] Amerikanerinnen strömten in die Kinos, um dort mit offenen Augen zu träumen und sie erst nach dem Film vor einer so viel matteren Wirklichkeit zu verschließen. Zum ersten Mal mussten sie nicht den Umweg über das männliche Begehren einschlagen, um ihr *eigenes* zu spüren. Jetzt wurde es durch einen charismatischen, in Großaufnahme gezeigten Liebhaber, der nicht gegen, sondern für sie geschaffen schien, von selbst erweckt. Diese Erfahrung war nicht nur neu. Sie war überwältigend.

Valentino antwortete dem anonymen Schreiber in einem offenen Brief. Das Konkurrenzblatt der Tribune, der Herald Examiner, druckte am 19. Juli seine Entgegnung ab. Valentino adressierte den Journalisten als »Mann?« (in

Anführungsstrichen) und stellte fest, dass er den Artikel als Angriff verstehe auf »mich, meine Herkunft und den Namen meiner Familie. Sie verunglimpfen meine italienischen Vorfahren; Sie machen meinen italienischen Namen lächerlich; Sie ziehen meine Männlichkeit in Zweifel.« Dann forderte er ihn zum Zweikampf heraus – nicht ohne darauf hinzuweisen, dass er als frisch gebackener Amerikaner entschlossen sei, die Gesetze des Landes zu beachten: »Dies ist keine Forderung zum Duell im herkömmlichen Verständnis – das wäre illegal. Aber Boxen ist in Illinois erlaubt, ebenso wie Ringen. Daher fordere ich Sie zu einem Treffen in einer Box- oder Ringkampfarena heraus, um auf sehr amerikanische Art (denn ich bin amerikanischer Staatsbürger) herauszufinden, wer von uns beiden mehr Mann ist als der andere. Ich würde ein privates Treffen vorziehen, dann könnte ich Ihnen die Prügel verabreichen, die Sie verdient haben, und weil ich eindeutig klarstellen will, dass es mir bei dieser Herausforderung nicht um Publicity geht.« Er wende sich nicht gegen die Chicago Tribune generell und habe mit einer Journalistin des Blattes gute Erfahrungen gemacht habe, finde es aber befremdlich, dass der Herausgeber anonyme Entgleisungen gestatte.

»Kritik an meiner Arbeit als Schauspieler ist mir willkommen, aber mit jeder Faser meines Körpers nehme ich Angriffe auf meine Männlichkeit und meine Abstammung übel. In der Hoffnung auf eine Gelegenheit, Ihnen zu zeigen, dass das Gelenk unter einer Sklavenfessel eine richtige Faust auf Ihr schlappes Kinn abfeuern kann und dass ich Ihnen Respekt vor einem Mann beibringen kann, obwohl der Wert darauf legt, sein Gesicht sauber zu halten, verbleibe ich mit höchster Verachtung – Rudolph Valentino.«[12]

Valentinos heftige Gegenwehr verschaffte dem Artikel mehr Beachtung, als er sonst vielleicht gehabt hätte. Der Text verbreitete sich wie ein Lauffeuer. Ullman hatte zwar einen Verdacht, um wen es sich bei dem Autor handeln könnte, nannte aber keinen Namen. Weit davon entfernt, Erleichterung zu spüren, verblieb Valentino im Zustand hochgradiger Erregung. Sie konnte schon deshalb nicht abklingen, weil sein Gegner anonym blieb. »Dieser Angriff«, schrieb Ullman später, »hatte ihn in eine so tiefe Wut versetzt, dass sein ganzes Wesen davon erfasst wurde.«[13]

In Paris wäre es kurz zuvor fast wirklich zu einem Duell gekommen. Ein ungarischer Millionär hatte ihm aufgelauert, ihn ohne Vorwarnung angegriffen. Valentino streckte ihn spontan mit einem Fausthieb nieder; danach tauschte man die nötigen Informationen für ein Duell aus. Der Angreifer erschien verspätet und entschuldigte sich. Er sei unsterblich in Vilma Banky verliebt und habe es nicht ertragen, sie in Valentinos Armen zu sehen. Wenn auch nur im Kino. Valentino verstand das und verzieh. Die Attacke der Tribune war ernster zu nehmen als ein körperlicher Angriff. Erschöpft und angespannt kehrte er nach New York zurück.[14]

Dort wartete eine riesige Menschenmenge. Polizisten mussten ihm den Weg ins Hotel Ambassador bahnen. Aufmerksam wie stets stellte Valentino sich Reportern, Fotografen, Kameramännern und wiederholte seine Bereitschaft zum Zweikampf. Noch war der Journalist nicht aus dem Schutz der Anonymität herausgetreten, doch man rechnete täglich damit. Frank O'Neill, dem auf Boxen spezialisierten Sportreporter des New York Evening Journal, dauerte das zu lange. Ullman gegenüber äußerte er Zweifel an Valentinos sportlichen Fähigkeiten und brachte sich als Partner für einen Testkampf ins Spiel. Ohne Rücksprache ging Ullman sofort auf den Vorschlag ein, obwohl O'Neill nicht nur größer, sondern mit seinen 85 Kilo auch wesentlich schwerer war als der Star. Der Vorschlag war nach Valentinos Geschmack. Das ungleiche Größen- und Kräfteverhältnis störte ihn nicht. Schließlich war kein Geringerer als Jack Dempsey sein Sparringspartner gewesen. Jetzt brannte er darauf, zuzuschlagen, obwohl es sich nur um einen Ersatz für den eigentlichen Gegner handelte. Man verabredete sich auf dem Dach des Ambassador. Dort sollte der Kampf im Beisein der Presse stattfinden.

Nach dem Austausch der üblichen Höflichkeiten begannen sie damit, einander zu belauern. O'Neill landete als Erster einige Treffer. Dann griff Valentino an mit Fäusten, die aus allen Richtungen zu kommen schienen. Nach einem massiven Schlag ging der schwere Mann zu Boden. Valentino half ihm auf und entschuldigte sich. Nachdem ein linker Haken seine Nase in Mitleidenschaft gezogen hatte, wurde der Kampf in gegenseitigem Einvernehmen beendet. O'Neill pries die Kraft und Wendigkeit seines Gegners, und Valentino, der seit Jahren trainierte, hatte einen Vorgeschmack dessen gegeben, was seinen Feind bei der Tribune erwartete, sollte der es nicht vorziehen, im Dunkel der Anonymität zu verbleiben.

Am nächsten Tag verabschiedete Valentino seine Verwandten im Hafen. Seit Weihnachten lebten sie nun zusammen. Als er Maria in London gefragt hatte, ob er ihr eine Ausbildung, z. B. als Dekorateurin, finanzieren solle, war deutlich geworden, dass sie sich nicht vorstellen konnte, in den USA zu leben, sondern nach Paris zurückkehren wollte, um dort als Näherin zu arbeiten. Dafür hatten ihn Alberto und Ada mit ihrem Sohn auf der Rückfahrt nach Hollywood begleitet und es monatelang im Provisorium von Falcon Lair ausgehalten. Valentino dachte über Möglichkeiten nach, seinem Bruder den Posten eines Auslandsvertreters für amerikanische Studios in Frankreich oder Italien zu verschaffen. Seit Rambovas Fortgang wollte er seine Angehörigen um sich haben. Doch Falcon Lair war nicht das, was man in Italien unter einem Heim verstand. Ada wurde krank. Trotz der luxuriösen Atmosphäre war Valentinos Wohnsitz eine Baustelle. Angestellte hasteten über das Gelände, Handwerker störten die Abgeschlossenheit und Intimität; außerdem wurden immer wieder Gegenstände, die Rambova gehörten oder an sie erinnerten, fortgeschafft oder Räume hergerichtet für Gäste wie Pola Negri, Freunde oder aus Europa anreisende Besucherinnen. Dass seine Verwandten sich weder privat noch beruflich nützlich machen und mit dem Nichtstun ebenso wenig anfreunden konnten wie mit Valentinos verschwenderischem Lebensstil, war ebenso ein Problem wie seine nicht nur beruflich bedingte Rastlosigkeit. Er fand kaum eine freie Minute für sie. Eigentlich lebten sie nebeneinander her. Länger als ein halbes Jahr hatten die Guglielmis nun hinter die Kulissen seines äußerlich so glanzvollen Lebens geschaut, genug, um ernüchtert zu sein. Irgendwie schien alles auf eine Katastrophe hinzulaufen, persönlich und finanziell. Rodolfos Großzügigkeit erschien ihnen immer mehr als Verschwendungssucht. Sie erlebten, wie ihm das eigene Leben mehr und mehr entglitt. Rechnungen trafen ein, Mahnungen in Hülle und Fülle, es gab lautstarke Besprechungen mit Ullman hinter verschlossenen Türen. Der schwerfällige Alberto fand sich im Wirbel schöner Gäste mit einem Potpourri der Eindrücke von Pelzen, Düften, teurem Schmuck, duftigen Locken, herzförmig geschminkten Lippen ebenso wenig zurecht wie Ada, die stets Gefahr lief, mit einer Bediensteten verwechselt zu werden. *Eine* Veränderung im Wesen des jüngeren Bruders dürfte beiden nicht entgangen sein – all seine Äußerungen über Ehe und Familie wirkten merkwürdig hohl. Und konservativ. Die Trennung zwischen privatem und offiziellem Leben schwand. Er wollte seine Verwandten um sich haben, nur behelligen durften sie ihn nicht. Verlor er möglicherweise den Kontakt zum normalen Leben? Frühmorgens ging er zu Dreharbeiten aus dem Haus, um am Abend erschöpft und einsilbig heimzukehren, wie stets in seiner Rolle verbleibend. Ein Scheich im Familienkreis – das war zu viel für Alberto und Ada. Sie wollten fort. Entsprechend kühl verlief der Abschied. Valentino brachte sie zum Hafen, wartete nicht einmal auf das Ablegen der S. S. France, sondern nahm ein Taxi zum nächsten Pier, von wo sich General Umberto Nobile, ein Landsmann, der den Nordpol überflogen hatte, gerade nach Italien einschiffte. United Artists hatte es für ratsam gehalten, dass Valentino mit italienischer Prominenz in Erscheinung trat. Joseph Schenck dachte sogar über ein Treffen mit Mussolini nach, um die durch Valentinos Amerikanisierung provozierten Schwarzhemden in Rom zu besänftigen.

Am Tag darauf fand die Premiere von *Son of the Sheik* in New York statt. Nun, da er seine Angehörigen verabschiedet und eine Probe seiner Schlagkraft abgegeben hatte, fühlte er sich besser. Die Reaktion der Premierengäste war überwältigend. Wieder musste er sich verbeugen und hielt nach der Vorstellung eine seiner spontanen Dankesreden. Auch diesmal traf er den richtigen Ton. Wieder war es kaum möglich, das Theater zu verlassen, ohne in Stücke gerissen zu werden. Die Menge schnappte nach allem – dem Hut, dem Einstecktuch, der Krawatte. Er nahm es lächelnd hin, bis sein Wagen vorfuhr. Auf der Rückfahrt blieb er still, bewegt vom glanzvollen Ablauf der Premiere. Wie würde die Kritik ausfallen? Dass das Photoplay Magazine inhaltsleere, journalistisch getarnte Werbefloskeln bringen würde, war normal. Nach dem Artikel der Chicago Tribune fand er es an der Zeit, seine Arbeit als *Schauspieler* in den Mittelpunkt zu stellen.

Ein Kritiker der New York Times zeigte sich stärker vom Drumherum der Premiere beeindruckt als vom Film selbst, den er unterhaltsam fand. Dem Hauptdarsteller gestand er zwei Ausdrucksmittel zu: »ein Lächeln und hochnäsige Unbeweglichkeit«. Nur widerwillig ging er auf Valentinos Reitkunst ein, um dann auf etwas zu kommen, das ihm besser gefiel: »… neben dem Kampfgetümmel, das im Film einen aufregenden Schlusspunkt setzt, gibt es noch eine bemerkenswerte Doppelrolle Valentinos. Er spielt nicht nur den Sohn des Scheichs, sondern auch den Scheich selbst und ist als älterer Scheich mit Bart und heißem Temperament tatsächlich besser als der eher auf romantische Art in die Fußstapfen seines Vaters tretende Sohn.«

Es gab auch andere Stimmen. Dorothy Herzog vom Daily Mirror charakterisierte den Film als »Asbest, albernen Hokuspokus … Wer in den Film geht, erwartet genau das, was er dann auch bekommt.« Alles in allem klang das nicht besonders viel versprechend. Den kommerziellen Erfolg des Films konnte das nicht aufhalten, und Valentinos Situation war jetzt weniger kritisch.[15]

Mit Ullman durchstreifte er New York. Gemeinsam tauchten sie ein in die Welt des *Smart Set*, der Nachtclubs und Restaurants, wo sie Prominenz aus Film und Theater trafen. Valentino machte die Nacht zum Tage. Er trank viel, schlief wenig und vernachlässigte sein Training. Als sie nach Chicago zurückfuhren, um der dortigen Premiere von *Son of the Sheik* im Roosevelt Theater beizuwohnen, warteten sie vergebens auf eine Reaktion von Seiten der Tribune. Der Verleumder hüllte sich in Schweigen. Valentino ließ sich vor den Kameras, nur mit Turnhose und Schuhen bekleidet, seinen Bizeps messen, als Demonstration, dass er bestens auf einen Faustkampf vorbereitet war.

Er hatte nicht nur mit Größen des Boxsports trainiert, sondern zählte Jack Dempsey, den Weltmeister von 1919 im Schwergewicht, zu seinen Freunden. Als neuntes von dreizehn Kindern und im selben Jahr wie Valentino in Manessa, Colorado, geboren, hatte Dempsey sich nach mühseligen Anfängen hochgekämpft und 1921 seinen Titel gegen den französischen Gentlemanboxer Georges Carpentier verteidigt. Allerdings standen ihm Promoter zur Seite, die nicht nur lukrative Börsen abschlossen, sondern Boxer und Kämpfe mit ungewohnter Raffinesse vermarkteten. Dempseys sympathisches Aussehen und seine Lebensmaxime »Kämpf weiter!« ließen ihn nicht nur als »Boxer aller Boxer« erscheinen, sondern machten ihn auch attraktiv für den Film.

Nachdem er 1921 bei Pathé *Daredevil Jack* und *A Day With Jack Dempsey* gedreht hatte, sicherte sich Carl Laemmle von der Universal seine Dienste und machte ihm ein lukratives Angebot für eine Serie von Kämpfen unter der Regie von W. S. Van Dyke. Dempsey war ebenso wenig Spielverderber wie andere Boxer nach ihm – Max Schmeling, zum Beispiel – und genoss die Kontakte zu Schauspielerinnen, Regisseuren und Drehbuchautoren in Hollywood. So bescheiden und bodenständig er war, seine Karriere betrieb er mit dem gleichen Ernst, der gleichen Entschlossenheit wie Valentino. Weiße Boxer traten ungern gegen schwarze an. Das galt auch für Dempsey. Man akzeptierte sie als Sparringspartner und tolerierte sie bei weniger prominenten Gelegenheiten als Gegner, doch aus den Titelkämpfen für das Schwergewicht versuchte man sie herauszuhalten. Nachdem Dempsey Weltmeister geworden war, kämpfte er nur noch gegen Weiße; dafür stellte der schwarze Regisseur Oscar Michaux 1921 einen schwarzen Boxer in den Mittelpunkt seines Films *The Brute*.[16]

Boxen wurde zum Modesport. Das Publikumsinteresse schloss nicht nur obskure Aufsteiger, Gangster, Politiker, Botschafter, Schriftsteller, Filmstars, Herzoginnen und Dollarprinzessinnen, sondern auch Faustkämpfer ein. Den Prinzen von Wales konnte man ebenso am Ring sehen wie Henry Ford, John D. Rockefeller, Henry Louis Mencken, David Belasco, Al Jolson oder Ethel Barrymoore. Boxer waren zu Gast auf Prominentenpartys und wurden im Weißen Haus empfangen. Selbst Flapper wurden vom Boxrausch erfasst. Das halb scherzhaft, halb ernst gemeinte Damenboxen fand besonders unter berufstätigen Frauen Anhänger, und in deutschen Kinos amüsierte man sich über Boxballette junger Mädchen.

In fast allen Bundesstaaten war Boxen lange Zeit illegal. Durch die Soldaten wurde es allgemeiner praktiziert und vom »moralischen Karbunkel« zu einer – wenn auch besonderen – Disziplin. Und gesellschaftsfähig. Die Werte des 19. Jahrhunderts verloren nach dem Ersten Weltkrieg rapide an Bedeutung, und doch hatte es den Anschein, als ob sich auch Menschen der »Sorte ›Werde reich, und zwar schnell‹«, die durch Hollywood Prominenz erlangten, Schritt für Schritt dem alten Ideal des Gentleman oder der Lady anzupassen suchten, nicht selten durch eine Heirat. Das wurde zur Notwendigkeit, wie man am Beispiel von Charles Chaplin erkennen konnte, der die Vulgarität seiner frühen Streifen allmählich und in klarer Anpassung an Publikumswünsche zu Gunsten einer romantisierenden Linie zurücknahm und die Werte einer »Tradition der Vornehmheit« – harte Arbeit, Ernst, das Eintreten für kulturelle bzw. künstlerische Belange – absorbierte.[17]

Ein Problem schafften Dempseys Berater aus der Welt: Sie erkannten die Zeichen der Zeit und sorgten dafür, dass »die weiblichen Fans von jetzt ab als Damen behandelt, d.h. von Platzanweisern zu ihren reservierten Sitzen geleitet und vor den Pfiffen, Zurufen und anzüglichen Blicken der Männer geschützt« wurden. Frauen sollten »sich in der Arena so sicher fühlen wie im Theater oder in der Oper«. Bis all dies durchgesetzt war, ließen sie sich immer noch gern von Vätern, Brüdern oder Freunden begleiten und sorgten so für mehr Zuschauer. Aber es gab auch Geistliche, die Frauen vor dem Anblick muskulöser Sportler schützen wollten: Dass Männerkörper beim weiblichen Publikum erotische (und aus Sicht der frommen Männer schädliche) Begehrlichkeiten weckten, sollte verhindert werden. Andere Kritiker trieb die Angst vor dem Vergleich um, wie bei den Ankleideszenen Valentinos in *Blood and Sand* oder *Monsieur Beaucaire*.[18]

Valentino und Dempsey hatten manches gemeinsam. Boxer waren Vorbilder, was den Aufbau von Kondition betraf; deshalb fand der einem Trainingstag des Weltmeisters gewidmete Film aufmerksame Zuschauer. Valentino hatte bereits 1923 mit seinem Ratgeber »Wie man fit bleibt« auf solche Bedürfnisse reagiert. Beide waren Aufsteiger und hatten ihre Namen geändert; beide liebten sichtbare Zeichen des Aufstiegs wie schnelle Wagen und gute Anzüge, waren sonst aber bescheiden und von angenehmen Umgangsformen. Beide heirateten in zweiter Ehe schöne, kultivierte Frauen. Wie Schauspieler mussten sich auch Boxer außerhalb von Bühne oder Ring bewähren und waren extremen Massenreaktionen ausgesetzt.

Als Dempsey 1922 nach Europa fuhr, wurde er in London und sogar in Berlin gefeiert. Während der Dreharbeiten von *Manhattan Madness* verliebte er sich in die Schauspielerin Estelle Taylor und machte mit ihr nach der Heirat im Mai 1925 eine zweite Reise nach Europa. In Köln traf er Max Schmeling, der dem Aussehen nach sein Bruder hätte sein können, und sagte ihm eine große Zukunft voraus. Wie im Fall von Valentino war es auch bei Jack Dempsey der Manager, der einer Ehe seines Schützlings feindselig gegenüberstand. Wie Ullman fürchtete er, von einer wachsamen Ehefrau infrage gestellt zu werden, denn Estelle Taylor hielt nicht mit der Vermutung hinter dem Berg, dass der Manager zu viel von Dempseys Verdienst beanspruchte. Außerdem verabscheute sie den Umgang ihres Mannes – »die ausgedienten, von den eingesteckten Schlägen blöde gewordenen Boxer … die Halsabschneider und Konzessionäre im Trainingscamp, die Lokalpolitiker, Blondinen und Gangster … und die ganze Aura von billigem Parfum … Schweißgeruch, Zigarettenqualm und den Whiskeyfahnen der Reporter …«. Taylor suchte die offene Konfrontation und machte so den Weg frei für eine berufliche Neuorientierung ihres Mannes. Umgekehrt hielt sich Dempseys Begeisterung für den Beruf seiner Frau ebenfalls in Grenzen: Attraktive Filmpartner, Klatsch und Tratsch, die exzessive Beanspruchung während der Dreharbeiten – all das forderte beiden mehr ab, als sie verkraften konnten.[19]

Wer seiner schlichten Herkunft zum Trotz lernfähig und flexibel blieb, überlebte, und es gab nicht nur in Valentinos Leben mit Rambova, sondern auch nach Dempseys Heirat mit Estelle Taylor Zeichen dafür, dass beide Männer einen opulenten Lebensstil bevorzugten. Sie ließen sich porträtieren, frequentierten exquisite Herrensalons oder Schönheitschirurgen (Dempsey ließ sich die ärgsten Spuren gegnerischer Treffer beseitigen), profilierten sich als Gastgeber und legten in Gesellschaft Charme und Liebenswürdigkeit an den Tag. Sie gingen öfter zusammen aus und verstanden sich gut. Dennoch hielt Dempsey es für geboten, das Training zu unterbrechen, um seine Frau zu einem beruflichen Termin mit dem Latin Lover zu begleiten, da Valentino Ausschau nach einer attraktiven Partnerin für seinen nächsten Film hielt.

Bei dem, was ihm jetzt bevorstand, konnte Dempsey keine Hilfe sein. Da Valentino oft und für viele sichtbar im Athletic Club trainiert hatte, von Kil Mac Kay oder Gene Tunney angeleitet und mit Anerkennung bedacht worden war, erstaunte es niemanden, dass der Verfasser des kränkenden Artikels die Anonymität vorzog. Der Star gab eine zweite Erklärung ab. Doch solange sein Feind in Deckung blieb, sprach und boxte Valentino ins Leere.

Seltsamerweise machte sich niemand die Mühe, das Incognito des Journalisten zu lüften, obwohl es in Valentinos Umfeld von Journalisten nur so wimmelte. Ullman hatte Rambova von Detektiven bespitzeln lassen, sein damaliges Studio hatte Valentino in Frankreich ebenfalls Detektive auf den Hals gehetzt, doch auf das eine, das einzige Mittel, was Klarheit gebracht hätte, verfiel Ullman nicht. Dabei fehlte es weder an Schnüfflern noch an guten Kontakten zur Presse. Adela Rogers St. Johns, Herbert Howe, Louella Parsons gehörten zum Bekanntenkreis. United Artists verfügte über exzellente, über Filmmagazine und Fanzeitschriften hinausreichende Verbindungen. Kurz zuvor war Valentino mit Beulah Livingstone aus der Presseabteilung seines Studios zu einer Premiere erschienen. Konnte sie nichts für ihn tun? Außerdem war er ein gern gesehener Gast von Marion Davies; wahrscheinlich hätte es nur eines Wortes von ihr bedurft, um Hearst und damit einen Stab von Reportern in Bewegung zu setzen und etwas über das Konkurrenzblatt herauszufinden. Nichts dergleichen geschah.

Wie um ihn für die Unbill zu entschädigen, bereitete man ihm im Roosevelt Theater den großartigsten Empfang. Wer in Chicago Rang und Namen hatte, erschien. Nach Ullmans Urteil hielt der Star hier seine gelungenste Dankesrede. Wie immer aus dem Stegreif. Anschließend fuhren sie zurück nach New York. Dort erwarteten ihn Jean Acker, mit der er sich inzwischen ausgesöhnt hatte, und sein Freund Manuel Reachi. Weiter ging es nach Atlantic City. Die Ovationen im Virginia Theater nahm Valentino »strahlend vor Gesundheit und Glück« entgegen.[20] Trotz des heißen Sommerwetters hielt er sein Versprechen und schaute zu später Stunde noch bei der Revue von Gus Edwards herein. Anderen eine Freude zu machen war jetzt so viel leichter als früher; dazu bedurfte es nur seiner Anwesenheit. Der geschmeichelte Edwards überreichte Valentino ein Paar Boxhandschuhe und wünschte den Augenblick herbei, wo sie einen gewissen Journalisten niederstrecken würden. Als das Gelächter im Saal abgeklungen war, bat man den berühmten Gast, noch einmal nach der Musik aus *The Four Horsemen of the Apocalypse* zu tanzen. Für alle. Valentino zögerte, dann tanzte er mit einem Revuegirl den Tango. Zum letzten Mal in seinem Leben.

Eine wichtige Verabredung traf er noch in diesen Tagen. Mit Henry Louis Mencken.

Im Sommer 1926 kam Natacha Rambova ebenso wenig zur Ruhe wie ihr geschiedener Mann. Sie war nicht in die gemeinsame Wohnung in der Park Avenue zurückgekehrt. Stattdessen nahm sie mit Teresa Werner ein Apartment in der 81. Straße. Weil ihr erster Film *What Price Beauty?* nur unter unendlichen Mühen in die Kinos gekommen und eine Resonanz ausgeblieben war, zog sie ein Medium über ihre berufliche Zukunft zu Rate und ließ sich von ihrer Mutter trösten. Das war neu.

Dann machte sie ihre Ankündigung, als Schauspielerin zu arbeiten, wahr. An der Seite von Clive Brook spielte sie in einem Melodram von Laura Jean Libbey eine Frau, die von ihrem Mann beiseite geschoben wird, nachdem er Karriere gemacht hat. Offenbar kam Rambova nicht auf die Idee, man könne eine pervertierte Version ihrer eigenen Geschichte darin sehen, und war entsetzt, als sie feststellte, dass das Studio sie zwar als Natacha Rambova ankündigte, diesen Namen jedoch durch eine weitere Zeile – »Mrs. Rudolph Valentino« – in den Schatten stellte und den Film in ungenierter Anspielung auf ihre gescheiterte Ehe unter dem Titel *When Love Grows Cold* herausbrachte. Jean Acker hatte nach der Scheidung Anspruch auf den Künstlernamen ihres Mannes erhoben; Rambova weigerte sich, auch nur in den Verdacht zu geraten, vom Ruhm eines anderen profitieren zu wollen. Dennoch klebte man ihr unentwegt das verhasste »Mrs. Valentino« an. Würde dieser Alptraum nie ein Ende finden? Filmen kam für sie nicht mehr infrage.

Sie akzeptierte die weibliche Hauptrolle im Einakter »The Purple Vial«; doch als sie erfuhr, dass die Premiere an einen Valentino-Film gekoppelt werden sollte, weigerte sie sich aufzutreten. Nach der New Yorker Premiere vom 8. Februar im Palace Theater erschien eine Kritik in Variety, die zur Abwechslung einmal ihre *Arbeit* in den Mittelpunkt stellte. »Natacha Rambova war überraschend gut«, wenn man bedenkt, »dass es nach dem Stummfilm ihre erste Sprechrolle war. Ihr Auftritt war immer perfekt«.[1] Während sie in New York auf der Bühne stand, drehte Valentino in Kalifornien *Son of the Sheik*.

Im Mai schiffte Rambova sich auf der Homeric mit Teresa Werner, George Wehner, fünf Pekinesen und einem Affen nach Frankreich ein. In Paris wurde sie von Winifred Hudnut erwartet, die sich im ersten Rausch ihrer Begeisterung für Helena Petrovna Blavatsky befand und von dem Medium Blanche Wheaton begleitet wurde. Gemeinsam gingen sie in Museen und

»Blood and Sand«, 1922

»Blood and Sand«, 1922

»A Sainted Devil«, 1924

»The Conquering Power«, 1921

»The Eagle« mit Vilma Banky, 1925

»Blood and Sand« mit Lila Lee, 1922

»Son of the Sheik« mit Vilma Banky, 1926

»Moran of the Lady Letty« mit Dorothy Dalton, 1922

»Uncharted Seas« mit Alice Lake, 1921

»The Sheik« (Studioaufnahme), 1921

Galerien, an Orte, wo die Vergangenheit lebendig schien und Séancen, Gespräche, Lesungen abgehalten werden konnten, unternahmen Ausflüge nach Versailles, Fontainebleau, die Loire entlang, um sich schließlich in Juan-les-Pins einzufinden, wo Winifred einen der theosophischen Großmeisterin gewidmeten Versammlungsraum eingerichtet hatte. Sie war von einem wahren Fieber erfasst; selbst Richard Hudnut, der sich bislang eher skeptisch oder mit leichter Ironie den Phänomenen genähert hatte, ließ sich anstecken und wurde sogar Präsident der von Blavatsky gegründeten *Legion de Service Spirituelle.* Winifred plante ein Buch über all die Phänomene, die auf den regelmäßig stattfindenden Séancen zur Sprache kamen – Theosophie, Parapsychologie, Okkultismus, Spiritismus –, sie wollte System in den Wirbel der Begriffe bringen, die Beziehung zum Jenseits, das Leben nach dem Tod, Reinkarnation, Kontakte zu Verstorbenen thematisieren, hatte aber keine Erfahrung mit dem Schreiben. Sie brauchte jemanden, der ihren Gedanken und Überlegungen Form gab. Paris wimmelte von Malern und Schriftstellern; so war es kein Problem, jemanden zu finden, der sich auf dies Vorhaben einließ.

Ford Madox Ford, ein mäßig erfolgreicher englischer Schriftsteller, dessen Größenwahn von blitzartigen Einsichten seiner wahren Bedeutung durchbrochen wurde, empfahl eine seiner Geliebten, Jean Rhys, da sein Privatleben gerade eine Komplikation weniger vertragen konnte. Die junge Autorin hatte unter seiner Anleitung mit Kurzgeschichten begonnen; er machte ihr Mut, über eigene Erfahrungen zu schreiben, und empfahl französische Romane zur Lektüre oder Übersetzungen, um ihr Sprachgefühl zu schulen. Beide – in den Augen mancher Kritiker »die vielleicht größten Künstler des Selbstmitleids in der englischen Literatur« – betrachteten die Lüge als Teil ihrer Freiheit.[2] Jean Rhys war damals alles andere als eine gefestigte Persönlichkeit. Depressionen, Lethargie und Selbstzweifel hatten ihr Leben ebenso bestimmt wie finanzielle Probleme. Als Winifred Hudnuts Gewährsmann in Montparnasse »nach einer billigen Kraft« Ausschau hielt, »die ihr beim Schreiben ihres Buches« helfen könnte, fiel Ford Rhys ein. Um Mrs. Hudnut zu überzeugen, schrieb er selbst einen Artikel über englische Möbel des 18. Jahrhunderts und eine in Serbien spielende Kurzgeschichte als Probestücke und gab sie als Arbeiten von Rhys aus, während seine Lebensgefährtin Stella Bowen die labile, zwischen Schüchternheit und mürrischer Resignation schwankende Autorin als liebenswürdige Person schilderte. Erleichtert, einer unhaltbaren Lage zu entkommen, machte Rhys sich im Juli auf den Weg nach Juan-les-Pins.

Das kultivierte, luxuriöse Ambiente bezauberte sie. Für alles war gesorgt, an allem hatte sie teil wie ein Gast. Ein größerer Kontrast zu ihrem schäbigen Pariser Quartier als die Verschmelzung von Ordnung und Luxus schien gar nicht denkbar. Morgens badete sie im Meer, abends »gab es köstliches Essen, Kaffee, Frieden, Optimismus«.[3]

Als Winifred Hudnut mit dem Diktat beginnen wollte, stellte sie fest, dass Rhys weder Kurzschrift beherrschte noch mit einer Schreibmaschine umgehen konnte. Dennoch kam keine Klage über ihre Lippen, im Gegenteil, sie bot ihre Vermittlung für die Zeit nach Abschluss des Projekts an. Rhys hörte nur mit halbem Ohr hin, ließ Traumprotokolle, Mutmaßungen über frühere Leben oder die Zukunft an sich vorüberziehen; Zuhören war der Preis, den sie für die unvergleichliche Umgebung zu zahlen hatte. Zwar verdiente sie wenig (Winifred kannte den Wert des Geldes), genoss dafür aber, von strapaziöser Konkurrenz innerhalb der Boheme verschont zu sein. An Sonntagen begleitete sie Richard Hudnut nach Monte Carlo. Wenn sie verlor, beglich er ihre Verluste. Auf dem Hin- und Rückweg pflegte der alte Herr sie zu küssen. Es war ihr egal. Dabei vergaß sie den Chauffeur und seinen Rückspiegel.

In Briefen an Ford Madox Ford und Stella Bowen schwärmte sie von der Riviera, von Ordnung, Luxus, Kultiviertheit auch in kleinen Dingen. Wenn sie später an diese Zeit zurückdachte, stand ihr alles wie am ersten Tag vor Augen: »Die Vitrinen mit Jade und die Vitrinen mit Porzellan; die zweifache Wendeltreppe; der kleine Raum, in dem Mr. Hudnut seine Essenzen aufbewahrte und einen Stapel Leinenhandtücher und eine Rose. Und wenn sie im hohen Alter Geschichten darüber erzählte, dann lachte sie, bis die Tränen kamen.«[4]

Plötzlich war alles vorbei. Eines Tages eilte Winifred mit einem Brief von Ford Madox Ford in das Zimmer ihres Gastes. In diesem Brief beschuldigte er Mrs. Hudnut, Rhys auszubeuten, ihr weniger als einem Hausmädchen in New York zu zahlen und zwei Bücher für den Preis von einem aus ihr herauszuholen, denn Rhys habe ihm gegenüber erwähnt, dass sie jetzt auch Märchen aufschreibe. Winifred Hudnut fragte, ob sie sich Ford gegenüber beklagt habe. Rhys bestritt das, doch ihre Gastgeberin stellte ihr frei, das »Ausbeutungsverhältnis« auf der Stelle zu beenden. Schon am nächsten Tag könne sie die Villa verlassen und nach Paris zurückkehren.

Für Rhys war das eine Katastrophe. Ford hatte ihr die Beschäftigung vermittelt, nun beendete er das Verhältnis eigenmächtig hinter ihrem Rücken. Auf der einen Seite hielt Ford Verleger, Agenten und wohlhabende Leute, die Schriftsteller als Ghosts benutzten, ohnehin für Parasiten, auf der anderen Seite hatte er keine Skrupel, den Ruf einer jungen Autorin zu schädigen. Neid auf ihr luxuriöses Leben und seine Ungeduld, nach monatelanger Pause ihre Affäre zu reaktivieren, spielten wohl auch eine Rolle.

Jean Rhys reagierte mit der ihr eigenen Lethargie und blieb. Es gab steinerne Momente bei Tisch, doch auf Winifreds Manieren war ebenso Verlass wie auf die undurchdringliche Miene des Hausherrn. Da Jean nicht tippen konnte, trieb sie eine Stenotypistin auf. Winifred ahnte allmählich, dass nicht Rhys für die Anschuldigungen des Briefes verantwortlich war, sondern Ford. Tage später fuhren sie zusammen nach Paris. Winifred Hudnut hatte bisher nie die Contenance verloren und erlaubte sich nur, den auf dem Bahnhof wartenden Ford zu übersehen. Später verarbeitete Jean Rhys diese Zeit in ihrer Kurzgeschichte »At the Villa d'Or«. Die Namensgebung (»Mr. and Mrs. Valentine«) war die einzige Reminiszenz an den berühmten Schwiegersohn der Hudnuts, den sie nie zu Gesicht bekommen hatte.[5]

Rambova dürfte sich von all dem fern gehalten haben. Während Valentino mit schönen Frauen ausging und in einem Wirbel von Partys und Premierenfeiern versank, tauchte sie mit George Wehner ins Schattenreich der Séancen ein. Während sie die Geister der Vergangenheit und des Jenseits befragte, verließ Valentino sich auf zwei Pragmatiker: Ullman und Schenck. Er hatte immer wieder an Selbstmord gedacht, Gefahren förmlich gesucht, ohne mehr als ein paar Kratzer davonzutragen. Seine Form der Resignation bestand darin, zu tun, was man von ihm erwartete. Er ließ sich treiben. Langsam, fast unmerklich, verfiel er dem eigenen Mythos.

Ihm war, als läge ein böser Zauber über den Dingen. Wenn er in der Öffentlichkeit erschien, fielen ihm in der Menge, aus der sich ihm Hände entgegenstreckten, vor allem Gesichter auf: verlangend, gierig, mit enthemmten Zügen, als wollten sie sich entschädigen für die Abwesenheit des Liebhabers in Kinosälen, der ihnen von Großaufnahmen her bis zur kleinen Narbe auf der rechten Wange vertraut und doch unerreichbar war. Enttäuschtes Begehren konnte in Hass umschlagen. Die Menge begnügte sich nicht länger damit, ihren »Liebesgott« vom Kinosaal aus zu verehren; Valentino musste unter Beweis stellen, dass es ihn wirklich gab: auf Premieren, bei den unvermeidlichen An- und Abreisen auf den Bahnhöfen und Piers der Welt.

Doch obwohl »Mrs. Valentino« ihren Mann verlassen, die Scheidung eingereicht und »Mr. Valentino« seine Freiheit förmlich aufgezwungen hatte, wollte sich keine rechte Erleichterung einstellen. Ohne Rambova fehlte es Valentino an Mut, an planvollem Vorgehen, an Stabilität. Stolz ließ sich nicht implantieren. Ullman ging als Einziger gestärkt aus der Krise hervor, doch damit wuchsen auch seine Pflichten, und er hatte weder den Intellekt noch die Distinktion einer grauen Eminenz. Es dauerte nicht lange, und Ullman begriff, dass es keine zweite Rambova geben würde.

Auch für sie war es ein verlorener Sommer. Die Stimmen aus dem Jenseits, vertraute und immer wieder in Séancen angerufene Figuren von Meselope über Black Feather bis zu Jenny, erinnerten an vergangene Tage. Damals hatte sie mit Valentino übermächtige Gegner herausgefordert: Staatsanwälte und Richter, Detektive, räuberische Anwälte, Studiobosse, Journalisten. Jetzt war sie fertig mit Hollywood. Doch wie sollte es weitergehen?

Valentino schwamm auf einer Woge von Partys und Premierenfeiern. Am Kreuzweg zwischen Liebhaber- und Charakterrollen sah er sich abgelenkt vom Artikel der Chicago Tribune und der (wie er glaubte) beschämenden Tatsache, mit zwei offenen Briefen ins Leere gelaufen zu sein. Die Kontroverse war ihm seiner Meinung nach aufgezwungen worden, doch er hatte ihr durch seine heftige Reaktion eine Resonanz verschafft, die sie vielleicht nicht gehabt hätte, wenn er ihr mit Humor oder Ironie begegnet wäre.[6]

Ullman war weder der Mann, eine Strategie für die verfahrene Situation zu entwickeln, noch hatte er genügend Einfluss, um Valentinos verletztes Selbstgefühl zu stärken. Außer lahmen Beschwichtigungsversuchen fiel ihm nichts ein. Schließlich nahm Valentino die Sache selbst in die Hand. Wer konnte ihm helfen? Sicher nur jemand mit journalistischer Erfahrung. Niemand aus dem Filmgeschäft. Wie Adela Rogers St. Johns berichtete, hatte ein erfahrener Herausgeber ihm gesagt, »er nehme das zu ernst. ›Ich habe keine Elefantenhaut‹, entfuhr es Rudy. Er konnte es nicht auf sich beruhen lassen. Er schrieb noch mehr Briefe an die Zeitungen, immer noch außer sich vor Wut. Vor Aufregung aß er riesige Portionen stark gewürzter Speisen, bis ihm der Schweiß auf der Stirn stand … Die Nerven streikten, der Magen lehnte sich auf. Um die ständigen Schmerzen und Entzündungen zu lindern, nahm er Natron … Das gab ihm irgendwie den Rest.«[7] Schließlich traf er die aus seiner Sicht beste Wahl und bat Henry Louis Mencken um ein Gespräch. Erstaunlicherweise sagte der zu, obwohl er Valentino weder jemals persönlich begegnet war noch seine Filme angesehen hatte.

Mencken war Mitte vierzig, Sohn eines sächsischen Liberalen, der 1848 nach Amerika ausgewandert war. Nach dem Tod seines Vaters hatte er als Reporter für verschiedene Zeitungen in Baltimore gearbeitet und sich als Kriegskorrespondent in Deutschland bzw. Russland, später als Kritiker und Herausgeber einen Namen gemacht. Im Ersten Weltkrieg gehörte er zu den wenigen Journalisten mit prodeutscher Haltung. Als Mitbegründer und Herausgeber des American Mercury nahm er seit 1924 eine herausragende Stellung ein. Bedeutend und nachhaltig in ihrer Wirkung waren seine sprachlich ausgefeilten Kritiken und Stellungnahmen zu Fragen des amerikanischen Lebens, die er in Publikationen wie »In Defense of Women« (1919), »The American Language« (1919) oder »The American Credo« (1920) vertiefte. In den zwanziger Jahren hatte er den Höhepunkt seiner Laufbahn als Kritiker und Schriftsteller erreicht. Als scharfer, ja schriller Polemiker nahm Mencken kein Blatt vor den Mund und scheute sich nicht, die in Amerika gewährte Meinungsfreiheit aufs Äußerste und, wie er glaubte, im Sinne seiner Landsleute zu strapazieren. Sein Publikum, »die gebildete Minderheit«, dankte es ihm.

Menckens Neugier hielt sich in Grenzen, aber er war ansprechbar, und Valentino hatte den Mut, sich dem Urteil eines Kulturkritikers zu stellen, der wie kein anderer Heuchelei, Puritanismus und Dummheit aufs Korn genommen und für Los Angeles 1926 die Bezeichnung »das wahre und echte Arschloch der Schöpfung« geprägt hatte. Mit dem Filmgeschäft hatte Mencken nichts zu tun und war gespannt, was ihn erwartete.[8]

Sie trafen sich im Hotel. Später beschrieb Mencken, wie ihm Valentino bei diesem Treffen, nur wenige Tage vor seinem Tod, erschienen war: »Ein seltsam naiver und jungenhafter Bursche, sicher nicht viel über dreißig, mit der Ausstrahlung entwaffnender Unerfahrenheit. Zumindest für meine Augen nicht gut aussehend, aber trotzdem recht attraktiv. Er wirkte kultiviert. Auch seine Kleidung entsprach nicht seinem grässlichen Gewerbe.«[9]

Valentino stellte sein Problem dar. Mencken nahm den Artikel der Tribune mit seiner Anspielung auf rosa Puderquasten weniger ernst und führte den Konflikt auf die unterschiedlichen Standards seiner italienischen und seiner neuen Heimat zurück: Valentino »warf 100 % seines Amerikanertums ab, kehrte zu den Gewohnheiten seines Vaterlandes zurück und forderte den Autor jenes Artikels zum Duell … es konnte keine andere Antwort geben als ein Blutbad. Unglücklicherweise trug sich all das in den Vereinigten Staaten zu, wo das Wort Ehre, außer es wird auf die physische Unversehrtheit von Frauen angewandt, nur eine komische Bedeutung hat. Man hört von Politikerehre, Bankiersehre, Anwaltsehre, selbst von der Ehre der Vereinigten Staaten. Jeder lacht natürlich darüber. Auf dieselbe Weise lachte New York über Valentino. Mehr noch, es schrieb seine Aufregung reiner Publicitysucht zu. Man hielt ihn für einen Schmierenkomödianten, der sich interessant machen wollte. Der arme Junge, doppelt bedrängt, steigerte sich in seiner Wut. Seine italienische Mentalität war der Situation einfach nicht gewachsen.«[10]

Aus Menckens Sicht war das Kind längst in den Brunnen gefallen. Für eine Begrenzung des Schadens war es zu spät, denn Valentino hatte den Fehler gemacht, sich New Yorker Journalisten zu stellen und die Kränkung erst richtig publik zu machen, statt es bei einer deftigen Antwort zu belassen. Der junge Mann an Menckens Tisch war tief gekränkt, aber auch ein bisschen komisch in seinem Zorn. Vielleicht sollte man die Sache totlaufen, einfach Gras darüber wachsen lassen. Valentino gestand, er komme über die Infamie des Angriffs nicht hinweg. Infamie?, überlegte Mencken. »Nichts, so sagte ich, ist infam, das nicht wahr ist. Ein Mann hat immer noch seine innere Würde. Kann er morgens noch in den Rasierspiegel sehen? Dann steht er immer noch mit beiden Beinen fest auf dem Boden und nimmt es sogar mit dem Teufel auf.« Das Gleiche hätte Rambova sagen können.[11]

Mencken verstand jedoch, dass es um mehr ging als um einen Artikel. Valentinos Selbstachtung stand auf dem Spiel. Wie ein Blitz in der Nacht hatte der Leitartikel ihm vor Augen geführt, an welchem Punkt seines Lebens er sich befand und wo. Er hatte an den amerikanischen Traum geglaubt. Dieser Traum hatte ihm geholfen, sich nach seinem Besuch in Castellaneta ganz auf die neue Heimat einzulassen. Er war sogar Amerikaner geworden. Der Angriff eines Journalisten, der aus der Anonymität heraus für Amerika zu sprechen glaubte, zerstörte die Schutzschicht bewusster Assimilation.

Mencken versuchte, sich in sein Gegenüber hineinzuversetzen. »Wurde er von kreischenden Menschenmassen bejubelt?«, fragte er. »Immer wenn die Menge jubelte, hatte er das Gefühl, innerlich zu erröten …« Er »hatte auch seine gewöhnlichen Seiten, aber da war doch ein Hauch von Kultiviertheit in seinem Wesen – Valentino war nur der Held des Pöbels. Dumme Menschen umgaben ihn in dichter Menge. Anfangs wird ihn das nur in Verlegenheit gebracht haben. Aber in der letzten Zeit, und wenn ich sogar ein noch schlechterer Psychologe bin als selbst die Psychologieprofessoren, empörte es ihn. Schlimmer, es machte ihm Angst.«

Hero of the rabble. Hen-pecked husband. Pink powder puff. In einem Wirbel von Angst und Scham trat das alte Muster in Kraft. Valentino erzählte von seiner Kindheit und Jugend, seinen ersten Jahren in Amerika. Mencken spürte, dass Valentino sich an einem Kreuzweg befand. Hatte er wirklich einen Künstler vor sich, oder würde der junge Italiener enden wie so viele »seines grässlichen Gewerbes« auf dem Weg zu »immer schlimmerer Vorspiegelung von heiliger Kunst, von Hokuspokus, die nur ihn selbst täuschen konnte«? Mencken glaubte weder an Valentinos Zukunft als Schauspieler, noch sah er die Möglichkeit, ihm zu helfen. Doch ganz konnte sich selbst ein so kritischer Geist der Wirkung seines Gegenübers nicht entziehen. »Reagiere ich zu gefühlvoll auf die vielleicht durchsichtige Geschichte eines schlichten Possenreißers?«, fragte er sich hinterher. »Gefühlvoll oder nicht, ich bekenne, dass die elende Lage Valentinos mich berührte. Es war Wasser auf meine Mühlen, aber es machte mich nicht froh.

Da war ein junger Mann, der jeden Tag den Traum anderer junger Männer als Wirklichkeit erlebte. Da war jemand ein Appetithappen für die Frauen. Da war jemand reich und berühmt. Und da war jemand sehr unglücklich.«[12]

LETZTE WORTE AUF ITALIENISCH

In den Wochen nach der Uraufführung von *Son of the Sheik* kam Valentino kaum zur Besinnung. Die von United Artists vorbereitete Premierentour führte ihn nach San Francisco, New York, Chicago, Atlantic City und schließlich wieder nach Brooklyn. Überall wurde er jubelnd empfangen, und seine charmant improvisierten Dankesreden trafen den richtigen Ton. Ullman war froh über eine zweiwöchige Pause vom 2. August bis zur Premiere in Philadelphia am 16. August. Valentino klagte über Magenschmerzen. Die Hitze setzte ihm sichtbar zu, und manchmal erschreckte er Ullman mit seinem fahlen Aussehen. Die Anstrengungen der letzten Wochen hatten Spuren hinterlassen. Der Manager riet ihm, sich auszuruhen, doch Valentino tat genau das Gegenteil. Er hatte Rambova fast ein Jahr lang weder gesehen noch gesprochen. Die Kränkung der Tribune saß immer noch tief, doch nach dem Gespräch mit Mencken war klar, dass es keine Genugtuung geben würde.

Er freute sich auf ein Wiedersehen mit Dempsey am Broadway, wo sie sich »Don Juan« mit Dempseys Frau Estelle Taylor und der jungen Myrna Loy ansahen. Mit Adela Rogers St. Johns, die ihn über seine Beziehung zu Pola Negri ausfragte, unterhielt er sich länger und gestand, während er nach Tabletten gegen seine Magenschmerzen suchte, Rambova sei die einzige Frau, die er jemals geliebt habe und jemals lieben werde. »Das Leben ist etwas Schreckliches‹, sagte er plötzlich, fast nur zu sich selbst. ›Ich fürchte mich davor. Ich habe alles – und ich habe nichts. Es geht alles schrecklich zu – zu schnell für mich. Wo bin ich? Was bin ich?«[1]

Er vermied jetzt, allein zu sein. Die verlassene Wohnung in der Park Avenue stimmte ihn melancholisch, Falcon Lair war nie ein richtiges Zuhause geworden. So lebte er in Hotels und genoss die Sphäre professioneller Unverbindlichkeit. Irgendwann fiel ihm auf, dass er fast nur noch mit seinem Manager oder anderen Angestellten zusammen war, und suchte bei flüchtigsten Bekannten Ablenkung von seinem Schmerz, denn die wenigen vertrauten Menschen, die ihn von früher her als »Rudy« und nicht als Idol von Millionen kannten, waren gerade anderweitig beschäftigt. Mit Jean Acker, die sich in New York gerade auf ein Theaterstück vorbereitete, hatte er sich inzwischen versöhnt, mit Zukor ausgesprochen. Sogar June Mathis folgte seiner Einladung zum Abendessen ohne Groll, und sie bekräftigten ihre Freundschaft. June hatte nie aufgehört, sich für ihn als Schauspieler zu interessieren, stand jedoch unter starkem Arbeitsdruck, wie so viele seiner Freundinnen und Bekannten. Pola Negri konnte ihn nur zur Premiere in Los Angeles begleiten und wurde gerade durch Dreharbeiten in Hollywood festgehalten – alle Welt schien nur halb bei der Sache, mit eigenen Angelegenheiten beschäftigt oder auf dem Absprung; selbst Jean Acker würde nur noch wenige Tage in New York bleiben, weil sie eine Europareise plante.

So tauchte Valentino in das Nachtleben von New York ein, besuchte die Treffpunkte der Reichen und Schönen, fest entschlossen, sich zu amüsieren und mehr zu trinken als gewohnt. Gesellschaft konnte man kaufen. Freundlichkeit auch. Zum ersten Mal in seinem Leben hatte er das Gefühl, die Zeit bis zum nächsten Engagement totschlagen zu müssen. United Artists stellte ihm erst für Oktober einen neuen Film in Aussicht. Jetzt war erst August. Die Zeit wurde ihm lang.

Die Aussöhnungen hatten eine beruhigende Wirkung, doch für den täglichen Umgang blieb nur sein Manager übrig. Er war da und hörte ihm zu. Valentino vereinsamte im Trubel des Nachtlebens, und der Wunsch, sich jemandem anzuvertrauen, wurde wieder einmal übermächtig. Später schrieb Ullman in Erinnerung an diese Tage: »Er vertraute mir seine Ansichten über alles an, was ihm im Leben widerfuhr, körperlich und geistig, so weit es einem Gentleman möglich war.«[2] Ullman hatte erreicht, was er seit langem erreichen wollte: Rambovas Vertreibung und vollständige Kontrolle über alle beruflichen Angelegenheiten seines Chefs; doch nun wurde er selbst von bösen Vorahnungen gequält.

Der 13. August 1926 war Valentinos schwarzer Freitag. Vor genau einem Jahr hatte er Rambova zum letzten Mal gesehen, als sie den Zug nach New York bestiegen hatte – wie stets elegant und beherrscht, aber mit verweinten Augen. An diesem Tag hatten ihre »Ferien von der Ehe« begonnen. Und das Ende – in Form unzähliger Begegnungen und Ablenkungen, die sich in seiner Erinnerung diffus mischten, denn es war auf die Dauer anstrengend, sich so zu amüsieren, dass es eine Meldung wert war. Mit Pola Negri hatte es noch funktioniert, aber inzwischen hatte selbst die Presse den Überblick über die namenlosen Starlets und Tänzerinnen der Ziegfeld Follies an der Seite des Latin Lover verloren. Rambova war weit weg. Valentino glaubte nicht, dass sie in Juan-les-Pins amerikanische Zeitungen nach Nachrichten über ihren geschiedenen Mann durchkämmen würde. Sie kannte den Wert solcher »Meldungen« und genoss ihre Unauffindbarkeit. In einem Anfall von schwarzem Humor verbrachte Valentino den 13. August 1926 ausgerechnet mit dem Mann, der auf der Klausel im Vertrag mit United Artists bestanden hatte, die Rambovas Mitwirkung prinzipiell ausschloss. Mit Joseph Schenck war Norma Talmadge gekommen, die Anteile am Studio hielt. Als Valentino über Schmerzen in der Magengegend klagte, bat Schenck ihn, möglichst bald einen Arzt aufzusuchen.

Am nächsten Abend hatte Ullman Valentino noch zu einer Party aufbrechen sehen. Am frühen Morgen wurde er in seiner Suite des Ambassador ohnmächtig. Ein Angestellter alarmierte die nebenan logierenden Ullmans und rief einen Freund herbei. Während Valentino sich vor Schmerzen krümmte, telefonierte man nach der Ambulanz, die ihn sofort ins Polyclinic Hospital brachte. Obwohl er sich in einem äußerst kritischen Zustand befand, fand die »Notoperation« erst am frühen Sonntagabend statt, da ein großer Teil des ärztlichen und pflegerischen Personals das unter einer Hitzewelle leidende New York zum Wochenende verlassen hatte. Die Ärzte entfernten den Blinddarm und versorgten ein durchgebrochenes Magengeschwür.

Die Nachricht von Valentinos Operation wurde im Radio verbreitet. Sein Zustand war kritisch. Als die Presse mit Schlagzeilen nachzog, verwandelte sich die Klinik in ein Tollhaus, das dem Sturm von Anfragen und Besuchern, die sich nach der Zimmernummer des Patienten erkundigten und versuchten, an den Schwestern vorbei zu ihm vorzudringen, kaum noch gewachsen war. Man postierte einen Privatdetektiv, stellte zwei Telefonistinnen ein und gab täglich ein ärztliches Bulletin über seinen Zustand heraus. Vor dem Gebäude sammelten sich die Menschen und schauten hinauf zum achten

Stockwerk, wo Valentino in der teuersten, aus zwei Räumen und einem Bad bestehenden »Lucky Suite« lag, die so hieß, weil sich Mary Pickford dort vierzehn Jahre zuvor auskuriert hatte.[3] Valentino ging es noch zu schlecht, um diese Tatsache zu würdigen. Am Tag nach der Operation sah er niemanden außer seinem Manager und schlief viel. Jean Acker erkundigte sich telefonisch nach ihm und ließ als Zeichen ihrer Anteilnahme ein kleines, mit seinem Namen besticktes Kissen überbringen. Besuchen durfte sie ihn nicht.

Am Montag, den 16. August, hatte Valentino sich so weit erholt, dass er Ullman bitten konnte, Rambova, seinen Bruder Alberto sowie Pola Negri darüber zu verständigen, dass er ein wenig indisponiert, aber auf dem Weg der Besserung sei. Als die Nachricht am Nachmittag in Juan-les-Pins eintraf, hatte sich eine Bauchfellentzündung entwickelt. In der Villa d'Or geriet man in helle Aufregung, und Teresa Werner kabelte sofort nach New York, dass sie für ihn beteten und in Liebe an ihn dächten; auch Winifred und Richard Hudnut versicherten ihn ihrer Anteilnahme. Valentino lebte bei dieser Nachricht spürbar auf. Rambova war so besorgt, dass sie noch am selben Tag und an den folgenden Abenden Séancen im Helena Blavatsky-Raum abhielt, um mit ihm in Kontakt zu treten; es war, als würde mit ihren Tränen alle Bitterkeit und Enttäuschung weggeschwemmt, an die auch sie sich am Jahrestag ihrer Trennung schmerzlich erinnert hatte.

Im Laufe der Woche trafen von überall her aufmunternde Schreiben ein. Mary Pickford und Douglas Fairbanks meldeten sich aus Paris, Valentinos Filmpartnerinnen Bebe Daniels und Vilma Banky erkundigten sich nach seinem Befinden, Charles Chaplin, John Gilbert und Jack Dempsey appellierten an seinen Kampfgeist. Valentino freute sich, ermüdete aber schnell und bat nur darum, die unzähligen Blumensträuße auf andere Stationen zu verteilen.[4]

Am 20. August bekamen die Hudnuts ein Kabel von Ullman mit der beruhigenden Nachricht, es gehe ihm besser und er sei guten Mutes. Trotzdem befragte Rambova auf einer abendlichen Séance mit ihren Eltern eben jene Geister, die sie früher in Zeiten großer Unsicherheit angerufen hatte: Black Feather und Meselope. Nicht nur Valentino, auch Rambova hatte sich im letzten Jahr verändert. Nach gezielt gestreuten Gerüchten, nach all dem, was Ullman vermutlich hinter den Kulissen gegen sie unternommen hatte, stand sie mit Sicherheit auf der schwarzen Liste; kein amerikanisches Studio würde ihr jemals wieder eine Chance geben. Sie hatte den Kampf mit dem Studiosystem aufgenommen – und verloren, unwiderruflich, wie es schien. Die

Villa d'Or war keine Zwischenstation mehr, kein Ferienort, sondern ein Refugium bei Mutter und Stiefvater und einer lebensklugen Tante.

Nach Ullmans letzter Nachricht gab es weniger Grund zur Besorgnis, trotzdem wurden alle von einer tiefen Unruhe erfasst. Plötzlich kam Natacha zu Bewusstsein, dass Rodolfo mit ihr auch seine neue Familie verloren hatte: ihre Eltern, Teresa Werner, Freunde des Hauses, die die Trennung bedauerten und insgeheim auf eine Aussöhnung hofften. Auch ihnen war, als hätten sie einen Sohn verloren. Jetzt ließ die Sorge um ihn alles andere unwichtig erscheinen. In Juan-les-Pins wartete man nervös auf neue Nachrichten.[5] Freitag hatte Valentino noch davon gesprochen, dass er das Krankenhaus so bald wie möglich verlassen wolle. Am Samstag, den 21. August, schickte Rambova Ullman ein Kabel mit der Bitte, sie auf dem Laufenden zu halten. Doch Ullman antwortete nicht mehr.

An dem Tag zeichnete sich eine deutliche Verschlechterung ab. Man diagnostizierte eine linksseitige Lungenentzündung. Ullman bat die Ärzte, das Krankenhaus nicht zu verlassen, und verlangte nach einem Spezialisten. Als er Valentino so verfallen und hager sah, empfand er vielleicht zum ersten Mal etwas wie Reue. Er ließ den Kranken wissen, wie gern er einen Teil der Schmerzen auf sich nehmen würde, doch Valentino erinnerte Ullman daran, dass er im Gegensatz zu ihm, dem Kinderlosen, für zwei kleine Söhne zu sorgen hatte, und drehte sich zur Wand.

Im Nebenraum hielten die Ärzte ihr Konsilium ab; eine Bluttransfusion wurde erwogen und verworfen. Die Nachrichten überschlugen sich, und allmählich verließ selbst den hartgesottenen Ullman die Kraft, sich dem von allen Seiten auf das Krankenhaus eintrommelnden Irrsinn zu stellen. Er verhängte eine absolute Kontaktsperre über das Krankenzimmer – mit Ausnahme des Personals – und sandte vom Nebenraum aus mit wachsender Verzweiflung Stoßgebete zum Himmel.

Inzwischen hatte Alberto Guglielmi auf Ullmans Kabel reagiert und versprochen, das erste Schiff nach New York zu nehmen. Von Maria hörte man nichts. Pola Negri ließ sich entschuldigen; sie war bei Dreharbeiten unabkömmlich, würde sich danach aber sofort in den Zug nach New York setzen.

Am Sonntag, den 22. August, forderte ein Radiosprecher die Zuhörer auf, für Valentino zu beten. Tausende folgten dem Appell. Valentino hatte jetzt hohes Fieber. Ullman fand es an der Zeit, einen Geistlichen herbeizurufen, Pater Edward F. Leonard von der Pfarrei St. Malachy hatte sich schon öfter nach Valentinos Befinden erkundigt. In seiner Verzweiflung telefonierte Ullman Joseph Schenk, Norma Talmadge und Frank Menillo herbei. Während

Norma Talmadge im Nebenraum wartete, wechselte Schenck ein paar Worte mit dem Kranken, der mit schwacher Stimme behauptete, es gehe ihm gut. Kein Wort der Klage kam über seine Lippen, als Menillo gegen Abend an sein Bett trat und sich auf Italienisch nach seinem Befinden erkundigte. Valentino antwortete ihm in Englisch: »Danke, Frank. Mir geht es bald wieder besser.« Die Ärzte hielten im Nebenraum Wache. Am frühen Morgen warf er sich im Bett herum und begann zu stöhnen. Nach einer Spritze wurde er ruhiger. Vormittags kam er noch einmal zu sich und fragte Ullman: »War es nicht furchtbar, dass wir uns gestern Abend im Wald verlaufen haben?« Ullman gab vor zu wissen, worum es ging. Um seine Bestürzung zu verbergen, begann er, die Rollläden herunterzulassen, doch Valentino wollte es hell haben.[6]

Am Montag, den 23. August, war in der Villa d'Or immer noch keine Nachricht von Ullman eingetroffen. Frühmorgens ging Rambova im Park ein paar Spazierwege ab, die er geliebt hatte. Plötzlich stand ihr sein strahlendes Lächeln vor Augen, als es ihm gelungen war, einen alten Projektor zu reparieren, damit ihre Familie *Monsieur Beaucaire* ansehen konnte, und sie musste weinen. Dann trieb die Unruhe sie ins Haus zurück. Dort fand sie die Eltern und Tante Teresa in gedrückter Stimmung vor. Auch sie hielten das Ausbleiben einer Antwort für kein gutes Zeichen. Während man sich in Juan-les-Pins traurig zum Frühstück einfand, begann in New York Valentinos Todeskampf.

Geschwächt, wie er war, wurde er am Ende von zwei Obsessionen heimgesucht: der Kränkung durch die Chicago Tribune und einem Leben ohne Zentrum, ohne Richtung, mit einer Zukunft vor Augen, so undurchdringlich wie der Wald, in dem er sich letzte Nacht träumend verirrt hatte. Aus der Narkose erwacht, fragte er als Erstes: »Habe ich mich wie eine rosa Puderquaste oder wie ein Mann benommen?« Selbst wenn er unter starken Schmerzen litt, kam keine Klage über seine Lippen. Bis zuletzt hatte er andere beruhigt, sich optimistisch und für jede Freundlichkeit dankbar gezeigt. Ein idealer Patient. Das Antiseptikum »Salopex«, auf das man in der Klinik wartete, traf nicht mehr rechtzeitig ein, denn das Flugzeug, mit dem es herangeschafft werden sollte, musste wegen schweren Nebels in Ithaca, New York, landen, und man sah keine Möglichkeit für einen raschen Transport.[7]

Dann kam der Moment, von dem an er niemanden mehr erkannte. Ullman glaubte ein paar französische Worte zu hören. Verzweifelt trommelte er die wenigen Menschen herbei, von denen noch etwas zu hoffen war, denn die Ärzte waren mit ihrem Latein am Ende. Als Valentino ins Italienische zurückfiel, wusste man, dass das Ende nahe war. Bald kam die Zeit der Agonie, der letzten Riten. Reverend Joseph H. Congedo, der dem Vernehmen nach aus Castellaneta stammen und schon lange mit Valentino bekannt gewesen sein sollte, gab dem Bewusstlosen die letzte Ölung. Pater Leonard drückte ein Kruzifix an die Lippen des Kranken – doch diese letzte Berührung blieb ohne Reaktion. Valentino war tot.

EIN ALPTRAUM IN NEW YORK

Joseph Schenck trat als Vertreter von United Artists vor die Presse. Rodolfo Valentino war tot. Er starb am 23. August 1926 um zehn nach zwölf im Alter von einunddreißig Jahren.

Schenck verkündete mit schwankender Stimme, er habe einen Freund, die Filmindustrie einen Star und die Welt einen Liebhaber verloren. Insgeheim fürchtete er, das Interesse an *Son of the Sheik*, dem letzten Film, könne erlahmen, noch bevor er alle Premierenkinos erreicht hätte, wie man es nach dem Ableben anderer Stars erlebt hatte. Andererseits wurde jetzt eine hohe Versicherungssumme fällig – als Kompensation für die zu erwartenden Verluste des Studios.

Einem Mann namens Frank E. Campbell sollte es gelingen, Schenck aufzumuntern und ihm eine konzertierte Aktion vorzuschlagen, die generalstabsmäßig durchgeführt wurde und griff, wenn auch mit unerwarteten Folgen. Campbell führte ein großes Bestattungsunternehmen mit eigener Kirche, dessen Räume sich über mehrere Stockwerke erstreckten. Was die Mentalität, den Sinn für Repräsentation und kalkulierte Wirkungen anging, konnte man ihn durchaus mit einem Hollywood-Produzenten vergleichen. Campbell war in Begleitung seines für Public Relations zuständigen Mitarbeiters Harry Klemfuss sofort zur Stelle und machte Schenck ein Angebot, das auch Ullmans Billigung fand: Er sei bereit, dem toten Star eine luxuriöse Beerdigung auszurichten – umsonst, mit Ausnahme der Kosten, die im Zusammenhang mit der Begräbniskirche entstünden und die entweder von United Artists übernommen oder aus dem Vermögen des Stars bezahlt werden könnten. Schenck fiel ein Stein vom Herzen, und Ullman war froh, angesichts der ungeklärten Umstände des Testaments und der hohen Schulden des Stars eine Atempause bis zur Klärung der Verhältnisse gewonnen zu haben. Nicht der mit allen Wassern gewaschene Schenck, sondern Campbell sah voraus, dass ein erstklassiges Begräbnis das Interesse an Valentinos letzten beiden Filmen, *The Eagle* und *Son of the Sheik,* nicht nur wach halten, sondern sogar ankurbeln könnte – vorausgesetzt, es gelänge, die Journalisten auf ihre Seite zu ziehen. Schenck telefonierte sofort mit Hearst persönlich und machte ihm ein paar in Komplimente und Schmeicheleien gepackte Vorschläge für eine Pressekampagne, um ihn dann zusammen mit Marion Davies als Ehrengast zu dem ersten, für New York geplanten Trauergottesdienst einzuladen. Noch war nicht entschieden, wo Valentino die letzte Ruhe finden sollte, noch bestand die Gefahr, dass Alberto Guglielmi, der erst in ein paar Tagen eintreffen würde, den Sarg nach Italien überführen lassen wollte. Man war sich einig, dass nur eine Stadt auf der ganzen Welt als letzte Ruhestätte in Betracht kam: Hollywood. Hearst versprach, seine Journalisten entsprechend zu instruieren.[1]

Die Allianz von United Artists, Hearst-Presse und Campbells Firma ließ Ullman nur die Rolle des Mannes, der von Valentino letzte Instruktionen erhalten hatte, ohne dass dies jemand nachprüfen konnte oder wollte. Beim Versuch, übereifrige Reporter loswerden, griff Campbell zu einer List. Der Tote wurde in einem geflochtenen, nur mit einem goldenen Tuch bedeckten Korb durch einen Seiteneingang aus der Klinik geschafft und in einem in der Nähe seines Instituts gelegenen Geschäft abgesetzt, bis man ihn ungestört fortbringen konnte.

Obwohl es so gut wie keine Anhaltspunkte dafür gab, dass Valentino gewusst hatte, wie ernst es um ihn stand, behauptete Ullman, er habe erklärt, dass nicht nur seine Verwandten, Freunde und Kollegen, sondern auch seine Fans von ihm Abschied nehmen dürften. Deshalb arbeiteten Campbells Angestellte fieberhaft daran, den Leichnam für eine öffentliche Aufbahrung vorzubereiten. Die Krankheit hatte Spuren in den berühmten Zügen hinterlassen. Valentino wirkte wie ein für die Ewigkeit Erschöpfter und Gequälter, so, als sei das Leben nicht nur einmal, sondern gleich mehrfach aus ihm gewichen. Deshalb beeilte man sich, den Latin Lover für seinen letzten Auftritt ins Leben zurück zu schminken. Die Augenbrauen wurden nachgezogen, die Wangen mit Rouge bedeckt und die Beleuchtung so gewählt, dass sie die berühmten Züge weniger hager erscheinen ließen. Ein mild beruhigender Duft durchzog den Gold Room, in dem schon so viele berühmte Tote gelegen hatten.

Während man sich bei Campbell um die sterblichen Überreste kümmerte, gaben die Ärzte des Polyclinic Hospital ein abschließendes Bulletin heraus. Als Todesursache konstatierten sie ein durchgebrochenes Magengeschwür und eine Bauchfellentzündung, außerdem hatten sich eine Lungenentzündung und eine Entzündung der Herzinnenhaut entwickelt.[2] Für die Öffentlichkeit war schwer zu verstehen, warum ein noch junger, sportlicher Mann, dem der Hausarzt in Hollywood vor der Abreise nach New York attestiert hatte, dass er völlig gesund sei, so plötzlich hatte sterben können. Bald tauchten Gerüchte auf, Valentino sei vergiftet worden, ein eifersüchtiger Ehemann habe ihn erschossen, kurz: Es könne nicht mit rechten Dingen zugegangen sein. Jeder Tag brachte neue Vermutungen. Einer der verantwortlichen Ärzte erlitt einen Herzinfarkt und wurde über dem Ansturm der letzten Tage auf die Klinik selbst zum Patienten. Alberto Guglielmi, der eine Autopsie hätte verlangen können, zeigte nach seiner Ankunft am 1. September kein Interesse, den Dingen auf den Grund zu gehen. Wozu? Sein Bruder war tot. Nichts und niemand würde ihn wieder zum Leben erwecken.

Inzwischen hatte man den Toten nach allen Regeln der Kunst bearbeitet und aufgebettet. Der offene Sarg stand in einem Urwald aus Palmen und nach allen Seiten gespreizten Farnen; am Kopfende war ein kleiner, bunter Blumenstrauß zu sehen, eine Madonnenbüste war so gerückt, dass sie in Richtung des Toten blickte. Von Valentino blieb nur der Kopf und ein Teil des Oberkörpers sichtbar, der Rest lag unter schweren Draperien. In einem Nebentrakt sammelten sich Unmengen an Blumen und Kondolenzschreiben. Campbell lud Schenck zu einer »Vorschau« ein und fühlte vor, ob sich United Artists mit Aussicht auf die zu erwartende hohe Versicherungssumme nicht doch in der Lage sähe, wenigstens die Bewirtungskosten für prominente Besucher zu übernehmen, doch Schenck winkte ab.

Das allgemeine Publikum sollte am frühen Abend zugelassen werden. Dienstag, den 24. August, hatte sich seit den frühen Morgenstunden eine riesige Menschenmenge in der Nähe des Broadway, auf der Höhe der 66. Straße West, versammelt, und es wurden von Stunde zu Stunde mehr. Hearst hatte gute Arbeit geleistet. Die Zeitungen überschlugen sich. Schlagzeilen und Sonderausgaben informierten das Publikum, es sei möglich, von seinem Idol persönlich Abschied zu nehmen. Das Beerdigungsinstitut wurde unablässig erwähnt. Campbell und Klemfuss rieben sich über so viel Gratiswerbung die Hände. Selbstmordversuche und Selbstmorde, die mit Valentinos Tod in Verbindung gebracht wurden, und Klatschreporterinnen wie Louella Parsons hielten das Interesse wach, während United Artists Tag und Nacht Kopien von Valentinos letztem Film anfertigen ließ, denn inzwischen trafen Bestellungen nicht nur aus den USA, sondern auch aus Europa ein.

Auf den Straßen New Yorks entstand allmählich eine große Unruhe. Zehntausende warteten. Die Stunden bis zur Öffnung des Instituts für das Publikum schienen endlos. Junge Mädchen fielen in Ohnmacht, Frauen wurden in der anonymen Menge begrapscht oder bestohlen, Kinder irrten umher. Die wenigen Polizisten im Dienst forderten Verstärkung an. Niemand wusste, wie man eine solche Ansammlung von Menschen durch das Gebäude von Campbell's Funeral schleusen und dann in geordneter Form am Sarg des Toten vorbeiführen sollte. Vor dem Beerdigungsinstitut wurde ein kleines Areal für Reporter, Kameraleute und Fotografen freigehalten. Berittene Polizei versuchte, die aus allen Richtungen der Stadt herbeieilenden Menschen in Nebenstraßen abzudrängen. Dann begann es zu nieseln, schließlich regnete es in Strömen, doch die Menschen wichen nicht. Im Gegenteil. Als die ersten Passanten im durch die Polizei verstärkten Gedränge und durch Pferdehufe verletzt wurden, rieben Frauen das Pflaster mit Seife ein, um die Tiere zum Straucheln zu bringen.

Im Innern von Campbell's Funeral beratschlagte man, was zu tun sei. Inzwischen war der Polizei die Kontrolle über die Situation entglitten, und es regnete so heftig, dass viele Menschen in der Nähe von Hauseingängen und Schaufenstern Schutz suchten. Scheiben gingen zu Bruch, und einige Wartende wurden durch das Geschiebe buchstäblich in das Glas hineingedrückt und von den Scherben verletzt. Campbell ließ seinen ursprünglichen Plan fallen, den Nachmittag für Freunde oder Bekannte des Toten zu reservieren, und ordnete an, das Gebäude früher als vorgesehen für die inzwischen auf zwanzigtausend Menschen angewachsene Menge zu öffnen, die den Verkehr zwischen der 59. und der 72. Straße zum Erliegen gebracht hatte. Im Innern des Gebäudes drückte die Menge Polizisten zur Seite, trampelte über Verletzte und Ohnmächtige hinweg, stieß oder rempelte unterschiedslos nieder, was sich ihr in den Weg stellte – Angestellte, Stühle, Lampen, Blumenkübel. Ullman schrie, man solle die Tür zur Kirche schließen. Einen schlimmen Moment lang sah es so aus, als würden die schimpfenden, schreienden und schwitzenden Menschen sich des Mannes bemächtigen, der so still dalag. Doch Valentinos Leichnam brachte all jene, die sich eben noch den Eintritt erzwungen hatten und in heftiger Aufregung, ja sogar in Lebensgefahr gewesen waren, zur Besinnung.[3]

Die Polizei forderte Verstärkung an und schaffte es, das Areal vor dem Eingang freizuhalten für Verwundete, Besinnungslose, weinende Kinder und Frauen, die bestohlen oder Opfer von Übergriffen geworden waren. Überall lagen Schuhe, Hüte, zerrissene Kleidungsstücke, Schirme und Taschen herum. Deshalb stellte Campbell Räume für ein provisorisches Fundbüro und eine kleine Ambulanz zur Verfügung. Nicht nur die Zeitungen, auch Rundfunkstationen heizten die Stimmung immer mehr an; öffentliche Aufforderungen zum Gebet für den toten Star und aktuelle Meldungen über den Stand der Dinge ließen immer mehr Menschen nach Geschäftsschluss herbeieilen.

Der Gold Room war jetzt schmutzig und durch Souvenirjäger verwüstet, die alles, was nicht niet- und nagelfest war, an sich gerafft hatten: Blumen und Blätter, aber auch Quasten oder Fransen der Draperie. Das düstere Arrangement aus Kübelpflanzen, das für jede Beerdigung neu aufgestellt werden konnte, war so rasch zerrupft, dass der um den Ruf seines Unternehmens besorgte Campbell den Sarg in einen anderen Teil des Gebäudes schaffen ließ, wo der Strom der Menschen leichter zu steuern war, und Privatdetektive einsetzte. Über Megaphon wurde die Menge beruhigt und auf eine Pause vorbereitet. Nach dem Umbau leitete man sie durch den zweiten Stock, wo Valentino in einem kleineren Raum aufgebettet lag; man hatte seinen Kopf jetzt so gewendet, dass er im Dreiviertelprofil zu sehen war. Die Besucher mussten sich im Sekundentakt am Sarg vorbeibewegen und wurden über einen Notausgang auf die 67. Straße geleitet. Bald kam es zu neuen Unruhen. Jetzt standen die Menschen so dicht gepackt, dass es gefährlich wurde, dazwischenzutreten; auch hatte man es in erster Linie mit Neugierigen zu tun, die ein makaberes Spektakel erwarteten. Gegen Abend entspannte sich die Situation im Freien, und drinnen schaffte man es, etwa hundertfünfzig Personen pro Minute an dem Toten vorbeizuschleusen. Um Mitternacht warteten immer noch mehr als zwanzigtausend Besucher auf Einlass.

Campbell wollte sich entgegenkommend zeigen und sein Etablissement über Nacht offen halten, doch die Polizisten waren inzwischen zu erschöpft, um ihren Überdruss an der Allgegenwart des Bestatters, seinem in besorgte Falten gelegten Gesicht und salbungsvollen Hinweisen auf die Würde des Hauses länger zu verbergen. Es reichte. Campbell gab seufzend nach und schloss sein Etablissement. Kurz danach erschienen mehrere Italiener in Uniform, gaben sich als Mitglieder der »Fascisti League of America« aus und verlangten, im Auftrag von Benito Mussolini persönlich einen Kranz niederlegen und eine Ehrenwache am Sarg des Verstorbenen stellen zu dürfen. Campbell, dessen Ehrgeiz, das Beerdigungswesen zu revolutionieren, daran gescheitert war, dass es keine italienischen Uniformen gab, die der Aufbahrung den Anstrich eines Staatsbegräbnisses gegeben hätten, hatte hinnehmen müssen, dass Schenck die Verwendung von Filmkostümen untersagte. Hoch erfreut über die Anwesenheit der Schwarzhemden, ließ er sie sofort als Ehrenwache zusammen mit dem riesigen Lorbeerkranz für die Morgenzeitungen fotografieren. Sie wachten unentgeltlich. Der Trauergottesdienst war für Montag, den 30. September, anberaumt worden.[4]

Am Mittwoch, den 25. August, kam die Nachricht, dass Alberto Guglielmi demnächst in New York eintreffen würde. Seine Ankunft mit der Homeric wurde für Mittwoch, den 1. September, erwartet. Französische Zeitungen würdigten Valentinos Arbeit als Schauspieler und das, was er dem Kino gegeben hatte – Romantik, Leidenschaft, Erlösung vom Alltag. In Hollywood sanken die Flaggen auf Halbmast. Man verständigte sich auf zwei Schweigeminuten für den toten Star. Journalisten fanden heraus, dass die Trauer nicht bis nach Castellaneta reichte, wo man sich – wie 1923 beim Besuch des »verlorenen Sohnes« – gleichgültig oder boshaft zeigte. Und schlecht informiert. Dagegen verzeichnete New York eine wundersame Vermehrung von angeblichen Verwandten oder Landsleuten aus Castellaneta. Eine Gruppe – wer wollte das prüfen? – verschaffte sich so Zutritt und betete leise am Sarg, andere Männer machten sich wichtig und ließen ihrer Hysterie freien Lauf. Die unfreundlichsten Meldungen kamen aus Italien. Offenbar verübelte man ihm dort, dass er seine italienische Staatsbürgerschaft aufgegeben hatte. Valentino war weder ein politischer Mensch gewesen, noch hatten die Faschisten seinen Filmen gegenüber etwas anderes als Abneigung bekundet, denn er repräsentierte ein Ideal, das ihnen fremd war. Dem Osservatore Romano, Sprachrohr des Vatikans, erschien Valentino als Sinnbild profaner Dekadenz und als Gefahr für seine jungen Anhängerinnen. Nur im Ausland wurde er geschätzt, geliebt, verehrt.[5]

In den frühen Morgenstunden des Mittwoch bettete man Valentino noch einmal um, diesmal in Campbells Privaträume. Ullman war tief beunruhigt, wenn er an den gestrigen Tag zurückdachte. Er hatte sich nicht vorstellen können, was eine Aufbahrung unter solchen Umständen bedeutete. Falls Valentino, der nach Auskunft der Ärzte nicht geahnt hatte, wie bald sein Leben zu Ende sein würde, keine letzten Wünsche geäußert hatte, dürfte selbst ein so hartgesottener, mit allen Werbetricks vertrauter Manager von Unsicherheit gequält worden sein. Was war zu tun? Rambova hielt sich in Europa auf und hatte keine Chance, die würdelose Zurschaustellung ihres toten Geliebten zu verhindern. Zwar ließ sie Ullman von Paris aus wissen, dass

Rodolfo in der Familiengruft der Hudnuts auf dem Woodlawn Friedhof in der Bronx beerdigt werden solle und dass sie eine Feuerbestattung vorziehe, doch Ullman hatte sich längst mit Schenck und Hearst auf Hollywood als letzte Ruhestätte verständigt. Nur das Votum von Alberto stand noch aus.[6]

Ullman ließ sich Zeit mit der Antwort. Rambova konnte warten. Und doch sah er manchmal, fast wider Willen, die Situation mit ihren Augen: Valentino, schutzlos der gaffenden Menge preisgegeben, um den Rest an Würde gebracht, die einem Verstorbenen zustand. Gab es irgendjemanden bei United Artists, Campbell, der Presse, der aus dem Tod des Latin Lover kein Kapital schlagen wollte?

Ullman wurde aktiv. Ein paar Tage später vertraute der gewöhnlich gut informierte Herausgeber des Photoplay Magazine, James Quirk, Freunden an, Valentinos Manager habe aus Angst vor den Geistern, die er selbst gerufen hatte, und in der berechtigten Sorge, die Situation könne außer Kontrolle geraten, dafür gesorgt, dass an die Stelle des Leichnams eine wächserne Nachbildung trat.[7]

Fest steht, dass Valentino unter Glas gelegt wurde wie Schneewittchen, zum Glück, denn schon am zweiten Tag trat ein, was Ullman befürchtet hatte. Es gab immer jemanden, der sich aus der Reihe löste und einen Moment länger in der Nähe des Toten verweilen wollte, was nur denen gelang, die in Ohnmacht fielen oder sich weinend über den Deckel warfen. Sie wurden von Wärtern überwältigt und in Gewahrsam genommen. Ach, Valentino! Deine Fans hatten nicht nur wenig, sie hatten gar keine Manieren. Auch am zweiten Tag konnte die Stimmung jeden Moment kippen und Gaffer in einen Mob verwandeln. Die Ansammlung vor Campbell's Funeral glich weniger einem Trauerzug als einer Schlange, wie sie sich vor Kinos zu bilden pflegte. In Straßen- oder Arbeitskleidung, Kaugummi kauend, schob sich die Menge an Ständen vorbei, wo man sich etwas zu essen und zu trinken kaufen konnte, um die Wartezeit zu überstehen; das Ganze nahm den Charakter eines Volksfestes an.

Inzwischen machte man sich über die letzte Ruhestätte Gedanken. Pola Negri schlug sich auf die Seite des Studios. Auch aus ihrer Sicht gab es nur einen Ort: Hollywood. Die Presse wurde mit Plänen über ein Denkmal in Hollywood oder Chicago in Spannung gehalten, und am Nachmittag wurde Jean Acker mit ihrer Mutter und einer Kusine durch einen Seiteneingang hereingelassen und vor der Menge geschützt, damit sie von Valentino Abschied nehmen konnte.[8] Mit tragischer Miene stellte sie sich als Hauptleidtragende den Reportern dar und sagte unter Schluchzern und Seufzern, dass es zwar keine Heiratspläne, aber doch eine Aussöhnung mit Valentino gegeben hätte. Es war *die* Gelegenheit, um ihrer stockenden Karriere wieder aufzuhelfen. Von einer Europareise war jetzt keine Rede mehr; dafür kündigte die Mutter von Jean Acker deren Rückkehr auf die Bühne an.

Ullman betrachtete die schwatzende, kauende und kichernde Menge mit Sorge und forderte Campbell auf, ein paar Männer abzustellen, um die Leute zur Ruhe und zu etwas Respekt zu bewegen – vergebens. Die Mahnwache der Schwarzhemden hatte den New Yorker Mitgliedern der »Anti-Fascist Alliance of North America« keine Ruhe gelassen. Sie zogen Erkundigungen ein und stellten fest, dass die italienische Regierung weder eine Ehrenwache noch einen Kranz geschickt hatte. Zur Rede gestellt, zogen Regierungsvertreter sich mit der flauen Ausrede aus der Affäre, dass faschistische Gruppen außerhalb Italiens auf eigene Verantwortung handelten. Niemand konnte sich ein Bild von den tatsächlichen Hintergründen machen. Da die antifaschistische Gruppe beschloss, die Mahnwache zu vertreiben, konnte nur die Anwesenheit der Polizei eine Schlägerei verhindern. Campbell war schon auf dem Sprung, eine Presseerklärung für die von der italienischen Regierung so schnöde behandelte »Ehrenwache« abzugeben, als Klemfuss seinen Chef mit hochrotem Kopf beiseite zog und ihm gestand, dass er es gewesen war, der »Mussolinis Kranz« im eigenen Blumengeschäft bestellt und eigenmächtig auch ein paar Faschisten angeheuert und instruiert hatte.[9] Campbell, der das Ganze nur nach repräsentativen Wirkungen beurteilte, nahm die Sache nicht weiter krumm und ließ die Männer weiter Wache stehen. Nun wandte sich ein Sprecher der antifaschistischen Gruppe telegrafisch an Ullman; er solle der Farce ein Ende machen. Wie Campbell wollte auch Valentinos Manager ungern auf den Schein der Anerkennung von Seiten der italienischen Regierung verzichten; Publicity, *jede* Publicity, war ihm wichtiger als die Streitigkeiten politischer Gruppen. Dabei hatte man noch vor kurzem ernsthaft überlegt, ob United Artists nicht bei der italienischen Regierung ein gutes Wort für Valentino einlegen könne. »Es gab einige Demonstrationen gegen Rudys Filme in Italien«, gab Ullman zu. »Aber das war nur ein Haufen Gangster.«[10]

Damit nicht genug. In all dem Durcheinander bot ein Arzt namens Dr. Sterling C. Wyman Campbell seine Dienste an, denn immer noch mussten Ohnmächtige und Verletzte versorgt werden. Seine erste Amtshandlung bestand darin, die faschistische Ehrenwache um ein paar besonders hübsche junge Mädchen aus der Menge zu erweitern. Die Idee begeisterte Campbell so, dass er Wyman anbot, während der gesamten Zeremonie als offizieller

Arzt im Dienst von Campbell's Funeral aufzutreten. Später wurde bekannt, dass Wyman kein Arzt, sondern ein Schwindler war, der mehr als eine Psychiatrie von innen gesehen hatte.

Als Ullman sich am späten Abend durch die Menge kämpfte und erneut auf einen Sprecher der Antifaschisten traf, der sich Verstärkung in Gestalt des Herausgebers von Nuovo Mondo geholt hatte und mit Konsequenzen drohte, falls die »Ehrenwache« nicht abgezogen würde, war das Maß voll. Ohne sich mit irgendjemandem zu beraten, trat Ullman vor die wartenden Journalisten und verkündete, dass der Tote ab Mitternacht nicht mehr vom allgemeinen Publikum, sondern nur noch von Angehörigen und Freunden aufgesucht werden dürfe. »Der Mangel der Menge an Ehrfurcht, der Tumult und der Aufruhr von Anbeginn der öffentlichen Aufbahrung der Leiche haben mich zu dieser Entscheidung gezwungen.«[11]

Inzwischen wurde die Zahl der Besucher auf siebzig- bis neunzigtausend geschätzt. Als die Menschen, die seit Stunden auf der Straße standen, erfuhren, dass sie umsonst gewartet hatten, brach ein Sturm der Entrüstung los. Diesmal zeigte die Polizei keine Skrupel und trieb die heulende und protestierende Menge mit Pferden auseinander. Um Mitternacht wurde der Sarg endlich geschlossen, und Ullman schwor beim Leben seiner Kinder, nur noch zwei Menschen hineinschauen zu lassen: Pola Negri und Alberto Guglielmi. Ein Alptraum ging zu Ende.

ABSCHIED

Bei der Ankunft an der Grand Central Station in New York wurde Pola Negri bereits von der Presse erwartet und stieg im Hotel Ambassador ab, wo Valentino vor wenigen Tagen zusammengebrochen war. In kostbare Trauergewänder gehüllt, fiel sie für alle sichtbar in Ohnmacht, was Journalisten wie einen Filmauftritt kommentierten. Als »Witwe« schien die vitale Polin fehlbesetzt.

Für den Gottesdienst am 30. August hatte man St. Malachy ausgesucht, die Kirche der Schauspieler. Zwischen Broadway und Eighth Avenue in der 49. Straße West lag sie nur ein paar Häuser von der italienischen Pension entfernt, in der Valentino nach seiner Ankunft vor zwölf Jahren gewohnt hatte, und bot genug Raum für einen würdigen Abschied, zu dem sich die Größen Hollywoods versammelten. Ein schier endloser Korso von Wagen fuhr durch die Straßen. Tausende von Menschen standen für den von einem weißen Blütenmeer bedeckten Sarg Spalier. Zu den Sargträgern gehörten Produzenten, Kollegen, Freunde, Valentinos alter Widersacher Adolph Zukor, Marcus Loew, Douglas Fairbanks, Joseph Schenck, der Rambova vom Set verbannt, und Frank Menillo, mit dem Valentino kurz vor seinem Tod noch gesprochen hatte. Jean Acker, Nora Van Horn, eine Halbschwester von Rambova, die die Familie Hudnut vertrat, Mary Pickford, Gloria Swanson mit ihrem Mann und Valentinos Tanzpartnerin von einst, Bonnie Glass, nahmen ebenfalls an der Feier teil. Gleichzeitig fanden in vielen anderen Städten Gedenkgottesdienste statt.

Am 1. September stand Pola Negri mit dem Ehepaar Ullman am Pier, um Alberto Guglielmi in Empfang zu nehmen, der auf der Homeric eintraf. Er war allein, als er kurz darauf Abschied von seinem Bruder nahm. Einen Tag später machten sich Alberto, Pola Negri, die Ullmans, James Quirk und Campbell mit zwei Mitarbeitern auf den Weg nach Kalifornien. Auf den Zwischenstationen fand sich immer wieder Publikum ein, darunter eine italienische Kapelle, was Alberto tief bewegte. Vor der Presse hatte er gleich nach seiner Ankunft erklärt, Valentino solle in Hollywood seine letzte Ruhe finden. Doch wer war bereit, für ein Grab zu sorgen? Die Kette der Peinlichkeiten riss nicht ab. Weder seine Geschwister, die so rasch gar nichts arrangieren konnten, noch Ullman, der Rambovas Angebot, Valentino im Familiengrab der Hudnuts beisetzen zu lassen, abgelehnt hatte, noch sein Studio machten die geringsten Anstalten für den Kauf einer Grabstätte. Das war jener Frau vorbehalten, die Valentino entdeckt und nie das Interesse an ihm verloren hatte: June Mathis Balboni. Sie stellte ihre Familiengruft auf dem Hollywood-Memorial-Park-Friedhof zur Verfügung.[1]

Die Ankunft in Los Angeles und die Fahrt nach Beverly Hills zur Church of the Good Shepherd verlief ruhiger als in New York. Wieder säumten Menschen die Straßen. Zu Ausschreitungen kam es nicht. Der treue Luther Mahoney ließ aus einem Flugzeug Rosen auf den Weg, den die Prozession nahm, streuen – eine romantische Geste, die Valentino gefallen hätte. Und Rambova.[2] Wichtige Repräsentanten der Filmindustrie erschienen beim Gottesdienst. Zu den Sargträgern gehörte Charles Chaplin. Als Letzte nahm June Mathis Balboni Abschied von ihrem Julio.

Nach den Aufregungen der vergangenen Wochen kamen jetzt alle zur Ruhe – bis auf Pola Negri, die *Hotel Imperial* zu Ende drehen musste, und

Ullman. Denn das Testament war eine Sensation. Valentinos Anwalt Gilbert verlas den Inhalt. Dass Ullman als Testamentsvollstrecker eingesetzt wurde, erstaunte niemanden, doch dass weder Jean Acker noch Pola Negri im Testament erwähnt worden waren und Valentinos Geschwister Alberto und Maria sowie Teresa Werner jeweils ein Drittel des nach Abzahlung der Schulden verbleibenden Erbes bekommen sollten, rief Verwunderung hervor. Die Krönung war der Passus zu Natacha Rambova: Ihr wurde der Betrag von einem Dollar zugesprochen. Dieses neue, vor einem Jahr und vermutlich nach der Trennung des Paares aufgesetzte Testament ersetzte ein vorausgehendes, in dem sie zur Alleinerbin bestimmt worden war.

Anders als Teresa Werner, die keine Bedenken äußerte, suchten die Geschwister Guglielmi sofort nach Bekanntgabe des Inhalts juristischen Rat; ihr Misstrauen gegenüber Ullman, der als Einziger den Überblick über die komplizierte Finanzlage zu haben schien, und gegenüber Rambovas Tante, die als Familienfremde zu gleichen Teilen bedacht worden war, wurde von Anfang an deutlich. Ein Passus, der sich auf mündliche Absprachen Valentinos mit seinem Testamentsvollstrecker berief, machte die Sache nicht einfacher, bot er Albertos und Marias Anwälten doch Gelegenheit nachzuhaken.

Ullman hatte andere Sorgen – noch ahnte er nicht, dass ihm die schwierigste Zeit seines Lebens bevorstand. Hatte er sich früher auf Kosten Rambovas entlasten können, gab es seit ihrem Fortgang niemanden mehr, der für die Rolle des Sündenbocks in Frage kam. Was das bedeutete, war ihm erst klar geworden, als er an der Seite von Valentino alle Sorgen, Stimmungsumschwünge, Pläne hautnah miterlebt hatte – ein volles Jahr lang.

Jetzt wurde jede seiner Maßnahmen von den Anwälten der Guglielmis unter die Lupe genommen. Der Schuldenberg war enorm; dazu gehörten nicht nur Anleihen bei United Artists auf Valentinos Gage, eine Leihgabe von Pola Negri in Höhe von 15 000 Dollar (die sie prompt einklagte), Hypotheken und ausstehende Verpflichtungen für zwei Häuser, sondern außerdem 80 000 Dollar Produktionskosten für *What Price Beauty?*, die fortlaufenden Kosten für Bedienstete, seine Menagerie aus Pferden und Hunden, Ausgaben für das Begräbnis sowie – und das war ernster zu nehmen als alles andere – enorme Steuerschulden. Die letzten beiden Filme für United Artists, an denen Valentino prozentual beteiligt war, füllten die Kinos, doch das Geld, das durch sie hereinkam, deckte nur einen Bruchteil der laufenden Kosten.[3]

Ullman sah keine andere Lösung, als mit einem erfahrenen Auktionator eine Versteigerung von Valentinos Besitz vorzunehmen. Der Nachlass musste gesichtet, geordnet, Preise festgesetzt und passende Räumlichkeiten für die Versteigerung selbst gefunden werden. Mit Hilfe von Luther Mahoney wurde ein Katalog vorbereitet. Er umfasste 2385 Objekte auf 96 Seiten, war reich bebildert und sollte (mit Rücksicht auf Valentinos Fans, die Ullman nach wie vor mit Briefen und Anfragen überschütteten) zwei Dollar kosten. Zum Verkauf standen Whitley Heights, Falcon Lair mit Landbesitz, die Jacht Phoenix, sechs Autos, zahlreiche Bücher (sie wurden rasch noch mit Exlibris versehen), eine wertvolle Waffensammlung, Antiquitäten, Gemälde, Juwelen, 14 Hunde, fünf Reitpferde, Filmkostüme und eine umfangreiche, luxuriöse Garderobe neuesten Datums, dazu viele Gegenstände von persönlichem Erinnerungswert.[4]

Mitte Dezember konnte die Auktion endlich stattfinden – in Falcon Lair, Whitley Heights und schließlich im Hall of Art Studio, Hollywood, nicht weit von Rodolfos und Natachas erstem Haus entfernt. Sie war sehr gut vorbereitet, doch Ullman lief die Zeit davon. Er hatte immer noch mit Unmengen an Fanpost zu kämpfen; nun kamen noch Briefe von Spiritisten, Okkultisten, Esoterikern jeglicher Couleur hinzu, die Kontakt mit dem toten Star im Jenseits aufgenommen haben wollten. Obwohl der Katalog bereits gedruckt war, entschloss er sich, nur die Kostüme, nicht die dort aufgeführte persönliche Garderobe versteigern zu lassen. Zu viele Erinnerungen waren auch für ihn damit verbunden. Überhaupt lag ihm der Ausverkauf dessen, was Valentino geliebt und mit »kindlichem Enthusiasmus« zusammengetragen hatte, schwer auf der Seele.[5]

Die Auktion lief schlecht. Für die großen Objekte fanden sich kaum Gebote oder nur solche, die weit hinter die veranschlagte Summe zurückfielen. Selbst erschwinglichen Objekten gegenüber erwies sich das Publikum als unerwartet zurückhaltend. Alberto hatte Pola Negri das Bildnis von Valentino als Gaucho von Beltrán Masses versprochen – trotzdem war es im Katalog aufgeführt. Pola Negri erschien nicht. Teresa Werner, die es gern gekauft hätte, ersteigerte an seiner Stelle das gleichformatige Pendant mit Valentino in einer Rüstung. Auch Bebe Daniels und Adolphe Menjou sicherten sich Erinnerungsstücke.

Das Publikum verstummte, als ein besonderer Gegenstand hereingetragen wurde. Der mit dem Verstorbenen befreundete Bildhauer Trubezkoj hatte Valentinos kraftvolle Hand in Marmor nachgebildet; sie ruhte auf einem schwarzen Block, und die gebrochene Lebenslinie war niemandem entgangen.

Valentinos Schmucksammlung fand wenig Anklang; seine Fans hielten sich an Erschwingliches: Bücher aus der Bibliothek ihres Idols. Manche Objekte wurden zurückgezogen, weil die Gebote zu gering waren. Zögern, Abwägen und Knausern hatte nicht in Valentinos Natur gelegen; jetzt stellte sich heraus, dass er vieles zu überhöhten Preisen gekauft hatte. Unter der Nummer 727 stand das *slave bracelet* im Katalog – ein Sakrileg, da es ihm anderen Informationen zufolge mit ins Grab gegeben worden war.[6]

Unterdessen wurde Ullman mit immer neuen Forderungen der Steuerbehörden konfrontiert. Trotz intensiver Vorbereitungen für die Auktion, trotz erster Auseinandersetzungen mit den Guglielmis, trotz der kaum zu bewältigenden Post fand er in den beiden Monaten zwischen Mitte August und Mitte Oktober 1926 Zeit für ein zusätzliches Projekt. Der New Yorker Verlag Macy-Masius machte ihm ein lukratives Angebot für eine »Biografie« Valentinos und versprach jede Unterstützung von Seiten der Herausgeber. Die Zeit drängte, denn man wollte von der Publicity profitieren. Das unter dem Titel »Rudolph Valentino – Sein romantisches Leben und sein Tod« eben erschienene Buch eines Verehrers namens Ben-Allah stellte keine Konkurrenz dar. Der mit einer Widmung an Valentinos (allerdings nicht mit Namen genannten) Entdeckerin versehene Band las sich wie eine Kompilation von Pressemeldungen. Gleichzeitig war es der erste Versuch, den vorzeitigen Tod eines Idols, das wie ein moderner Liebesgott angebetet worden war, stellvertretend für Millionen zu verarbeiten.

Da die Zeit drängte, griff auch Ullman auf die im Photoplay Magazine erschienene, mit Hilfe von Howe erarbeitete »Autobiografie« zurück; andererseits hatte Valentino oft von seiner Familie, seiner Kindheit und den ersten Jahren in der Emigration erzählt.

Seit 1923, dem Beginn der Mineralava-Tournee, urteilte der Autor aus eigener Anschauung, und der Bericht über diese Zeit bis zum Bruch mit Rambova und Valentinos Tod gehört zu den wertvollsten Informationen über die letzten Monate. Für einen Mann der Werbung trat Ullman mit überraschender Bescheidenheit auf, die schon im Titel des Buches – »Valentino, wie ich ihn kannte« – zum Ausdruck kam, denn statt einer Biografie schrieb er Erinnerungen nieder. Wie weit ihm der Verlag entgegenkam, ob man ihm einen Ghostwriter stellte oder ob er allein für den Text verantwortlich war, bleibt offen; auf jeden Fall wurde das Buch mit mehr als 200 Seiten und gut ausgewählten Fotografien bereits zwei Monate nach Valentinos Tod, am 24. Oktober 1926, publiziert.

Nach einem Jahr ohne Rambova, die er als Rivalin betrachtet, unter Druck gesetzt und immer wieder in Schwierigkeiten gebracht hatte – sei es June Mathis, sei es dem Studio gegenüber –, war Ullman klar geworden, dass

Valentino ohne seine Frau nicht derselbe war wie zuvor, sondern scheu, in vielem unsicherer, dabei mutig mit tausend Ideen, denen man gar nicht so schnell folgen konnte, wie sie ausgesprochen wurden, ein ernsthafter, international orientierter Schauspieler, der neue Herausforderungen suchte – schließlich ein gekränkter, selbst unter Druck noch charmanter, hinter der strahlenden Fassade jedoch unglücklicher und am Ende kranker Mann, der den Verlust seiner Liebe nicht hatte überwinden können und ein Opfer der Presse geworden war.[7]

In seinen Erinnerungen zeigte sich Ullman von einer ungewohnten Seite: als Beobachter, als Chronist von Ereignissen und Geständnissen, die ein neues Licht auf Valentino warfen. Und er nutzte die Gelegenheit, Natacha Rambova eine Art von Gerechtigkeit widerfahren zu lassen. Plötzlich fand er Worte und Einschätzungen, die sie sogar über ihren Mann stellten – als Persönlichkeit, deren Charme, kühle Distinktion und Können auch Gegnern Bewunderung abnötigten und die Valentino auf eine Stufe seines Talents gehoben hatten, die er ohne sie schwerlich erreicht hätte.[8] Außer ihnen gab es praktisch nur ein Paar in Amerika, das die Romantik, das Flair und die jugendliche Unbedingtheit der zwanziger Jahre stellvertretend für eine ganze Generation verkörperte: Francis Scott Fitzgerald und Zelda Sayre. Jetzt, da Valentino tot und Rambova fort war, begann die Nachwirkung der beiden; es war, als hätten sie Spuren hinterlassen mit einer Feinheit und Treue, die Ullman inmitten der Geschehnisse kaum zu Bewusstsein gekommen waren. Ihre Maßstäbe – sie waren unmerklich die seinen geworden; ihr Sinn für Würde, Pflichtbewusstsein, ihre Bereitschaft, für ein Ziel Härten in Kauf zu nehmen – etwas davon zeigte sich nun bei Ullman selbst.

Angesichts der durch die Guglielmis noch verstärkten Last hätte jeder andere die Flucht ergriffen. Ullman blieb. Alberto und Maria, die inzwischen verheiratet war und im Januar 1927 in Hollywood eintraf, um ihre Erbansprüche geltend zu machen, hatten ihre Lektion gelernt. Die Warnung von Juristen, wenn das Testament von den Geschwistern angefochten werden würde, könne das ursprüngliche, Rambova als Alleinerbin einsetzende Dokument in Kraft treten, verhallte ungehört. Beide engagierten gleich mehrere Anwälte, überzogen Ullman mit Prozessen und beschuldigten ihn schließlich des Missmanagements und Betrugs. Er rechtfertigte seine bisweilen unorthodoxen, im Einzelfall vielleicht angreifbaren Methoden, Valentinos Nachlass zu Geld zu machen, und wies auf messbare Erfolge hin, doch als Alberto und Maria immer neue Beschuldigungen erhoben, trat er als Testamentsvollstrecker zurück. Erst 1932, sechs Jahre nach Valentinos

Tod, kam die Angelegenheit zu einem vorläufigen Abschluss. Ungeachtet der Tatsache, dass Ullman in bester Absicht Geld aus dem Nachlass für Publicity eingesetzt hatte, ungeachtet seiner zum Teil erfolgreichen Versuche, den Wert der Hinterlassenschaft zu steigern, wurde er zu einer hohen, an die Guglielmis zu zahlenden Summe verurteilt; die Geschwister wiederum durften erst auf ihr Erbe zurückgreifen, nachdem alle Steuerschulden und Gerichtskosten beglichen worden waren. Albertos Sohn Jean setzte die Familientradition fort und stellte 1947 und 1952 weitere Forderungen an Ullman, der offenbar Mühe hatte, bereits die 1932 festgesetzte Summe zu begleichen.

Möglicherweise wurde die von Misstrauen und Abneigung geprägte Haltung der Guglielmis durch Ullmans Erinnerungsbuch verstärkt. Dort brachte er seine Einschätzung von Valentinos Verwandten, die er monatelang aus der Nähe hatte beobachten können, in verklausulierter Form zum Ausdruck: »In eine Eulenfamilie hinein wird ein kleiner Adler geboren. Die Eulen sehen klug aus, aber ihre Weisheit hält keiner Prüfung stand. Der junge Adler möchte sich gern in die Lüfte erheben. Die Eulen haben keine Kraft in den Flügeln, und deshalb lästern sie untereinander über den seltsamen, unerklärlichen Wunsch ihres Adlerkindes nach unbekannten Weiten. Solche Familien leben ständig in der Angst davor, was der junge Adler anstellen wird, um den Namen der Familie Eule zu beschmutzen.« Ullman ging so weit, Valentinos Verwandtschaft als stumpf und phantasielos zu bezeichnen. Im Gegensatz dazu setzte er der liebevollen und klugen Teresa Werner ein Denkmal, denn sie hatte sich nicht nur als unparteiisch erwiesen, sondern Valentino in seinen schwersten Stunden wie eine Mutter beigestanden.[9]

Am 25. November 1926 kehrte Rambova an Bord der Homeric nach New York zurück. Sie beeindruckte die Presse durch ihre Schönheit und die charmante Zurückhaltung, mit der sie Fragen beantwortete. Auf das Testament angesprochen, sagte sie lächelnd, es sei völlig in Ordnung, mochte es aber nicht weiter kommentieren. Niemand sollte erfahren, wie schwer die letzten Monate für sie gewesen waren. Abgeschirmt von der Welt, hatte sie sich ihrem Schmerz überlassen und auf Séancen Trost gesucht. Solange Rodolfo aus dem Jenseits zu ihr sprach, war alles leichter zu ertragen. Jetzt präsentierte sie den versammelten Journalisten George Wehner, der sie als Medium nach New York begleitet und Kontakt zu dem Verstorbenen aufgenommen hatte.[10]

Sie bereitete ein »intimes Porträt« von Valentino vor, das im Dezember 1926 in einem Londoner Verlag erscheinen sollte. Die ausführliche englische

Version umfasste gut 200 Seiten und war mit Fotografien ausgestattet. Für den amerikanischen Markt wurde eine kürzere Version erarbeitet. Im Gegensatz zu Ullman ließ Rambova auch andere Personen zu Wort kommen, so ihre Mutter. Etwa ein Drittel des Buches nahmen elf nach Rodolfos Tod empfangene, recht allgemein gehaltene Botschaften aus dem Jenseits ein.

Wie bei einer so diskreten Person nicht anders zu erwarten, lieferte Rambova keine intimen Einblicke, warf aber ein neues Licht auf das Paar in seinen besten Tagen. Auch sie wies auf die Scheu, die Generosität und Ernsthaftigkeit von Valentino hin, doch anders als Ullman bekannte sie sich nicht nur zu Erfolgen, sondern auch zu Fehlern. Sie beschrieb die Anfangszeit in Hollywood, vermied Schuldzuweisungen, mit denen sie selbst überreich bedacht worden war, und zeigte ein Paar: jung, ambitioniert und naiv genug, um die Filmwelt herauszufordern. Sie konzentrierte sich weniger auf Personen als auf das *System* Hollywood, in dem sie sich verfangen hatte und an dem sie schließlich gescheitert war – wie sicher auch Valentino gescheitert wäre: nach Einführung des Tonfilms. Mit F. Scott Fitzgerald, der die »grässliche Stadt« als »Müllhalde« bezeichnete, mit Gerta Garbo, die dafür das Bild der »faulen Orangen« fand, teilte Rambova die Aversion gegen die Geld- und Menschenmaschine Hollywood. Jetzt, da sie mit der Filmindustrie gebrochen hatte, fielen kritische Worte über diese »Imitation einer vergoldeten Hölle«, das Sinnbild von Täuschung und Trug. Ihre Definition von Hollywood: »ein ständiger Kampf unbedeutender Leute, berühmt zu werden und vorzugeben, was sie nicht sind … Arbeit ist das Einzige, was das Leben dort erträglich macht.« Sie hatte sich daran gehalten. Doch der Preis war hoch gewesen. Zu hoch.[11]

Jetzt lag der Mann, dessen grausame Zurschaustellung sie nicht hatte verhindern können, in der Gruft von June Mathis Balboni. Dass dies keine Lösung auf Dauer war, ahnte zu dieser Zeit noch niemand; erst nach dem plötzlichen Tod von June im Sommer 1927 erschien Valentino ihrer Familie wie ein Gast, auf dessen Abreise man mit kaum verhohlener Ungeduld wartet, und er wurde provisorisch in eine sehr viel bescheidenere Grabstätte umgebettet, die dem Witwer Silvano Balboni gehörte.

Natacha Rambova hatte Valentino erst verlassen, als Hollywood sich seiner bemächtigte und Zug um Zug jenes geliebte, heilige Terrain besetzte, das für eine kurze, unvergessliche Zeit ihnen allein gehört hatte. Damals nahm das Leben selbst die Farben des Traums an. Alles schien möglich, doch dann hatte der kalifornische Fluch sie eingeholt. Valentino verlor

Rambova, und Rambova verlor Valentino so unwiderruflich, dass die Niederschrift seines Lebens, das seine Gegenwart noch einmal in allen temperamentvollen Einzelheiten erweckte, leichter fiel als erwartet. Nicht an der Gruft, sondern im Dunkel ihres Zimmers, wenn sie mit dem Schreiben pausierte und aus dem Fenster sah, nahm sie Abschied von ihm. Wie deutlich sie alles vor sich sah: den melancholischen Blick, seine Lust zu lachen und seine Begeisterungsfähigkeit, seine Weigerung, sich Sorgen zu machen, aber auch den Schauspieler, den sie während der Dreharbeiten zu *Camille* tränenüberströmt in einem Seitengang vorgefunden, schließlich den Faun, der ihr zuliebe im kleinen Atelier einer Freundin posiert hatte, mit Flöte und Trauben, als sei es gestern gewesen. Grenzen, engherzige Bedenklichkeiten hatte Valentino nicht gelten lassen. Mit ihm konnte man träumen. Doch dann waren sie beide in das Räderwerk der Traumfabrik geraten. Was das bedeutete, wusste sie inzwischen; deshalb schien ihr jeder Weg, den sie fern von Hollywood einschlagen würde, leicht und frei.

Noch meldeten sich die Stimmen aus dem Jenseits, all die geliebten Toten. So nahm sie nur am Rande wahr, dass Hollywood schon fieberhaft einen Nachfolger für Valentino suchte. Junge, gut aussehende Männer stürmten die Besetzungsbüros. Rambova hörte von Probeaufnahmen und spürte förmlich die hektische, gereizte, aber auch von Energie und Hoffnungen erfüllte Atmosphäre, an der sie selbst einmal teilgehabt, die sie mitunter bezaubert hatte. War das wirklich schon ein Jahr her? Ihr kam es vor wie ein Leben. Sollten sie suchen.

Es würde nie einen zweiten Valentino geben.

EPILOG

Irgendwann sah ich die Fotografie eines Mannes wieder, dessen Blick mich schon als Kind fasziniert hatte. Nichts wies darauf hin, dass es sich um einen Schauspieler handelte.

Von solcher Erinnerung auf die Spur gesetzt, begann eine lange Reise.

Sie führte mich durch die Basilikata nach Apulien, zur tiefen Schlucht am Rande von Valentinos Geburtsort und – wie könnte es anders sein – durch Bibliotheken, Museen und Archive in Deutschland, Österreich, England, Holland und den USA, über Friedhöfe, in das renommierteste Beerdigungsinstitut von New York, Frank E. Campbell's Funeral Chapel (wo der Satz »He made us« und eine Sammlung brüchiger Zeitungsausschnitte etwas von der Nostalgie des »Großen Gatsby« aufkommen ließen), in den Kinosaal des Museum of Modern Art, eine süditalienische Polizeiwache und schließlich, an einem heißen Augusttag, vor das Haus in Castellaneta, wo alles begann. Ich habe es nicht betreten.

Bei meiner Suche stieß ich auf ein nahezu unentwirrbares Gewebe aus Klatsch, Aussagen von Zeitzeuginnen und Freunden, Pressemitteilungen, Informationen, und es dauerte nicht lange, bis ich verstand, dass die Erinnerung ein »weites Land« ist und die Grenzen der Verifizierbarkeit in der Struktur des frühen Hollywood begründet sind. Fakten und Fiktion verschmelzen bis heute.

Schon zu Lebzeiten und erst recht nach seinem Tod wurde Valentino zur Legende. Er bewegte sich in einem Umfeld, das wie kein anderes Traum und Wirklichkeit verwob und die Chance bot, viele Leben in einem zu leben. Für eine Homo- oder Bisexualität gibt es ebenso wenig Beweise wie für Natacha Rambovas vermeintliches Lesbierinnentum – dennoch wurde das Paar in hartnäckiger Verkennung der Wirklichkeit für unterschiedliche Interessen vereinnahmt. Zwei Träumer landeten in der »Traumfabrik« und forderten das Studiosystem heraus. Für vier Jahre gingen Charme und Leidenschaft, Selbstbeherrschung und Stolz eine Verbindung ein, die in Hollywood nicht ihresgleichen fand.

Wie ging es weiter? Dazu ein paar Hinweise.[1]

June Mathis Balboni starb als Erste. Nach dem Debakel von *Ben Hur* (1926) wechselte sie das Studio und arbeitete erfolgreich für die First National weiter. Am 26. Juli 1927 besuchte sie mit ihrer Mutter ein Theaterstück, »The Squall«. Kurz vor Ende des 1. Akts warf sie sich in ihre Arme und begann zu schreien: »Mutter, ich sterbe, ich sterbe!« Als der Arzt eintraf, war sie schon tot. Ihr unglaubliches Arbeitspensum – in elf Jahren war sie maßgeblich an 113 Filmen beteiligt gewesen – hatte seinen Preis gefordert. Die Bestattung übernahm Frank E. Campbell. Man begrub sie in ihrer Familiengruft im Hollywood Park Memorial Cemetery, ein knappes Jahr, nachdem sie Valentino dorthin aufgenommen hatte.

Maria Guglielmi heiratete einen italienischen Architekten namens Eugenio Strada. Für sie und ihren Bruder war das Erbe eine Enttäuschung. Alberto Guglielmi hegte zeitweise die Hoffnung, nach mehreren Schönheitsoperationen bei dem gleichen Chirurgen, der schon Jack Dempsey eine neue Nase gestaltet hatte, die Nachfolge seines Bruders anzutreten. Er nannte sich fortan Albert Valentino und übernahm eine kleine Rolle in *The Price of Pleasure* – ohne nennenswerten Erfolg. Später arbeitete er als Buchhalter in leitender Position bei der Fox.

Richard Hudnut starb im Oktober 1928. Er hinterließ seiner Frau und seiner Adoptivtochter fast sein gesamtes Vermögen. Winifred Hudnut setzte ihrer Tochter danach Unterhaltszahlungen aus, die Rambova in die Lage versetzten, ihren vielseitigen spirituellen und wissenschaftlichen Interessen zu folgen.

Teresa Werner konnte einige Dinge aus Valentinos Nachlass zurückkaufen. Natacha Rambova blieb ihr bis zu ihrem Tod Anfang der vierziger Jahre eng verbunden und unterzeichnete ihre Briefe an sie mit »Wink«.

S. George Ullman veröffentlichte noch in Valentinos Todesjahr seine Erinnerungen an den Latin Lover. Als Testamentsvollstrecker wurde er von der Familie Guglielmi verklagt und zur Zahlung einer hohen Entschädigung verurteilt. 1974 autorisierte er in einem Vorwort die Biografie von Norman A. Mackenzie, »The Magic of Rudolph Valentino«. Im Jahr darauf starb er.

Theodore Kosloff (1882–1956) ließ sich in einem Aufsehen erregenden Prozess von seiner Frau, der Tänzerin Maria Baldina, scheiden. Rambova traf ihre Mitschülerinnen von einst, Vera Fredova und Flower Hujer, 1931 auf einer Schiffsreise wieder, wo sie Erinnerungen austauschten. Beide hatten Kosloff verlassen und waren beruflich eigene Wege gegangen. Die Tanzschule in New York unterhielt er bis zu seinem Lebensende.

Alla Nazimova (1879–1945) kehrte nach der Gründung einer eigenen Produktionsfirma und dem Verlust eines Großteils ihres Vermögens auf die Bühne zurück und ging wie zu Beginn ihrer Karriere mit Stücken von Tschechow und Ibsen auf Tournee. Das Anwesen am Sunset Boulevard wurde verkauft und in ein Hotel namens »The Garden of Allah« umgewandelt; dort hatte sie in einem Apartment über der Garage lebenslanges Wohnrecht. Ihr Nachbar war der junge Frank Sinatra, dessen Stimmübungen sie beim Schreiben ihrer Autobiografie begleiteten. 1941 übernahm sie in einem Remake von *Blood and Sand* mit Tyrone Power und Rita Hayworth die winzige Rolle der Mutter des Toreros.

Jean Acker (1893–1978) verlor ihr Vermögen beim Börsenkrach von 1929 und fing noch einmal von vorne an. Beim Aufkommen des Tonfilms hatte sie, wie so viele andere, keine Chance mehr. Auch der Versuch eines Comebacks an der Seite von Frederic March scheiterte. Zwischendurch wurde ihre Verlobung mit einem spanischen Adeligen bekannt. In späteren Jahren lebte sie in Beverly Hills und arbeitete mit ihrer Lebensgefährtin Chloe Carter als Komparsin im Selznick International Studio.

Paul Ivano (1900–1984) arbeitete als Kameramann für Regisseure wie Sternberg (*A Woman of the Sea* – ein Film, den Chaplin nie für die Kinos freigab – und *Blonde Venus*, 1933), Friedrich Wilhelm Murnau (*Four Devils* kam ebenfalls nicht in den Verleih) und Erich Stroheim *(Queen Kelly).* Er war an Filmen für Universal und Monogram Studios beteiligt und blieb Alla Nazimova bis in die vierziger Jahre freundschaftlich verbunden.

Nita Naldi (1897–1961) drehte in Deutschland *Der Bergadler,* in Paris *La femme nue* und übernahm 1926 in Wien die Rolle einer Tänzerin in *Pratermizzi.* Der Tonfilm ließ die Vamps des Stummfilms plötzlich altmodisch erscheinen, und was wie der Beginn einer internationalen Karriere ausgesehen hatte, erwies sich als deren Ende. 1929 heiratete sie einen wohlhabenden Mann, kehrte 1933 noch einmal an den Broadway zurück und starb mit Anfang sechzig verarmt in einem bescheidenen Hotel in Manhattan.

Luther H. Mahoney (1892–1968), der ehemalige Polizist und Bodyguard, half nach Valentinos Tod, ein Inventar seines Nachlasses zusammenzustellen. Vier Monate bevor er starb, sprach er drei Stunden lang seine Erinnerungen auf Tonband. Seine Tochter Madeline Mahoney Reid, der Valentino als kleines Mädchen Kastagnetten geschenkt hatte, sorgte für die Publikation.

Elinor Glyn (1864–1943) verließ Hollywood freiwillig nach ihrem letzten Film *Red Hair.* Sie zog erst nach New York und 1929 – als die Steuerbehörde ihr auf den Fersen war – für immer nach England. Nachdem zwei Filme von ihr dort nur mäßigen Erfolg gehabt hatten, kehrte sie zum Journalismus zurück. 1936 erschien ihre Autobiografie »Romantic Adventure«, und mit sechsundsiebzig Jahren schrieb sie ihren ersten Thriller, »The Third Eye« (1940).

Ramon Novarro (1899–1968) gehörte zu den (homosexuellen) Schauspielern, die als Valentino-Ersatz aufgebaut wurden. 1922 gab Rex Ingram ihm eine Chance in *The Prisoner of Zenda*. Danach übernahm er viele Hauptrollen – u. a. in *Ben Hur* (1926) und *Mata Hari* (1932) an der Seite von Greta Garbo. Er schaffte den Übergang zum Tonfilm und trat später sogar als Sänger auf. Mit dem Abklingen seiner Karriere verfiel er dem Alkohol und wurde im Oktober 1968 von zwei Dieben, die er für Strichjungen hielt, ermordet.

Winifred Hudnut (1870–1957) verbrachte nach eigenem Bekunden die erste Hälfte ihres Lebens mit der Sammlung schöner Dinge und die zweite Hälfte damit, sie wegzuschenken. Die Police Athletic League von New York bekam Foxlair, das in ein Erholungsheim für Arme umgewandelt werden sollte, und nach dem Zweiten Weltkrieg überließ sie General De Gaulle das Anwesen in Juan-les-Pins für Kriegswaisen. Als sie bemerkte, dass es nicht für den von ihr vorgesehenen Zweck benutzt, sondern ausgeraubt worden war, verkaufte sie es und schenkte einen Teil ihrer Kunstsammlung dem Museum of Fine Arts in Utah. Nach ihrem Tod im Alter von 87 Jahren wurde sie im Familiengrab der Hudnuts auf dem Woodlawn Friedhof in New York beigesetzt.

Natacha Rambova (1897–1966) veröffentlichte noch im Todesjahr von Valentino ihre Erinnerungen an ihn. Sie kehrte kurz auf die Bühne zurück, widmete sich dann aber stärker ihren esoterischen Interessen. Auf einer Reise nach Mallorca lernte sie Alvaro de Urzáiz kennen, einen Spanier aus alter, vornehmer Familie, der als Touristenführer arbeitete. 1932 fand die Hochzeit statt. Rambova richtete alte mallorquinische Villen wieder her und vermietete sie an Touristen. Als der Spanische Bürgerkrieg auf die Insel übergriff, musste sie ohne ihren Mann fliehen, erlitt kurz darauf eine Herzattacke und sollte danach nie mehr gesundheitliche Stabilität erreichen. In den vierziger Jahren begann sie mit dem Studium alter Kulturen und reiste 1946 mit einem Stipendium nach Ägypten, wo sie sich intensiv mit Grabmälern der Pharaonen beschäftigte und sich zu einer Expertin entwickelte, die an mehreren, auch in Fachkreisen beachteten Publikationen beteiligt war. In New York scharte sie einen Kreis von Intellektuellen um sich und erlebte, dass ihre Schülerinnen und Schüler ihr einzelne Werke widmeten. An Sklerodermie erkrankt, ordnete sie ihren Nachlass und übergab ihre Kollektionen nepalesischer und ägyptischer Kunst dem Museum of Fine Arts in Utah und dem Philadelphia Museum. Sie blieb bis zum Tod »eine intellektuelle Garbo«, ein Mensch mit zu vielen Talenten für ein einziges Leben, eine aparte und diskrete Persönlichkeit, die sich erst in der zweiten Hälfte ihres Lebens jenen Zeugnissen vergangener Kulturen widmen konnte, die sie als kleines Mädchen beim Gang durch den Louvre fasziniert hatten. Ihrem Wunsch folgend, wurde ihre Asche in den Wäldern von Arizona verstreut.

»Son of the Sheik«, 1926
(in der Rolle des Vaters)

DANK

Manches Buch wird in der Obhut eines anderen geschrieben. Bücher wie dieses können nur im Schutz von Freundschaft entstehen.

Alles Nötige für die Arbeit – ein Zimmer oder Garten – war immer vorhanden, wenn es um Distanz und Konzentration ging. Silvia und Franz Gatterburg verdanke ich eine Zelle, Ungestörtheit, die Gesellschaft eines Babys am Frühstückstisch und Abende in einem der schönsten Klostergärten, die ich kenne. Ilsebill Barta Fliedl bewährte sich früh als Internetscout und durchschritt mit mir von Wien aus Valentinos letzte Villa. Sie spürte alte Fotografien auf und half mir, als Gast eines Amsterdamer Hotelbootes jenes Abenteuer zu bestehen, ohne das es einer so langwierigen Recherche an Charme fehlen würde. Peter Konlechner vom Österreichischen Filmmuseum in Wien half bei der Beschaffung schwer zugänglicher Materialien, Karsten Berger erklärte medizinische Zusammenhänge, Enno Kaufhold und Evelin Förster steuerten Funde aus Antiquariaten, Gunter Gudat Videos über Boxkämpfe von Jack Dempsey und Max Schmeling, Mercedes Valdivieso ihr Wissen über spanische Kunst bei und betrachtete mich nicht als Verworfene, als es an der Zeit war, Stierkämpfe zu *sehen*, um Stierkämpfer zu *verstehen*.

Mein Dank gilt Carola Muysers und Alexander Perrig für Aufmunterungen zur rechten Zeit, ferner Christiane Schmerl und Frank Nestmann für ihre Gastfreundschaft in der Endphase. Linda Hentschel gab der Bibliografie den letzten Schliff.

Manchen Menschen fällt es ebenso leicht, eine blaue Winde zu ziehen, wie sich mit neuen Programmversionen anzufreunden. Für beides danke ich Folker Flier. Ihm fielen die erste Lektüre sowie Übersetzungen aus dem Amerikanischen zu; er neutralisierte meinen Hass gegenüber digitalen Komplikationen, löste alle technischen Probleme und ließ es weder an Kritik noch an Teilnahme fehlen. Fünf Jahre tolerierte er die ménage à trois mit einem Italiener, der als Latin Lover Filmgeschichte gemacht hat, obwohl er ursprünglich Gärtner werden wollte. Deshalb soll Valentinos Lebensbild ihm, dem Gärtner, gewidmet sein.

314

ANMERKUNGEN

Fremdsprachige Zitate wurden von Folker Flier ins Deutsche übersetzt.

Schöner Gigolo, armer Gigolo

1 Auf der Geburtsurkunde ihres Sohnes ist sie als Maria Beata Gabriella Barbin eingetragen. Recqueville 1978, S. 161. Shulman 1967, S. 92. Nach Aussage Alberto Guglielmis hatte sein Großvater mütterlicherseits als Ingenieur beim Bau einer Eisenbahnlinie zwischen Bari und Tarent gearbeitet, und Giovanni Guglielmi war kein Tierarzt, sondern als Veterinär für die Gesundheit des Viehs zuständig gewesen.
2 Walker 1976, S. 9. Recqueville 1978, S. 161. Vergl. Barzini 1965, S. 87 f.
3 Zur Taktik der Mdivanis vergl. Negri 1970, S. 296-305. Ardmore 1959, S. 184 ff. Vergl. Zierold 1973, S. 148 ff. Madsen 1988, S. 114 f. Gold/Fizdale 1991, S. 298 ff. Adlon 1994, S. 181, 79, 169–177. Vergl. Maxwell 1955, S. 91 f., 166 f., 205. Bodeen 1975, S. 238. Lambert 1990, S. 283.
4 J. Paul Getty: So sehe ich es, Bergisch-Gladbach 1976, S. 161 f.
5 Zwar sind die Akten der beiden Angeklagten noch im Besitz der Polizei von New York, doch ihr Inhalt ist verschwunden. Shulman 1967, S. 109-116.

Madre e Italia!

1 Chaplin 1985, S. 189 f. Barzini 1965, S. 237 ff.
2 Pickford 1956, S. 133 f.
3 Als Komparse einer Tanzszene im 1914 gedrehten Streifen *The Battle of the Sexes* war Valentino dem Gedächtnis des Regisseurs offenbar entschwunden. In: There's 1979, S. 10-14, 33. Ullman 1926, S. 40 f. Vergl. Gish 1969, S. 211.
4 Griffith in: There's 1979, S. 11. Henderson 1972, S. 303, 208 f.
5 Valentino 1929, S. 120-123.
6 Godowsky 1958, S. 31. Rosenberg/Silverstein 1970, S. 257 f.
7 Godowsky 1958, S. 69.
8 Rambova 1926, S. 116. PM, Mai 1926. Shulman 1967, S. 130 f.

315

9   Godowsky 1958, S. 62.
10 Godowsky 1958, S. 63. MP, Mai 1912, August 1913. PL. PM, Mai 1924.
11 Kobal 1985, S. 162. Miller 1988, S. 38. Tajiri 1977, S. 41 f.
12 Godowsky in: Kobal 1985, S. 62.

California Blue

1   Madsen 1988, S. 70.
2   Mackenzie 1974, S. 172 f. Higashi 1978, S. 106 f.
3   Es kursierten verschiedenste Versionen des Geschehens. Madsen 1988, S. 80.
    Wayne 1976, S. 49, 52.
4   Wayne 1976, S. 41 ff. Keaton 1960, S. 156 ff. Yallop 1976, S. 127 ff. Anger 1975,
    S. 20-31. Madsen 1998, S. 196 f. Oderman 1994, S. 172 f.
5   Robinson 1989, S. 255, 271.
6   Slater 1995, S. 133 ff. Außerdem gab es u. a. Clara Beranger, Ouida Bergère,
    Leonore Coffee, Beulah Marie Dix, Marion Fairfax, Gene Gauntier, Edith
    Kennedy, Sonya Levien, Anita Loos, Jeanie MacPherson, Frances Marion,
    Beth Meredyth, Margaret Turnball, Eve Unsell.

June Mathis

1   Ihr Sinn für Struktur, Tempo und Rhythmus war so ausgeprägt, dass man sie
    wenig später bat, dem ausufernden, von Erich Stroheim gedrehten und zurück-
    gelassenen Material eine Form zu geben, was ihr mit Greed (1923) gelang. Clark
    1986, S. 249. Koszarski 1990, S. 241. Cook, Bd. 4, 1993, S. 501.
2   Grove Day/Knowlton 1972, S. 37 f.
3   Grove Day/Knowlton 1972, S. 132 ff., 127 f.
4   O'Leary 1980, S. 27, 29, 37, 29, 51, 57.
5   Ralph Barton in: PM, Oktober 1921. Dieses Modell wurde auch auf das reale
    Leben übertragen, Co-Produktivität nur in Ausnahmefällen mit dem ent-
    sprechenden Frauennamen und Anerkennung bedacht. Alice Terrys Regiearbeit
    für Rex Ingram in späteren Jahren wurde nicht erwähnt; erst in Ingrams letztem
    Film Baroud wird Alice Terry als Co-Regisseurin genannt. Slide 1982, S. 104.
    Herbert Howe in: PM, Februar 1924.
6   Vergl. Grove Day/Knowlton 1972, S. 94 f., 104 f.
7   Aravena 1989, S. 23 ff., 30 f. Reichardt 1984, S. 15-21.
8   Reichardt 1984, S. 56 ff.
9   In: Reichardt 1984, S. 167, 124.
10 Reichardt 1984, S. 258-62, 204 f., 437.

11 Valentino 1929, S. 184.
12 Ivano in: Clark 1986, Bd. 4, S. 244-250. Wayne 1976, S. 10. Die Angaben des Geburtsdatums schwanken zwischen 1887, 1890 und 1892. Koszarski 1990, S. 239 [1890]; Acker 1991, S. 164 [1892]; Slater 1995, S. 133 [1887]. Adela Rogers St. Johns 1978, S. 166, hielt sie für 15 Jahre älter als Valentino!
13 June Mathis in: Auszug aus MPM in: PL o. J.

Alla Nazimova

1 Miller 1988, S. 35. Kirkland 1949.
2 Er sah sie in »Ghosts« (1935). Lambert 1997, S. 6, 348.
3 Vergl. Milford 1975. Turnbull 1986, S. 40.
4 Lambert 1997, S. 86, 72 ff.
5 Barnes 1985, S. 234 f.
6 Miller 1988, S. 37 ff.
7 Dumas 1993, S. 255.
8 Abb. in: Morris 1991, S. 81.

Natacha Rambova: Zwischen Tanz und Traum

1 Morris 1991, S. 19-29.
2 Morris 1991, S. 32 ff. Frau Pollys Gewerbe, Die Memoiren der Polly Adler, München 1956, S. 70.
3 Morris 1991, S. 37 f. Smith 1982. Vergl. Maxwell 1955, S. 106 f., 139. Niven 1979, S. 264 ff. Carey 1988, S. 80. Etherington-Smith/Pilcher 1986, S. 125 ff. Acosta 1975, S. 72-75.
4 DeMille 1955, S. 37 ff.
5 DeMille 1955, S. 9.
6 Zur Atmosphäre des Studios vergl. DeMille 1955, S. 44-48.
7 DeMille 1955, S. 52.
8 Morris 1991, S. 45. Vergl. DeMille 1955.
9 Morris 1991, S. 46 ff.
10 Morris 1991, S. 50-63.
11 Morris 1991, S. 56-63.

The Conquering Power

1 Zum Ablauf der Dreharbeiten vergl. Miller 1988, S. 32-42.
2 Rambova 1926, S. 15.
3 Fotos in: Morris 1991, S. 81.
4 Rambova 1926, S. 18.
5 In: Liberty, Oktober 1929. Lambert 1997, S. 246 ff.
6 Rambova 1926, S. 16 f. Morris 1991, S. 95-98. Lambert 1997, S. 243 f.
7 Jacobson 1984, S. 19. Morris 1991, S. 96.
8 Rambova 1926, S. 30-35.

Ein Gast aus Paris

1 Balzac 1994, S. 56, 63, 142 f., 157, 218 f., 226.
2 Vergl. Kasten 1997, S. 47 f. MPW, Juni, Juli, November 1921.
3 Rambova 1926, S. 25 ff.
4 Brownlow 1997, S. 611-621. Eine Szene darin »hat Ähnlichkeit mit der Mobil-machungs-Sequenz in Rex Ingrams *Four Horsemen of the Apocalypse*«. Ibid. S. 45.
5 Rückblickend in einem Altersinterview. In: Brownlow 1997, S. 608, S. 621 f. Tajiri 1977, S. 55 ff. Die Karriere von Ralph Lewis (1887–1937) hatte mit Griffith' *Birth of a Nation* (1915) begonnen. An der Seite von Valentino hatte er in *Eyes of Youth* (1920) gespielt.
6 Rambova 1926, S. 25 f.
7 Blesh 1967, S. 156. Rambova 1926, S. 28.
8 In: Rambova 1926, S. 42.
9 Vergl. MPW, Januar, August, November 1921. Engell 1992, S. 108 ff. Bodeen in: SF, Bd. 3, Nr. 5, 1968. PM, Februar 1924.
10 Lasky 1957, S. 32 f. Lambert 1997, S. 244.
11 Eine Kritik von Rambovas Arbeit von Edward Weitzel erschien in: MPW, 8. Oktober 1921.

Der Scheich

1 Edith M. Hull stand für E. M. Winstanley. Nach ihrem Tod 1943 gab es noch eine Erbauseinandersetzung um die Rechte am Roman. MPW, November 1921. Variety, 6. Juli 1977. Botham/Donnelly 1976, S. 102 f.
2 Zur Textproblematik vergl. Errera 1989, S. 14-19.
3 Zwischentitel im Film.
4 Errera 1989, S. 249-290. Kobak 1992, S. 192 ff. Buch 1993, S. 86.

5 Tabachnik/Matheson 1988, S. 205, 208, 142 f.
6 In: Errera 1989, S. 298, 303, 309.
7 Kracauer 1971, S. 95. Higham 1994, S. 177.
8 Abb. in: Morris 1991, S. 100.
9 Zu Männertränen im Kino vergl. Güttinger 1984, S. 72 ff. Güttinger o. J., S. 5 f.

Die Nacht des Fauns

1 Wie *That Son of the Sheik* (1922), *Wages of Virtue* (1924), *The Arab* (1924),
   A Lover's Oath (1924) oder noch später *Old Loves for New* (1926). »The Sheik
   of Araby« von Harry B. Smith, Francis Wheeler und Ted Snyder »for the rest
   of his Life set Valentino's teeth on edge«. Shulman 1967, S. 166.
2 Walker 1976, S. 50. Shulman 1967, S. 166.
3 Pizer 1966, S. 96.
4 Morris 1991, S. 101 ff. McCall's, Oktober 1925.
5 Abb. in: Morris 1991, S. 103.
6 Nectoux 1989, S. 126.
7 R. Nijinsky 1981, S. 157, 163 f., 108 f.
8 In: R. Nijinsky 1981, S. 166 f.
9 R. Nijinsky 1981, S. 346.
10 Miller 1988, S. 42. Vergl. Angela Du Maurier: It's only the sister, London 1951,
   S. 107 f.
11 Buckle 1987, S. 296, 299. Vergl. Chaplin 1985, S. 195.
12 Kobal 1987, S. 17, 29.
13 In: Rambova 1926, S. 44 f.

Scheidung auf Amerikanisch

1 Lambert 1997, S. 223.
2 Botham/Donnelly 1976, S. 109.
3 In: Shulman 1967, S. 136.
4 Vergl. Morris 1991, S. 102 ff. Shulman 1967, S. 173 f.
5 Morris 1991, S. 106 f.
6 Joan Tully in: MPM, Januar 1920. Bezeichnung jener Jahre für Frauen, die
   Frauen liebten. Stenn 2000, S. 142.
7 Etherington-Smith/Pilcher 1986, S. 311; MPW, Januar 1921.
8 A. Glyn 1955, S. 164 f.
9 Etherington-Smith/Pilcher 1986, S. 172 ff.
10 Etherington-Smith/Pilcher 1986, S. 97 f.

11 Etherington-Smith/Pilcher 1986, S. 100, 104 ff., 107.
12 Etherington-Smith/Pilcher 1986, S. 171. Vergl. dazu: Greer 1951. Howard Greer arbeitete lange für »Lucile« und in Hollywood.
13 Vergl. A. Glyn 1955, S. 278 f. Etherington-Smith/Pilcher 1986, S. 217. Elinor Glyn: Love. What I think of it, London o. J., S. 107 f. A. Glyn 1955, S. 289-293.
14 Engell 1992, S. 115.
15 Chaplin 1985, S. 204.
16 In: MS, Mai 1930, S. 26.
17 Vergl. Etherington-Smith/Pilcher 1986, S. 219. Acker 1991, S. 166-169.

Der Torero

1 Delight Evans in: PM, Juli 1920.
2 In: Koszarski 1976, S. 194 ff.
3 Gerhard Kapitzke: Südspanien für Pferdefreunde, Köln 1984, S. 163. Vergl. Johannes Gebser: Rilke und Spanien, Zürich, 2. Aufl. 1946, S. 19, 78.
4 Robert E. Fleming: The Face in the mirror, Hemingway's Writers, Tuscaloosa/ London 1994, S. 159.
5 Grove Day/Knowlton 1972, S. 37, 123, 128. Contell 1967, S. 218, 37, 127 f. Medina 1990, S. 49.
6 Rambova 1926, S. 49.
7 Shulman 1967, S. 179 ff.
8 Vergl. die ausgezeichnete Analyse von Mitchell 1991.
9 Mitchell 1991, S. 50-60.
10 Mitchell 1991, S. 56 ff. Blasco Ibáñez 1951, S. 156 f., S. 75.
11 Blasco Ibáñez 1951, S. 91.
12 Blasco Ibáñez 1951, S. 112. Medina 1990, S. 58.
13 Blasco Ibáñez 1951, S. 236, 239, 280.
14 Blasco Ibáñez 1942, S. 64 f.
15 Mayne 1994, S. 25 f. Johnston 1975, S. 20-23. Werner u. a. 1986, S. 111 f. Vergl. Abb. 33–42 in: Hemingway 1957.
16 Ausführlich in: Slater 1995.
17 Untertitel der Filmversion im Museum of Modern Art, New York.
18 PM, März 1922. Walker 1970, S. 59. Rambova 1926, S. 49.

Bigamie wider Willen

1 Rambova 1926, S. 50.
2 In: Shulman 1967, S, 186 f.

3 Rambova 1926, S. XX. Vergl. MPM, Juli 1931.
4 In: Rambova 1926, S. 53 ff.
5 Shulman 1967, S. 198.
6 Shulman 1967, S. 199. Barzini 1965, S. 124 ff. Zum Begriff *sistemazione*: »Das sistemare gilt als die wohl vordringlichste Aufgabe des Menschen auf Erden … Sistemare bedeutet in erster Linie, die Natur zu besiegen … Fast jeder Italiener träumt von *la sistemazione* oder, was öfters vorkommt, von *una sistemazione* in jeder Beziehung … Seltsamerweise ist diese seltsame Liebe zur *sistemazione* auch häufig unter den rebellischen Nonkonformisten und Vogelfreien anzutreffen …«
7 Rambova 1926, S. 16, S. 53 ff.
8 In: Rambova 1926, S. 53 ff.
9 Lambert 1997, S. 255 ff.
10 Zit. nach Shulman 1967, S. 201 f.
11 Lambert 1997, S. 251 f.
12 Ohne Datum und Ortsangabe in: Rambova 1926, S. 53 ff.
13 In: Rambova 1926, S. 53 ff.

Bruch mit der Paramount

1 EH, 16. Dezember und 30. Dezember 1922, MPW, 24. September 1921.
2 Fetherling 1985, S. 62 f. Shulman 1967, S. 203. MPW, 19. August 1922.
3 In: Rambova 1926, S. 56.
4 EH, 16. September 1922. Shulman S. 208 f.
5 Engell 1992, S. 107 f.
6 Rambova 1926, S. 62 f., Higham 1993, S. 73.
7 EH, 16. September 1922.
8 Shulman 1967, S. 211.
9 Gérard Majax: Die Welt der Illusionen, Bergisch-Gladbach 1996, S. 177 ff. Cranston 1993, S. 120.
10 Majax 1996, S. 167-179. Cranston 1993, S. 120. Godowsky 1958, S. 58.
11 In: PM, Dezember 1922.
12 In: PM, Dezember 1922.
13 In: PM, Dezember 1922.
14 Shulman 1967, S. 219
15 Etherington-Smith/Pilcher 1986, S. 222.

Ein schönes Paar

1 Ullman 1927, S. 58 f.
2 Vergl. die von 1923 stammende Anzeige mit Mae Murray in: Hudson 1973, o. S.
3 Morris 1991, S. 132 f. Shulman 1967, S. 225 f.
4 Ullman 1927, S. 54, 63. Vergl. Morris 1991, S. 122.
5 PM, August 1923, Farbabb. mit einem Foto von Abbe und Valentinos Unterschrift. Vergl. Shulman 1967, S. 226.
6 In: Morris 1991, S. 131.
7 Ullman 1927, S. 64.
8 Ullman 1927, S. 65, 68-71. Steiger/Mank 1975, S. 129-132. Richard Baerwald: Okkultismus, Spiritismus und unterbewußte Seelenzustände, New York [um 1917], S. 25 f.
9 Ullman 1927, S. 71.
10 Valentino 1923, o. S.
11 Valentino 1923, S. 37. Zukor in: Dyer MacCann 1992, S. 170. »Nichts darf unterlassen werden, um für Nachwuchs zu sorgen. Für die Kinder wird in Italien alles getan. Sie sind die Hauptpersonen im Leben des Italieners. Auch ihre kleinsten Wünsche werden erfüllt. Wo ein hübsches Baby ist, wird sich immer eine Menschenmenge versammeln.« Barzini 1965, S. 203.
12 Rambova 1926, S. 71 f. Valentino 1923, S. 111, 105.
13 Valentino 1923, S. 29.
14 Ullman 1927, S. 73 f. Shulman 1967, S. 233 f.
15 Shulman 1967, S. 234 f.
16 Valentino 1923, S. 123.

Nach Europa!

1 Lawrence J. Quirk: The films of Ronald Colman, Seacaucus, N. J., 1977, S. 47.
2 Valentino 1929, S. 31, 36-39.
3 Rambova 1926, S. 74. Valentino 1929, S. 47, 76.
4 Valentino 1929, S. 52.
5 Valentino 1929, S. 61.
6 Mackrell 1990, S. 95 Abb. 6.
7 Valentino 1929, S. 82, 90. Nach Valentinos Tod nahm sich Mauritz Stiller des Tieres an.
8 Rambova 1926, S. 77.
9 Neue Argumente tauchten auf: »Am Steuer sitzen also die willensstarken, die energischen, kaltblütigen, kurz: die gesunden Männer; und wenn einer dieser Automobilisten sich auffällig und unkontrolliert verhält, also etwa in ›rasendem

Tempo‹ fährt, so ist dieser ›Geisteszustand‹ nicht Folge eines nervös machenden Fahrens, sondern umgekehrt: Es ›war vielleicht eine bestehende Neigung nach anderer Richtung, eine Nervosität, die Veranlassung, welche ihn zum rasenden Automobilfahrer machte‹.« In: van Dülmen 1996, S. 200-208.

10 Valentino 1929, S. 93-96.
11 Valentino 1929, S. 104 f., 107 f.
12 Valentino 1929, S. 110, 112 f., 116 f.

Reise in die Kindheit

1 Rambova 1926, S. 79 ff.
2 Rambova 1926, S. 83 f.
3 Valentino 1929, S. 118 f.
4 Valentino 1929, S. 152 f.
5 Valentino 1929, S. 153.
6 Valentino 1929, S. 161 f.
7 Als es um die Besetzung ging, fragte Francis X. Bushman Valentino, ob er die Titelrolle übernehmen wolle. »›Und was dann?‹ war Valentinos Antwort. ›Was soll ich nach *Ben Hur* spielen? Danach kann es nur abwärts gehen.‹« Brownlow 1997, S. 454, 458.
8 Bernardini/Martinelli 1979, S. 21 f., 8, 35-38. Maria Gazzetti: Gabriele d'Annunzio, Reinbek bei Hamburg 1989, S. 97.
9 Jannings 1951, S. 128. Rambova 1926, S. 91; Valentino 1929, S. 183.
10 Jannings 1951, S. 163 f., 114.
11 Jannings 1951, S. 121, vergl. EH, Juli 1923.
12 Jannings 1951, S. 126 f., 130 ff. Im Februar 1924 wurde der Komparse Augusto Palomini von einer Löwin desselben Dompteurs, mit dem Jannings für den Film über Nero gearbeitet hatte, Alfred Schneider, umgebracht. Es kam zu einem Prozess wegen fahrlässiger Tötung. Bernardini/Martinelli 1979, S. 36. Zu Swanson vergl. Brownlow 1997, S. 230 f.
13 Jannings 1951, S. 163.
14 Valentino 1929, S. 194, 201 f.
15 Valentino 1929, S. 241.
16 Valentino 1929, S. 227.
17 Levi 1997, S. 109 f.
18 Levi 1997, S. 131 ff.
19 Valentino 1929, S. 261.
20 Vergl. Shulman 1967, S. 244.

Homeward – Screenward

1 Valentino 1929, S. 281, 289 f.
2 Valentino 1929, S. 306 ff., 281.
3 Valentino 1929, nach S. 174.
4 In der Novemberausgabe von Film Classics, zit. nach Shulman 1967, S. 247.
5 Rambova 1926, S. 98 ff.
6 Levi 1997, S. 162 ff.

Monsieur Beaucaire

1 Koszarski 1983, S. 7 ff.
2 Prichard 1981, No. 1721, 1173, 777. Hans Vollmer (Hg.): Allgemeines Lexikon der bildenden Künstler des 20. Jahrhunderts, München 1992, Bd. I, S. 110.
3 Koszarski 1976, S. 24 ff.
4 Shulman 1967, S. 251 ff.
5 Lambert 1997, S. 262 ff. Abb. in: Morris 1991, S. 150.
6 Allgood 1975, S. 59 f. EH, 22. Oktober 1921. Life with the Lyons. The Autobiography of Bebe Daniels and Ben Lyon, London 1953, S. 108.
7 Life with the Lyons, 1953, S. 109.
8 In: Drew 1989, S. 262. Valentino 1929, S. 112 f.
9 In: Shulman 1967, S. 256 ff.
10 In: Shulman 1967, S. 252 f., 258 f.
11 Nachdem der Film als Sensation und künstlerischer Triumph gefeiert worden war, erhielt Rambova ihre eigentliche, für Hollywood nicht untypische Lektion: »All die, die sich am lautesten über meine ›Einmischung‹ beklagt hatten, vergaßen nun völlig, dass ich jemals im Studio gewesen war.« Rambova 1926, S. 133. Vergl. Rosen 1987, S. 151.
12 Vergl. Madsen 1998, S. 160 f. Rambova 1926, S. 132 f. Morris 1991, S. 246.
13 In: Morris 1991, S. 151 f.
14 Rambova, zit. nach der Daily Times von Chicago. In: Life with the Lyons, 1953, S. 110.
15 In: Morris 1991, S. 151.

Stolz und Lügen

1 Prichard 1981, S. 279. Brownlow 1997, S. 73 ff.
2 Rambova 1926, S. 133. Kobal 1985, S. 63 f. PM, Oktober 1924.

3 »Der Scheich scheut sich nicht, sich als menschliches Treibgut zu zeigen«, hieß
   es in PM vom November 1924.
4 »Um 1918 wurden nach und nach alle großen Firmen in GmbHs oder in
   Aktiengesellschaften umgewandelt. Um 1918 wurden die Aktien der Paramount
   und der Fox an der New Yorker Börse gehandelt und ab 1925 auch die von
   MGM und Universal. Bald sahen auch Großbanken und Konzerne in der Filmindustrie eine gewinnbringende, wenngleich nicht ganz risikolose Angelegenheit
   … Die ins Uferlose gestiegenen Produktionskosten vergrößerten das Risiko der
   Kapitalgeber. Erwies sich ein Film als Flop, so war gleich eine große Menge
   Geld verloren. Aus diesem Grunde machten die Banken ab 1922 ein Mitspracherecht bei der Filmproduktion geltend. Ab 1926 übernahmen sie mehr
   oder weniger die Entscheidungsgewalt in den Studios.« Engell 1992, S. 108 ff.
5 In: Morris 1991, S. 155.
6 In: Rambova 1926, S. 117.
7 In: Scagnetti 1975, S. 92, 79.
8 Oberfirst 1967, S. 250.
9 Rambova 1926, S. 132 ff.
10 Morris 1991, S. 16, 159, 180. Vergl. Ullman 1927, S. 120.

S. George Ullman: Jago in Hollywood

1 Scagnetti 1975, S. 82.
2 Finler 1992, S. 323.
3 Shulman 1967, S. 278 f. Morris 1991, S. 162.
4 Ullman 1927, S. 104, 121.
5 Scagnetti 1975, S. 82. Morris 1991, S. 162 ff. Scagnetti 1975, S. 79 ff.

Das Ende des Regenbogens

1 Rambova 1926, S. 137 f.
2 PM, Juli 1925.
3 Walker 1976, S. 89.
4 In: Morris 1991, S. 165 ff.
5 In: Brownlow 1997, S. 185. Antoni Gronowicz: Greta Garbo, München 1990,
   S. 209, 362.
6 Morris 1991, S. 168 f.
7 In: Morris 1991, S. 166, 173.
8 Schützenhilfe erhielt Rambova überraschenderweise von James R. Quirk. PM,
   Februar 1926.

9 Morris 1991, S. 169.

10 Gerade hatte Pauline Frederick in *Smoldering Fires* (1924) eine Geschäfts-
führerin in mittleren Jahren gespielt, die, über ihrer Verantwortung für eine
vom Vater ererbte Kleiderfabrik hart und maskulin geworden, auf die Liebe
verzichten muss. Für eine Vierzigjährige, die nach Auffassung gerade älterer
Produzenten bereits mit einem Fuß im Grabe stand, galt eine Heirat ohnehin
als unpassend. Higashi 1978, S. 108 f.

11 Morris 1991, S. 171 f.

12 Negri 1970, S. 198.

13 In: Shulman 1967, S. 290.

Frauen, Frauen, Frauen

1 Shulman 1967, S. 289. Vergl. Walker 1976, S. 107.

2 Walker 1970, S. 170.

3 In: Morris 1991, S. 177.

4 Koszarski 1990, S. 298. Cossart 1988, S. 154; Negri 1970, S. 233 f.

5 Bodeen/Ringgold in: SF, Bd. III, Nr. 3, 1967, S. 37. Negri 1970, S. 98.

6 Negri 1970, S. 222. Cossart 1988, S. 143 ff. Chaplin 1977, S. 304 f.

7 Cossart 1988, S. 169. Grey Chaplin 1967, S. 221 f. Rosen 1973, S. 111.

8 Das Verdienst, die beiden miteinander bekannt gemacht zu haben, nahmen
später, nach Valentinos Tod, auch Paul Ivano und Raoul Walsh für sich in
Anspruch. Morris 1991, S. 178 f. Walsh 1974, S. 170 ff.

9 Cossart 1988, 170 f. Vergl. Negri 1970, S. 260.

10 Parsons 1944, S. 92.

11 In: Cossart 1988, S. 175.

12 Shulman 1967, S. 297.

13 Vergl. Rambova 1926, S. 134: »Wir beide, Rudy und ich, waren Träumer …«

14 Berliner Morgenpost, Nr. 306, 23. Dezember 1925. Die deutsche Schauspielerin
Camilla Horn ging im November 1927 zu United Artists nach Hollywood.
»Noch in Deutschland hatten mich mehrere Angebote aus Amerika erreicht,
die wohl alle auf Murnau zurückzuführen waren. Murnau hatte nämlich einige
Ausschnitte seines Faust-Filmes mit in die USA genommen, woraufhin ein
paar amerikanische Regisseure auf mich aufmerksam geworden waren. Und ein
großer Star wollte mich zur Partnerin haben: Rudolf Valentino. Ihm hatte ich
als Gretchen besonders zugesagt.« Camilla Horn: Verliebt in die Liebe,
Erinnerungen, Frankfurt a. M./Berlin 1990, S. 96.

15 Willy Haas in: Murnau 1988, S. 94. Statement von 1928, S. 101.

16 In: Morris 1991, S. 174 f.

17 In: Morris 1991, S. 176.

Der letzte Film

1 Zeitungsmeldung vom 31. Mai 1977. Demnach verkaufte Hull die Filmrechte für ihr Buch »The Sons of the Sheik« an den Produzenten Jesse Moskowitz für 21 000 Dollar. PL. Shulman 1967, S. 307 f. Ullman 1926, S. 171.
2 Wakeman 1987, S. 497.
3 Untertitel in *Son of the Sheik*.
4 Clara Kimball Young übernahm in frühen Filmen manchmal vier oder sogar fünf Rollen. Als Mutter und Tochter hatten sich u. a. Pauline Frederick, Elise Ferguson (unter der Regie von George Fitzmaurice), Violet Merseburg (unter der Regie von Rex Ingram), Dagmar Godowsky und Gloria Swanson versucht. Selbst Caruso war in *My Cousin* (1918) als Tenor und Neffe aufgetreten, John Barrymore spielte in *Don Juan* (1926) Vater und Sohn. Pietro Gargano/ Gianni Cesarini: Caruso, München/Mainz 1995, S. 145 ff. Kobal 1985, S. 20 f.
5 Ullman 1927, S. 170 f.
6 Ullman 1927, S. 174.
7 Anfang 1926 steht ihre Verbindung kurz vor dem Aus. Am Drehbuch von *Son of the Sheik* war Bergère nicht beteiligt, dafür aber Frances Marion. Balshofer u. a. 1967, S. 149; Axel Madsen: Stanwyck, A Biography, New York 1994, S. 45; Koszarski 1976, S. 35; PM, Oktober 1920. Smith 1975, S. 17; Brownlow 1969, S. 71. Slide 1982, S. 71–80.
8 Ullman 1927, S. 167 f. PM, Juni 1926.
9 Oberfirst 1962, S. 278.
10 Mackenzie 1974, S. 123; PM, Juli 1926.
11 In: MacCann 1992, S. 175.
12 Walker 1976, S. 112. Arthur Lenning in: MacCann 1992, S. 176. Härle 1997, S. 177–189.
13 Hansen in: Gledhill 1991, S. 271-274.

Rufmord

1 In: Shulman 1967, S. 313.
2 Am 6. März 1926. In: Shulman 1967, S. 314 f.
3 Ullman 1927, S. 170 f.
4 Shulman 1967, S. 321 f.
5 There's, 1979, S. 105 f.
6 Welche Beziehungen und ob überhaupt irgendwelche Beziehungen über den Aufenthalt in zweifelhaften Lokalen hinaus zu Unterweltkreisen von ihm unter- halten wurden, ist nirgends überliefert. Vergl. die Interpretation von Dos Passos

in »The Big Money«. Schmidt-v. Bardeleben 1967, S. 125 ff., 154, Anm. 207. There's, 1979, S. 106. Russo 1981, S. 5.

7   Giannino Malossi 1993.

8   Russo 1981, S. 5.

9   Zum Begriff vergl. Russo 1981, S. 4 ff. Madsen 1998, S. 170 ff., 200 f.

10 Barzini 1965, S. 203 gibt aus seiner Sicht eine »vereinfachte«, aber in seinen Grundzügen zutreffende Einschätzung wieder. Zum »Kodex der Ritterlichkeit« vergl. S. 193 f.

11 In: PM, Juni 1926.

12 In: Ullman 1927, S. 187 ff.

13 Ullman 1927, S. 189.

14 Ullman 1927, S. 190.

15 Shulman 1967, S. 319 f.

16 Grey Chaplin 1977, S. 224. Times, 2. Juni 1983. Rogers St. Johns: Meet the Champ! In: PM, Juli 1924. Leppmann 1992, S. 248 f. Dort werden auch frühere Kämpfe gegen schwarze Boxer erwähnt. Van Dyke and the mythical Hollywood, Culver City 1948, S. 83-89.

17 Kritiken wie: »Es ist die seit kurzem bei Chaplin übliche Art der Arbeit, schmutzig, schmierig, dreckig«, sollten schon deshalb ein Ende finden, weil Chaplins Gewohnheit, auf berechtigte Vorhaltungen mit einem Hinweis auf seine bescheidene Herkunft zu reagieren, niemanden mehr interessierte. Charles J. Maland: Chaplin and the American culture. The evolution of a star image, Princeton, N. J. 1989, S. 14-21. EH, 15. Januar 1924. PM, Juli 1924. MPW, 3. Juni 1922. Vicki Baum: Es war alles ganz anders, Berlin u. a. 1962, S. 376 ff., Abb. vor S. 273.

18 Leppmann 1992, S. 261 f.

19 Leppmann 1992, S. 257, 261, 270 f., 262. PM, Februar 1926. EH, 24. Juni 1922, S. 88.

20 Ullman 1927, S. 206.

Am Scheideweg

1   In: Morris 1991, S, 176 f.

2   Angier 1990, S. 139.

3   Angier 1990, S. 147 f.

4   Angier 1990, S. 148 f. Die Kurzgeschichte »At the Villa d'Or« nahm sie später in die Sammlung »The Left Bank« auf. Zu Stella Bowen vergl. Alan Judd: Ford Madox Ford, London 1990, S. 313 ff.

5   Angier 1990, S. 148.

6   Henry Louis Mencken in: Dyer MacCann 1992, S. 179.

7 Adela Rogers St. Johns in: American Weekly, o. A. PL.
8 Leppmann 1992, S. 64 ff.
9 In: Dyer MacCann 1992, S. 180.
10 In: Dyer MacCann 1992, S. 179.
11 In: Dyer MacCann 1992, S. 179.
12 In: Dyer MacCann 1992, S. 180 f.

Letzte Worte auf Italienisch

1 »Es überkam mich zu sagen ›Sie lieben Natacha immer noch, trotz der Scheidung‹. ›Sie ist meine große Liebe‹, sagte er. ›Vor Gericht hat sie sich von mir scheiden lassen. Aber kann man sich im Herzen scheiden lassen?‹« Rogers St. Johns 1978, S. 178.
2 In: Ullman 1927, S. 196 f.
3 Shulman 1967, S. 327.
4 Shulman 1967, S. 326 ff.
5 Morris 1991, S. 185 f.
6 In: Ullman 1927, S. 216 f.
7 In: Ullman 1927, S. 211. Mackenzie 1974, S. 136.

Ein Alptraum in New York

1 Shulman 1967, S. 4.
2 Shulman 1967, S. 6 f.
3 Shulman 1967, S. 15 ff.
4 Shulman 1967, S. 22 f., 10.
5 Shulman 1967, S. 26 f.
6 Morris 1991, S. 186.
7 Rogers St. Johns 1978, S. 178. Shulman 1967, S. 29 f.
8 Vergl. Windeler 1973, S. 198. The New Movie Magazine, April 1932, S. 33. Rudolph Valentino: Mijn Levensgeschiedenis, Den Haag o. J., S. 31-35 mit Abb. PM, Juli 1930, S. 138 (»Aspiration«, von Roger Burnham, De Longpre Park, Los Angeles).
9 In: Shulman 1967, S. 35 f.
10 In: Shulman 1967, S. 36.
11 In: Shulman 1967, S. 36.

Abschied

1 Shulman 1967, S. 45 f

2 Valentino hatte für Luther investiert und ihn 1925 mit einem Scheck bedacht, auf den Luther nach dem Tod seines Chefs zurückgreifen konnte. Scagnetti 1975, S. 128.

3 Vergl. Negri 1970, S. 295 f.

4 Shulman 1967, S. 345 ff. Scagnetti 1975, S. 129, 131 ff.

5 Ullman im Vorwort zum Katalog. In: Scagnetti 1975, S. 131.

6 Vermutlich Fürst Paolo Trubezkoj (1866–1938), Maler und Bildhauer. Er lebte von 1914–1920 in den USA und führte dort viele Porträtaufträge aus. Thieme-Becker, Allgemeines Lexikon der bildenden Künstler, Bd. 33/34, München 1992, S. 437 f. Steiger/Mank 1975, S. 183 f. Vergl. dazu Mahoney in Scagnetti 1975, S. 134. Nach seiner Erinnerung befand sich das Armband noch Monate später im Inventar. Mahoney nahm an, dass es nie verkauft wurde.

7 Reginald Tavinier: Why was Valentino tried for Bigamy? Confessions of an Los Angeles Reporter. In: MPM, Juli 1931, S. 34 ff. Arnold 1954, S. 165.

8 Ullman 1927, S. 89, 133 f.

9 Ullman 1927, S. 140 f.

10 New York American, 26. November 1926.

11 Rambova 1929, S. 135-138; Turnbull 1986, S. 347.

Epilog

1 PM o. A. (Zeitungsausschnitte vom 27. Juli 1927). Lambert 1997, S. 290, 299, 303 f., 393 f. Morris 1991, S. 195 f., 228, 248 ff., 260 f. Etherington-Smith/Pilcher 1986, S. 247-258. Scagnetti 1975, S. 11-15. Welch/Brody 1985, S. 25. Jacobson 1984. Bodeen 1975, S. 193 ff. Mein Film, Nr. 36, 1926, S. 6 und Nr. 37, S. 2. PL. Variety, 21. April 1984. American Cinematographer, August 1985, S. 36-39. Shulman 1967, S. 363. Mackenzie 1974, S. 161. Tajiri 1977, S. 134.

FILMOGRAFIE

Die Schreibweise der Namen weicht in den Quellen manchmal voneinander ab.
Einige Filme existieren in verschiedenen (z. T. rekonstruierten) Versionen, deren
Herkunft nicht in jedem Fall geklärt werden kann; auch die Zwischentitel fallen
unterschiedlich aus.
Ausgewählte Nachweise. Abkürzungen s. Bibliografie.

1914

VALENTINO ALS KOMPARSE

The Battle of the Sexes
Produktion: Reliance-Majestic
Verleihstart: 12.4.1914
Regie: D. W. Griffith
Star: Lillian Gish
There's 1979, S. 31 ff. [auch Quelle für die folgenden Titel]

My Official Wife
Produktion: Vitagraph
Regie: James Young
Star: Clara Kimball Young
There's 1979, S. 32

1916

Seventeen
Produktion: Paramount
Verleihstart: 2.11.1916
Regie: Robert Vignola
Star: Louise Huff
There's 1979, S. 33

The Foolish Virgin
Produktion: Clara Kimball Young Film Corporation
Regie: James Young
Star: Clara Kimball Young
There's 1979, S. 34

1917

Patria
Produktion: International Film Service
Verleihstart: 14.1.1917
Regie: Theodore Wharton, James Jaccard
Star: Irene Castle
There's 1979, S. 34

Alimony
Produktion: First National
Verleihstart: Dezember 1917
Regie: Emmett J. Flynn
Star: Josephine Whittel
Botham u. a. 1976, S. 245; Scagnetti 1975, S. 21. There's 1979, S. 34.
Ullman 1927, S. 32

1919

The Virtuous Sinners
Produktion: Pioneer Film Photoplay
Verleihstart: Mai 1919
Regie: Emmett J. Flynn
Besetzung: Norman Kerry (Hamilton Jones), Wanda Hawley (Dawn Emerson),
Harry Holden (Eli Barker), David Kirby (Stool Pigeon), Bert Woodruff
(McGregor)
ETR 24.5.1933. Botham u. a. 1976, S. 245. There's 1979, S. 38. Kasten 1997, S. 45

1918

A Married Virgin
1922 wieder aufgeführt unter dem Titel »Frivolous Wives«
Produktion: Maxwell Productions. Verleih: Fidelity
Regie: Joseph Maxwell
Drehbuch: Hayden Talbot
Besetzung: Vera Sisson (Mary McMillan), Frank Newburg (Douglas McKee),
Edward Jobson (Fiske McMillan), Kathleen Kirkham (Mrs. Spencer-McMillan),
Lillian Leighton (Anne Mullin), Rodolfo di Valentina (Count Roberta di San
Fraccini)
MPWW 14.12.1918. There's 1979, S. 35. Kasten 1997, S. 45. Ullman 1927, S. 34 f.

A Society Sensation
Produktion und Verleih: Universal
Regie: Paul Powell
Story: Perley Poore Sheehan
Drehbuch: Hope Loring, Paul Powell
Besetzung: Carmel Myers (Sydney Fairfax), M. Rodolpho De Valentina (Dick
Bradley), Fred Kelsey (Jim), Zasu Pitts (Mary), Alfred Allen (Captain Parmelee),
Lydia Yeamans Titus (Mrs. Jones), Harold Goodwin [o. A.]
ETR 5.10.1918. EH 29.3., 12.4.1924. There's 1979, S. 36. Hirschhorn 1983, S. 28.
Kasten 1997, S. 46 f. Ullman 1927, S. 39

All Night
Produktion und Verleih: Universal
Verleihstart: 25.11.1918
Regie: Paul Powell
Drehbuch: Fred Myton, adaptiert nach Edgar Franklin [d. i. Edgar Franklin
Stearns], »One Bright Idea«.
Besetzung: Carmel Myers (Elizabeth Lane), M. Rodolpho De Valentina (Richard
Thayer), Charles Dorian (William Harcourt), Mary Warren (Maude Harcourt),
William Dyer (Bradford), Wadsworth Harris (Colonel Lane), Jack Hull (Butler)
ETR 30.11.1918. There's 1979, S. 37. Hirschhorn 1983, S. 29. Kasten 1997, S. 46

The Homebreaker
Produktion: Thomas H. Ince. Verleih: Paramount
Verleihstart: 20.4.1919
Regie: Victor Schertzinger. Kamera: John Stumar

Story: John Lynch. Buch: R. C. Smith
Besetzung: Dorothy Dalton (Mary Marbury), Douglas MacLean (Raymond
Abbott), Edwin Stevens (Jonas Abbott), Frank Leigh (Fernando Poyntier), Beverly
Travis (Marcia), Nora Johnson (Lois Abbott), Mollie McConnell (Mrs. White)
ETR 10.5.1919. There's 1979, S. 39.

The Delicious Little Devil
Produktion und Verleih: Universal
Verleihstart: 12.5.1919
Regie: Robert Z. Leonard
Story: John B. Clymer, Harvey Thew
Besetzung: Mae Murray (Mary McGuire), Harry Rattenbury (Patrick McGuire),
Richard Cummings (Uncle Barney), Rodolpho De Valentina (Jimmie Calhoun),
Ivor McFadden (Parcy), Bertram Grassby (Duke de Sauterne), Edward Jobson
(Michael Calhoun), William V. Mong (Larry)
ETR 10.5.1919. There's 1979, S. 40 f. Hirschhorn 1983, S. 32. Zierold 1973,
S. 135 ff. Kasten 1997, S. 47

The Big Little Person
Produktion und Verleih: Universal
Verleihstart: 2.6.1919
Regie: Robert Z. Leonard
Story: Rebecca Hooper Eastman
Drehbuch: Bess Meredyth
Besetzung: Mae Murray (Arathea Manning), Clarissa Selwynne (Mrs. Manning),
M. Rodolpho De Valentina (Arthur Endicott), Allen Sears (Gerald Staples)
MPW 31.5.1919. Ullman 1927, S. 37. Botham u. a. 1976, S. 245. There's 1979,
S. 42 f. Kasten 1997, S. 45

A Rogue's Romance
Produktion und Verleih: Vitagraph
Verleihstart: 9.6.1919
Regie: James Young
Story: H. H. Van Loan. Buch: James Young
Besetzung: Earle Williams (Jules Marier, Armand Du Bois, Monsieur Picard),
Brinsley Shaw (Henri Duval), Harry Van Meter (Leon Voliere), Herbert Standing
(Anton Deprenay), Katherine Adams (Mlle. Deprenay), Maude George (Jeanne
Deprenay), Sid Franklin (Burgomaster), Karl Formes (Brulon), [Rudolph Valentino:
anonymer Apachentänzer, erst 1922 erwähnt]
MPW 31.5.1919. EH 2.9., 9.9., 26.8., 25.11.1922. MPW 26.8.1922. Ullman 1927,
S. 40. There's 1979, S. 44 f.

Out of Luck
Produktion: Griffith Artcraft. Verleih: Paramount
Regie: Elmer Clifton. Kamera: John Leezer
Drehbuch: Louis Zellner
Besetzung: Dorothy Gish (Frances Wadsworth), Ralph Graves (Malcolm Dale),
Raymond Cannon (Crandall Park), Vera McGinnis (Mollie Rourke), George
Fawcett (Rockaway Smith), Emily Chichester (Sally Smith), Rudolph Valentino
(Maurice Renard), Norman McNeil (Rosebud Miller), Porter Strong (Eddie the
Pup), Kate V. Toncray (Tante), Vivian Montrose (Florence Wellington)
ETR 6.9.1919. There's 1979, S. 46. Kobal 1985, S. 41 f.

Eyes of Youth
Produktion und Verleih: Equity Pictures Corp.
Verleihstart: November 1919 [London: Januar 1921]
Premiere: 2.11.1919, Los Angeles
Regie: Albert Parker. Kamera: Emerson
Drehbuch: Albert Parker nach einem Theaterstück von Max Marcin und
Charles Guernon
Besetzung: Clara Kimball Young (Gina Ashling), Gareth Hughes (ihr Bruder),
Pauline Starke (ihre Schwester), Sam Southern (ihr Vater), Edmund Lowe (ihr
Bewerber), Ralph Lewis (ein anderer), Milton Sills (noch ein anderer), Vincent
Serrano (Yogi), Rudolfo Valentino (Clarence Morgan)
ETR 15.11.1919. Walker 1970, S. 157. Ders. 1976, S. 19. Mackenzie 1974, S. 172 f.
Tajiri 1977, S. 40. Higashi 1978, S. 106. There's 1979, S. 47. Swanson 1980,
S. 171 f. Madsen 1988, S. 120. MacCann 1992, S. 264 ff. Kasten 1997, S. 45 f.

1920

An Adventuress
Produktion und Verleih: Republic Distribution Corp.
Verleihstart: März 1920. 1922 wieder aufgeführt als »The Isle of Love«
Regie: Fred J. Balshofer
Story: Charles Taylor, Thomas J. Geraghty
Besetzung: Julian Eltinge (Mam'zelle Feodora, Jack Perry), Fred Covert (Lynn
Brook, Thelma), Rodolpho De Valentina (Jerrold), William Clifford (Dick Sayre),
Stanton Beck (Großherzog Nebo), Virginia Rappe (Zana), Charles Millsfield
(Pom Pom), Leo White (Prinz Halbere)
ETR 22.5.1920. There's 1979, S. 48. Kasten 1997, S. 46

Passion's Playground
Produktion und Verleih: First National
Verleihstart: Mai 1920
Regie: J. A. Barry
Story: adaptiert von C. N. und A. M. Williamsons Roman »Guests of Hercules«
Besetzung: [unterschiedliche Namensangaben] Katherine MacDonald (Mary Grant), Norman Kerry (Prinz Vanno Della Robbia), Nell Craig (Marie Grant), Edwin Stevens (Lord Dauntry), Virginia Ainsworth (Lady Dauntry), Rudolpho Valentino (Prinz Angelo Della Robbia), Alice Wilson (Dodo Wardropp), Howard Gaye (James Hanford), Fanny Ferrari (Idina Bland), Sylvia Jocelyn (Molly Maxwell), Walt Whitman (Pfarrer von Roquebrune)
ETR 5.6.1920. There's 1979, S. 49.

The Cheater
Produktion: Screen Classic Inc. unter Aufsicht von Maxwell Karger
Verleih: Metro
Verleihstart: 7.6.1920
Regie: Henry Otto
Drehbuch: Louis Zellner nach dem Stück von Henry Arthur Jones, »Judah«
Besetzung: Mary Allison (Lily Meany, Vashiti Dothic), King Baggott (Judah, Lord Asgarby), Frank Currier (»Peg« Meany, Lilys Vater), Harry Van Meter (»Bill« Tozer alias Majalah the Mystic), May Geraci (Eve Asgarby), Percy Challenger (Mr. Prall), Lucille Ward (Mrs. Prall), J. Dempsey (Doktor), Alberta Lee (Krankenschwester), Rudolph Valentino [in einer kleinen Nebenrolle]
ETR 26.6.1920. There's 1979, S. 50.

Once to Every Woman
Produktion und Verleih: Universal-Jewel
Verleihstart: 6.9.1920
Regie und Story: Allen J. Holubar
Drehbuch: Olga Linck Scholl, Allen Holubar
Besetzung: Dorothy Phillips (Aurora Meredith), William Ellingford (Matthew Meredith), Margaret Mann (Mutter Meredith), Emily Chichester (Patience Meredith), Elinor Field (Virginia Meredith), Robert Anderson (Phineas Scudder), Mary Wise (Mrs. Thorndyke), Rudolph Valentino (Jullantimo Visconti), Rosa Gore (Mrs. Chichester Jones), Dan Crimmins (Mr. Chichester Jones), Frank Elliott (Herzog von Devonshire)
ETR 16.10.1920. There's 1979, S. 51. Kasten 1997, S. 47

Stolen Moments
Produktion: American Cinema Corp.
Verleih: Pioneer
1922 wieder aufgeführt von Select Films
Regie: James Vincent
Story: H. Thompson Rich
Drehbuch: Richard Hall
Besetzung: Margaret Namara (Vera Blaine), Rodolfo Valentino (José Dalmarez),
Albert Barrett (Hugh Conway), Walter Chapin (Richard Huntley), Henrietta
Simpson (Hughs Mutter), Alex K. Shannon (Campos Salles), Gene Gauthier
(Alvarez Salles), Aileen Pringle (Inez Salles)
Walker 1970, S. 158. There's 1979, S. 52.

The Wonderful Chance
Produktion und Verleih: Selznick Pictures Corp.
Verleihstart: Oktober 1920
Regie: George Archainbaud
Kamera: Jules Cronjager
Schnitt: Harold J. McCord
Story: H. H. Van Loan
Drehbuch: Mary Murillo, Hammett Melville
Besetzung: Eugene O'Brien (»Swagger« Barlow, Lord Birmingham), Tom Blake
(»Red« Dugan), Rudolph de Valentino (Joe Klingsby), Joe Flannigan (Haggerty),
Warren Cook (Parker Winton), Martha Mansfield (Peggy Winton)
ETR 9.10.1920. MPW 14.5.1921. Oberfirst 1962, S. 96 f. There's 1979. S. 54 f.
Kasten 1997, S. 45

HAUPTROLLEN

1921

The Four Horsemen of the Apocalypse
Produktion und Verleih: Metro Pictures Corp.
Premieren: 6. März 1921, New York; August 1921, London
Verleihstart: 6.3.1921
Regie: Rex Ingram. Regieassistenz: Joseph Calder, Amos Myers
Kamera: John Seitz. Kameraassistenz: Starrett Ford, Walter Mayo
Schnitt: Grant Whytock
Drehbuch: June Mathis nach dem Roman von Vicente Blasco Ibáñez »Los cuatros
jinetes del Apocalipsis« (1916)

Ausstattung: Joseph Calder, Amos Myers. Assistenz: Paul Ivano (Kostüme, französische Szenerien)
Musik: Louis F. Gottschalk
Besetzung: Rudolph Valentino (Julio Desnoyers), Alice Terry (Marguerite Laurier), Pomeroy Cannon (Madariaga der Kentaur), Josef Swickard (Marcelo Desnoyers), Brinsley Shaw (Celendonino), Alan Hale (Karl von Hartrott), Bridgetta Clark (Dona Luisa), Mabel van Buren (Elena), Nigel de Brulier (Tchernoff), B. Turner (Argensola), John Sainpolis (Laurier), Mark Fenton (Senator Lacour), Stuart Holmes (Captain von Hartrott), Jean Hersholt (Professor von Hartrott), Henry Klaus (Heinrich von Hartrott), Edward Connelly (Gasthausbesitzer), Georgia Woodthorpe (Frau des Gasthausbesitzers), Virginia Warwick (Chichi), Derek Ghent (René Lacour), Kathleen Key (Georgette), Wallace Beery (Leutnant von Richtofen), Jacques D'Auray (Captain d'Aubrey), Curt Rehfeld (Major Blumhardt), Harry Northrup (der Graf), Claire De Lorez (Mlle. Lucette, das Modell), Bull Montana (der französische Butler), Isabelle Keith (die Deutsche), Jacques Lanoe (ihr Ehemann), Noble Johnson (Conquest), Minnehaha (die alte Kranken-schwester), Arthur Hoyt (Leutnant Schnitz), Beatrice Dominguez (Tänzerin)
ETR 26.2.1921. MPW 19.2., 26.2., 9.4., 16.7.1921. EH 9.4.1921. Ullman 1927, S. 44ff, 63 f. Valentino 1929, S. 19, 101 f., 155 f., 184, 218 f. Pratt 1966, I, S. 246 ff. Brownlow 1969, S. 212 f., 395. Prédal 1970, S. 56, 74 f. Walker 1970, S. 156 ff. Ders. 1976, S. 27. Spears 1971, S. 50 f. Lasky 1973, S. 32 ff. Mackenzie 1974, S. 173. Scagnetti 1975, S. 26 f. Koszarski 1976, S. 84 ff. Films and filming, August 1976, S. 45. Slide 1976, S. 100. Wayne 1976, S. 106 ff. Higashi 1978, S. 93. Storm Roberts 1979, S. 51. There's 1979, S. 56 ff. O'Leary 1980, S. 68 ff., 213. Swanson 1980, S. 172. Kobal 1985, S. 291. Slide 1985, S. 37. Clark 1986, S. 246 f. Drew 1989, S. 68 f. MacCann 1989, S. 160-184. Morris 1991, S. 76. MacCann 1992, S. 163 ff. Kasten 1997, S. 47 f.

Uncharted Seas
Produktion und Verleih: Metro Pictures Corp.
Verleihstart: 25.4.1921
Regie: Wesley Ruggles. Regieassistent: Arthur Lamb
Kamera: John Seitz
Drehbuch: George E. Jenks nach John Fleming Wilson, »The Uncharted Sea« (1920)
Ausstattung: John Holden
Besetzung: Alice Lake (Lucretia Eastman), Carl Gerard (Tom Eastman), Rudolph Valentino (Frank Underwood), Fred Turner (Robert Alden), Charles Mailes (Old Jim Eastman), Rhea Haines (Ruby Lawton)
MPW 23.4.1921. EH 7.5.1921. ETR 7.5.1921. Rambova 1926, S. 13 f. Ullman 1927, S. 52 f. Shulman 1967, S. 143. Walker 1976, S. 35 f. There's 1979, S. 60.

Camille
Produktion: Nazimova Productions
Verleih: Metro Pictures Corp.
Verleihstart: 26.9.1921
Regie: Ray Smallwood
Kamera: Rudolph Bergquist
Ausstattung, Kostüme: Natacha Rambova
Drehbuch: June Mathis nach Alexandre Dumas d. J., »La Dame aux Camélias«
(1848)
Ausstattung: Natacha Rambova
Besetzung: Alla Nazimova (Camille, Marguerite Gautier), Rudolph Valentino
(Armand Duval), Arthur Hoyt (Herzog von Varville), Zeffie Tillbury (Prudence),
Rex Cherryman (Gaston), Edward Connelly (Herzog), Patsy Ruth Miller
(Nichette), Cunsuleo Flowerton (Olimpe), Mrs. Oliver (Manine), William
Orlamond (Monsieur Duval)
MPW 5.3., 16.4., 20.8., 12.11.1921. ETR 24.9.1921. EH 27.5.1922. PM August
1921, April 1922. Rambova 1926, S. 11 ff. Valentino 1929, S. 13 f. Walker 1976,
S. 34 f. Spears 1977, S. 139 f. Russo 1981, S. 27. There's 1979, S. 61 ff. Slide 1982,
S. 97. Ders. 1985, S. 37 f. Miller 1988, S. 26 ff., 189. Morris 1991, S. 76-83, 265.
Kasten 1997, S. 48. Lambert 1997, S. 237 ff.

The Conquering Power
Produktion und Verleih: Metro Pictures Corp.
Verleihstart: 8.7.1921
Regie: Rex Ingram
Kamera: John F. Seitz
Schnitt: Grant Whytock
Drehbuch: June Mathis nach Honoré de Balzac, »Eugénie Grandet« (1834)
Besetzung: Alice Terry (Eugénie Grandet), Rudolph Valentino (Charles Grandet),
Eric Mayne (Victor Grandet), Ralph Lewis (Vater Grandet), Edna Demaury (seine
Frau), Edward Connelly (Notar Cruchot), George Atkinson (sein Sohn), Willard
Lee Hall (Abbé), Mark Fenton (Monsieur des Grassins), Bridgetta Clark (seine
Frau), Ward Wing (Adolph), Mary Hearn (Nanon), Eugène Pouyet (Cornoiller),
Andrée Tourneur (Annette)
MPW 16.7., 27.8., 12.11., 19.11., 26.11.1921, 1.7.1922. ETR 13.8.1921. EH
25.11.1922. Rambova 1926, S. 25 f. Valentino 1929, S. 139. Shulman 1967, S. 155.
Brownlow 1969, S. 244. Tajiri 1977, S. 55 f. There's 1979, S. 65 ff. Clark 1986, S. 248.
Kasten 1997, S. 47 f.

The Sheik
Produktion: Famous Players-Lasky
Verleih: Paramount
Premiere: 30.10.1921, Los Angeles
Verleihstart: 20.11.1921
Regie: George Melford
Kamera: William Marshall
Drehbuch: Monte Katterjohn nach dem Roman von Edith Maude Hull, »The Sheik« (1919)
Besetzung: Agnes Ayres (Diana Mayo), Rudolph Valentino (Scheich Ahmed Ben Hassan), Adolphe Menjou (Raoul de Saint Hubert), Walter Long (Omair), Lucien Littlefield (Gaston), George Waggner (Youssef), Patsy Ruth Miller (Sklavin), F. R. Butler (Sir Aubrey Mayo)
ETR 19.11.1921. MPW 19.11., 26.11.1921, 7.1.1922. PM November 1921, Januar 1922. EH 15.4.1922. Rambova 1926, S. 40. Fitzgerald 1945, S. 16 f. Menjou 1948, S. 129 f. Lasky 1957, S. 33 f. Patalas 1967, S. 59 f. Shulman 1967, S. 163 ff. Walker 1970, S. 160 ff. Mackenzie 1974, S. 176 ff. Ders. 1976, S. 43-59. Higashi 1978, S. 114 ff., 122. There's 1979, S. 68 ff. Swanson 1980, S. 172 f. Prichard 1981, S. 195. Kobal 1985, S. 152. Fetherling 1985, S. 95. Slide 1985, S. 38. Miller 1988, S. 42. Gledhill 1991, S. 267. MacCann 1992, S. 140, 166 f. Morris 1991, S. 99 f. Kasten 1997, S. 48.

1922

Moran of the Lady Letty
Produktion: Famous Players-Lasky
Verleih: Paramount
Verleihstart: 12.2.1922
Regie: George Melford
Kamera: William Marshall
Drehbuch: Monte Katterjohn nach Frank Norris' Roman »Moran of the Lady Letty« (1898)
Besetzung: Dorothy Dalton (Moran, Letty Sternersen), Rudolph Valentino (Ramon Laredo), Charles Brinley (Kapitän Sternersen), Walter Long (Kapitän Kitchell), Emil Jorgenson (Nels), Maude Wayne (Josephine Herrick), Cecil Holland (Bill Trim), George Kuwa (»Chopstick« Charlie), Charles K. French (Kneipenwirt), George O'Brien (Hilfskraft), William Boyd (Komparse)
ETR 18.2.1922. MPW 18.2.1922. PM April 1922. Walker 1932. Walker 1970, S. 168 f. There's 1979, S. 71 ff. Gledhill 1991, S. 267, 281 f. Morris 1991, S. 102. Kasten 1997, S. 48 f.

Beyond the Rocks
Produktion: Famous Players-Lasky
Verleih: Paramount
Verleihstart: 7.5.1922
Regie: Sam Wood
Kamera: Alfred Gilks
Drehbuch: Jack Cunningham nach Elinor Glyns Roman »Beyond the Rocks«
(1916)
Kostüme (Valentino): Natacha Rambova
Besetzung: Gloria Swanson (Theodora Fitzgerald), Rudolph Valentino (Lord
Bracondale), Edythe Chapman (Lady Bracondale), Alec B. Francis (Kapitän Fitz-
gerald), Robert Bolder (Josiah Brown), Gertrude Astor (Morella Winmarleigh),
Mabel Van Buren (Mrs. McBride), Helen Dunbar (Lady Ada Fitzgerald), Ray-
mond Blathwayt (Sir Patrick Fitzgerald), F. R. Butler (Lord Wensleydon), June
Elvidge (Lady Anningford)
ETR 20.5.1922. MPW 20.5.1922. EH 27.5.1922. PM April 1927. Mackenzie
1974, S. 178 f. There's 1979, S. 74 ff. Swanson 1980, S. 173 f. Kobal 1985, S. 19 f.
Madsen 1988, S. 78 ff. Morris 1991, S. 106. MacCann 1992, S. 139.

Blood and Sand
Produktion: Famous Players-Lasky
Verleih: Paramount
Verleihstart: 10.9.1922
Premieren: 5.8.1922, Los Angeles; November 1922, London
Regie: Fred Niblo
Kamera: Alvin Wyckhoff
Schnitt: Dorothy Arzner
Drehbuch: June Mathis nach dem Roman von Vicente Blasco Ibáñez, »Sangre
y arena« (1908), und dem Stück von Tom Cushing, »Blood and Sand«
Besetzung: Rudolph Valentino (Juan Gallardo), Lila Lee (Carmen), Nita Naldi
(Doña Sol), George Field (El Nacional), Walter Long (Plumitas), Rosa Rosanova
(Señora Augustias), Leo White (Antonio), Charles Belcher (Don Joselito), Jack
Winn (Potaje), Marie Marstini (El Carnacione), Gilbert Clayton (Garabato), Harry
La Mont (El Pontelliro), George Periolat (Marquise de Guevara), Sidney De Gray
(Dr. Ruiz), Fred Becker (Don José), Dorcas Matthews (Señora Nacional), William
Lawrence (Fuentes)
ETR 19.8.1922. MPW 19.8.1922. Rambova 1926, S. 48 ff., 62, 98-101. Ullman
1927, S. 47 f., 109 ff. Valentino 1929, S. 47. Lasky 1963, S. 22. Patalas 1967, S. 59 f.
Brownlow 1969, S. 414. Walker 1970, S. 164 ff. Mackenzie 1974, S. 180 f. Johnston
1975, S. 20 f. Scagnetti 1975, S. 46, 63. Higashi 1978, S. 72 ff. There's 1979, S. 78 ff.
Prichard 1981, S. 43, 67, 88, 400, 441, 450. Slide 1982, S. 81. Heck-Rabi 1984, S. 89.

Fetherling 1985, S. 62 f. Werner u. a. 1986, S. 111. Mank 1989, S. 93 ff. Gledhill 1991, S. 262 ff., 277. Morris 1991, S. 108 f. MacCann 1992, S. 169. Mayne 1994, S. 25 f. Kasten 1997, S. 49.

The Young Rajah
Produktion: Famous Players-Lasky
Verleih: Paramount
Verleihstart: 12.11.1922
Regie: Philip Rosen
Kamera: James Van Trees
Ausstattung, Kostüme: Natacha Rambova
Drehbuch: June Mathis nach dem Roman von John Ames Mitchell, »Amos Judd« (1896) und dem gleichnamigen Stück von Alethea Luce
Besetzung: [unterschiedliche Namensangaben] Rudolph Valentino (Amos Judd), Wanda Hawley (Molly Cabot), Pat Moore (Amos Judd als Junge), Charles Ogle (Joshua Judd), Fanny Midgley (Sarah Judd), Robert Ober (Horace Bennett), Jack Giddings (Austin Slade), Edward Jobson (John Cabot), Josef Swickard (Narada), Bertram Grassby (Maharajah/Nawab Ali Khan), J. Farrell Mac Donald (Tehjunder Roy/Ahmad Beg), George Periolat (General Gadi), George Field (Prinz Musnud/ Munsingh), Maude Wayne (Miss Van Kovert), William Boyd (Stephen Van Kovert), Joseph Harrington (Dr. Fettiplace), Spottiswoode Aitken (Caleb)
MPW 20.5.1922. ETR 18.11.1922. Rambova 1926, S. 52. Ullman 1927, S. 49. Mackenzie 1974, S. 181. Scagnetti 1975, S. 46 f. Lambert 1976, S. 45. Walker 1976, S. 72 f. Wayne 1976, S. 113 f. There's 1979, S. 81 ff. Prichard 1981, S. 203, 301, 418, 450. Koszarski 1990, S. 240. Morris 1991, S. 265. Kasten 1997, S. 49.

1923

Rudolph Valentino and the Eighty-Eight American Beauties
Produktion: David O. Selznick
Verleih: Selznick Distribution Corp.
Verleihstart: 1923
Behlmer 1972, S. 6. There's 1979, S. 85.

1924

Monsieur Beaucaire
Produktion: Famous Players-Lasky. Produzent: Sidney Olcott
Verleih: Paramount

Verleihstart: 18.8.1924
Regie: Sidney Olcott
Kamera: Harry Fischbeck
Schnitt: Patricia Rooney
Drehbuch: Forrest Halsey nach dem gleichnamigen Roman von Booth Tarkington (1900) und dem Stück von Booth Tarkington und Evelyn Greenleaf Sutherland
Ausstattung: Natacha Rambova
Kostüme: Natacha Rambova, George Barbier
Musik: Arrangement von Hugo Reisenfeld. Der Titelsong »Red, Red Rose« wurde von Fred Rath geschrieben und von Mal Shauer komponiert (1924).
Besetzung: Rudolph Valentino (Herzog von Chartres, Monsieur Beaucaire), Bebe Daniels (Prinzessin Henriette), Lois Wilson (Königin Marie von Frankreich), Doris Kenyon (Lady Mary Carlisle), Lowell Sherman (König Ludwig XV.), Paulette Duval (Madame Pompadour), John Davidson (Richelieu), Oswald Yorke (Miropoix), Flora Finch (Herzogin von Montmorency), Louis Waller (Francois), Ian MacLaren (Herzog von Winterset), Frank Shannon (Badger), Templar Powell (Molyneux), H. Cooper Cliffe (Beau Nash), Downing Clarke (Lord Chesterfield), Yvonne Hughes (Herzogin von Flauhault), Harry Lee (Voltaire), Florence O'Denishawn (Columbine), André Daven (Bruder von Monsieur Beaucaire)
EH 10.5.1924. ETR 23.8.1924. PM März 1925. Rambova 1926, S. 100 ff. Ullman 1927, S. 78 f. Valentino 1929, S. 115. Mackenzie 1974, S. 183 ff. There's 1979, S. 86 ff. Prichard 1981, S. 102 f., 154, Nr. 1721, 230, 400, 450. Time, 2.9.1946. Daniels/Lyon 1953, S. 108 f. Walker 1970, S. 166 f. Ders. 1976, S. 167 f. Wayne 1979, S. 119f. Drew 1989, S. 261f. Gledhill 1991, S. 267, 277. Morris 1991, S. 265. Kasten 1997, S. 50.

The Hooded Falcon
Geplant und vorbereitet, aber nicht realisiert.
Projektskizze: Natacha Rambova
Kostüme: Natacha Rambova, Adrian
Rambova 1926, S. 117 f., 129 ff. Scagnetti 1975, S. 66, 75 ff. Wayne 1976, S. 121. Prichard 1981, S. 16 f. Morris 1991, S. 155 ff., 161 f., 265.

A Sainted Devil
Produktion: Famous Players-Lasky
Verleih: Paramont
Verleihstart: 17.11.1924
Regie: Joseph Henabery
Kamera: Harry Fischbeck
Drehbuch: Forrest Halsey nach Rex Beach, »Rope's End« (Cosmopolitan, Mai 1913)
Ausstattung: Natacha Rambova, Norman Norell

Kostüme: Natacha Rambova, Adrian
Besetzung: Rudolph Valentino (Don Alonzo Castro), Nita Naldi (Carlotta), Helen
D'Algy (Julietta), Dagmar Godowsky (Doña Florencia), Jean Del Val (Casimiro),
Antonio D'Algy (Don Luis), George Siegmann (El Tigre), Rogers Lytton (Don
Baltasar), Isabel West (Doña Encarnación), Louise Lagrange (Carmelita), Rafael
Bongini (Congo), Frank Montgomery (indianischer Spion), William Betts
(Priester), Edward Elkas (Notar), A. De Rosa, Ann Brody (Wirtin), Evelyn
Axzell (Guadulupe), Marie Diller (Irala)
PM Oktober 1924, Februar 1925. ETR 6.12.1924. Rambova 1926, S. 133. Scagnetti
1975, S. 61 f. There's 1979, S. 89. Prichard 1981, S. 16 f., 279, 400, 450. Kobal 1985,
S. 63 f. Morris 1991, S. 265.

1925

Cobra
Produktion: Ritz-Carlton Pictures
Verleih: Paramount
Verleihstart: 30.11.1925
Regie: Joseph Henabery
Kamera: J. D. Jennings, Harry Fischbeck
Drehbuch: Anthony Coldeway nach dem Stück von Martin Brown, »Cobra« (1924)
Ausstattung: William Cameron Menzies
Kostüme: Natacha Rambova, Adrian
Besetzung: Rudolph Valentino (Graf Rodrigo Torriani), Nita Naldi (Elsie Van Zile),
Casson Ferguson (Jack Dorning), Gertrude Olmstead (Mary Drake), Hector V.
Sarno (Victor Minardi), Claire De Lorez (Rosa Minardi), Eileen Percy (Sophie
Binner), Lillian Langdon (Mrs. Palmer), Henry Barrows (Geschäftsführer), Rosa
Rosanova (Marie)
PM März 1925. ETR 12.12.1925. Rambova 1926, S. 128 ff. Mackenzie 1974,
S. 188 f. Scagnetti 1975, S. 77 f. Lambert 1976, S. 45. There's 1979, S. 92 ff. Wayne
1988, S. 72, 122. Morris 1991, S. 159 f. Kasten 1997, S. 52.

The Eagle
Produktion: United Artists Corp. Produzent: John W. Considine Jr.
Verleih: United Artists
Verleihstart: 8.11.1925
Premiere: 23.11.1925 London
Regie: Clarence Brown. Regieassistenz: Charles Dorian
Kamera: George Barnes, Dev Jennings
Schnitt: Hal C. Kern

Drehbuch: Hans Kraly nach Alexander Puschkins Romanfragment »Dubrovskij«
(1841)
Ausstattung: William Cameron Menzies
Kostüme: Adrian
Musik: Arrangement von Michael Hoffman
Besetzung: Rudolph Valentino (Vladimir Dubrovsky), Vilma Banky (Mascha
Troekouroff), Louise Dresser (Zarin), Albert Conti (Kuschka), James Marcus
(Kyrilla Troekouroff), George Nichols (Richter), Carrie Clark Ward (Tante
Aurelia), Michael Pleschkoff (Hauptmann der Kosakengarde), Spottiswoode
Aitken (Dubrovskys Vater), u. a.
ETR 14.11.1925. PM Dezember 1925, Januar 1926. Rambova 1926, S. 131 f.
Nichols 1958, S. 69 f., 142 f. Robinson 1968, S. 39 f., 60 f., 108 f. Brownlow 1969,
S. 145 f. Walker 1970, S. 168 f. Mackenzie 1974, 190-201. There's 1979, S. 94 ff.
Prichard 1981, S. 49, 254. Wakeman 1987, S. 643. Gledhill 1991, S. 267 f. Kasten
1997, S. 50 f.

Son of the Sheik
Produktion: Feature Productions. Produzent: John W. Considine Jr.
Verleih: United Artists
Premieren: 9.6.1926 Los Angeles; 15.11.1926 London
Verleihstart: 5.9.1926
Regie: George Fitzmaurice. Regieassistenz: Cullen Tate
Kamera: George Barnes
Schnitt: Hal C. Kern
Drehbuch: Frances Marion, Fred De Gresac nach dem Roman »Sons of the Sheik«
(1925)
Titel: George Marion
Ausstattung: William Cameron Menzies
Besetzung: Rudolph Valentino (Ahmed, der Sohn, und sein Vater, Scheich Ahmed
Ben Hassan), Vilma Banky (Yasmin), George Fawcett (André), Montague Love
(Ghabah, der Maure), Karl Dane (Ramadan), Bull Montana (Ali), Bynunsky
Hyman (Geizhals), William Donovan (S'rir), Agnes Ayres (Frau des Scheichs),
Edward Connelly (Zuave), Charles Requa (Pierre)
PM Juni–August, Oktober 1926. New York Times 26.6.1926. Theatre Magazine
Oktober 1926. Variety 6.1.1977. Ardmore 1959, S. 186. Walker 1970, S 170 f.
Mackenzie 1974, S. 201-204. Scagnetti 1975, S. 101, 105, 111 f. Koszarski 1976,
S. 243. Walker 1970, S. 170 f. Wayne 1976, S. 124. There's 1979, S. 97 f. Heinzl-
meier/Schulz 1981, S. 34., 40. Lockwood 1981, S. 1 ff. Fetherling 1985, S. 154 f.
Palmer 1990, S. 12. Gledhill 1991, S. 271 ff. MacCann 1992, S. 140 f., 160–184.
Leppmann 1992, S. 77 f. Brownlow 1997, S. 29. Kasten 1997, S. 48.

BIBLIOGRAFIE (AUSWAHL)

Abkürzungen

EH	Exhibitors Herald
ETR	Exhibitors Trade Review
FC	Film Criticism
FF	Frauen und Film
FiR	Films in Review
MP	Motion Pictures
MPM	Motion Picture Magazine
MPW	Motion Picture World
MS	Modern Screenplay
MW	Movie Weekly
PG	Picturegoer
PL	Sammlung z. T. undatierter Zeitungsausschnitte und Artikel in der Public Library, Theatre Collection, New York
PM	Photoplay Magazine
SF	Screen Facts

A

Acker, Ally: Reel Women: Pioneers of the cinema. London: B. T. Batsford, 1991

Acosta, Mercedes: Here lies the heart. New York: Arno, 1975

Adlon, Hedda: Hotel Adlon. München: Wilhelm Heyne, 12. Aufl. 1994

Affron, Mirella Jona: The Italian-Americans in American films, 1918–1971. In: Italian-Americana 3, Herbst 1976, S. 233-255

Allgood, Jill: Babe and Ben. Liverpool: Robert Hale, 1975

Altman, Diana: Hooywood East. Louis B. Meyer and the origins of the studio system. New York: Carol, 1992

Anger, Kenneth: Hollywood Babylon. London u. a.: Century Hutchinson, 1975

Angier, Carole: Jean Rhys. Life and work. Boston/Toronto/London: Deutsch, 1990

Aravena, Jorge: El tango und die Geschichte von Carlos Gardel. Berlin: Transit, 1989

Ardmore, Jane: The self-enchanted. Mae Murray: Image of an era. New York/
Toronto/London: McGraw-Hill, 1959

Arnold, Alan: Valentino. New York: Library Publishers, 1954

Attolini, Vito: Rudolph & Rodolfo. La vita breve e felice di Valentino. o. O.
[Italien]: Schena, 1995

Austin, John: Hollywood's unsolved mysteries. New York: Shapolsky Publishers,
1990

B

Balseiro, J. A.: Vicente Blasco Ibáñez. Hombre de acción y de letras.
San Juan: 1935

Balshofer, Fred J./Arthur C. Miller: One reel a week. Los Angeles/Berkeley:
University of California Press, 1967

Balzac, Honoré de: Eugénie Grandet. Frankfurt a. M./Leipzig: Insel, 1994

Barzini, Luigi: Die Italiener. Frankfurt a. M.: Heinrich Scheffler, 1965

Baum, Vicki: Leben ohne Geheimnis. Frankfurt a. M.: Ullstein, 1959

Dies.: Es war alles ganz anders. Erinnerungen. Berlin/Frankfurt a. M./Wien:
Ullstein, 1962

Becker, Raymond de: De Tom Mix à James Dean ou le mythe de l'homme dans le
cinéma américain. Paris: Fayard, 1959

Behlmer, Rudy (Hg.): Memo from David O. Selznick. London: Macmillan, 1973

Belacso, Warren James: Americans on the road. From autocamp to motel,
1910–1945. Cambridge, Mass./London: MIT Press, 1979

Ben-Allah: Rudolph Valentino. His romantic life and death. Hollywood: Ben-Allah
Company, 1926

Bernardini, Aldo/Vittorio Martinelli: Der italienische Film der zwanziger Jahre,
Hg. Kommunales Kino, Frankfurt a. M. 1979

Ders.: The four horsemen of the apocalypse. New York: E. P. Dutton, 1945

Ders.: The bullfight [La corrida]. London/Toronto/Bombay/Sydney: George G.
Harrap, 1942

Ders.: Die Arena. München: List, 4. Aufl. 1951

Blavatsky, H. P.: Practical occultism. Adyar: The Theosophical Publishing House,
1948

Bodeen, DeWitt: Rudolph Valentino. In: SF Bd. 3, Nr. 5, 1968

Ders.: From Hollywood. The careers of 15 great American stars. Cranbury/N. J.:
A. S. Barnes, 1975

Botham, Noel/Peter Donnelly: Valentino. The love god. London: Everest Books,
1976

Bottles, Scott L.: Los Angeles and the automobile. Berkeley/Los Angeles/London:
University of California Press, 1987

Brandon, Ruth: The Spiritualists. The passion for the occult in the nineteenth and twentieth centuries. London: Weidenfeld & Nicolson, 1983

Brown, Martin/Russell Holman: Cobra. London: The Reader's Library, o. J.

Brownlow, Kevin: The parade's gone by. New York: Knopf, 1969

Ders.: Pioniere des Films. Frankfurt a. M.: Stroemfeld/Roter Stern, 1997

Bruccoli, Matthew J. (Hg.): Zelda Fitzgerald. The collected writings. New York: Charles Scribner's Sons, 1991

Buch, Hans Christoph: Isabelle Eberhardt. In: Frei und Frau. Bensheim/Düsseldorf: Bollmann, 1993, S. 69-96

Buckle, Richard: Nijinsky. Herford: Busse Seewald, 1987

C

Carey, Gary: Anita Loos. London: Bloomsbury, 1988

Carter, Randolph: The world of Flo Ziegfeld. London: Paul Elek, 1974

Caruso, Dorothy: Enrico Caruso. His life and death. New York: Simon & Schuster, 1945

Castronovo, David: The American gentleman. Social prestige and the modern literary mind. New York: Continuum, 1991

Chaplin, Charles: Die Geschichte meines Lebens. Frankfurt a. M.: Fischer, 1985

Clark, Randall (Hg.): American Screenwriters. Second Series. Dictionary of literary biography. Detroit, Michigan: Gale Research, 1986

Cohan, Steven/Ina Rae Hark (Hg.): Screening the male. Exploring masculinities in Hollywood cinema. London/New York: Routledge, 1993

Contell, Emilio Gascó: Genio y figura de Vicente Blasco Ibáñez. Madrid 1957

Cooper, Miriam with Bonnie Herndon: Dark lady of the silents. My life in early Hollywood. Indianapolis/New York: Bobbs-Merrill, 1973

Cossart, Axel von (Hg.): Pola Negri. Leben eines Stars. o. O.: Voco-Edition, 1988

Cranston, Sylvia: The extraordinary life & influence of Helena Blavatsky, founder of the modern theosophical movement. New York: G. P. Putnam's Sons, 1993

D

Daniels, Bebe/Ben Lyon: Life with the Lyons. The autobiography of Bebe Daniels and Ben Lyon. London: Odhams Press, 1953

Davies, Marion: The times we had. Life with William Randolph Hearst. New York: Ballantine, 2. Aufl. 1978

De Mille, Agnes: Tanz und Theater. Wien/München/Zürich: Wilhelm Frick, 1955

De Wolfe, Elsie [Lady Mendl]: After all. o. O.: Heinemann, 1935

Dixon, Wheeler W.: The »B« directors. A biographical directory. Metuchen, N. J./ London: The Scarecrow Press, 1985

Dorgan, Dick: Giving »The Sheik« the once over from the ringside. In: PM, April 1922

Ders.: I hate Valentino. In: PM, June 1922

Ders.: A song of hate. In: PM, July 1922

Dos Passos, John: The big money. Boston: Houghton Mufflin, 1946

Ders.: Manhattan Transfer. Reinbek bei Hamburg: Rowohlt, 1966

Drew, William M.: Speaking of silents. First ladies of the screen. Vestal, N. Y.: The Vestal Press, 1989

Duff-Gordon, Lady Lucile: Discretions and indiscretions. London: Jarrolds, 1932

Dülmen, Richard van (Hg.): Körper-Geschichten. Studien zur historischen Kultur-forschung. Frankfurt a. M.: Fischer, 1996

Dumas, Alexandre: Die Kameliendame [1848]. München: DTV, 1993

Dyer, Richard: Stars. London: British Film Institute, 1979

Ders.: Heavenly bodies. Film stars and society. London: MacMillan, 1987

Dyer MacCann, Richard: The stars appear. Metuchen, N. J./London: The Scare-crow Press, 1992

Ders.: The first film makers. Metuchen, N. J./London: The Scarecrow Press, 1989

E

Earley, Mary Dawn: Stars of the twenties. Observed by James Abbe. New York: Viking, 1975

Eberhardt, Isabelle: Sandmeere 1. Tagewerke. Im heißen Schatten des Islam. Hg. Christian Bouqueret. Reinbek bei Hamburg: Rowohlt, 1992

Erhard, Anna Lou: Rudolph Valentino is my spirit friend. A biographical account of an intimate experience. New York: William Frederick Press, 1959

Errera, Eglal: Isabelle Eberhardt. Eine Biographie mit Briefen, Tagebuchblättern, Prosa. Basel: Lenos, 1989

Etherington-Smith, Meredith/Jeremy Pilcher: The ›It‹ girls: Lucy, Lady Duff Gordon, the couturière »Lucile«, and Elinor Glyn, romantic novelist. London: Hamish Hamilton, 1986

F

Farnsworth, Majorie: The Ziegfeld Follies. A history in text and pictures. New York: Bonanza Books, 1956

Fetherling, Dale and Doug (Hg.): Carl Sandburg at the movies. A poet in the silent era 1920–1927. Metuchen, N. J./London: The Scarecrow Press, 1985

Finler, Joel W.: The Hollywood Story. London: Macmillan, 1992

Ders.: The great Gatsby. Hg. Susanne Lenz. Stuttgart: Philipp Reclam Jun., 1989 [1925]

Fitzgerald, Zelda: Eulogy of the flapper. In: Metropolitan Magazine, June 1922

Dies.: What became of the flappers? In: McCall's, October 1925

Dies.: Who can fall in love after thirty? In: College Humor, October 1928

Florey, Robert: La lanterne magique, bio-biblio-filmographie établie par Francis Lacassin. Lausanne: Cinémathèque Suisse, 1966, S. 150-172

Ders.: Hollywood années zéro. Paris: Editions Seghers, 1972

French, Philipp: The movie moguls. London: Weidenfeld & Nicolson, 1969

Friedman, Jean E./William G. Shade: Our American sisters. Women in American life and thought. Boston/London/Sydney/Toronto: Allyn & Bacon, 1974

G

Geduld, Harry: Chapliniana. A commentary on Charlie Chaplin's 81 movies. Bd. 1. The Keystone Films. Bloomington: Indiana University Press, 1987

Geltzer, George: Maurice Tourneur. In: FiR Bd. XII, April 1961, S. 193-213

Gish, Lillian: The movies, Mr. Griffith, and me. Englewood Cliffs, N.J.: Prentice Hall, 1969

Gledhill, Christine (Hg.): Stardom. Industry of desire. London/New York: Routledge, 1991

Glyn, Anthony: Elinor Glyn. A biography. London: Hutchinson, 1955

Glyn, Elinor: Beyond the rocks. A love story. London: Duckworth, 1916

Dies.: The flirt and the flapper. London: Duckworth, 1930

Dies.: Romantic adventure. Being the autobiography of Elinor Glyn. London: Ivor Nicholson & Watson, 1936

Godowsky, Dagmar: First person plural. New York: Viking Press, 1958

Gold, Arthur/Robert Fizdale: Misia. Muse, Mäzenin, Modell. Das ungewöhnliche Leben der Misia Sert. Frankfurt a. M.: Fischer, 1991

Goldberg, Willis: The perfect lover. In: MPM, Mai 1922

Gordon, Jan and Cora: Star-dust in Hollywood. London: George G. Harrap, 1931

Greenfeld, Howard S: Caruso. Zürich: Edition Olms, 1992

Greer, Howard: Designing male. New York: G. P. Putnam's Sons, 1951

Grey Chaplin, Lita mit Morton Cooper: Ich war Charlie Chaplins Frau. Flensburg: C. Stephenson, 1966

Griffith, Richard: The movie stars. Garden City, N.Y., 1970

Grossmann, Atina: Feminism, men, and modern love: Greenwich Village 1900–1925. In: Snitnow u. a. 1983, S. 131-152

Grove Day, A./Edgar C. Knowlton: V. Blasco Ibáñez. New York: Twayne Publishers, 1972

Güttinger, Fritz: Der Stummfilm im Zitat der Zeit. Frankfurt a. M. 1984

Ders.: Köpfen Sie mal ein Ei in Zeitlupe. München: Fink, 1992

Guy, Alice: Autobiographie einer Filmpionierin. Münster: Tende, 1981

H

Härle, Gerhard/Wolfgang Popp/Annette Runte (Hg.): Ikonen des Begehrens.
Bildsprachen der männlichen und weiblichen Homosexualität in Literatur und
Kunst. Stuttgart: M & P, 1997

Hall, Alice: Rudolph the romantic. In: PG, January 1922

Hamady, Sania: Temperament and character of the Arabs. New York: Twayne
Publishers, 1960

Hansen, Miriam: S. M. Rodolfo. In: Frauen und Film, Heft 33, 1982, S. 19-33

Dies.: Pleasure, ambivalence, identification. Valentino and the female spectatorship.
In: Gledhill 1991, S. 259-282

Dies.: Babel and Babylon. Spectatorship in American silent film. Cambridge,
Mass./London: Harvard University Press, 1991

Hayne, Donald (Hg.): The autobiography of Cecil B. DeMille. Englewood Cliffs,
N. J.: Prentice Hall, 1959

Heck-Rabi, Louise: Women filmmakers: a critical reception. Metuchen, N. J./
London: The Scarecrow Press, 1984

Heinzlmeier, Adolf/Bernd Schulz: Happy-End. Berühmte Liebespaare der
Leinwand. Frankfurt a. M.: Fischer, 1981

Heinzlmeier, Adolf u. a.: (Hg.): Die Unsterblichen des Kinos. Frankfurt a. M.:
Fischer, 1982

Henderson, Robert M.: D. W. Griffith. His life and work. New York: Oxford
University Press, 1972

Higashi, Sumiko: Virgins, vamps, and flappers. The American silent movie heroine.
Montreal, Quebec, Canada/St. Albans, Vermont: Eden Press Women's
Publications, 1987

Dies.: Cecil B. DeMille and American culture. The silent era. Berkeley/Los
Angeles/London: University of California Press, 1994

Higham, Charles: Cecil B. DeMille [1881–1959]. New York: Charles Scribner's
Sons, 1973

Ders.: Merchant of dreams. Louis B. Meyer, M. G.M. and the secret Hollywood.
New York: Laurel, 1994

Hilger, Michael: The American Indian in film. Metuchen, N. J./London:
The Scarecrow Press, 1986

Hirschhorn, Clive: The Universal Story. London: Octopus Books, 1983

Hochman, Stanley: American film directors. New York: Frederick Ungar
Publishing, 1974

Holba, Herbert: Emil Jannings. Ulm: Knorr, 1979

Holman, Russell: The rise of Rudolph. In: Pantomime, February 11th, 1922

Hopper, Hedda: From under my hat. London: Muller, 1953

Dies. und James Brough: Hollywood ungeschminkt. Chronik einer Starkolumnistin.
Berlin: Argon, 1966

Howard, Jean: Jean Howard's Hollywood. A photo memoir. New York: Harry N. Abrams, 1989

Hubert, Ali: Hollywood. Legende und Wirklichkeit. Heidelberg: Wunderhorn, 1988

Hudson, Richard/Raymond Lee: Gloria Swanson. South Brunswick/New York/London: A. S. Barnes, Thomas Yoseloff, 1970

Hudson, Richard: Sixty years of vamps and camps. Visual nostalgia of the silver screen. New York: Drake Publishers, 1973

Huff, Theodore: The career of Rudolph Valentino. In: FiR, Bd. III, April 1952

Hull, E. M.: The Sheik [1919]. Boston: Small, Maynard, 1921

Dies.: Der Scheich. Berlin/Leipzig: Scherl, o. J.

Dies.: The Sons of the Sheik [1925]. New York: A. L. Burt, 1925

Dies.: Camping in the Sahara. London: Eveleigh Nash & Grayson, 1926

J

Jacobsen, Wolfgang/Helga Belach/Norbert Grob (Hg.): Erich von Stroheim [d.i. Erich Stroheim]. Berlin: Argon, 1994

Jacobson, Laurie: Hollywood heartbreak. The tragic and mysterious deaths of Hollywood's most remarkable legends. New York: Simon & Schuster, 1984

Jannings, Emil: Mein Leben. Aufgeschrieben von C. C. Bergius [1939]. Augsburg 1951

Jeschke, Claudia/Ursel Berger/Brigitte Zeidler (Hg.): Spiegelungen. Die Ballets Russes und die Künste. Berlin: Vorwerk 8, 1997

Johnston, Claire (Hg.): The work of Dorothy Arzner. Towards a feminist cinema. London: British Film Institute, 1975

K

Kael, Pauline: When the lights go down. New York: Holt, Rinehart & Winston, 1980

Kahn, Gordon: Hollywood on trial. New York: Boni & Gaer, 1948

Kaplan, E. Ann: Women and Film. New York/London: Methuen, 1983

Kasten, Jürgen: Das Profil der Männlichkeit. Zu den Filmen von Rudolph Valentino. In: Film Bulletin, 39. Jg., H. 210, Februar 1997, S. 44-52

Katchmer, George A.: Eighty silent film stars. Jefferson, North Carolina/London: McFarland, 1991

Keaton, Buster with Charles Samuels: My wonderful world of slapstick. New York: Doubleday, 1960

Kirkland, Alexander: The woman from Yalta [d.i. Alla Nazimova]. In: Theatre Arts, Dezember 1949, S. 28 f.

Kobak: Annette: Wie treibender Sand. Das berauschende Leben der Isabelle Eberhardt. München: Droemersche Verlagsanstalt, 1992

Kobal, John: People will talk. New York: Alfred A. Knopf, 1985
Ders.: Hollywood. The years of innocence. London: Thames and Hudson, 1985
Ders.: The art of the great Hollywood portrait photographers 1925–1940. New York: Harrison House, 1987
Koszarski, Richard: Hollywood Directors 1914–1940. New York: Oxford University Press, 1976
Ders.: The Astoria studios and its fabulous films. New York: Dover Publications, 1983
Ders.: An evening's entertainment: The age of the silent feature picture 1915–1928. New York u. a.: Charles Scibner's Sons u. a., 1990
Kotsilibas-Davis, James and Myrna Loy: Being and becoming. London: Bloomsbury, 1987
Kowalski, Rosemary Ribich: Women and film: A bibliography. Metuchen, N. J.: The Scarecrow Press, 1976
Kracauer, Siegfried: Die Angestellten. Frankfurt a. M.: Suhrkamp, 1971
Ders.: Der verbotene Blick. Hg. Johanna Rosenberg. Leipzig: Reclam, 1992
Kramer, Steven Philip/James Michael Welsh: Abel Gance. Boston: Twayne, 1978
Kuhn, Annette: Cinema, censorship and sexuality 1909–1925. London/New York: Routledge, 1988

L

Lahue, Kalton C: Gentlemen to the rescue. The heroes of the silent screen. South Brunswick/New York/London: A. S. Barnes, Thomas Yoseloff, 1972
Lambert, Gavin: Fairbanks and Valentino: The last heroes. In: Sequence, No. 8, Summer 1949, S. 77-80
Ders.: Nazimova. A biography. New York: Alfred A. Knopf, 1997
Landy, Marcia: Italian Film. Cambridge u. a.: Cambridge University Press, 1990
Lasky, Jesse with Don Weldon: I blow my own horn. London: Victor Gollancz, 1957
Leese, Elizabeth: Costume design in the movies. New York: Frederick Ungar, 1977
Leppmann, Wolfgang: The roaring twenties. Amerikas wilde Jahre. München/Leipzig: List, 1992
Levi, Carlo: Christus kam nur bis Eboli [1945]. München: DTV, 14. Aufl. 1997
Livingston, Beulah: Remembering Valentino. New York, 1938
Lockwood, Charles: Dream palaces. Hollywood at home. New York: The Viking Press, 1981
Lützen, Karin: Was das Herz begehrt. Liebe und Freundschaft zwischen Frauen. Hamburg: Ernst Kabel, 1990

M

Mackenzie, Norman A.: The magic of Rudolph Valentino. London: The Research Publishing, 1974

Mackrell, Alice: Paul Poiret. London: B. T. Batsford, 1990

Madsen, Axel: Gloria & Joe. New York: Arbor House-William Morrow, 1988

Ders.: Der Nähkreis. München: Wilhelm Heyne, 1998

Malossi, Giannino (Hg.): La regola estrosa. One hundred years of Italian male elegance. Milano: Electa, 1993

Mank, C. Jr.: What the fans think of Rudolph Valentino. A memorial book. Stanton, Illinois, 1929

Mank, Gregory William: The Hollywood Hissables. Metuchen, N. J./London: The Scarecrow Press, 1989

Marvin, Garry: Bullfight. Oxford/New York: Basil Blackwell, 1988

Maxwell, Elsa: I married the world. Melbourne/London/Toronto: William Heinemann, 1955

May, Lary: Screening out the past. The birth of mass culture and the motion picture industry. New York/Oxford: Oxford University Press, 1980

Mayne, Judith: Directed by Dorothy Arzner. Bloomington/Indianapolis: Indiana University Press, 1994

McKinstry, Carol E.: The return of Rudolph Valentino. Los Angeles: Kirby u. a., 1952

Medina, Jeremy T.: The Valencian novels of Vicente Blasco Ibáñez. Valencia: Albatros ediciones hispanofila, 32, 1984

Mencken, Henry Louis: Prejudices: Sixth series (Collected writings). New York: Alfred Knopf, 1927

Menjou, Adolphe and M. M. Musselman: It took nine taylors. New York/Toronto: Whittlesley 1948

Milford, Nancy: Zelda [Fitzgerald]. München: Droemersche Verlagsanstalt Nachf. Th. Knaur, 1987

Miller, Patsy Ruth: My Hollywood. When both of us were young. New York: O'Raghilligh, 1988

Mitchell, Timothy: Blood Sport. A social history of Spanish bullfighting. Philadelphia: University of Pennsylvania Press, 1991

Mitry, Jean: Maurice Tourneur, 1876–1961. Paris: Avant-scène du cinéma, 1968

Mordden, Ethan: Movie star. A look at the women who made Hollywood. New York: St. Martin's Press, 1983

Morris, Michael: Madam Valentino. The many lives of Natacha Rambova. New York/London/Paris: Abbeville Press Publishers, 1991

Murnau, Friedrich Wilhelm (1888–1931). Hg. Stadt Bielefeld. Bielefeld 1988

N

Nectoux, Jean-Michel (Hg.): Afternoon of a faun. New York/Paris: The Vendome
  Press, 1989 [mit Fotografien von Adolph De Meyer]
Negri, Pola: Memoirs of a star. Garden City, N. Y.: Doubleday, 1970
Nichols, Beverly: The sweet and twenties. London: Weidenfeld & Nicholson, 1958
Nijinska, Bronislawa: Early memoirs. Durham/London: Duke University Press,
  1992
Nijinsky, Romola: Nijinsky. Der Gott des Tanzes [1934]. Frankfurt a. M.: Insel, 1981
Niven, David: Stars, die nicht vom Himmel fielen. Reinbek bei Hamburg: Rowohlt,
  1979

O

Oberfirst, Robert: Rudolph Valentino. The man behind the myth. New York: The
  Citadel Press, 1962
Oderman, Stuart: Roscoe »Fatty« Arbuckle. Jefferson, North Carolina/London:
  McFarland, 1994
O'Leary, Liam: Rex Ingram. Master of the silent cinema. Dublin: The Academy
  Press, 1980

P

Peterson, Roger C.: Valentino the unforgotten. Los Angeles: Wetzel, 1937
Petrie, Graham: Hollywood Destinies. European Directors in America 1922–1931.
  London u. a.: Routledge & Kegan Paul, 1985
Pickford, Mary: Sunshine and shadow. London/Melbourne/Toronto: William
  Heinemann, 1956
Pizer, Donald: The novels of Frank Norris. Bloomington/London: Indiana
  University, 1966
Prédal, René/ Robert Florey: Rudolph Valentino: 1895–1926, Bd. V. Paris:
  AvantScène du Cinéma, 1969, S. 217-280
Prichard, Susan Perez: Film costume. An annotated bibliography. Metuchen, N. J./
  London: The Scarecrow Press, 1981

Q

Quirk, James R.: Presto Chango, Valentino. In: PM, Mai 1925

R

Radway, Janice: Reading the romance: Women, patriarchy and popular culture. Chapel Hill 1984

Rambova, Natacha: Rudy. An intimate portrait of Rudolph Valentino by his wife. London: Hutchinson, 1926

Recqueville, Jeanne de: Rudolph Valentino. Paris: Editions France-Empire, 1978

Reichardt, Dieter (Hg.): Tango. Frankfurt a. M.: Suhrkamp, 1987

Riederer, Ines: Wer mit wem? Hundert Jahre lesbische Liebe. Wien: Wiener Frauenbuchverlag, 1994

Robinson, David: Hollywood in the twenties, London/New York: A. Zwemmer/A. C. Barnes, 1968

Ders.: Chaplin. Sein Leben, seine Kunst. Zürich: Diogenes, 1989

Rogers St. Johns, Adela: The life story of the Sheik. In: Liberty, 21., 28. September; 5., 12. Oktober 1929

Dies.: Love, laughter and tears. My Hollywood story. Garden City, N. Y.: Doubleday, 1978

Rosen, Marjorie: Popcorn Venus. Women, movies & the American dream. New York: Coward, McCann & Geoghegan, 1973

Rosenberg, Bernard/Harry Silverstein: The real tinsel. London/New York: Macmillan, 1970

Rotundo, E. Anthony: Body and soul. Changing ideas of American middle class manhood, 1770–1920. In: Journal of Social History 16, Summer 1983, S. 23-38

Russell, Lynn: The voice of Valentino through Leslie Flint. London/New York: Regency Press, 1965

Russo, Vito: The celluloid closet. Homosexuality in the movies. New York u. a.: Harper & Row, 1981

Ryan, Mary P.: The projection of new womanhood. In: Friedman/Shade 1976, S. 366-384

S

Scagnetti, Jack: The intimate life of Rudoph Valentino. Middle Village, N. Y.: Jonathan David Publishers, 1975

Schmidt-v. Bardeleben, Renate: Das Bild New Yorks im Erzählwerk von Dreiser und Dos Passos. München: Max Huebner, 1967

Scott, Evelyn F.: Hollywood. When silents were golden. New York u. a.: McGraw-Hill, 1972

Scott, Michael: Caruso. München: Wilhelm Heyne, 1993

Sert, Misia: Misia. Pariser Erinnerungen. Wiesbaden: Insel, 1954

Shattock, Joanne: The Oxford guide to British women writers. Oxford/New York: Oxford University Press 1993

Shulman, Irving: Valentino. New York: Trident Press, 1967

Sinclair, Marianne: Those who died young. Cult heroes of the twentieth centuries. London: Plexus, 1979

Slater, Thomas J.: June Mathis. A woman who spoke through silents. In: Griffithiana, Anno 18, N. 53, Mai 1995, S. 133-170

Slide, Anthony: The fan magazines. New York: A. S. Barnes, 1976

Ders.: Early women directors. South Brunswick/New York/London: A. S. Barnes, Thomas Yoseloff, 1977

Ders./Edward Wagenknecht: Fifty great American silent films. A pictoral survey. New York: Dover Publications, 1980

Ders.: Engel vom Broadway oder Der Einzug der Frauen in die Filmgeschichte. Münster: Tende, 1982

Ders.: Ivano and Valentino: A unique partnership. In: American Cinematographer, Bd. 66, Nr. 8, August 1985, S. 36-39

Ders.: Silent Portraits. Stars of the silent screen in historic photographs. New York: The Vestal Press, 1989

Smith, Frederick James: The tragedy of fame. How Valentino made fortunes for others but little for himself. In: Liberty, 9.10.1926

Smith, Jane S.: Elsie de Wolfe: New York: Atheneum, 1982

Smith, Sharon: Women who make movies. New York: Hopkins & Blake, 1975

Snitnow, Ann/Christiane Stansell/Sharon Thompson (Hg.): Powers of desire. The politics of sexuality. New York: Monthly Review Press, 1983

Spears, Jack: Hollywood: The golden era. South Brunswick/New York/London: A. S. Barnes, Thomas Yosseloff, 1971

Stars of the twenties. Observed by James Abbe. London: Thames & Hudson, 1975

Steiger, Brad/Chaw Mank: Valentino. New York: Manor Books, 1975

Stenn, David: Clara Bow. Runnin' wild. New York: Cooper Square Press, 2000

Storm Roberts, John: The Latin Tinge. New York/Oxford 1979

Studlar, Gaylyn: Discours of gender and ethnicity: the construction and de(con)struction of Rudolph Valentino as other. In: FC, Winter 1989, S. 18-35

Dies.: Valentino, »optic intoxication« and dance madness. In: Cohan/Hark 1993, S. 23 ff.

Swanson, Gloria: Swanson on Swanson. New York: Random House, 1980

T

Tabachnick, Stephen/Christopher Matheson: T. E. Lawrence. Wahrheit und Legende. München: List, 1988

Tajiri, Vincent: Valentino. The true life story. New York: Bantam Books, 1977

Taves, Brian: Robert Florey, the French expressionist. Metuchen, N. J./London: The Scrarecrow Press, 1987

There's a new star in heaven ... Valentino. Biographie, Filmographie, Essays.
   Hg. Stiftung Deutsche Kinemathek. Berlin: Volker Spiess, 1979
Todd, Janet: British women writers: a critical reference guide. New York:
   Continuum, 1989
Trinchero, Sergio/Sergio Russo: Rodolfo Valentino. o. O.: Priuli & Verlucca, 1975
Turnbull, Andrew: F. Scott Fitzgerald. München: Wilhelm Heyne, 1986

U
Ullman, S. George: Valentino as I knew him. New York: A. L. Burt, 3. Aufl. 1927
   [1. Aufl. Oktober 1926]

V
Valentino, Rudolph: Woman and love. In: PM, März 1922
Ders.: Day Dreams. New York: MacFadden, 1923
Ders.: How you can keep fit. New York: MacFadden, 1923
Ders.: An open letter from Rudolph Valentino. In: PM, Januar 1923
Ders.: My life story. In: PM, Februar 1923 f.
Ders.: My private diary. Chicago: The Occult Publishing Company, 1929
Ders.: The intimate journal of Rudolph Valentino. New York: William Faro, 1931
   [Vieles weist darauf hin, dass es sich um eine Fälschung handelt.]
Vermilye, Jerry: The films of the twenties. Seacaucus: Citadel Press, 1985

W
Wagenknecht, Edward: The movies in the age of innocence. New York: Ballantine
   Books, 1971
Wakeman, John (Hg.): World Film Directors, Bd. 1, 1890–1945. New York: H. W.
   Wilson, 1987
Walker, Alexander: Stardom. London: Joseph, 1970
Ders.: Rudolph Valentino. London: Elm Tree Books, Hamish Hamilton, 1976
Wayne, Jane E.: Kings of Tragedy. New York: Manor, 1976
Welch, Julie/Louise Brody: Leading men. Photographs from the Kobal Collection.
   New York: Villard Books, 1985
Werner, Paul/Uta van Steen: Rebellin in Hollywood. 13 Portraits des Eigensinns.
   Frankfurt a. M.: Tende, 1986
Wilson, Katharina M. (Hg.): An encyclopedia of continental women writers.
   Bd. 1-2. New York/London: Garland Publishing, 1991
Windeler, Robert: Sweetheart. The story of Mary Pickford. London/New York:
   W. H. Allen, Howard & Wyndham, 1973

Winkler, John Kennedy: W. R. Hearst. An American phenomenon. New York: Simon & Schuster, 2. Aufl. 1928

Witte, Karsten: Sich an Valentino erinnern heißt, Valentino entdecken. In: FF 38, Mai 1985

Ders.: Rudolph Valentino: Erotoman des Augenblicks. In: Heinzlmeier 1982, S. 29-35

Y

Yallop, David A.: The day the laughter stopped. The true story of Fatty Arbuckle. London: Hodder and Stoughton, 1976

Z

Zierold, Norman: The Hollywood Tycoons. London: Hamilton, 1969

Ders.: Sex goddesses of the silent screen. Chicago: Henry Regnery, 1973

Zukor, Adolph mit Dale Kramer: The public is never wrong. London: Cassell, 1954

Zweig, Stefan: Balzac. Eine Biographie. Frankfurt a. M.: Fischer, 1979

REGISTER

360

Bildnachweise

Frontispiz: Cinetext Bildarchiv; Bildteil I: 1 Deutsches Filminstitut - DIF, Frankfurt; 4, 5, 6 Foto: James Abbe © K. Abbe; Bild Buchmitte: Stiftung Deutsche Kinemathek, Berlin; Bildteil II: 1 Cinetext Bildarchiv; 2, 3, 4, 5, 6, 7 Stiftung Deutsche Kinemathek, Berlin; Bild Textende: Cintext Bildarchiv.

Leider konnten nicht in jedem Fall die Rechteinhaber ermittelt werden.
Autor und Verlag sind dankbar für Hinweise.
Berechtigte Ansprüche werden im Rahmen des Üblichen abgegolten.

Liebesgeschichten und andere Lebensläufe – unwiderstehlich erzählt bei eva

George Antheil
Bad Boy of Music
Autobiographie
Herausgegeben und mit einem Prélude sowie
einem Antheil-Alphabet versehen
von Rainer Peters und Harry Vogt
Aus dem Amerikanischen von
Jutta und Theodor Knust
mit zahlreichen Abbildungen
Geb. mit Schutzumschlag, 458 Seiten

Sonderausgabe mit CD

Marc Boettcher
Stranger in the Night
Die Bert Kaempfert Story
mit zahlreichen Abbildungen und CD
Geb. mit Schutzumschlag, 310 Seiten

David Bret
Callas
Biographie
Mit einem Vorwort von Montserrat Caballé
Aus dem Englischen von Götz Burghardt
mit zahlreichen Abbildungen
Geb. mit Schutzumschlag, 462 Seiten

David Bret
Meine Freundin Marlene
Eine Biographie
Aus dem Englischen von Michael Haupt
mit zahlreichen Abbildungen
Geb. mit Schutzumschlag, 306 Seiten

Ursula Brauer
Hölderlin und Susette Gontard
Eine Liebesgeschichte
Geb. mit Schutzumschlag, 269 Seiten

Doris Burchard
Der Kampf um die Schönheit
*Helena Rubinstein, Elizabeth Arden,
Estée Lauder*
mit zahlreichen Abbildungen
Geb. mit Schutzumschlag, 300 Seiten

Peter O. Chotjewitz
Der Fall Hypatia
Eine Verfolgung
Geb. mit Schutzumschlag, 263 Seiten

Pietro Citati
Katherine Mansfield
Ein kurzes Leben
Aus dem Italienischen von Dora Winkler
Geb. mit Schutzumschlag, 124 Seiten

György Dalos
Der Gast aus der Zukunft
*Anna Achmatowa und Sir Isaiah Berlin – Eine
Liebesgeschichte*
mit zahlreichen Abbildungen
Geb. mit Schutzumschlag, 235 Seiten

György Dalos
Olga – Pasternaks letzte Liebe
Fast ein Roman
mit zahlreichen Abbildungen
Geb. mit Schutzumschlag, 220 Seiten

Ursula El-Akramy
Transit Moskau
Margarete Steffin und Maria Osten
mit zahlreichen Abbildungen
Broschur, 408 Seiten

Ursula El-Akramy
Die Schwestern Berend
Geschichte einer Berliner Familie
mit zahlreichen Abbildungen
Geb. mit Schutzumschlag, 368 Seiten

Tania Förster
Dora Maar
Picassos Weinende
mit zahlreichen Abbildungen
Geb. mit Schutzumschlag, 192 Seiten

Vera Forester
Lessing und Moses Mendelssohn
Geschichte einer Freundschaft
mit zahlreichen Abbildungen
Geb. mit Schutzumschlag, 262 Seiten

Claude Francis / Fernande Gontier
Colette
Aus dem Französischen von
Linda Gränz
mit zahlreichen Abbildungen
Geb. mit Schutzumschlag, 191 Seiten

Cord Garben
Arturo Benedetti Michelangeli
Gratwanderungen mit einem Genie
mit zahlreichen Abbildungen
Geb. mit Schutzumschlag, 264 Seiten

John Fuegi
Brecht & Co.
Biographie
Autorisierte erweiterte und berichtigte deutsche
Fassung von Sebastian Wohlfeil
mit zahlreichen Abbildungen
Geb. mit Schutzumschlag, 1088 Seiten

Dominique Marny
Die Schönen Cocteaus
Aus dem Französischen von
Bettina Schäfer
mit zahlreichen Abbildungen
Geb. mit Schutzumschlag, 254 Seiten

Peter Ostwald
»Ich bin Gott«
Waslaw Nijinski – Leben und Wahnsinn
Mit einem Vorwort von John Neumeier
Aus dem Amerikan. von Christian Golusda
mit zahlreichen Abbildungen
Geb. mit Schutzumschlag, 490 Seiten

Paul Parin
Untrügliche Zeichen von Veränderung
Jahre in Slowenien
Geb. mit Schutzumschlag, 188 Seiten

Paul Parin
Der Traum von Ségou
Neue Erzählungen
Geb. mit Schutzumschlag, 200 Seiten

Werner Pieck
Die Mozarts
Porträt einer Familie
mit Abbildungen
Geb. mit Schutzumschlag, 406 Seiten

Werner Pieck
Leben Händels
Biographie
mit Abbildungen
Geb. mit Schutzumschlag, 288 Seiten

Gaston Salvatore
Wolfgang Neuss – ein faltenreiches Kind
Biographie
mit zahlreichen Abbildungen
Geb. mit Schutzumschlag, 528 Seiten

Margret Steenfatt
Milena Jesenská
Biographie einer Befreiung
Geb. mit Schutzumschlag, 170 Seiten

Margarete Steffin
Briefe an berühmte Männer
*Walter Benjamin, Bertolt Brecht,
Arnold Zweig*
Geb. mit Schutzumschlag, 358 Seiten

Charlotte Ueckert
**Margarete Susman und
Else Lasker-Schüler**
eva-Duographien Bd. 11, 160 Seiten

eva